Beiträge zur Graphischen Datenverarbeitung

Herausgeber:
Zentrum für Graphische Datenverarbeitung e.V. Darmstadt (ZGDV)

Springer
Berlin
Heidelberg
New York
Barcelona
Budapest
Hongkong
London
Mailand
Paris
Santa Clara
Singapur
Tokio

Bernhard Tritsch

Verteiltes Lernen in Computernetzen

Eine Tele-Media-Trainingsarchitektur

Mit 79 Abbildungen

Springer

Reihenherausgeber

ZGDV, Zentrum für Graphische Datenverarbeitung e.V.
Wilhelminenstraße 7
D-64283 Darmstadt

Autor

Dipl.-Phys. Bernhard Tritsch

ZGDV, Zentrum für Graphische Datenverarbeitung e.V.
Wilhelminenstraße 7
D-64283 Darmstadt

Die Deutsche Bibliothek – CIP-Einheitsaufnahme

Tritsch, Florian:
Verteiltes Lernen in Computernetzen : eine Tele-Media-Trainingsarchitektur/Bernhard Tritsch. –
Berlin ; Heidelberg ; New York ; Barcelona ; Budapest ; Hongkong ; London ; Mailand ; Paris ; Santa Clara ;
Singapur ; Tokio ; Springer, 1997
  (Beiträge zur graphischen Datenverarbeitung)
ISBN - 13: 978-3-540-62085-3   e-ISBN-13: 978-3-642-60677-9
DOI:10.1007/978-3-642-60677-9

Umschlagmotiv: Bernhard Tritsch, Darmstadt
Umschlaggestaltung: *design & production* GmbH, Heidelberg
Satz: Reproduktionsfertige Vorlage vom Autor
SPIN 10519506   33/3020-5 4 3 2 1 0 – Gedruckt auf säurefreiem Papier

Danksagung

Mein Dank gilt folgenden Personen, die maßgeblichen Anteil am Gelingen und an der Fertigstellung dieser Arbeit hatten:

Prof. Dr.-Ing. J.L. Encarnação für das erwiesene Vertrauen bei der Überlassung des Themas und für die Möglichkeit in einer wohl einmaligen Institutsumgebung zu arbeiten sowie Prof. Dr.-Ing. R. Steinmetz für sein Interesse an der Arbeit und die Übernahme des Koreferats;

meiner Frau Tina für ihre Liebe, Geduld und Unterstützung in allen Lebenslagen; meinen Eltern, die mir meine Ausbildung und damit einen guten Start ins Leben ermöglichten; meinen Geschwistern für ihre positiven Gefühle, die sie mir immer entgegengebrachten; meinen Großeltern für ihr stetiges Interesse an meiner Entwicklung, hierbei besonders meinem Opa Werner Grub, der mein Interesse an Naturwissensschaft und Technik weckte und kontinuierlich förderte; dem ganzen Rest meiner Familie, die mich sowohl finanziell als auch moralisch bis hin zur Vollendung dieser Arbeit unterstützten;

Wolfgang Puchtler und seinen Mitarbeitern des Graphik-Rechenzentrums im Haus der Graphischen Datenverarbeitung für die gute Zusammenarbeit bei allen Netz- und Rechnerfragen; meinen Kollegen im Haus der Graphischen Datenverarbeitung, insbesondere Adelino Santos, Adérito Marcos, Ana Sofia Vieira, Silke Höppner, Markus Beyer, Elmar Borgmeier, Mike Jäger, Frank Steinfath, Werner John, Wang Taofeng, Christian Neuss, Rüdiger Strack, Norbert Schiffner, Dennis Dingeldein, Frank Seibert und Christoph Busch; meinen Kollegen bei den Projekten für computerbasiertes Lernen und Telekommunikation, insbesondere Anette Knierriem-Jasnoch, Frank Graf, Herbert Kuhlmann, Max Mengel, Rolf Lindner, João Brisson-Lopes, Mathias Kloth, José Teixeira, José Velez und Jouko Paaso; den studentischen Hilfskräften und Diplomanten Roland Worsch, Markus Schepp, Oliver Eichhorn, Claudia Justin, Lu Dachen, Tuula Korpela, Norbert Ulmer und Christian Weyer, die zum Gelingen dieser Arbeit beigetragen haben; Christoph Hornung für eine ganze Reihe kontrovers geführter Diskussionen, die meine Ansichten über CBT-Projekte, Informatik und Führungsstrukturen stark beinflußten;

Ulrike Wilhelm-Erkens, Mathias Wilhelm, Peter Jägle, Peter Apian-Bennewitz, Ulrik Schroeder, Stefan Blüml, Michael Friedlinger, Rainer Breitbach, Günther Bachmann und Marita Skubich für ihre wertvollen Anregungen auf verschiedenen fachlichen Gebieten;

Michael Summ von den Acoustic Media Studios in Freiburg für all die wertvollen Tips und Einsichten über Audiosignale, digitale Soundverarbeitung und dem Gefühl für „gute" Musik;

den Volleyballern der 1. Herrenmannschaft des SSV Brensbach, die immer für meinen nötigen körperlichen und geistigen Ausgleich sorgten.

Inhaltsverzeichnis

1 Einleitung

Für den modernen Menschen erscheint es einfach und natürlich, die Erfassung der ihn umgebenden Welt in verschiedene Aspekte zu zerlegen und getrennt zu betrachten. Es sind die fünf Sinne Sehen, Hören, Fühlen, Riechen und Schmecken, mit denen er seine Umwelt wahrnimmt, die Regeln seiner Umwelt erlernt. Besonders ausgeprägt sind diese Fähigkeiten bei jungen Menschen. Sie entsprechen jedoch größtenteils dem eher passiven Teil einer Kommunikation, dem eines Empfängers oder eines Lernenden. Für einen aktiven Kommunikationspartner - dem Sender oder dem Lehrenden - werden die Ansprüche wesentlich erhöht. Relativ einfach erscheint noch der aktive Gegenpart des Hörens, das Sprechen. Schon deutlich schwieriger lassen sich visuelle Reize bewußt aussenden, sei es in der Form von Mimik und Gestik, oder gar durch die Anfertigung von Zeichnungen, abstrakten Symbolen oder Schriftzeichen.

Der dritte Sinn, das Fühlen, scheint auf den ersten Blick weniger wichtig für eine Kommunikation als die beiden erstgenannten. Hierbei wird jedoch meist nur an den direkten körperlichen Kontakt zwischen zwei Menschen gedacht. Dieser ist in unserer Gesellschaft außerhalb von Familien- und Partnerschaftskreisen in der Regel stark eingeschränkt. Andererseits ist das Anfassen, und damit Erfassen, von Gegenständen bzw. Materialien für viele Menschen eine unbedingte Notwendigkeit. Hierbei kann an eine Fülle gegenständlicher Objekte gedacht werden, deren Beschaffenheit (Textur, Härte, Temperatur, Gewicht, Volumen, Gestalt, Funktion oder Beweglichkeit) für viele Berufszweige äußerst wichtig ist.

Die Sinne Riechen und Schmecken können für die im Rahmen dieser Arbeit betrachtete Art der Kommunikation vernachlässigt werden. Dies geschieht jedoch, ohne die Relevanz verschweigen zu wollen, die beispielsweise ein gutes Essen oder ein angenehmes Parfum innerhalb einer wie auch immer gearteten menschlichen Beziehung haben kann.

Oftmals ermöglichen die einzelnen Sinne erst in ihrer Kombination eine als „natürlich" und vollständig empfundene Kommunikation. Solange diese Kommunikation zwischen zwei oder mehreren Menschen über das natürliche Medium Luft erfolgt, bestehen durch jahrmillionenlange Übung keinerlei technische Probleme. Sobald jedoch elektronische Medien zwischengeschaltet werden und für einen vergrößerten zeitlichen Versatz zwischen Sendung und Empfang einer Meldung sorgen, oder die Kommunikation alleine zwischen Mensch und Maschine stattfinden soll, werden die Schwierigkeiten schnell sichtbar. Oft kann nur ein Sinn im Dialog angesprochen werden (Telefon, Brief, E-mail, siehe Abbildung 1.1), oder aber mehrere Sinne nur in eine Richtung (passives Erfassen von Videobildern mit Ton). Echte Fortschritte in dieser Richtung haben sich erst seit der Entwicklung von neuen Telekommunikationstechniken, gekoppelt mit „multimedialen" Mechanismen auf Computern, ergeben [Encarnação94a].

Abbildung 1.1. Kommunikationssituation am Telefon beim Erklären eines technischen Zusammenhangs ohne gemeinsamen Kontext und adäquate technische Hilfsmittel. Das Gespräch repräsentiert eine typische bedarfsorientierte Lernsituation bei einem akut auftretenden Problem. Oftmals resultieren grundsätzliches Unverständnis oder Mißverständnisse daraus.

Die sich auch in vielen anderen Gebieten entwickelnden Technologien führen jedoch zu einem grundsätzlich neuen Problem: der Aufbereitung der zugrundeliegenden Information für den Menschen. Es genügt plötzlich nicht mehr zur Schule zu gehen, einen Beruf zu erlernen und ausschließlich mit dem „natürlichen, alltäglichen Machen von Erfahrungen" ein Leben lang auf einem der Umwelt angepaßten Wissensstand zu bleiben. „Lebenslanges Lernen" ist plötzlich zu einem wichtigen Schlagwort geworden, auch in Lebensbereichen, denen landläufig nie eine große Dynamik zugestanden wurde.

Obwohl sich die betroffenen Menschen in einigen Gebieten damit abgefunden haben, ihr Verhalten auf die Gegebenheiten der sie umgebenden Technologie anzupassen oder schwer verständliche Gebrauchsanweisungen zu studieren, ist der grundsätzliche Anspruch an die Technik deutlich höher. Nicht der Mensch soll sich an die Technik anpassen sondern umgekehrt. Daher spielt eine adäquate Informationsaufbereitung eine immer größere Rolle. Grundsätzlich scheint zwar jegliche Information verfügbar, oft jedoch nicht am richtigen Platz oder zur richtigen Zeit. Multimediale Computer in Telekommunikationsnetzwerken, die mehr als nur einen menschlichen Sinn ansprechen, können daher als die Informationszentren der Zukunft gelten. Sie ermöglichen sowohl den Abruf entsprechend aufbereiteter Information als auch die rasche Verbindung von Menschen untereinander besonders für die Gebiete Ausbildung, Lernen und Training.

Ein Hauptgrund für die bis vor kurzem zögernde Entwicklung auf diesem Gebiet war sicherlich ein fehlendes adäquate Übertragungsmedium sowie die mangelnde Verarbeitungsleistung und schwache „Multi-Sinn"-Fähigkeit von Computern. Nun bietet es sich an, die rapide steigende multimediale Leistungsfähigkeit von Computern in Kombination mit Telekommunikationstechniken zu nutzen.

1.1 Motivation

Das primäre Problem, das im Rahmen dieser Arbeit angegangen wird, ist das verteilte, auf den Menschen zugeschnittene Lernen in einer multimedialen und vernetzten Rechnerumgebung. Hierzu werden die elektronischen Medien Text, Graphik, Bilder, Video und Audio in ihren verschiedenen Erscheinungsformen genutzt. Auf die Einbeziehung des taktilen Sinnes wird hierbei völlig verzichtet, da dieser nicht im Anforderungsprofil aktueller Lernumgebungen aufgeführt wird [Baumgartner94], [Schulmeister96]. Er findet im Rahmen von anderen Arbeiten zur „Virtual Reality", dem „Cyber Space" oder neuen Techniken für Benutzerschnittstellen gebührende Beachtung. Auf längere Sicht wird jedoch auch in manchen Standardsystemen für computerbasiertes Lernen nicht auf die Verwendung von „Data Glove", „Data Suit", „Eye Phone" oder „Space Ball" verzichten werden.

Multimediales Lernen am Computer wird in vielen Bereichen des menschlichen Lebens immer mehr als adäquates Mittel der Wissensvermittlung angesehen [McKinsey93]. Hierbei muß jedoch zwischen drei grundsätzlich verschiedenen technischen Realisationen entsprechender Lernumgebungen unterschieden werden:

Umgebungen der ersten Art basieren auf der Ausstrahlung (*Broadcast*) von Lernsequenzen über entsprechende Fernsehtechnologie (Antenne, Kabel, Satellit). Die Produktion erfolgt daher in einem Umfeld, das einem Fernsehstudio entspricht. Referenten vermitteln hierbei den Lehrstoff, Moderatoren leiten durch die Veranstaltung und Tutoren kümmern sich in Problem- und Abfragesituationen um die Teilnehmer. Interaktion mit den Mitgliedern des „Lehrkörpers" ist durch Audio- und Video-Rückkopplungskanäle möglich, was im wesentlichen einer Videokonferenz entspricht. Prinzipiell läßt sich mit dieser Lernumgebung der ersten Art eine große Anzahl von Teilnehmern erreichen und ist daher für kommerzielle Senderbetriebe sehr attraktiv.

Lernumgebungen der zweiten Art zielen auf die multimediale Schulung von Einzelpersonen, die Zugriff auf eine entsprechende Rechnerinfrastruktur haben. In der Regel werden unvernetzte Personal Computer vorausgesetzt, die multimediales Schulungsmaterial von CD-ROMs lesen. Das Lernsystem stellt typischerweise didaktisch aufbereitete Kurse zur Verfügung, die vom Lernende im Selbststudium ohne echte Lernkontrolle bearbeitet werden können. Dies ist die momentan verbreitetste Methode der computerbasierten Wissensvermittlung sowohl im privaten als auch im kommerziellen Umfeld (siehe auch Kapitel 2.4.1).

Lernumgebungen der dritten Art - die ausschließlich Thema der vorliegenden Arbeit sind - basieren auf vorbereitetem Schulungsmaterial, das in Rechnernetzen mit der integrierten Anbindung von menschlichen Tutoren zur Verfügung gestellt wird. Besondere Relevanz haben solche Umgebungen in steigendem Maße sowohl für die universitäre Ausbildung als auch für die Mitarbeiterschulung in Unternehmen, wobei die Größe der Lerngruppen typischerweise zehn Personen nicht übersteigt [Dedicated93]. Problematisch ist hierbei jedoch die didaktische Aufbereitung von geeignetem Schulungsmaterial, die zielgerichtete Bereitstellung dieses Materials an den benötigten Orten und die Interaktionsmöglichkeiten des Lernenden mit dem Schulungssystem. Zentrale Bedeutung fällt hierbei oftmals der Bereitstellung von aktuellem multimedialem Schulungsmaterial und Ablaufskripten für Schulungseinheiten über konventionelle Datenträger (Disketten, CDs) oder Netze zu. Probleme treten gegebenfalls durch die große Palette von potentiellen Zielrechnern für ein Schulungssystem auf. Diese Plattformen unterscheiden sich zum Teil deutlich (Verarbeitungsleistung, Graphikauflösung, Audiofähigkeiten, etc.) und erschweren hierdurch übergreifende Gesamtkonzepte. Darüber hinaus wird bei gängigen rechnergestützten Lernumgebungen eine gewisse Anpassungsfähigkeit des Systems an den Lernenden bzw. die Einbeziehung rein menschlicher Unterstützung bei der Lösung bestimmter Probleme vermißt.

Daneben lassen sich weitere Schwierigkeiten gerade in vernetzten Lernsystemen mit mehreren beteiligten menschlichen Benutzern und Computern identifizieren, so z. B. die zeitliche Synchronisation verschiedener medialer Objekte. Übertragungs- und Synchronisationszeiten spielen bei einer normalen menschlichen Kommunikation eine intuitive Rolle, sofern man sich darauf geeinigt hat, den Partner (fast) immer aussprechen zu lassen und möglichst nicht gleichzeitig zu reden. Jedoch schon bei einem interkontinentalen Telefonat ist dies durch die langen Laufzeiten des Signal nur schwierig und mit viel (Selbst-) Disziplin zu erreichen. Die Übertragungsgeschwindigkeit hat in diesem Falle nicht mehr den Näherungswert „Unendlich" wie bei einer in Schall- und Lichtgeschwindigkeit geführten normalen Kommunikation von Angesicht zu Angesicht. Die Synchronisation jedes einzelnen medialen Kanals ist alleine dadurch gestört, daß einer gewissen zeitlichen Verzögerung vorhanden ist.

Um ein Vielfaches schwerer wird die Synchronisation der Daten- bzw. Kommunikationsströme auf mehreren medialen Kanälen mit vielen Computern und Netzwerken als Instanzen. Dies gilt insbesondere wenn die Charakteristik der einzelen Kanäle verschiedene Verzögerungszeiten beinhaltet. Ist einer der Kommunikationspartner gar ein Computer, der Informationseinheiten im Dialog über ein Netzwerk an einen menschlichen Gegenüber schickt, so ist die Akzeptanz des Benutzer direkt abhängig von der Leistungsfähigkeit dieses Dienstes.

Als Lösungsansatz für eine netzwerkbasierte und multimediale Lernumgebung wird innerhalb dieser Arbeit eine Trainingsarchitektur mit separaten Lern-, Steuerungs-, Daten- sowie Kommunikationsmodulen entwickelt, die zu einem verteilten Gesamtsystem integriert werden. Die zentralen Forderungen an dieses System umfassen Aspekte wie plattformübergreifende Realisationsmöglichkeit, Unterstützung multimedialer Schulungsmaterialien, Datentransfer über bestehende Netztechnologie mit gebührender Berücksichtigung der Synchronisationsproblematik, rasche Anpaßbarkeit an sich ändernde Benutzeranforderungen sowie Integration menschlicher Kommunikation.

Gegenstand dieser Arbeit ist daher die Erarbeitung eines Referenzmodells für plattformübergreifendes Lernen auf verteilten Computerplattformen und die Entwicklung der Architektur eines entsprechenden Lernsystems. Die Implementierung der einzelnen Systemkomponenten wird hierbei detailliert beschrieben. Hieran schließt die Dokumentation der technischen Realisierung von Systemprototypen und deren Erprobung in realen Testumgebungen. Darauf folgen zudem konkrete Erfahrungsberichte sowie Ausblicke auf zukünftige Arbeiten.

Zum Erreichen dieses Ziels wird hierbei - wo immer es geht - auf bestehende Standards und Mechanismen zurückgegriffen. Sie werden zur Realisation der prototypischen Lernarchitektur angepaßt und in das zugrundeliegende Modell integriert. Nur an jenen Stellen an denen nicht auf adäquate technische Möglichkeiten zurückgegriffen werden kann, erfolgt der Neuentwurf und die Ausarbeitung der benötigten Komponenten. Die zugrundeliegende Referenzarchitektur basiert in ihrer Gesamtheit dagegen auf Konzepten, die bisher nicht in adäquater Weise zur Verfügung standen.

Diese Arbeit über rechnerunterstütztes Lernen auf verteilten, multimedialen und heterogenen Plattformen wird in sechs Abschnitte unterteilt: Der erste Abschnitt dient der Identifikation des Themas, der zu lösenden Probleme und damit der zu erreichenden Ziele. Der zweite Abschnitt erarbeitet den aktuellen Stand der Technik in den damit gekoppelten Gebieten. Der dritte Abschnitt leitet hieraus ein modulares Referenzmodell zur technischen Lösung des im ersten Abschnitt identifizierten Problems ab. Die prototypische Realisation und Implementation dieses Referenzmodells dokumentiert danach der vierte Abschnitt. Hieran schließt sich im fünften Abschnitt die Evaluierung der einzelnen Module bzw. des Gesamtsystems in verschiedenen Testumgebungen an. Schließlich faßt der sechste

Abschnitt die wichtigsten Resultate zusammen und gibt einen Ausblick auf zukünftige Arbeiten.

1.2 Die Ergebnisse im Überblick

Die Ergebnisse dieser Arbeit umfassen im wesentlichen drei Aspekte. Das erste Teilergebnis leitet sich aus dem aktuellen Stand der Technik in den Bereichen Multimedia, Netzwerke sowie aus didaktischen Methoden zur Wissensvermittlung ab. Es besteht aus einem Referenzmodell - dem Tele-Media-Referenzmodell - für eine modulare, verteilte und multimediale Systemarchitektur und dem daraus resultierenden Lernsystem. Besonderes Augenmerk gilt hierbei der Definition und Spezifikation der verwendeten Medien. Hierdurch kann der Grundstein für eine eindeutige Schnittstelle sowie ein kompaktes Protokoll zwischen den beteiligten Software- und Hardwarekomponenten gelegt werden. Dies resultiert in einer ausführlichen analytischen Betrachtung des Tele-Media-Referenzmodells im Vergleich zu anderen Ansätzen einer Systemarchitektur (Lernen im WWW und mit ToolBook). Hierbei kann das Tele-Media-Referenzmodell eindeutig als das am meisten geeignete für die Realisierung von verteilten Lernumgebungen im universitären Umfeld sowie bei kleinen und mittleren Unternehmen identifiziert werden.

Das zweite Teilergebnis ist die Implementation der Systemarchitektur als komponenten- und objektorientierte Client/Server-Applikation. Diese ist auf vernetzten Workstation- und Personal Computer-Plattformen ablauffähig. Hierbei wurden spezielle Komponenten der Benutzerschnittstelle für Lernumgebungen (Medienaufbereitung, Dialogführung, Testformen, Kommunikationsmöglich-keiten etc.) herausgearbeitet. Weiterhin werden die speziellen Probleme (Protokoll, Timing, Fehlerbehandlung, etc.) beim Einsatz der zugrundeliegenden rein ereignisorientierten Komponentenkommunikation über Netzwerke gelöst. Daran gekoppelt wird auch die menschliche Kommunikation über Audio- und Videokanäle ausgearbeitet und realisiert.

Das dritte Teilergebnis ist die Evaluierung der Systemarchitektur (bzw. spezieller Aspekte der Systemarchitektur) bei Projekten innerhalb der Europäischen Union (EU) und im kommerziellen Bereich. Weiterhin wird ein Vergleich mit anderen verfügbaren Systemen durchgeführt. Die gewonnenen Resultate lassen das Fazit zu, daß die in dieser Arbeit ausgearbeitete Systemarchitektur für ihren Einsatz als Schulungsumgebung im universitären sowie industriellen Bereich besonders gut geeignet und leistungsfähig ist. Eine Anpassung an bestehende Hardware- und Softwareinfrastrukturen ist leicht möglich und eröffnet somit ein weites Feld der zukünftigen kommerziellen Nutzung.

1.3   Lexikalische Konventionen

Alle wichtigen Begriffe und Abkürzungen innerhalb dieser Arbeit werden *kursiv* geschrieben. Sie sind in einem Index aufgelistet und damit leicht aufzufinden. Abkürzungen werden in einem Glossar aufgeführt. Wo immer es geht, werden deutsche Begriffe verwendet, oft gemeinsam mit dem entsprechenden englischen Wort. Eingedeutschte Amerikanismen (z.B. gesamplet, gemaket) sind nicht akzeptabel und werden daher vermieden. Wenn in der deutschen Sprache kein adäquates und vor allen Dingen gebräuchliches Wort gefunden wird, so wird das englische oder amerikanische Wort mit der entsprechenden Grammatik stattdessen verwendet. Einzig die Groß- und Kleinschreibung wird auch bei diesen Worten an die deutsche Grammatik angepaßt.

Der Begriff *API* (Application Programm Interface) wird in dieser Arbeit in verschiedenen Zusammenhängen verwendet. Ein API stellt den Satz von Funktionen dar, mit der ein Anwendungsentwickler das Verhalten eines Systems beeinflussen kann oder aber Dienste eines Systems in Anspruch nehmen kann, ohne dieses System auf der Quellcode-Ebene zu modifizieren. So erlaubt beispielsweise ein Graphik-API die Ausgabe von Graphikelementen auf einer Rechnerplattform aus einer Hochsprache (z.B. C) heraus.

2 Stand der Technik

Schon im September 1993 war das Computermagazin „Byte" der Meinung, daß die heutige Generation der 20- bis 40-jährigen *immer* gewußt hat, daß das Phänomen „Multimedia auf erschwinglichen Computern" eintreten würde. Diese Generation wuchs auf in diesem Glauben, so wie im Glauben an viele andere High-Tech-Möglichkeiten. Das Potential der Technologie schien grenzenlos und so einfach wie in der Zeichentrickserie „Die Jetsons", wie im Kinofilm „2001: Odyssee im Weltraum" oder wie in Myriaden von Science-Fiction-Romanen.

Die Frage war niemals, *ob* diese Szenarien Wirklichkeit werden würden, sondern immer nur *wann*. Nun stehen wir wirklich am Anfang der weltweiten Verfügbarkeit einer riesigen Menge von computerbasierter und multimedialer Information. Wie jede neue Technologie erzeugt sie Ängste und Hoffnungen, Enthusiasmus und Entsetzen, Begeisterung und Ablehnung. Wie soll sie nun aber kanalisiert, gefiltert, genutzt und für „sinnvolle" Anwendungen umgesetzt werden? Wie kann die blinde High-Tech-Gläubigkeit der „Jetson-Generation" durch realistischere Betrachtungen vor dem Hintergrund unserer heutigen (informations-) gesellschaftlichen Bedürfnisse ersetzt werden?

Im folgenden soll nicht die Frage erörtert werden: „Brauchen wir Multimedia?". Auch die mögliche negative Beantwortung dieser Frage würde wohl kaum jemanden von der Versuchung abhalten, multimediale und netzgestützte Techniken im Alltag zu verwenden (gute Beispiele hierfür sind auch Fernsehen, Telefon, Radio, etc.). Multimedia ist verfügbar, wird sogar weitgehend akzeptiert, wenn auch nicht immer ohne verständlichen Widerstand. Es gilt daher eher die Frage zu beantworten: „Wie kann Multimedia für Anwendungen eingesetzt werden, die den menschlichen Bedürfnissen angepaßt sind?".

Was ist nun Multimedia? *Multimedia* im Sinne dieser Arbeit ist jede computererzeugte Kombination von den Elementen Text, Graphik, Animation, Audio und Video. Erlaubt man dem Benutzer - dem Betrachter des Multimediaprojektes - die aktive Kontrolle über diese Elemente, dann ist es *interaktives Multimedia* . Wird darüber hinaus eine Struktur von verknüpften Elementen zur Verfügung gestellt, über die der Benutzer im System navigieren kann, dann wird interaktives Multimedia zu *Hypermedia*.

Typischerweise werden Multimedia-Elemente durch die Verwendung eines *Autorensystems* zu einem Dokument zusammengesetzt. Diese Software-Werkzeuge wurden dafür entwickelt, um multimediale Elemente möglichst bequem zu erstellen, modifizieren, kombinieren und in ein Gesamtdokument integrieren zu können. Weiterhin besitzen viele von ihnen Erweiterungen, um Videorecorder, CD-Player und andere multimedialen Peripheriegeräte anzusteuern.

Die Präsentation des multimedialen Dokuments geschieht über die *Benutzerschnittstelle*, das *Human Interface* oder das *Graphical User Interface (GUI)*. Diese Schnittstelle - in Kombination mit einer programmierbaren Ablaufsteuerung - repräsentiert einen Satz von Regeln, welcher die multimedialen Reaktionen auf eine wie auch immer geartete Eingabe des Benutzers bestimmt. Die Geräte (Hardware) und die Programme (Software) limitieren naturgemäß, was während der Präsentation geschehen kann. Sie werden daher die multimediale *Plattform* oder die *Umgebung* genannt [Vaughan93].

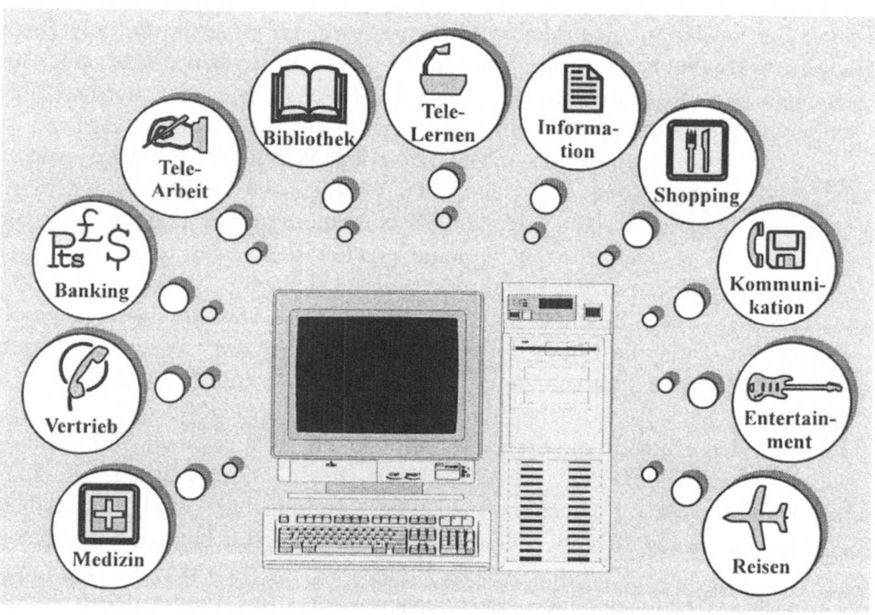

Abbildung 2.1. Das Unterhaltungs- und Informationsangebot multimedialer und interaktiver Computeranwendungen, die den Anschluß an Telekommunikationsdienste erlauben.

Eine deutliche Erweiterung der Computerumgebung für multimediale Projekte (= Dokument + Ablaufsteuerung) läßt sich durch den Einsatz von *Netzen* erreichen. Im Computerbereich werden in steigendem Maße verschiedene

Netztechnologien eingesetzt. Jedoch nicht alle sind zwingend für die Verwendung in multimedialen Projekten geeignet. Aus diesem Grund beeinflußt die Wahl des Netzes und der aufsetzenden Kommunikationsmechanismen seine Verwendbarkeit in verteilten multimedialen Projekten signifikant [Bangemann94], [Encarnação94b], [Encarnação95b].

Multimediale und interaktive Anwendungen, die an ein öffentliches Telekommunikationsnetz angeschlossen sind, können eine breite Palette an Dienstleistungen und Werkzeugen in verschiedenen Branchen bereitstellen (siehe auch Abbildung 2.1):

- *Tele-Lernen:* Lernprogramme; interaktive Kurse, die jederzeit nutzbar sind; Just-in-Time-Lernen am Arbeitsplatz; Remote-Consulting von Spezialisten bei auftretenden Problemen; Fernkurse
- *Medizin:* Hilfsleistungen für kranke, ältere oder behinderte Menschen; Austausch von Patientendaten zwischen Hausarzt, Krankenhaus, Spezialist und Krankenkassen; Verbesserte Kommunikation in der Pharmaindustrie für die Medikamentenentwicklung
- *Vertrieb:* Vertrieb von Waren und Dienstleistungen über Netze; Tele-Consulting
- *Tele-Banking:* globaler Finanzdatenaustausch; allgemeine Bankgeschäfte, Überweisungen; Kontoauszüge; Aktienkauf, Aktienkurse; Devisenbestellungen, Immobilien, Kredite, Versicherungen
- *Tele-Arbeit:* Arbeiten zu Hause; Zusammenschluß entfernter Unternehmensteile, kooperatives Design; kooperative Produktion
- *Informationsdienste:* elektronische Archive und Datenbanken; Bibliothekskataloge, in denen direkt bestellt werden kann; elektronische Magazine und Zeitungen; Veranstaltungshinweise
- *Tele-Shopping:* Interaktive Kataloge von Versandhäusern und Kaufhäusern; Bestellung von Waren, Lebensmittel, Essen und Dienstleistungen; Preisvergleiche
- *Datenkommunikation:* Anschluß anderer Computer; Remote-Steuerung; Austausch von Firmendaten; Video-Telefonie; Echtzeit Datenaustausch für Backups, Geoinformationen und Wettervorhersagen
- *E-mail:* Nachrichtenaustausch mit Freunden, Verwandten und Geschäftspartnern; Videokonferenzen
- *Überwachung:* Telewartung von Geräten und Maschinen, Überwachung von Gebäuden; Zugriffskontrolle über entfernte elektronische Anlagen; Alarmverarbeitung in sicherheitsrelevanten Arbeitsgebieten
- *Entertainment, Video & Musik:* Spiel-, Dokumentar- und Sachfilme; Videoclips; Nachrichten und TV-Magazine, abrufbar aus einem gespeicherten Repertoire, Musik in CD-Qualität gegen Bezahlung pro Stück, Videoclips; Konzertübertragungen
- *Tele-Spiele:* Interaktive Spiele mit einem Zentralcomputer oder anderen an das Netz angeschlossenen Menschen

- *Reisen:* Dienstreise-Arrangements; Tagungs- und Konferenzorganisation, Literatur; Bilder und Videoclips über Reiseziele; Information über Reiseangebote; Buchung am Bildschirm

Die vorliegende Arbeit beschäftigt sich auschließlich mit dem oben aufgeführten Punkt Tele-Lernen. Dennoch sind Überlappungen mit den anderen Punkten durchaus möglich. Die folgenden Kapitel werden daher in die Terminologie der multimedialen Elemente, der Netze, der multimedialen Werkzeuge sowie der Computerplattformen einführen. Weiterhin werden relevante Aktivitäten auf dem Gebiet Tele-Lernen betrachtet und daraus die Motivation für weitere Arbeiten abgeleitet. Alles zusammen umfaßt damit einen Abriß des aktuellen technischen Stands im Bereich verteilter Multimedia-Trainingsumgebungen.

2.1 Hardware- und Softwareplattformen

Viele Computersysteme (ausgenommen z.B. File-Server, Maschinen-ansteuerungen oder Systeme zur Datenaufnahme) stellen sich heute als ein Gerät mit verschiedenen Eingabekomponenten sowie einem Monitor mit darauf ablaufendem graphischen und fensterbasierten Interaktionsprogramm dar. Diese sehr graphikorientierte Sichtweise resultiert aus der Wichtigkeit der grapischen Eigenschaften in multimedialen Umgebungen. Ein solches Computersystem ist in ein Schichtenmodell gegliedert, deren Anordnung in Abbildung 2.2 gezeigt wird.

Die Reihenfolge der verschiedenen Schichten von unten nach oben ist hierbei wie folgt:

- *Hardware*: Diese Schicht betrifft den Computer als solches inklusive seiner Komponenten wie Prozessor, Graphikausgabe, Peripheriegeräte, Multimedia-erweiterungen, Schnittstellen sowie Netzanbindung.
- *Operating System*: Das Betriebssystem ist die unterste Softwareschicht, die sich um den Fluß der Datenströme von und zu dem Prozessor sowie die Ansteuerung der Peripheriegeräte kümmert.
- *Imaging Model*: Das Imaging Model oder Graphiksystem entscheidet wie Graphik, Fonts und andere Abbilder auf dem Bildschirm dargestellt werden.
- *Windowing Model*: Das Windowing Model besteht aus den Spezifikationen für das Öffnen, Verändern und Bewegen von Fenstern sowie für die Kontrollmechanismen beim Bewegen und Wiedersichtbarmachen von Fensterinhalten.
- *User Model*: Das User Model bestimmt die Führung des Benutzers durch das Fenstersystem.

– *Desktop Manager*: Der Desktop Manager übernimmt die Anordnung der einzelnen Anwendungsprogramme auf der Bildschirmoberfläche (dem *Desktop*).

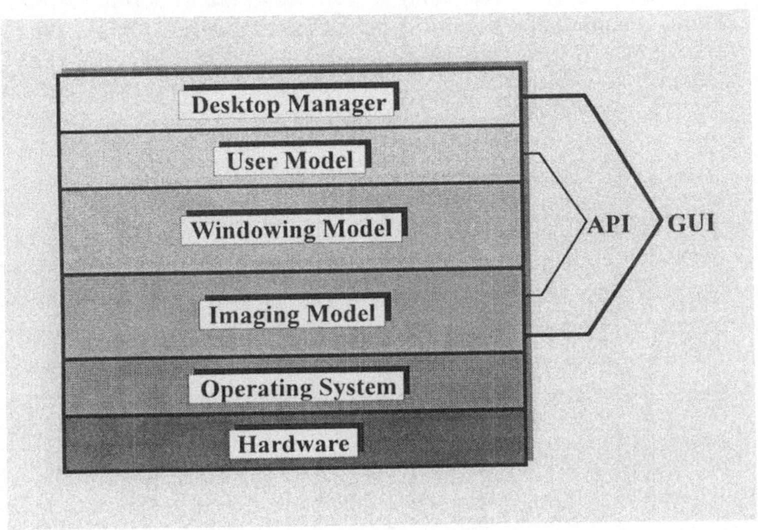

Abbildung 2.2. Schichtenmodell eines fensterbasierten Rechnersystems aus einer graphikorientierten Sichtweise

Die Kombination aus den letzten vier Ebenen wird oft als *GUI* (Graphische Benutzerschnittstelle) bezeichnet. Imaging Model, Windowing Model und User Model definieren das GUI-spezifische Application Programming Interface (*API*). Der Begriff API wird dabei allgemein für alle Schnittstellen verwendet, die dem Anwendungsprogrammierer für den Zugriff auf Systemkomponenten zur Verfügung stehen.

2.1.1 Die Rechner

Die momentan am meisten verbreiteten Rechnerplattformen sind *Personal Computer, Apple Computer* sowie *Workstations*. Personal Computer (PCs) basieren in der Regel auf Prozessoren (CPUs = Central Processing Units) der Firma Intel (8088, 80286, 80386, i486, Pentium, PentiumPro; genannt 80x86-Familie). Durch eine Reihe von Erweiterungssteckplätzen sind sie offene Systeme, die den Benutzern eine einfache Aufrüstung mit zusätzlichen Peripheriekomponenten erlaubt. Die Macintosh-Linie der Firma Apple repräsentiert dagegen eine eher geschlossene Systemphilosophie, d.h. eine

Erweiterung durch Fremdkomponenten war und ist in vielen Fällen nicht vorgesehen. Ihre technische Überlegenheit und Vollständigkeit gegenüber den PCs machte sie jedoch für bestimmte Aufgabenbereiche (Desktop Publishing, Graphikdesign, Werbung) schon früh zu der bevorzugten Multimediaplattform. Die Prozessoren dieser Rechner stammen von der Firma Motorola (68000, 68020, 68030, 68040; genannt 680x0-Familie; neue Linie: PowerPC-CPU) [Vaughan93].

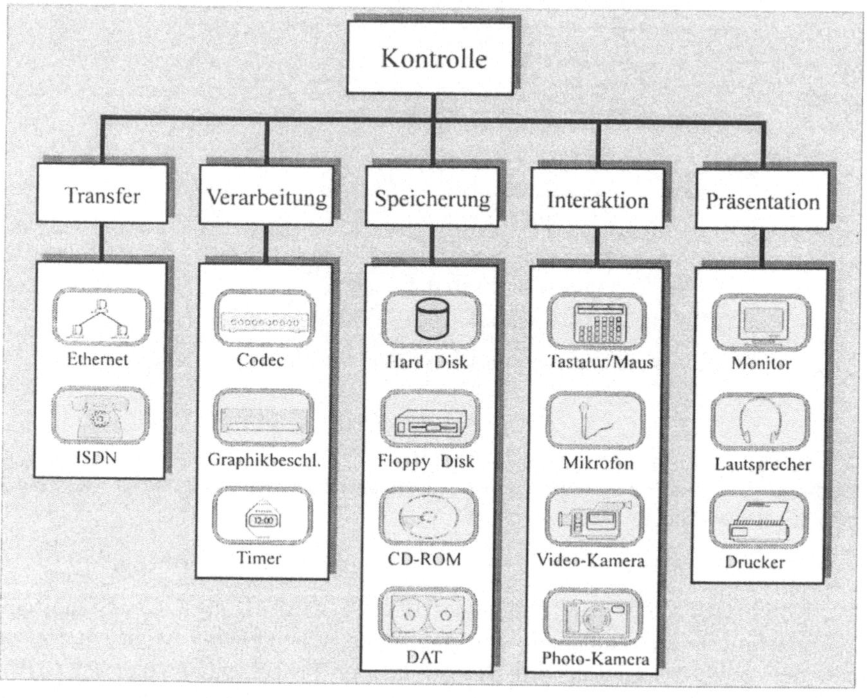

Abbildung 2.3. Eine Auswahl von Komponenten multimedialer und vernetzter Rechnerplattformen

Workstations basieren dagegen auf einer ganzen Reihe verschiedener Prozessoren (MIPS, Sparc, DEC Alpha, PowerPC, etc.; genannt RISC) für verschiedene Hersteller (SGI, Sun, DEC, IBM, HP, etc.). Ihre Leistungsfähigkeit liegt in der Regel deutlich höher als bei den oben genannten Intel- und Motorola-CPUs, wobei die Unterschiede gegenwärtig zusehends kleiner werden. Sie sind hiermit für rechenintensive Aufgaben wie Simulationen oder 3D-Szenenberechnungen besser geeignet. Ihr Preis läßt jedoch zumeist ihren Einsatz nur im technisch/wissenschaftlichen Umfeld zu [Hanko91].

Um alle der oben genannten Rechnerplattformen für den Einsatz bei multimedialen und netzbasierten Anwendungsszenarien einzurichten, müssen sie weitere wichtige Kriterien bezüglich ihrer Peripheriekomponenten erfüllen. Die Kontrollinstanz jedes Rechnersystems (CPU) benötigt geeignete Unterstützung für den Transfer, die Verarbeitung, die Speicherung, die Eingabe (Interaktion) und die Präsentation multimedialer Datenströme (siehe Abbildung 2.3).

Für den Transfer der Daten sorgen Netzadapter wie Ethernet- oder ISDN-Karten. Die Verarbeitungslast der oft riesigen Datenmengen kann an Spezialkomponenten für Kompression und Dekompression, für Graphikausgabe sowie für hochgenaue Zeitmessung übergeben werden. Die Speicherung der Daten erfolgt auf einer Reihe von Datenträgern, angefangen von Disketten über Festplatten und CD-ROMs bis hin zu DAT-Bänder. Die Eingabe der multimedialen Daten - und damit die Interaktion des Benutzers mit dem System - geschieht über Tastatur, Maus, Track Ball, Joy Stick, Videokamera, angeschlossenem Photoapparat und in neuerer Zeit immer mehr auch mit Geräten aus dem Bereich der „Virtuellen Realität" wie Space Ball, Data Glove oder Data Suit. Die Präsentation der Daten erfolgt dann über Monitore in verschiedenster Bauform und Auflösung, Video-Beamer, Lautsprecher oder Kopfhörer sowie Drucker, Plotter oder Photobelichter.

Durch ihre sprunghaft steigende Leistungsfähigkeit entwickelten sich in den letzten Jahren die Verkaufszahlen dieser Komponenten dramatisch, besonders bei Prozessoren, Graphikhardware und Multimedia-Peripheriegeräten. Die Zahl der installierten CD-ROM-Laufwerke ist ein guter Gradmesser hierfür. Sie ist zwischen 1992 und 1993 - dem Anfang der Multimediaentwicklung - um 155% auf 11,4 Mio. CD-ROM-Laufwerke gestiegen. Die Prognosen für die nächsten zwei Jahre versprechen ein noch deutlich höheres Wachstum. So wird 1996 mit der weltweiten Verwendung von über 40 Mio. CD-ROM-Laufwerken gerechnet.

Weitere Rechnerplattformen wie Atari, Amiga, Minis, Mainframes, Parallelcomputer, Supercomputer usw., die sich über das gesamte Leistungsspektrum der verfügbaren Computer erstrecken, sollen an dieser Stelle nur der Vollständigkeit halber kurz erwähnt werden. Ihr Einsatz bezieht sich typischerweise auf Aufgaben, die unabhängig von den Gebieten Lernumgebungen, Multimedia und Telekommunikation sind.

2.1.2 Historie der Betriebssysteme und der GUIs

UNIX ist ein Betriebssystem, das schon seit über 20 Jahren in verschiedenen Derivaten auf den meisten Workstations verfügbar ist (Solaris oder SunOS für Sun, IRIX für SGI, AIX für IBM, HP-UX für HP, ULTRIX für DEC). Es besitzt in seiner Erscheinungsform ohne unterstützende Werkzeuge eine rein textorientierte Benutzerschnittstelle. Jedes Kommando kann daher nur über die Tastatur eingegeben werden, die Ausgabe erfolgt dabei ebenfalls textuell. Moderne Rechnerumgebungen basieren jedoch auf einer graphikorientierten Benutzerschnittstelle, die eine gleichzeitige Ausgabe von Text und Graphik in einer konsistenten Weise erlaubt. Weiterhin wird die Verwendung von Tastatur, Maus und anderen adäquaten Eingabegeräten unterstützt.

Das *X-Windows*-System ist ein weitverbreitetes Imaging und Windowing Model in der UNIX-Welt. Sein größter Vorteil ist, daß es sich hierbei um ein Netz-Fenster-System handelt, welches auf dem Client/Server-Mechanismus basiert. Das Projekt X-Windows begann 1984 am Massachusetts Institute of Technology als Versuch, einen Windows-Standard für die Vielfalt der Computer und Terminals am MIT zu entwickeln. Als Ausgangspunkt diente eine Technologie namens W, die an der Universität Stanford entwickelt wurde. Diese war wiederum auf Entwicklungen am MIT (Sketchpad, 1962) sowie an der Universität von Utah (Flex, 1967), bei SRI International (NLS, 1969) und am Xerox PARC (Alto, Star, 1970 - 81) zurückzuführen. MIT überwacht nun die Weiterentwicklung von X, die jedoch von einem X-Konsortium, bestehend aus Vertreibern, gesteuert und finanziert wird (siehe Abbildung 2.4).

Die X-Windows-Technologie funktionierte so gut, daß viele Computerhersteller - unter ihnen DEC, Sun Microsystems und Hewlett Packard - begannen, darauf basierende Applikationen zu entwerfen. In einigen Fällen gaben die betreffenden Firmen sogar ihre eigenen Windowing Models auf. Die Entwickler von X achteten immer streng darauf, ein „Low-Level-Windowing-Protokoll" zu etablieren, das jede Tendenz eines bestimmten „Look-and-Feel" der Benutzeroberfläche vermied. Nur durch diesen Anspruch waren viele Vertreiber bereit, X als de-fakto-Standard für das Imaging und Windowing Model zu akzeptieren. Der Entwicklungsschwerpunkt wurde von den Vertreibern ab dieser Zeit mehr auf das User Model und den Desktop Manager verlegt.

1988 bildeten sich dann in der UNIX-Welt zwei Hauptströmungen heraus: Zum einen der UNIX-Entwickler AT&T und sein Kooperationspartner Sun, die das neue Betriebssystem UNIX System V und die Benutzerschnittstelle *Open Look* herausbrachten. Diese Kombination war speziell auf Suns Sparc-Prozessoren zugeschnitten. Als Reaktion darauf bildete auf der anderen Seite eine Gruppe großer Computerfirmen die *Open Software Foundation* (OSF). Die *OSF* definierte ihren eigenen Standard des UNIX-Betriebssystem und entwickelte die Benutzerschnittstelle *Motif.* Seit 1993 wird Motif auch von Sun unterstützt, wodurch Open Look in der Bedeutungslosigkeit verschwand.

Motif wird von der Open Software Foundation vermarktet und basiert auf dem X-Windows-System. Die Entwicklung wurde maßgeblich von DEC, HP und Microsoft vorangetrieben. Hierbei stammt das Aussehen (Look) von Hewlett-Packard und die Bedienung (Feel) von Microsofts Presentation Manager sowie von DECs API, XUI Toolkit und der User Interface Language. OSF/Motif ist für fast alle UNIX-basierten Betriebssysteme, DECs VMS, das Macintosh OS und für OS/2 verfügbar. Es läuft auf vielen Hardwareplattformen, die vom Textterminal über PC und Mainframe bis zum Supercomputer reichen. Für den Programmierer kombiniert dieses Toolkit Flexibilität mit Standards, die Konsistenz garantieren.

Kurz vor dem X-Windows-System wurde zwischen 1980 und 1984 von Apple Computer das *Lisa* und später das *Macintosh* Softwaresystem (MacOS) entwickelt und auf den Markt gebracht. Im Gegensatz zu der Kombination UNIX, X-Windows und Motif lassen sich bei diesen Produkten Betriebssystem, Imaging Model, Windowing Model, User Model und Desktop Manager nicht mehr klar voneinander trennen. Durch seine frühe Verfügbarkeit und Konsistenz kann es jedoch als der kommerzielle Vater aller Graphischen Benutzerschnittstellen (*GUI* = Graphical User Interface) angesehen werden.

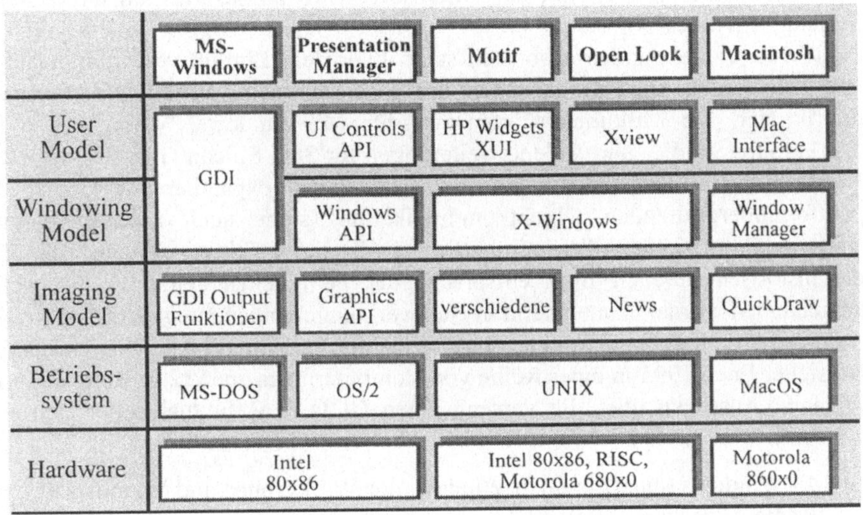

	MS-Windows	Presentation Manager	Motif	Open Look	Macintosh
User Model	GDI	UI Controls API	HP Widgets XUI	Xview	Mac Interface
Windowing Model		Windows API	X-Windows		Window Manager
Imaging Model	GDI Output Funktionen	Graphics API	verschiedene	News	QuickDraw
Betriebssystem	MS-DOS	OS/2	UNIX		MacOS
Hardware	Intel 80x86		Intel 80x86, RISC, Motorola 680x0		Motorola 860x0

Abbildung 2.4. Das Hardware/Software-Schichtenmodell für verschiedene Plattformen

1983 begann Microsofts Interactive Group mit der Entwicklung von *MS-Windows*, das in seiner Version 1 im Jahre 1985 verfügbar wird. Basis hierfür war das textorientierte Betriebssystem MS-DOS, das Anfang der 80er Jahre gemeinsam mit den ersten Personal Computers von IBM vertrieben wurde. Als 1992 Windows 3.1 auf dem Markt erscheint, markiert es aufgrund seiner hohen Verkaufszahlen die endgültige Akzeptanz der Computerbenutzer sowohl im kommerziellen als auch im privaten Bereich zugunsten einer graphischen Benutzerschnittstelle. Ein Jahr später läutet Microsoft mit *Windows NT* und *Windows 95* (damaliger Codename: Chicago) die Abkehr von DOS hin zu einem UNIX-ähnlichen Betriebssystem ein. Beide Microsoft-Systeme basieren jedoch nach wie vor auf dem Graphics Device Interface (GDI) als User und Windowing Model [Microsoft96].

Ebenfalls für Personal Computer wurde von der Firma IBM - anfangs gemeinsam mit Microsoft, später dann im Alleingang - das Betriebssystem *OS/2* mit dem GUI *Presentation Manager* entwickelt. Dieses System wurde zu Anfang stark von MS-Windows beeinflußt, fing jedoch Ende 1994 an, eine ernsthafte Konkurrenz für sein Vorbild zu werden.

Ende der 80er kam mit dem NeXT Softwaresystem *NextStep* eine neue Generation von objektorientierten Betriebssystemen und GUIs auf den Markt. NextStep war auf eine spezielle Hardwareplattform zugeschnitten (NeXT Computers), der jedoch kein kommerzieller Erfolg beschieden war. Die Konzepte, die hinter NextStep steckten, wurden jedoch 1994 durch andere Anbieter von Betriebssystemen und GUIs (Sun, Microsoft, IBM) aufgekauft, um ihre eigenen Systeme zu verbessern.

Die 90er Jahre standen ansonsten stark unter dem Einfluß von multimedialen und netzorientierten Erweiterungen der Betriebssysteme und GUIs. Beispiele hierfür sind die Multimedia-Extensions für MS-Windows, MS-Windows für Workgroups, Audio- und Videoerweiterungen für Sun, Silicon Graphics, Hewlett-Packard und IBM Workstations sowie das rasch expandierende Gebiet der plattformübergreifenden Objektkommunikation (siehe auch nächstes Kapitel Verteilung und Kommunikation über Netze). In dieser Zeit wurden auch die PCs, die historisch gesehen trotz entsprechender Fähigkeiten selten in Netzwerke eingebunden wurden, zunehmend in Netzwerkumgebungen integriert.

Bezüglich ihrer weltweiten Verkaufszahlen machten die entsprechenden Hersteller Ende 1995 in einer Reihe von Computermagazinen (z.B. Byte, c't, etc.) folgende Aussagen über die verschiedenen GUIs (z.T. inklusive der Betriebssysteme):

- MS-Windows (einschließlich Windows für Workgroups und Windows 95): ca. 70 Mio. Lizenzen weltweit
- Apple MacOS: ca. 15 Mio. Lizenzen
- OS/2: mit dem Presentation Manager ca. 7 Mio. Lizenzen
- UNIX/X-Windows/Motif auf verschiedenen Plattformen: 1 - 2 Mio. Lizenzen
- Windows NT: ca. 1 Mio. Lizenzen

2.2 Verteilung und Kommunikation über Netze

Wie Kulturen in zwei abgeschiedenen Ländern haben sich in den letzten Jahren die Netztechnologien für Personal Computer und Workstations entwickelt. Bei den Workstations dominieren die „offenen" Systeme, und Standards wurden zum Allgemeingut. Bei den PCs dagegen beanspruchten bisher Firmen wie Novell oder Banyan die Standards für sich alleine. Erst die Workgroup-Initiative, die von Microsofts *Windows für Workgroups* gestartet wurde, brachte diesen Markt wieder in Bewegung.

Mit Workgroup-Computing, Client/Server-Architekturen, Peer-to-Peer-Networking und dem vielbeschworenen „Rightsizing" gingen die ersten Versuche der systemübergreifenden Vernetzung einher. Neben UNIX-basierten Workstations wurden immer öfter PCs in ein bestehendes Netzwerk eingebunden. Hierdurch konnten sie auf deutlich mehr Ressourcen (Datenbanken, Massenspeicher, Drucker, etc.) zugreifen und mit anderen Rechnerbenutzern kommunizieren (E-mail). Daneben stellte sich für sie jedoch auch das Problem des „Teilen-müssens", d.h. die soziale Komponente kam mehr zum tragen, die in einem Netzsystem naturgemäß stärker betont wird als in einem autarken System.

Eine Umfrage unter den Lesern des „PC-Magazins" ergab jedoch, daß die Hälfte ihrer PCs an Modems, Mainframes oder lokale Netze angeschlossen sind. Markforschungsinstitute gehen davon aus, daß schon 1995 mehr als 55% aller PCs in einem Netz integriert sind [Derfler92], [Internet95].

Dem einfachen Wunsch nach einem Datenaustausch zwischen Workstation und PC oder der vollen Integration der beiden Plattformen in ein gemeinsames Netz stehen jedoch viele Hindernisse entgegen: verschiedene Hardware, Betriebssysteme, Netzprotokolle, Dateiformate, Zugriffskontrollen und Netztopologien. Im folgenden sollen die wichtigsten Mechanismen und Standards im Netzbereich vorgestellt werden.

2.2.1 Standards im Netzbereich

Grundsätzlich wird im Netzbereich zwischen zwei Architekturen unterschieden: *Peer-to-Peer-* und *Client/Server*-Netze. Ersteres realisiert eine Punkt-zu-Punkt-Verbindung zwischen einzelnen Plattformen. Parallel zu seiner normalen Arbeit kann jeder Rechner seine Ressourcen den anderen Rechnern im Netz verfügbar machen sowie verfügbar gemachte Ressourcen von anderen Rechnern in Anspruch nehmen. Dies gilt für Ressourcen wie Dateien, ganze Verzeichnisse oder Dateisystemzweige, Drucker, Festplatten, CD-Laufwerke, etc. Abbildung 2.6 zeigt den typischen Aufbau eines Peer-to-Peer-Netzes.

In einer Client/Server-Architektur bleiben bestimmte ressourcenintensive Aufgaben wie Datenverwaltung, Drucken, E-mail-Verwaltung oder System-administration auf den *Server* (Auftragnehmer) beschränkt. Die *Clients* (Auftrag-geber) haben nur direkte Verbindung zum Server und dienen durch Anforderungen an seine Dienste als Interaktionseinheit. Der Netzverkehr ist dadurch im Gegensatz zu anderen Architekturen vergleichsweise gering. Der Server erfordert jedoch ein hohes Maß an Prozessorleistung, Festplattenkapazität, Hauptspeicherkapazität und Datendurchsatz. In der Regel kann der Server durch die hohen Anforderungen an seine Reaktionszeit auf Diensteanforderungen für keine anderen Aufgaben benutzt werden. Abbildung 2.5 zeigt ebenfalls den typischen Aufbau eines Client/Server-Netzes.

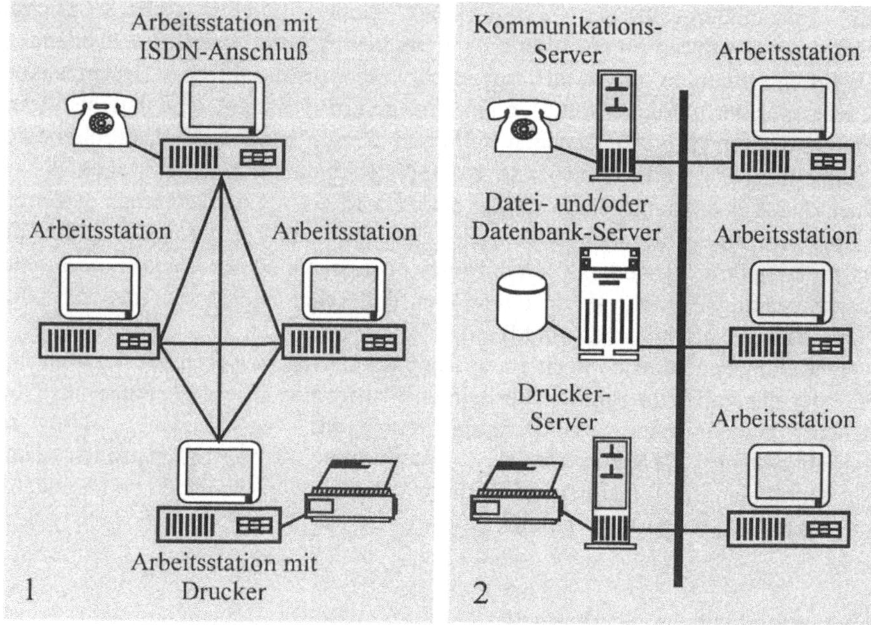

Abbildung 2.5. Typischer Aufbau verschiedener Netze - 1. Peer-to-Peer-Netz, wobei zwei Arbeitsstationen spezifische Ressourcen (Drucker, ISDN-Ankopplung) zur Verfügung stellen; 2. Client/Server-Netz mit Servern für die Kommunikation, die Datenhaltung und das Ausdrucken

Das Gebiet der Netzkommunikation betrifft Hardware ebenso wie Protokolle oder gar Anwendungsprogramme, die entweder das Netz ausmachen oder es benötigen. Um dieses Thema besser zu strukturieren und damit leichter auf die erhöhten Anforderungen des Marktes reagieren zu können, entwickelte die „International Standardization Organization" (ISO) 1977 ein sogenanntes Referenzmodell für „Open Systems Interconnection", das *ISO-OSI-Referenzmodell*. Hierbei handelt es sich um ein Schichtenmodell, wobei die transportorientierten Funktionen in vier und die datenverarbeitungsorientierten Funktionen in drei Schichten unterteilt sind. Die sieben Schichten lauten von unten nach oben:

1. *Physical Layer* (Bitübertragungsschicht): Diese Schicht definiert und beschreibt das Verfahren zur Übertragung einzelner Bits über das Übertragunsmedium (z.B. BNC-Kabel). Hierzu gehören unter anderem die Bit-Synchronisation sowie das Modulationsverfahren, das im wesentlichen die Bandbreite der Netzkommunikation bestimmt.

2. *Data Link Layer* (Sicherungsschicht): In dieser Schicht erfolgt die Definition des Zugriffsprotokolls (MAC) auf das physikalische Medium, die Block-Synchronisation, die Flußsteuerung, sowie die Fehlererkennung und -korrektur. Die Übertragung wird in einzelnen Datenübertragungsblöcken (Frames) sichergestellt.

3. *Network Layer* (Vermittlungsschicht): Die Vermittlungsschicht sorgt für den Transport eines Nachrichtenblocks (Paket) von einem Endsystem zum anderen. Sie ist verantwortlich für die Adressierung, die Vermittlung, die Fehlerbehandlung und die Sequentialisierung der Datenpakete. Der Weg zwischen den Endgeräten kann hierbei sowohl physikalisch vorhanden sein oder auch nur eine logische Verbindung darstellen.

4. *Transport Layer* (Transportschicht): Diese Schicht stellt eine Prozeß-zu-Prozeß-Verbindung zur Verfügung und trennt gleichzeitig die anwendungsbezogenen Schichten von den transportierenden. Hier werden die Pakete in geeignete Pakete zerlegten bzw. wieder zusammengesetzt.

5. *Session Layer* (Sitzungsschicht): Die Sitzungsschicht ist verantwortlich für die Bereitstellung von notwendigen Sprachmittel zur Eröffnung, Durchführung, Synchronisation und zum ordnungsgemäßen Abschluß einer Sitzung zwischen den Teilnehmern. Hierbei kann zwischen verschiedenen Sitzungsarten (z.B. Punkt-zu-Punkt, Multicast) unterschieden werden.

6. *Presentation Layer* (Darstellungsschicht): Die Aufgabe dieser Schicht ist vor allem die Anpassung der auszutauschenden Daten zwischen den beiden kommunizierenden Systemen. Hier werden z.B. grundsätzlich inkompatible Datenformate von Computern verschiedener Hersteller konvertiert.

7. *Application Layer* (Anwendungsschicht): Diese Schicht enthält alle anwendungsspezifischen Schnittstellen für die Anwendungsprogramme. Diese haben nur auf diese Schicht unmittelbaren Zugriff.

Durch dieses Modell - das sich in seiner Realisierung nicht etablieren konnte - können nun Protokolle beschrieben werden, die Standards im Netzbereich darstellen. Nicht alle Netzstandards lassen sich jedoch eindeutig auf das OSI-Referenzmodell abbilden. Dennoch hat sich durch seine klare Gliederung die Betrachtungsweise eingebürgert, Netzstandards in Relation zu diesem Modell zu sehen. Als den beiden unteren Schichten (Physical Layer, Data-Link Layer) analog können daher die *IEEE 802.X*-Standards betrachtet werden, die Kabel, physikalische Topologie, elektrische Topologie und Zugriffsschemata für verschiedene Netzprodukte beschreiben. Das Physical Layer beinhaltet damit beispielsweise die Hardware- (Adapter) und Kabelspezifikation für *Ethernet*, *Token-Ring*, *RS-232*, und andere. Im Data-Link Layer befinden sich die Treiber für verschiedene Netzstandards, z.B. *LAPB* (Link Access Protocol Balanced) für *TCP/IP*-Netze, *ODI* (Open Data-link Interface) für *Novell NetWare* oder *NDIS* (Network Driver Interface Specification) für *Banyan VINES* und den *Microsoft LAN Manager*.

Das Network Layer wird durch eine Reihe von Protokollen realisiert: *IP* (Internet Protocol), *X.25* (Packet-Level Protocol), *IPX* (Internet Packet Exchange der Firma Novell) oder *VIP* (VINES Internet Protocol der Firma Banyan).

Ab der Schicht 4 (Transport Layer) existiert eine fast undurchschaubare Vielfalt an Protokollen, die zumeist herstellerabhängig sind. Einzig TCP/IP- und NetBIOS-basierte Netze gewährleisten einen gewissen Homogenität. Hierbei wurde *TCP/IP* (Transmission Control Protocol/Internet Protocol) seit seinem Entwurf 1973 und der darauffolgenden Standardisierung 1983 zumeist nur auf Workstations realisiert. Beinahe zeitgleich etablierte sich das *NetBIOS* (Network Basic Input/Output System) bevorzugt gut verpackt in einer der PC-spezifischen Implementationen (Novell NetWare, Banyan VINES, Microsoft LAN Manager). Erst 1992 fand das TCP/IP-Protokoll auch auf den PCs größere Verbreitung, als es von Microsoft standardmäßig in seinem Windows-Betriebssystem unterstützt wurde [Microsoft96]. Hierbei konnte auf eine große Auswahl von TCP/IP-basierten Diensten aus der UNIX-Welt für Datentransfer, Mitteilungen, entferntes Starten von Programmen, Anbinden von fremden Datenträgern o.ä. zurück-gegriffen werden.

Mechanismen für eine Prozeßkommunikation (Interprocess Communication = IPC) über das Netz, wie sie auch durch die OSI-Schicht 4 realisiert werden, waren schon zuvor grundlegende Zusätze zum UNIX-System (ab BSD-Version 4.2). Die Idee hierbei war die Schaffung einer IPC-Schnittstelle ähnlich jener für die Datei-Ein-/Ausgabe (File I/O). In einem UNIX-System besitzt jeder Prozeß einen Satz von I/O-Descriptors, von dem man liest oder auf den man schreibt. Ein Descriptor kann sich jedoch nicht nur auf Dateien beziehen, sondern auch auf Geräte (Terminal, Bildschirm) oder auf Kommunikationskanäle. Hierbei besteht der Lebenszyklus eines Descriptors aus drei Phasen: Entstehung, Anwendung für Lesen oder Schreiben und Zerstörung.

Mit diesem Mechanismus, der nicht über eine explizite Namengebung verfügt, läßt sich eine überraschende Flexibilität erreichen. So sind die wohlbekannten UNIX-Pipes eine bestimmte Art von Deskriptoren, wobei sie nur die Kommunikation in eine Richtung erlauben. *Sockets* sind ebenfalls Deskriptoren, jedoch bidirektional und nicht auf den Dialog innerhalb einer einzigen Maschine beschränkt. Sie können über das gesamte Netz wirken, wobei der Senderprozeß seine Identität dem Empfänger nicht preisgibt. Jedes neuere UNIX-Betriebssystem sowie viele Netz-Toolkits für MS-Windows unterstützen die Verwendung der *Berkeley-Sockets* bzw. werden mit der entsprechenden C-Bibliothek ausgeliefert. Die Sockets als plattformübergreifender Standard bezüglich des OSI-Modells befinden sie sich auf Schicht 5 (Session Layer).

Abbildung 2.6 gibt einen Überblick über die verschiedenen zum Teil oben vorgestellten Protokolle im Hinblick auf das OSI-Referenzmodell, wobei zwischen den TCP/IP-, Microsoft LAN Manager- und Novel Netware-Protokollsätzen unterschieden wird:

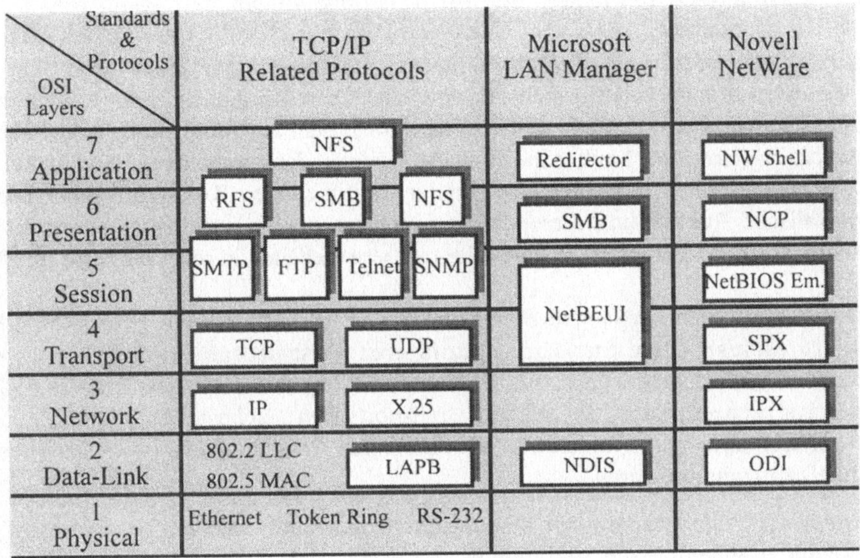

Abbildung 2.6. Beziehung der verbreiteten Netzprotokolle und -standards zueinander und zu dem ISO-OSI-Referenzmodell

Einen ganz anderen Ansatz machte Microsoft in seinem Windows für Workgroups. Auf dem Protokoll für das Peer-to-Peer-Netz aufbauend wurde eine Standardschnittstelle für die Kommunikation zwischen verschiedenen PCs zur Verfügung gestellt, die sich auf autarken Rechnern längst etabliert hatte: *DDE* (Dynamic Data Exchange). DDE dient der Kommunikation zwischen unterschiedlichen Applikationen unter MS-Windows und hat ein genau definiertes Verhalten sowie ein klar gestaltetes Kommunikations-*API* (Application Program Interface) für Software-Entwickler. *NetDDE* ist eine nur leicht abgeänderte Form der Standard-DDE-Kommunikation und ermöglicht dadurch das rasche Portieren bestehender Anwendungen für den netzweiten Betrieb.

Jedoch auch hier wird inzwischen ein TCP/IP-basiertes Protokoll inklusive der Berkeley-Socket-Mechanismen (*WinSockets*) für die Netzfunktionalitäten unter MS-Windows angeboten. Durch diese Übereinkunft für die Datenkommunikation sind die „Netzschranken" zwischen den Systemen weitgehend gefallen. Sogar der bisherige Marktführer für PC-Vernetzung Novell schwenkt von der Verwendung seines proprietären IPX-Protokoll um auf TCP/IP.

2.2.2 Lokale Netze in Firmen- und Institutsumgebungen

Institute, Behörden und Firmen vernetzen in immer stärkerem Maße ihre verwendeten Rechnerplattformen. Dies dient im wesentlichen zum leichteren Austausch wichtiger Daten und Information, der Nutzung von netzweiten Ressourcen (Drucker, Massenspeicher etc.) sowie der einfacheren Wartbarkeit von einer entfernten Konsole oder gar zur multimedialen Kommunikation. Die physikalische Ausdehnung dieser lokalen Netze (*LANs* = Local Area Networks) beschränkt sich in der Regel auf ein oder mehrere Gebäude in relativer Nähe (< 10 km).

Die verbreitetsten LANs sind *Ethernet* (10 bzw. 100 Mbit/s) und *Token-Ring* (4 bzw. 16 Mbit/s). Diese Standards spezifizieren verschiedene Netzkabeltypen, -topologien und -zugriffe. In LANs werden daher Repeater, Bridges, Routers und Gateways genutzt, um die darauf transportierten elektrischen Signale zu regenerieren und um mit anderen LANs oder Wide Area Networks (siehe nächstes Kapitel) zu kommunizieren.

- *Repeaters*: Sie wiederholen elektrische Signale und frischen sie damit auf. Damit erlauben sie die Verbindung zweier Kabelabschnitte zur Verlängerung des Netzstrangs.
- *Bridges*: Sie erlauben die Verbindung zweier LANs. Jede Station im jeweiligen LAN kann damit auf Ressourcen des anderen LANs zugreifen. Bridges verbinden die OSI Sicherungsschicht des einen LANs mit der Sicherungsschicht eines anderen LANs und erlauben daher die Kombination verschiedener Netzkabeltypen.
- *Routers*: Sie arbeiten im OSI Network Layer und können je nach Adresse eines Datenpakets dessen Weiterleitung oder die Zurückweisung bewirken. Dies kann helfen (unnötigen) Netzverkehr in LANs drastisch zu reduzieren, da Datenpakete nur durchgelassen werden, wenn die Zieladresse „jenseits" des Routers liegt. .
- *Gateways*: Sie arbeiten in der OSI Transportschicht (oder höher) und erlauben es Netzen, die auf völlig unterschiedlichen Protokollen basieren, miteinander zu kommunizieren.

2.2.3 Städte- und länderübergreifende Netze

Um den Datenverkehr zwischen Firmen oder Filialen innerhalb von Städtegrenzen zu ermöglichen, wurden *MANs* (Metropolitan Area Networks) installiert. Ihre wichtigsten Vertreter sind *FDDI* (Fibre Distributed Data Interface) mit Transferleistungen von 100 Mbit/s und *DQDB* (Distributed Queue Dual Bus) mit skalierbaren Übertragungsraten von 34, 45 oder 140 Mbit/s.

Eine große Bedeutung auf dem Netzmarkt besitzen weltumspannende WANs (Wide Area Networks). Sie basieren in der Regel auf den physikalischen

Leitungen, die von den nationalen Telekom-Unternehmen betrieben werden. Ein prominenter Vertreter einer physikalischen Netztechnologie ist *ISDN* (Integrated Service Digital Network, 128 kBit/s bis 2 Mbit/s). Eine neue Technologie für WANs, die jedoch auch für LANs und MANs eingesetzt werden kann, ist ATM (Asynchronous Transfer Mode), die Datentransferraten von 25, 50, 155 oder 625 Mbit/s erlaubt und speziell für zeit- und synchronisationskritische multimediale Datentypen geeignet ist.

Die logischen weltumspannenden Netze werden durch Organisationsstrukturen wie *Internet* oder *CompuServe* realisiert. Das Internet ist das größte Computernetz der Welt. Mit weit über 40 Millionen Anwendern in über 130 Ländern und ca. 9,5 Millionen angeschlossene Computer (davon über 2 Millionen in Europa, 500.000 in Deutschland) Ende 1995, bietet es eine gewaltige Fülle an Kommunikations- und Informationsmöglichkeiten [Allard94], [Internet95].

Im Grunde ist das Internet ein Zusammenschluß von vielen über die ganze Welt verteilte lokale Netze, die über das UDP- oder TCP/IP-Protokoll kommunizieren. Es hat seine Ursprünge in einem Forschungsprojekt Ende der 60er Jahre, als es in den USA aus dem DARPANET (Defense Advanced Research Projects Agency Network) entstand. Heute gehören auch das Milnet, das NASA Science Internet (NSI) sowie das NSFNet (seit 1995 bei America Online) hinzu.

Jeder Standard im Internet wird durch ein Dokument gebildet, das den Titel *RFC* (Request for Comments = Aufforderung zu Anmerkungen) trägt. RFCs gibt es seit 1969, sie sind Arbeitspapiere der Forschungs- und Entwicklergruppe des Internet. Gewöhnlich ist ein RFC die Beschreibung eines Protokolls, einer Prozedur oder eines Dienstes. Es kann jedoch auch ein Statusbericht oder eine Zusammenfassung von Forschungsdaten sein. Bis Ende 1995 gab es etwa 2000 veröffentlichte RFCs.

2.2.4 Komponenten für kooperatives Arbeiten

Viele komplexe Aufgaben in unserem heutigen Leben können nicht mehr von einzelnen Personen bewältigt werden. Daher erfolgt schon seit geraumer Zeit eine immer stärker werdende Spezialisierung bestimmter Berufs- und Lebenszweige. Damit wird der Einzelperson die Möglichkeit eröffnet, Teilaspekte der gestellten Aufgabe befriedigend zu lösen.

Die Strategie der Arbeitsteilung hat eine lange Tradition und kann bis in die Anfangszeiten der Menschheitsgeschichte zurückverfolgt werden. Aus diesem Grund wird sie auch von den meisten Menschen als völlig selbstverständlich angesehen. Arbeitsteilung führt jedoch nicht zwangsläufig zu besseren oder effektiveren Ergebnissen. Bei steigender Komplexität der Aufgabe ergeben sich Probleme in der Arbeitskoordination und der Blick des Einzelnen für das Ganze geht leicht verloren. Daraus resultiert als Ausgleich für diese Schwächen die immer größer werdenden Notwendigkeit zur Kommunikation [Greenberg91], [Schendel91], [Peters94], [Encarnação95a].

Noch vor wenigen Jahren war es üblich, daß große Betriebe oder gar Staaten von Einzelpersönlichkeiten geführt wurden. Diese stellten die Schaltzentrale und Entscheidungsinstanz dar, sie erhielten alle einlaufenden Informationen und reagierten im Idealfall entsprechend. Heute sind dagegen immer häufiger Führungsgruppen mit diesen Aufgaben betreut und es bereitet zusehends Schwierigkeiten, viele Individuen zu einer im positiven Sinne funktionierenden Einheit zu integrieren.

Dies ist insbesondere durch die enorm gestiegene Informationsfülle zu erklären, die von Einzelpersonen in der Regel nicht zu verarbeiten sind. Daher ist ein oft gleichberechtigtes Arbeiten und Handeln gefordert, um z. B. auch die guten Ideen hierarchisch tiefergestellter Mitarbeiter aufnehmen und schnell in brauchbare Ergebnisse umwandeln zu können. Zudem werden von den meisten Menschen Gespräche oder andere Arten der menschlichen Kommunikation zur Lösung eines Problems als natürlich und positiv empfunden.

Aktuelle Rechnernetze sind in der Regel ohne Modifikationen nicht in der Lage, natürliche, kommunikative Vorgänge zu unterstützen, wenn sie mit entsprechenden Endgeräten ausgestattet werden. Aufgrund einer räumlichen Trennung können Menschen oft nur schwer zusammenarbeiten, obwohl sie dazu sehr wohl gewillt, fähig oder gar gezwungen sind. Die immer größere Akzeptanz und Auslastung elektronischer Fax- und Mail-Dienste zeigt, daß immer mehr zumindest der Versuch zur überregionalen Kooperation unternommen wird. Dem Austausch von reduzierter Information über E-mail, Fax oder Telefon ist in vielen Fällen eine gemeinsame, computergestützte, multimediale Arbeit am gleichen Objekt weit überlegen. Mißverständnisse könnten oft vermieden und neue Ideen direkt in sichtbare Ergebnisse umgesetzt werden [Roseman92].

Auch die Zusammenarbeit bei relativer räumlicher Nähe stellt eine wichtige mögliche Applikation eines kooperativen Systems dar. Wohl jeder, der viel mit Computern arbeitet, kennt das Problem, zu zweit auf einem einzigen Terminal eine gemeinsamen Aufgabe zu lösen. Hierbei kann jedoch nur eine Person die Tastatur bedienen. Entweder die zweite Person erklärt immer ihre Vorschläge ganz genau verbal oder aber übernimmt die Tastatur. Beide Fälle sind meist unbefriedigend, besonders in den Bereichen Schulung, graphische Entwicklung (CAD) und Medizintechnik. Optimal wären in diesem Falle zwei vernetzte Rechner mit einer kooperativen Arbeitsumgebung. Kann auch Sprache oder gar ein bewegtes Bild des jeweiligen Arbeitspartners übertragen werden, ändert sich auch bei einer räumlichen Trennung die Situation nur minimal. Ein modernes Rechnerkonzept unterstützt demnach sowohl eine *logische* als auch eine *räumliche* Verteilung.

Als optimale Lösung - vorausgesetzt die entsprechende Software ist ebenfalls verfügbar - ließe sich ein kooperatives System vorstellen, das die Möglichkeiten verschiedenster Medien wie Fernsehen, Video, Graphik, Bilder, Zeitungen, Magazine, Bücher, DAT- und CD-Player, Mikrophon, Kamera, Diabelichter, Scanner, Fax- und Telexgeräte, Telefon, Data Glove usw. mit denen von vernetzten Computern in sich vereinigt [Marcos94], [Bentley95], [Santos95b], [Santos96].

2.2.5 Echtzeit-Kommunikationstechnologien

Die wachsende Verwendung von multimedialen Daten auf Netzen auch zur Echtzeitkommunikation bringt einen Wandel im typischen Gebrauch von Computern mit sich. Die bisher starke Trennung zwischen Computern und Telekommunikationseinrichtungen verschwimmt immer mehr durch die Integration von Kommunikationsmedien mit bequemem Zugriff auf multimediale Informationssysteme (siehe Abbildung 2.7) [Steinmetz90], [Girod93], [Ramanathan94], [Girod94b], [Chen95].

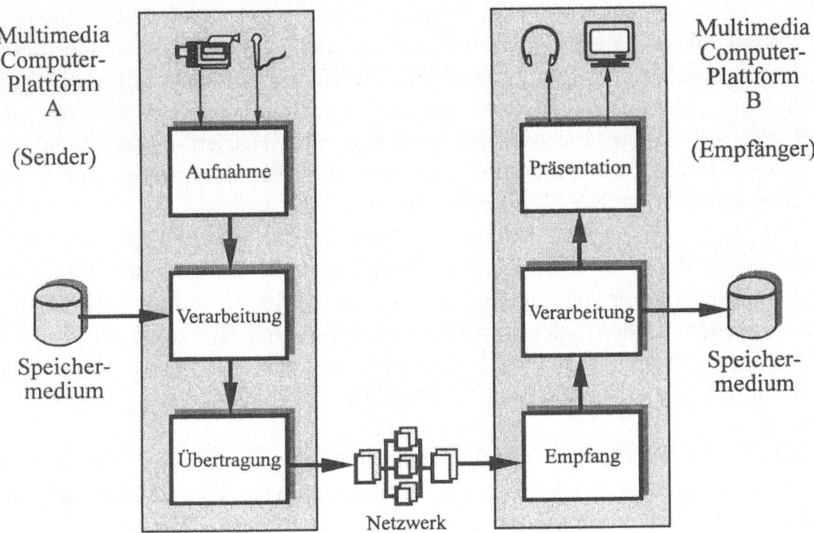

Abbildung 2.7. Multimediale Kommunikation auf verteilten Plattformen. Auf jeder Plattform laufen Verarbeitungsprozesse (Kompression/ Dekompression, etc.). Die Plattformen kommunizieren über LAN oder WAN.

Das möglicherweise wichtigste Medium eines jeden Systems, das Mensch-zu-Mensch-Kommunikation unterstützt, ist *Audio* [Santos95b]. Die meisten Beschwerden von Benutzern im Bezug auf Tele-Konferenzsystemen betreffen die Audioqualität. Untersuchungen haben gezeigt, daß mehr als die Hälfte der Information, die während einer Tele-Konferenzsitzung übertragen werden, verbaler Form sind. Daher fällt es den Benutzern besonders auf, wenn so eine wichtige Informationsquelle technische Schwachstellen aufweist. Ein Hauptgrund für viele Probleme mit der Audiokomponente ist die hohe Empfindlichkeit des menschlichen Ohrs im Bezug auf Fehler im „Timing". Hier sind die Hörorgane um Größenordnungen empfindlicher als die Augen. Verzögerungen und Gleichlaufschwankungen innerhalb eines gewissen Zeitrahmens (50 bis 200 Millisekunden), die bei Bildsequenzen problemlos ignoriert werden können, führen zu nicht akzeptablen Resultaten bei Audiosequenzen (siehe Kapitel 2.3) [Tritsch93b].

Mit *Videokommunikation* ist in einem multimedialen Kommunikationssystem die fortlaufende Sequenz von digitalen Videobildern gemeint. Sie werden möglichst in Echtzeit eingefangen, digitalisiert, übertragen und wieder dargestellt um einen adäquaten Kommunikationmechanismus bereitzustellen [Gale92], [Kraut92], [Girod94a].

2.2.6 Objektkommunikation

In den letzten Jahren haben sich Softwareentwickler aber auch -anwender daran gewöhnt, daß eine Beschäftigung mit objektorientierten Sprachen und Konzepten unerläßlich ist. Es sind jedoch nicht nur die Sprachen, vielmehr zeichnet sich deutlich ab, daß einige Firmen und Anbieter von Betriebssystemen in den kommenden Jahren das Paradigma des Client/Server-Computing durch die Anwendung objektorientierter Techniken erweitern werden.

Statt mit Hilfe von *Remote Procedure Calls (RPCs)* Nachrichten von einem Rechner zum anderen zu schicken, wird die verteilte Datenverarbeitung mit objektorientierten Mitteln für die Kommunikation sorgen. Dadurch wird es auch für den Anwendungsentwickler immer unwichtiger zu wissen, wo die Objekte respektive die Anwendungen sich befinden, von denen ein Dienst angefordert wird. Dies gilt nicht nur innerhalb des lokalen Netzes, sondern auch global für die vernetzte Welt.

Bei der Bereitstellung der erste objektorientierte Umgebung für verteilte Datenverarbeitung hat SunSoft einen Zeitvorsprung. Seit Jahren arbeiten Entwickler von SunSoft zusammen mit NeXT am Projekt *Distributed Objects Everywhere (DOE)*, das den Schritt von der „nur" verteilten Datenverarbeitung zur objektorientiert-verteilten machen soll. DOE ist *CORBA*-konform (Common Object Request Broker Architecture[1]) und soll für die zukünftigen Betriebssysteme verschiedener Rechnerplattformen eingesetzt werden [DEC91], [Strack94].

Wichtigstes Detail der Verwaltung von Objekten im Netz ist, daß sie auffind- und ansprechbar sind. Dazu dienen Objektreferenzen unterschiedlicher Datentypen. Sie bewirken, daß ein *Client*, der eine Anfrage an ein (*Server-*)Objekt

---

[1]CORBA - Spezifikation eines Objektmodells von der Object Management Group (OMG), einer Gruppe von mehr als 500 Firmen, die die Verarbeitung von Objekten im Netz standardisieren möchte.

stellt, dessen Referenz für das Objekt selbst hält. Kommunikation zwischen Objekten kann nur stattfinden, wenn „Jemand" eine Anfrage an einen anderen „Jemand" hat. Das fragende Objekt (der Client) will eine Antwort vom Server. Diese Eigenschaften sind bei bestimmten OO-Systemen jedoch austauschbar, so daß es sich bei Anfrage (Client) und Antwort (Server) eher um eine *Peer-to-Peer-*Kommunikation als um das *Client/Server-*Prinzip handelt.

Ein erster CORBA-konformer Objektanfragevermittler (Object Request Broker) wird durch IBMs OpenDoc-Schnittstelle bzw. dem System Object Model (SOM) und seine netzfähige Erweiterung Distributed SOM (DSOM) realisiert. SOM ist bereits für OS/2, AIX, MacOS und MS-Windows verfügbar.

Mit *Object Linking and Embedding (OLE)* versucht Microsoft einen Standard für zusammengesetzte Dokumente (Compound Documents) zu setzen. Die Version 1.0 war Bestandteil von Windows 3.1 und wurde nach grundlegender Erweiterung von der Version 2.0 abgelöst. OLE verdankt der Art der Integration geschachtelter Dokumente (ebenfalls Objekte) seinen Namen. Objekte können entweder vollständig in ein zusammengesetztes Dokument eingebettet (embedded) oder durch eine Referenz mit dem Dokument verbunden sein (linked). Eine eingebettetes Objekt wird mit seinem Dokument abgespeichert und kann auch nur in dessen Kontext bearbeitet werden. Durch eine Referenz verbundene Objekte werden unabhängig von ihrem Dokument gespeichert und sind demnach als separate Einheiten von verschiedenen Dokumenten referenzierbar. Um OLE auch auf verteilten Systemen verfügbar zu machen, wird es um drei Basismechanismen ergänzt: einen persistenten Objektspeicher, Erweiterungen für verteilte Umgebungen sowie Anfrage- und Suchkomponenten für Objekte [Microsoft96].

2.3 Multimedia-Terminologie und verwendete Standards

Wenn immer eine Mensch-Maschine-Schnittstelle einen Benutzer mit computer-basierter Information verbindet, scheint die Verwendung von Multimedia geeignet. Multimedia erweitert die traditionelle textuellen Schnittstellen und kann in vielen Bereichen zu meßbaren Verbesserungen bei der Verwendung von Computern beitragen. Multimediale Dokumente eingebettet in einer entsprechenden Laufzeitumgebung zu Präsentation bilden ein Multimediaprojekt. Ein Multimediasystem oder -projekt muß nicht zwingend interaktiv sein um multimedial genannt zu werden: die Benutzer können auch ausschließlich über Augen und Ohren mit diesem System verbunden sein, so wie sie es bei Kinobesuchen oder beim fernsehen sind (siehe auch [Hofmann94] oder [Mühlhäuser94]). In solchen Fällen ist das Projekt linear, im Gegensatz zu Projekten, bei denen der Benutzer die Navigationskontrolle in dem System übernimmt (z.B. durch Hypernavigation, d.h. dem nichtlinearen Springen von einer Informationseinheit zur nächsten). Dieses zweite interaktive oder nichtlineare Projekt ist sicherlich eine leistungsfähigere Methode zur Vermittlung von Information. Dennoch ist es nicht zwingend mehr multimedial als das lineare Projekt. Hierbei sollte weiterhin nicht übersehen werden, daß textuelle Information noch immer - natürlich in Kombination mit anderen Medien - zu einem wichtigen Grundpfeiler solcher Projekt gehört [Fox92], [Tritsch94b].

Dieses Kapitel führt die einzelnen Elemente eines multimedialen Projekts ein. Hierbei wird zunächst von der allgemeinen Bedeutung jedes einzelnen Elements ausgegangen. Aus dieser Beschreibung werden dann die allgemein verwendeten Standards und Definition kurz vorgestellt.

2.3.1 Text

Die Menschheit hat im Bezug auf ihre Entwicklungsgeschichte erst in jüngerer Vergangenheit gelernt Text und Symbole für Kommunikationszwecke zu verwenden. Diese Entwicklung begann vor ca. 6000 Jahren in Mesopotamien, Ägypten, Sumer und Babylon. Dort wurden bedeutungsvolle Zeichen auf Tontafeln geritzt, die danach in der Sonne trocknen gelassen wurden. Nur Mitgliedern der herrschenden Klasse sowie Priestern war es zunächst erlaubt die piktographischen Zeichen zu schreiben und zu lesen.

Heutzutage sind Text sowie die Fähigkeit zu lesen und zu schreiben unerläßlich für die Wissensvermittlung. In den meisten heutigen Gesellschaften gehört das geschriebene Wort zu den wichtigsten Kulturgütern. Worte und Symbole in jeglicher Form, gesprochen oder geschrieben, sind das am weitesten verbreitete Kommunikationssystem [Vaughan93].

Bei der Repräsentation des geschriebenen Wortes auf einem Trägermedium wie Papier oder einem Computermonitor gibt es zwei wesentliche Unterscheidungsmerkmale: *Zeichensatz* und *Schriftart*. Schließlich muß auch die Verarbeitung eines Dokuments mit möglicherweise verschiedenen Zeichensätzen, Schriftarten und Seitenaufteilung (als logische oder Layout-Struktur) betrachtet werden. Dies wird unter dem Begriff *formatierte Texte* behandelt.

2.3.1.1 Zeichensatz

Der Zeichensatz ist die Menge der atomaren Elemente einer Schriftsprache, des Alphabets. Hierbei sind starke nationale Unterschiede feststellbar. Als Beispiele werden in der Tabelle 2.1 jeweils Auszüge aus dem deutschen und dem griechischen Zeichensatz aufgeführt.

Tabelle 2.1. Auszüge aus Zeichensätzen

Auszug aus dem deutschen Zeichensatz:	ABCDEFGHIJabcdefghijÄÖÜäöü
Auszug aus dem griechischen Zeichensatz:	ΑΒΧΔΕΦΓΗΙΚΛΜΝΟΠΡΣΤαβχδεφγ

In der westlichen Welt hat sich seit Beginn des Computerzeitalters ein Basiszeichensatz als Standard etabliert: der *American Standard Code for Information Interchange (ASCII)*. Er basiert grundsätzlich auf der eindeutigen Zuordnung von jedem individuellen Buchstaben des amerikanischen Alphabets zu einer wiederum individuellen Folge von Nullen und Einsen, einem Bitmuster. In seiner ersten Form basierte jedes ASCII-Zeichen auf einem sieben Stellen langen Bitmuster (7-Bit-ASCII), womit maximal 128 Zeichen zugeordnet werden können. Später wurde das Bitmuster um eine Stelle erweitert (8-Bit-ASCII = 256 Zeichen), um auch Platz für Sonderzeichen (Umlaute, Buchstaben mit Akzenten, Graphiksymbole, griechische Zeichen) zu schaffen. Noch heute gilt der 7-Bit-ASCII-Zeichensatz als der kleinste gemeinsame Nenner beim Austausch von textueller Information.

Etwas neuer ist der *American National Standard Institute (ANSI)* Standard, der inzwischen von vielen Anwendungen unterstützt wird. Er basiert ebenfalls auf einem 8-Bit-Code und entspricht in den ersten sieben Bits im wesentlichen dem ASCII-Standard. Der ANSI-Standard unterscheidet sich dann jedoch stark in der Zuordnung der Sonderzeichen. Seine Stärke liegt in der vollständigen Unterstützung aller europäischen Sonderzeichen in der lateinischen Schrift. Dagegen wird das griechische Alphabet gar nicht mehr beachtet.

Neuere Aktivitäten im Bereich der Zeichensätze zielen auf einen globalen 16-Bit-Code. In den über 65000 Zuordnungen lassen sich leicht neben den ASCII-, ANSI- und griechischen Zeichen auch ganze Zeichensätze aus dem Wachstumsmarkt Asien (z.B. Kanji- und Hindi-Zeichensätze) integrieren. Prominenter Vertreter dieser Strategie ist z.B. der Microsoft *UNICODE*, der in einer ersten Version seit 1993 in MS-Windows NT eingesetzt wird [Microsoft96].

2.3.1.2 Schriftart

Jeder Mensch hat eine mehr oder weniger individuelle Schreibweise, d.h. eine bestimmte Art Buchstaben zu „malen" und anzuordnen. In vielen Gebieten Asiens ist die Kalligraphie, das Handwerk Buchstaben in einer künstlerisch vollendeten Art auf ein Trägermaterial zu bringen, noch immer hochgeachtet. Auch in Europa waren Schriftsetzer jene Künstler, die mit ihren ausgefeilten Schrifttypen gedruckte Information leicht und flüssig lesbar machten. Noch heute läßt sich ihr Wissen über die verschiedenen Typen und Stile von Schriften nutzen, um auf Computern geschriebene Information ansprechend und leserlich zu präsentieren.

Durch die Auswahl eines Buchstaben aus einem geeigneten Zeichensätze kann man einen Computer anweisen diesen auf einem Bildschirm zu präsentieren. Erst die Angabe einer Schriftart ermöglicht ihm jedoch dies wirklich zu tun. Die gewählte Schriftart muß dabei immer im Rahmen der Möglichkeiten des Computerumfelds bleiben, d.h. insbesondere dürfen weder Graphikfähigkeiten noch Monitor des Rechnersystems überfordert werden.

Es gibt drei verschiedene Methoden, unterschiedliche Schrifttypen auf einem Computermonitor darzustellen: als Bitmaps, als Postscript Fonts oder als True Type Fonts.

- *Bitmap*: Jeder Buchstabe von jedem unterstützten Font eines installierten Schrifttyps ist in einem Rasterbild abgelegt und wird bei Bedarf auf dem Bildschirm ausgegeben. Dies ist die älteste Methode der Textdarstellung.
  Vorteil: schnell, neue Fonts sind leicht zu entwickeln
  Nachteil: nur schwer skalierbar, Rasterung wird leicht sichtbar

- *Postscript Font*: Die Buchstaben eines Schrifttyps werden entsprechend ihrer geometrischen Form als Bezier-Kurve interpoliert und gemalt. Dieses Verfahren wurde von der Firma Adobe entwickelt.
  Vorteil: skalierbar, starke Ähnlichkeit zu Vektor-Fonts
  Nachteil: langsam durch aufwendige Berechnung, hoher Aufwand beim Entwickeln neuer Fonts

- *True Type Font*: Die Buchstaben eines Schrifttyps werden entsprechend ihrer geometrischen Form als quadratische Kurve interpoliert und gemalt. Dieses Verfahren wurde von der Firma Apple entwickelt.
  Vorteil: skalierbar, schneller als Postscript Fonts, starke Ähnlichkeit zu Vektor-Fonts
  Nachteil: langsamer als Bitmaps durch die Berechnung quadratischer Kurven

2.3.1.3 Formatierter Text

Wurde ein Textdokument mit verschiedenen Zeichensätzen und Schriftarten realisiert, können noch weitergehende Formatierungsanweisungen zur Gestaltung des Textes unterstützt werden. Dies betrifft in der Regel einzelne Absätze oder den Aufbau der gesamten Seite. Hierunter fallen

- die rechtsbündige, linksbündige, zentrierte oder blockorientierte Formatierung von Absätzen,
- der Abstand zwischen Absätzen,
- die Seitengröße, sowie
- die Anordnung von Seitennumerierung, Fußzeilen, Kopfzeilen und Fußnoten auf der Seite

Dateiformate zur Speicherung des kompletten formatierten Textes werden mit den entsprechenden Textverarbeitungsprogrammen wie Word für Windows, WordPerfect, FrameMaker, etc. geliefert. Ein wenig außerhalb dieser Gruppe liegt die Seitenbeschreibungssprache Postscript, die allgemein für die Verbindung von text- und graphikorientierten Programmen zu Peripheriegeräten wie Laserdrucker und Photobelichter sorgt.

Als Austauschformate zwischen verschiedenen Textverarbeitungen oder gar Rechnerplattformen haben sich *SGML* (Standard Generalized Markup Language, [ISO86]) auf Workstations und das daraus abgeleitete, stark strukturierte *HTML* (Hypertext Markup Language, [Berners95]) sowie das Layout-basierte *RTF*-Format (Rich Text Format, [Microsoft96]) auf Personal Computern etabliert. SGML und RTF können formatierten Text in 7-Bit-ASCII-Code abspeichern. Konvertierungsprogramme von SGML nach RTF und zurück sind verfügbar, HTML beinhaltet dagegen überwiegend Informationen struktureller Art und erschwert damit eine eineindeutige Konversion zu einem Format wie RTF (siehe auch Kapitel 2.5).

ODA (Open Document Architecture) und DEC's *CDA* (Compound Document Architecture) sind die wichtigsten Vertreter bei den aus unterschiedlichen Elementen zusammengesetzten Dokumenten. Sie stellen einen Standard dar für den Austausch von komplexen Dokumenten, die neben Text auch andere multimediale Elemente (Graphik, Audio, Video) enthalten können. Daneben werden physikalische Formatierung des Dokuments, seine logische Organisation und Schriftarten gespeichert.

2.3.2 Graphik

Spricht man über Multimedia, denken die meisten Menschen zunächst an Graphik - Zeichnungen, Bilder, Symbole, Muster, 3D-Szenen, Vektorprimitive und Schaltflächen in Schwarzweiß oder in Farbe. Der Grund für diese Assoziation liegt darin, daß die Graphik - neben Text - das primäre Präsentations- und Interaktionselement moderner Rechneroberflächen ist.

Zur Darstellung von unbewegter Graphik (*Still Images*) auf Rechnern gibt es zwei Methoden: *Rasterbilder* (*Bitmaps*) oder *Vektorgraphiken*. Bitmaps werden für photorealistische Bilder, für komplexe, feindetaillierte Zeichnungen sowie für viele Symbole verwendet. Vektorielle Objekte benutzt man für Linien, Rechtecke, Kreise, Polygone und andere graphische Formen, die über Koordinaten, Winkel und Distanzen ausgedrückt werden können. Ein Vektorobjekt kann mit Farben oder Mustern gefüllt und jederzeit als individuelles Objekt adressiert werden. Die Erscheinung sowohl von Rasterbildern als auch von Vektorgraphiken hängt stark von der Auflösung und den Farbmöglichkeiten der Graphikausgabe (Graphikhardware, Monitor) ab. Beide Graphiktypen werden in verschiedensten Graphikformaten gespeichert, wobei Rasterbilder typischerweise komprimiert werden um Speicherplatz zu sparen.

2.3.2.1 Farben

Die Verwendung von Farben in Graphiken wirft sowohl subjektive Fragen der Ästhetik als auch objektive Fragen zu ihrer technischen und physikalischen Natur auf. Die Wahl der richtigen Farben oder Farbkombinationen können wesentlich über Erfolg und Mißerfolg eines graphikorientierten Softwaresystems entscheiden. Der subjektive Aspekt soll an dieser Stelle jedoch in den Hintergrund treten und mehr eine kurze technische Beschreibung der Farben und ihrer Repräsentation gegeben werden.

Menschen nehmen Farben in einem Wellenlängenbereich von etwa 400 bis 600 Nanometern im elektromagnetischen Spektrum wahr. Es gibt mehrere physikalische Methoden und Modelle, diesen *Farbraum* zu beschreiben. Grundsätzlich basieren alle auf der Tatsache, daß Licht durch Photonen einer bestimmten Wellenlänge erzeugt wird. Rot, orange, gelb, grün, blau, indigo und violett - die Farben des Regenbogens - repräsentieren die Reihenfolge der aufsteigenden Frequenzen im sichtbaren Spektrum. Weiß ist eine Mischung aller Farben und schwarz entspricht dem völligen Fehlen jeglicher Farben bzw. ihrer vollständigen Absorption.

Die Rezeptoren des menschlichen Auges können nur rotes, grünes oder blaues Licht wahrnehmen, wobei die Grünrezeptoren die höchste Empfindlichkeit aufweisen. Das Gehirn interpoliert aus diesen drei *Additiven Primärfarben* alle Zwischentöne. Die verbreiteten Computer-Farbmodelle bauen auf dieses Wissen auf und spezifizieren Farben ihrerseits in maschinenverarbeitbaren Methoden. Monitore benutzen das wie das Auge das *RGB*-Modell (Rot-Grün-Blau). Hierbei wird jeder Farbe ihr Farbanteil in rot, grün und blau zugeordnet. Das *HSB*- und das *HSL*-Modell drücken Farbe mit einem Wert für die Farbe selbst (Hue: die Farben des Spektrums), einem Prozentwert für die Farbsättigung (Saturation: 50% = reine Farbe) und einem Prozentwert für die Leuchtstärke (Brightness: 100% = reine Farbe) bzw. Helligkeit (Lightness). Das *CMYK*-Modell wird überwiegend bei den Printmedien verwendet und repräsentiert den Anteil einer Farbe an cyan, purpur, gelb und schwarz (Separationsfarben für den Tintendruck). Andere Farbmodelle wie *CIE*, *YIQ*, *YUV* und *YCC*, die beispielsweise im Fernsehbereich Verwendung finden, beschreiben Farbe in Begriffen wie Frequenz, Sättigung, Luminanz (Wellenamplitude) und Chrominanz (Phasenverschiebung bzgl. einer Referenz).

Paletten sind mathematische Tabellen, die diese Farben für einen oder mehrere Bildpunkte bestimmen. Die verbreitetsten Paletten sind 1, 4 oder 8 Bits tief. Damit können 2, 16 oder 256 beliebige Farben dargestellt werden. Farbtiefen von 16 oder 24 Bits entsprechen zwischen mehreren Tausend bis zu 16,7 Millionen gleichzeitig darstellbaren Farben. Graphiken mit einer solchen Farbtiefe werden *True-Color* genannt und erlauben Verläufe zwischen beliebigen Farben ohne sichtbare Sprünge. Dies findet Verwendung bei photorealistischen Bildern.

2.3.2.2 Bitmaps

Eine Bitmap, Pixmap oder Rastergraphik ist eine einfache Informationsmatrix, welche die kleinsten darstellbaren Elemente eines Computermonitors - die *Pixels* (Picture Elements) - beschreibt. Eine eindimensionale Matrix wird für eine monochrome Bitmap benötigt. Größere Tiefe (mehr Informationsbits) resultieren in einer höheren Farbauflösung bzw. Farbtiefe. Aus diesem Grund sind die wichtigsten Kenngrößen einer Graphik, die als Bitmap gespeichert oder verarbeitet wird, ihre Breite und Höhe in Pixels sowie die Farbtiefe in Bits (siehe Abbildung 2.8).

Eine Bitmap in der gängigen Größe von 640 x 480 Pixels in True-Color benötigt somit schon ein knappes Megabyte an Speicherressourcen. Dateiformate für Bitmaps erlauben es diese Daten zu speichern oder weiterzuverarbeiten. Im Laufe der letzten Jahre haben sich eine Reihe von Standardformaten herausgebildet, deren wichtigste Vertreter im folgenden kurz vorgestellt werden sollen:

- Das *GIF*-Format (Graphic Interchange File Format) wurde 1987 von der Firma *CompuServe* eingeführt, um den Austausch von Bilddaten über Mailboxen zu erleichtern. Um die Übertragungsraten über das Telefonnetz zu verkürzen, wird das LZW-Komprimierungsverfahren verwendet, das nach ihren Entwicklern Lempel-Ziv und Welch benannt wurde. In einer Datei im GIF-Format können hardwareunabhängig mehrere Bilder bis zu einer Auflösung von 16000 x 16000 Pixels und 256 verschiedenen Farben gespeichert werden.

- Das *PCX*-Format wurde ursprünglich von der Firma ZSOFT entwickelt. Inzwischen existieren fünf verschiedene Formatversionen, wobei jedoch die ursprüngliche Version noch immer die aktuellste ist. Das PCX-Format wurde zum Speichern von Bildern mit maximal 16 verschiedenen Farbtönen entwickelt, inzwischen können jedoch auch 256 Farben verarbeitet werden. Die Bilddaten können mit dem RLE-Verfahren (Run-Length Encoding) komprimiert werden.

- Das *TIFF*-Format (Tagged Image File Format) ist ein Vertreter der Graphikformate, die ziemlich frühzeitig von der Firma Aldus entwickelt wurden. In TIFF-Dateien können wie im GIF-Format mehrere Graphiken abgespeichert werden. Durch den modularen Aufbau des TIFF-Formats sind Erweiterungen und Neudefinitionen möglich. Es werden verschiedenen Verfahren für die Komprimierung von Bilddaten verwendet. Die Größe der Quellbilder ist nahezu beliebig, Farbtiefen bis hin zu True-Color werden unterstützt.

- Das *BMP*- oder *DIB*-Format (Bitmap, Device-Independent Bitmap) der Firma Microsoft kann sowohl Monochrombilder als auch Farbbilder bis True-Color abspeichern. Bei Bildern mit Farbtiefen von 4 oder 8 Bits ist eine RLE-Komprimierung möglich [Microsoft96].

- Das *PPM*-Format ist ein einfaches, auf Sun-Workstations stark verbreitetes Rasterformat für Monochrom- und Farbbilder.

– Das *JPEG*-Format (Joint Photographic Expert Group) wurde zum Speichern von True-Color-Bilder bei wenig Speicherbedarf entwickelt. Es basiert auf einer Kompression nach dem Verfahren der „Diskreten Kosinustransformation" und ist verlustbehaftet. Dies bedeutet, daß ein JPEGgespeichertes Bild nicht mehr alle Pixel- oder Farbinformationen des Quellbildes enthält [JPEG89], [Wallace91].

2.3.2.3 Vektorgraphiken

Vektorgraphiken bestehen grundsätzlich aus einer Kombination von zweidimensionalen (2D) oder dreidimensionalen (3D) Vektorprimitiven wie Linien, Rechtecke und Kreise bzw. Flächen, Quadern, Zylindern, Kegeln und Kugeln. Diese Vektorprimitive werden typischerweise ausschließlich durch Anfangs- und Endpunkte innerhalb eines Koordinatensystems sowie Angaben zur Farbe (Umrandung, Füllung, Farbverläufe etc.) beschrieben. Dadurch können Vektorgraphiken in einem Computer in der Regel mit einem Bruchteil des Speicherbedarfs für entsprechende Rastergraphiken repräsentiert werden. Zudem ist die Manipulation einzelner Bildelemente in einer Vektorgraphik durch die eindeutig identifizierbaren Primitive weit einfacher als bei Rastergraphiken. Diese enthalten normalerweise keine Informationen über die innere Struktur der Graphik (siehe Abbildung 2.8).

Rasterbild/Bitmap

Vektorgraphik

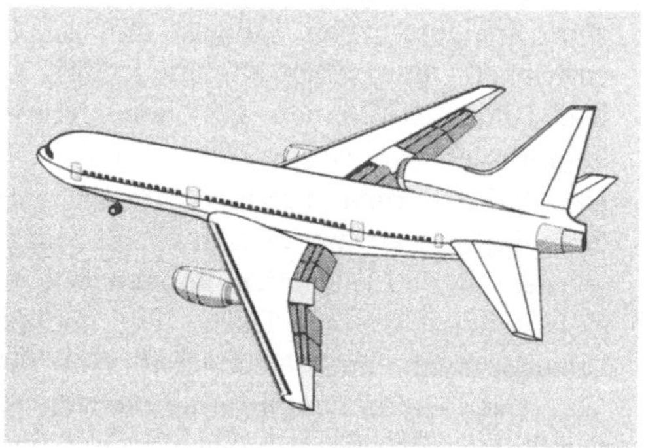

Abbildung 2.8. Vergleich eines Rasterbildes mit mehreren Graustufen und einer einfachen Vektorgraphik mit einfarbig gefüllten Flächen

Für die Berechnung photorealistischer Graphiken sind daher Vektorgraphiken nicht ohne weiteres ersetzbar. Die zugrundeliegende Szenenbeschreibung muß sich jedoch auf ein geschickte Anordnung von Vektorprimitiven reduzieren lassen. Die Umwandlung der Ergebnisgraphik in eine Rastergraphik ist sehr einfach möglich und wird auch sehr oft ausgeführt. Der Weg zurück - von Rastergraphik nach Vektorgraphik - ist bis auf wenige spezielle Ausnahmen problematisch bis unmöglich.

Bei der Darstellung der Graphiken wird ohnehin der Rastergraphik oft der Vorzug gegeben. Trotz des meist höheren Datenvolumen ist hierbei bei der Zielmaschine nur die reine Transferleistung dieser Graphikdaten zum Videospeicher wesentlich. Bei Vektordaten kommt die oft noch aufwendige Berechnung des Bildes aus den Vektordaten hinzu.

Bei der Betrachtung von Vektorgraphiken muß weiterhin grundsätzlich zwischen zwei Ansätzen unterschieden werden: dem Vektorgraphiksystem und dem Vektorgraphik-Dateiformat. Ein Graphiksystem ermöglicht den Entwurf und die Erstellung von vektorbasierten Anwendungen im 2D- oder 3D-Bereich. Prominente Vertreter hierfür sind *GKS*, *PHIGS*, *PHIGS+* oder *OpenGL*. Diese sollen jedoch trotz ihrer großen Relevanz im Bereich der Computergraphik hier nicht weiter betrachtet werden.

Ein Dateiformat für Vektorgraphik ermöglicht dagegen nur das Laden und Abspeichern von Graphiken in einer vektorisierten Darstellung. Dies kann unter Umständen das Ergebnis einer Anwendung sein, die mit Hilfe eines Vektorgraphiksystems erstellt wurde. Wichtige Vertreter für solche Dateiformate werden im folgenden kurz vorgestellt:

- *DXF:* 2D- und 3D-Format von der Firma AutoDesk. Initial wurde dieses Format für das CAD-Programm AutoCAD entwickelt, wurde dann aber nach und nach zu einem akzeptierten de-fakto-Standard.
- *IGES:* Der Initial Graphics Exchange Standard wurde von einem Industriekommittee entwickelt, um eine breiten Standard für den Transfer von 2D- und 3D-CAD-Daten bereitzustellen.
- *HPGL:* Die Hewlett-Packard Graphics Language wurde zur Ansteuerung von Plottern entworfen und unterstützt daher ausschließlich eine 2D-Repräsentation.

Die Kombination von Vektorgraphik und Rastergraphik ist in der Regel nur innerhalb moderner Vektorgraphiksysteme möglich, z.B. durch die Verwendung von Texture-Mapping-Verfahren. Daher sind diese beiden Welten bezüglich ihrer Repräsentation in Dateien meist getrennt. Nur wenige sogenannte Meta-Dateiformate wie *CGM* (Computer Graphics Metafile), *PICT* (Apple Macintosh Picture Format) und *WMF* (Windows Metafile) erlauben eine beliebige Mischung von Vektor- und Rastergraphik.

2.3.3 Audio

Vibriert ein Gegenstand in der Luft (wie z.B. die Membran eines Lautsprechers), dann produziert er Druckwellen. Gelangen diese an ein menschliches Trommelfell, dann werden sie als Ton wahrgenommen. In Luft breitet sich ein solches Signal mit ca. 1200 km/h aus, das ist 1 Mach auf Meereshöhe. Tonwellen variieren in ihrer Lautstärke (gemessen in Dezibel oder dB) oder in ihrer Frequenz (Vibrationen pro Sekunde, gemessen in Hertz oder Hz, 1000 Hz = 1 kHz). Viele zusammengefaßte Tonwellen ergeben zusammen jegliche Form von akustischem Signal, angefangen von Musik über Sprache bis hin zu einem einfachem Geräusch.

Die Behandlung akustischer Signale ist innerhalb des Multimediabereichs wahrscheinlich die schwierigste Aufgabe. Dies liegt zum einen an der Bedeutsamkeit der gesprochenen Sprache und zum anderen an der großen Empfindlichkeit des menschlichen Ohrs bezüglich zeitlichem als auch energetischem Auflösungsvermögen. Geräusche sind ihrem Wesen nach Energie. Jeder Lautstärke kann eine bestimmte Energie zugeordnet werden. Da das Ohr, anders als das Auge, durch keine mechanische Vorrichtung im Gefahrenfall blitzschnell verschlossen werden kann, drohen bei zu starken Geräusch- bzw. Energiepegeln irreversible Schädigungen des feinen Apparates hinter dem Trommelfell.

Die Lautstärke einer Geräuschquelle wird in der Regel in Dezibel angegeben. Dies ist das Verhältnis zwischen einer Referenzlautstärke auf einer logarithmischen Skala und der tatsächlich gemessenen Lautstärke. Erhöht man die Ausgabeleistung eines akustischen Senders um den Faktor 4, so ergibt sich daraus ein Steigerung der Lautstärke um 6 dB. Erhöht man die Ausgabeleistung jedoch um den Faktor 100, so resultiert daraus nur eine um 20 dB erhöhte Lautstärke. Der Sinn dieser Skala läßt sich mit der Fähigkeit des menschlichen Ohrs erklären, akustische Signale über eine extreme dynamische Bandbreite hinweg wahrnehmen zu können. In einem Audiostudio hat die Stille ein Lautstärkeäquivalent von 20 dB, was einer Leistung von 10^{-10} Watt entspricht. Das Geräusch eines Schmiedehammers entspricht an seiner Quelle einer Lautstärke von 120 dB und einer Leistung von 1 Watt. Eine startende Rakete liegt am oberen Ende der Skala mit etwa 195 dB und $4 \cdot 10^7$ Watt, wobei solche Lautstärken das Ohr nachhaltig schädigen würden [Vaughan93].

2.3.3.1 Digitalisierung von Audiosignalen

Um nun akustische Signale für ein Multimediasystem als Audio verfügbar zu machen, müssen sie mit Hilfe von Mikrophonen, Synthisizer, Band-, CD- oder Plattenaufnahmen sowie entsprechender Computerperipheriegeräten digitalisiert werden. Bei digitalisiertem Audio (*Sampled Audio*; to sample = einsammeln) in regelmäßigen Zeitabständen eine Abtastung (*Sample*) des akustischen Signals vorgenommen und das Ergebnis als digitale Information gespeichert. Die Abtastrate (*Sampling Rate*) sowie die Größe der Information, die bei jeder Abtastung gespeichert wird (*Sample Size*) sind wesentliche Kenngrößen des digitalisierten Audiosignals. Je öfter die Abtastung gemacht wird und je mehr

Daten von jedem *Sample* gespeichert wird, desto besser ist die Auflösung und die Qualität des Audiosignals wenn es wiedergegeben wird.

Die in Multimediasystemen am meisten verwendeten Abtastraten sind 48 kHz (digitale Master-Bänder, DAT), 44,1 kHz (Musik-CD, UKW-Radio), 22,05 kHz (Audiosignale reduzierter Qualität, Mittelwellenradio), 11,025 kHz (Audiosignale reduzierter Qualität) und 8 kHz (Sprache in Telefonqualität). *Sample Sizes* sind entweder 8 Bits oder 16 Bits (siehe Abbildung 2.9). Ein 8-Bit-Abtastwert stellt 256 gleiche Einheiten zur Darstellung des dynamischen Bereichs oder der Amplitude des digitalisierten Audiosignals zur Verfügung. Ein 16-Bit-Abtastwert unterteilt dagegen den gleichen dynamischen Bereich in 65536 Einheiten. Der Wert eines jeden Abtastwertes wird nach seiner Abtastung auf den nächsten Integer-Wert auf- oder abgerundet (*Quantisierung*). Eine ungünstige Quantisierung kann scharfe Zischlaute des Audiosignals überproportional verstärken. Ist die Amplitude des Audiosignals größer als der zur Verfügung stehende dynamische Bereich der digitalen Ergebnisse, werden die Werte im oberen oder unteren Bereich abgeschnitten (*Clipping*). Dies kann Verzerrungen (*Distortion*) des Audiosignals bei seiner Wiedergabe erzeugen.

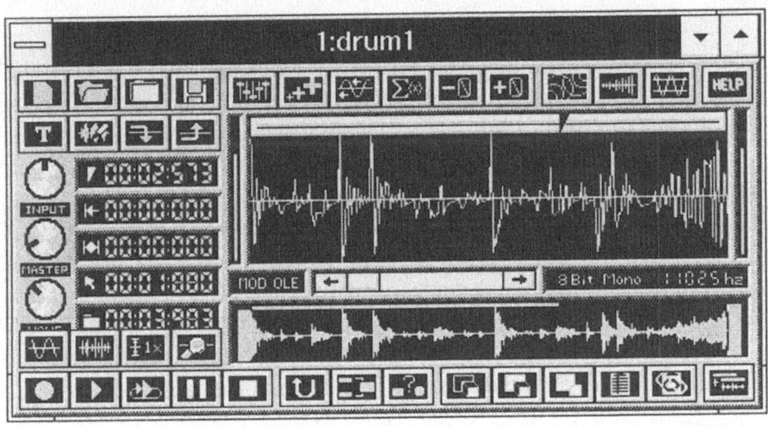

Abbildung 2.9. Typisches Bearbeitungswerkzeug für digitalisierte Audiosequenzen. Die Sampling Rate der Beispielsequenz ist 11.025 kHz, die Sampling Size beträgt 8 Bit, Mono.

Die maximale Frequenz des Audiosignals die bei einer bestimmten Sampling Rate einwandfrei reproduziert werden kann, ist durch das *Shannon'sche Abtasttheorem* gegeben. Es besagt, daß maximal die halbe Bandbreite der *Sampling Rate* in einem Audiosignal digitalisiert werden kann.

Der Speicherbedarf für Audiodateien läßt sich mit einer einfachen Formel berechnen:

$$\frac{\text{Sampling Rate} \bullet \text{Sample Size}}{8\,\text{Bits}} = \text{Bytes pro Sekunde}$$

Gleichung 2.1. Berechnung des Speicherbedarfs für Audiodateien

Bei hoher Qualität und zwei Kanälen (Stereo) kann der Speicheraufwand für Audiodateien leicht in einen Bereich von mehreren hundert Kilobytes pro Sekunde gelangen.

Die bekanntesten und verbreitetsten Audioformate sind hierbei die folgenden:

- *AIFF*: Audioformat für Apple Macintosh und Silicon Graphics Inc. Plattformen
- *WAVE*: Von Microsoft definiertes Format, hauptsächlich auf PCs verwendet
- *μ-law*: Audioformat mit nicht-linearer Quantisierungskennlinie, verwendet auf Sun Sparc Plattformen

2.3.3.2 MIDI

Ein ganz anderen Ansatz wurde dagegen mit *MIDI* (Musical Instrument Digital Interface) im Bereich der Musikstudios gemacht. Dieser Standard wurde in den frühen 80er Jahren entwickelt um den Datenaustausch zwischen Musik-Synthesizer verschiedener Hersteller zu ermöglichen. MIDI definiert ein Protokoll, um detaillierte Beschreibung des musikalischen Ablaufs zu definieren. Dies umfaßt Noten, Sequenzen von Noten, Lautstärke, Anschlagdynamik und Informationen über das Ausgabegerät, das die Noten spielt. Hierbei können mehrere Ausgabegeräte simultan angesteuert werden. Eine MIDI-Datei kann eine Komplexe Sequenz von Musik auf einem MIDI-Instrument oder einem MIDI-Synthesizer erzeugen, braucht dabei aber signifikant weniger Speicherplatz als eine entsprechende Datei mit dem digitalisierten Audiosignal.

2.3.4 Video und Animation

Es gibt eine steigende Zahl von Anwendern, die das Medium Video intensiv nutzen. Firmen wie Sun Microsystems, Silicon Graphics Inc., Apple, Microsoft und viele andere haben in den letzten Jahren aufwendige Entwicklungsarbeiten geleistet, um Video auf Computern verfügbar zu machen. Über den Sinn und Zweck der jeweiligen Nutzung läßt sich trefflich streiten, wie auch über jegliche Art der bildenden Kunst. Dennoch, „ein Bild sagt mehr als tausend Worte" und eine Sequenz von Bildern eröffnet uns die oft verkannte Dimension Zeit (siehe Abbildung 2.10).

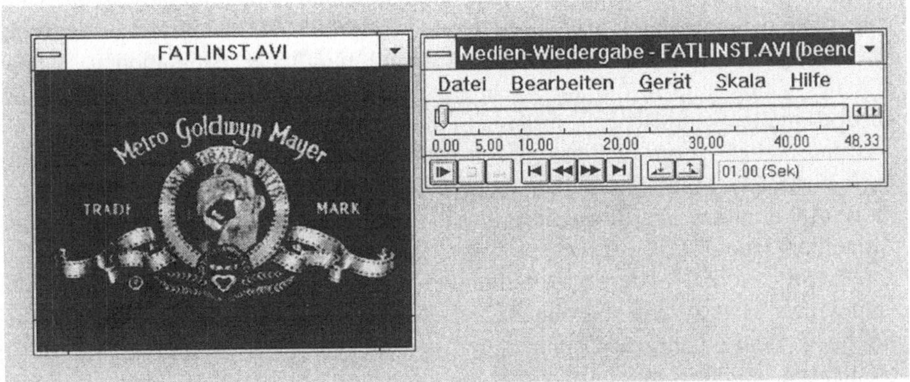

Abbildung 2.10. Der Beginn einer digitalisierten Filmsequenz in einer standardisierten Video-Abspielapplikation auf einem PC

Grundsätzlich muß bei der Betrachtung von bewegten Bildern zwischen zwei Ansätzen unterschieden werden: zum einen die rein auf dem Papier oder Rechner erzeugte Abfolge von Bildern (Animation) wie sie z.B. auch aus Zeichentrickfilmen bekannt ist; zum anderen die Integration von echten (analogen oder digitalen) Videosequenzen in die Rechnerumgebung. In neuster Vergangenheit zeigt sich hierbei immer mehr, daß der erste Ansatz eine Untermenge des zweiten ist. Dies manifestiert sich auch durch die zunehmende Verbreitung von computergenerierten Sequenzen in Spielfilmen sowie Konversionswerkzeugen von reinen Animationssequenzen zu digitalen Videosequenzen (siehe Kinofilme wie Jurassic Park oder Toy Story).

In den nächsten Abschnitten sollen kurz die wichtigsten Techniken, Normen und Dateiformate bezüglich der Gebiete Animation, Analoges Video und Digitales Video vorgestellt werden. In späteren Kapiteln werden alle drei Gebiete mit dem als neutral zu betrachtenden Terminus „Video" referenziert.

2.3.4.1 Animation

Seit den ersten Zeichentrickfilmen werden Animationstechniken bis heute mit einer Mischung aus Staunen und Faszination betrachtet. Immer mehr wird die Erstellung der extrem aufwendigen Animationen für den kommerziellen Bereich vom Papier auf den Computermonitor verlegt. Die dadurch höhere Verfügbarkeit der zugehörigen Designwerkzeuge auch auf preiswerten Rechnerplattformen ebnet den Weg für Animationstechniken in neue Gebiete, z.B. verstärkt in Informations- oder Schulungsumgebungen. Erste Ansätze waren dort schon früher vorhanden, die sich in einfachen visuellen Effekten wie Überblendungen, Ausblendungen oder Zooms zeigten.

Animationen gehen jedoch weit über diese visuellen Effekte hinaus: Sequenzen von Explosionszeichnungen, rotierende Objekte oder sich bewegende Maschinenteile sind nur eine kleine Auswahl möglicher Animationen. Bevor digitales Video und Audio auf Rechnern verfügbar wurde, waren sie zudem die einzige Quelle dynamischer Vorgänge in multimedialen Präsentationen.

Grundsätzlich ist die Realisation von Animationen sehr leicht: der Ort oder die Form eines oder mehrere Objekte ändert sich so rasch, daß das menschliche Auge diese Änderungen als Bewegung interpretiert. Als ruckfrei wird eine solche Animation jedoch erst angesehen, wenn sich das Bild etwa jede 1/16 Sekunde ändert [Steinmetz93]. Hierbei ist es unerheblich, ob sich nur ein Objekt vor einem komplexen Hintergrund bewegt (*Sprite*-Animation) oder die gesamte Szene (inklusive dem Hintergrund) immer neu berechnet wird. Diese Forderung ist es, die nahezu jede Rechnerplattform an die Grenzen ihrer Leistungsfähigkeit bringt oder diese sogar weit übersteigt. Aus diesem Grund sind viele Animation- (und Video-) Sequenzen auf leistungsfähige Rechner beschränkt oder sie laufen mit geringer Auflösung, Farbtiefe und einer Wiederholrate deutlich unter den geforderten 16 Bildern/s ab.

Werkzeuge zur Erstellung und zur Wiedergabe von Animationen basieren auf einer Reihe von Standarddateiformaten. Die wichtigsten werden im folgenden kurz vorgestellt:

- *MMM:* Format des Werkzeugs Director der Firma Macromind
- *FLI, FLC:* Formate des Werkzeugs Animator Pro der Firma AutoDesk
- *PICS:* Format der Werkzeuge Supercard (Apple) und Director (Macromind)

Desweiteren lassen sich auch alle Formate verwenden, die in dem späteren Kapitel 2.3.4.3 aufgezählt werden.

2.3.4.2 Analoges Video

Es gibt derzeit drei gängige Verfahren zur Darstellung des Farbfernsehens: *PAL*, *Secam* und *NTSC*. Secam wurde in Frankreich entwickelt, NTSC in den USA. In Deutschland arbeiten die Fernsehgeräte mit der PAL-Norm. PAL erreicht eine Auflösung von 768 x 576 Punkten bei unbegrenzter Farbauflösung und 25 Vollbildern pro Sekunde. Die Norm arbeitet intern mit Halbbildern: Pro Sekunde werden 50 Halbbilder übertragen. Die US-Norm NTSC arbeitet mit einem anderen Farbmodell und einer Wiederholrate von 30 Bildern pro Sekunde (60 Halbbilder pro Sekunde). Digitalisiert entspricht dies nach CCITT einer Datenmenge von 216 Mbit/s.

FBAS nennt sich das analoge Signal, das alle Farb- und Helligkeitsinformation zur Steuerung des PAL-Farbfernsehens enthält. Die Helligkeitsinformation wird hierbei *Luminanz*, die Farbinformation *Chrominanz* genannt.

Der gebräuchliche Standard zur Aufzeichnung von Fernsehsignalen auf Videorekordern ist VHS. Der verbesserte S-VHS-Standard erreicht durch ein getrenntes Luminanz- und Chrominanzsignal ein deutlich besseres Bild.

Die Wandlung von analogem Video in ein digitales, von Computern verarbeitbares, Format geschieht mit einer speziellen Hardware: dem *Framegrabber*. Je nach Leistungsfähigkeit des Framegrabbers ist damit eine Konversion der analogen Quellsignale in eine Monitordarstellung oder Videodatei mit bestimmter Auflösung und Farbtiefe möglich (siehe auch nächster Abschnitt und Kapitel 2.3.2). Die Einbindung der Videosequenz auf dem Computer-bildschirm geschieht hierbei oftmals in der sogenannten *Overlay*. Dabei werden die rechnergenerierten Videosignale für den Monitor mit den Videosignalen der Videoqelle an geeigneter Stelle im Rechner gemischt. Dies resultiert in Fenstern mit direkt eingespeisten Videos auf dem Computer-Desktop.

Um nachbearbeitete digitale Videosequenzen oder erzeugte Animationen auf analoge Fernseher oder Videorekorder zu übertragen, wird eine *Video-Out*-Option an jenem Computer benötigt, der die Sequenzen generiert. Sie wandelt die digitale Repräsentation der Sequenz in Echtzeit in die analogen Fernsehstandards wie VHS oder S-VHS um.

2.3.4.3 Datenformate und Kompression für digitales Video

Ein wesentliches Hindernis für die einfache Handhabbarkeit digitaler Videos besteht in der riesigen resultierenden Datenflut. Der Schlüssel zum digitalen Video liegt daher in der Kompression. Die wichtigsten Speicherformate speziell für Computer sind hierbei:

- *AVI:* Microsoft hat das Audio-Video-Interleafe-Format festgelegt. Es dient dem zeitbasierten Speichern digitaler Videos unter dem Windows-Aufsatz Video für Windows. Zusätzlich wird das zugehörige Audiosignal synchronisiert gespeichert [Microsoft96].
- *Cinepack:* Ein herstellerspezifisches Kompressionsverfahren von Supermac Technologies.
- *Fraktale Kompression:* Dieses Kompressionsverfahren liefert beeindruckende ·Resultate. Es basiert auf der Erkennung von fraktalen (selbstähnlichen) Mustern und wird mit hohem rechnerischen Aufwand erreicht. Daten von Einzelbilder lassen sich damit ohne nennenswerten Qualitätsverlust etwa um den Faktor 100 reduzieren. Diese Technologie benötigt einen hohen Rechenaufwand und befindet sich noch in seiner Entwicklungphase.
- *Indeo:* Intels Lösung zur Echtzeitkompression von Videodaten, Nachfolger des DVI-Formats [Ripley89], [Steinmetz93]. Der Software/Hardware-Decoder arbeitet immer mit 24 Bit Farbtiefe und kann auch bildschirmfüllende Videos abspeichern. Der Kompressionsfaktor von Indeo läßt sich wie JPEG regulieren.

- *JPEG:* Dieses Kompressionsverfahren wurde von der ISO Joint Phototgraphic Expert Group ursprünglich für digitale Bilder definiert. Hierbei läßt sich der Kompressionsfaktor frei einstellen. Das Verfahren basiert auf der diskreten Kosinustransformation und arbeitet daher nicht verlustfrei (siehe auch Kapitel 2.3.2). Die *Motion-JPEG*-Variante komprimiert Einzelbilder aus einer Videosequenz in Abhängigkeit von der maximal möglichen Datentransferrate zu Speichermedien oder über das Netz. Viele Videograbber werden inzwischen mit spezieller Hardware zur Kompression nach dem Motion-JPEG-Verfahren angeboten [JPEG89].
- *MPEG:* Die Abkürzung steht für Motion Picture Expert Group. Diese ISO-Kommission arbeitet an Standards, die sich mit der Kompression von digitalen Bewegtbilddaten befassen. Ziel ist dabei immer, die Videos möglichst verlustfrei zu komprimieren und daß sie beim Abspielen (Dekomprimieren) eine bestimmte Datenübertragungsrate nicht überschreiten. Hier werden für das kontinuierliche Abspielen des Videos auch größere Qualitätsverluste in Kauf genommen [LeGall91].
- *Quicktime:* Apples Methode zur zeitbasierten Kompression von Videos. Zusätzlich speichert sie das zugehörige, synchronisierte Audiosignal. Quicktime ist auf Apple Macintosh-Rechnern Teil des Betriebssystems und mittlerweile auch für MS-Windows verfügbar [Littman91].

Die ungefähren Datenmengen pro Sekunde von verschiedenen Videoformaten läßt sich aus der untenstehenden Tabelle 2.2 ablesen:

Tabelle 2.2. Vergleich des unkomprimierten PAL-Signals mit verschiedenen Videoformaten

PAL-Video, unkomprimiert, 768x536 Punkte, 25 Bilder/s	216 Mbit/s = 27 MB/s
Video für Windows, unkomp., 320x240 Punkte, 30 Bilder/s	ca. 7 MB/s
Motion-JPEG, Kompression ca. Faktor 20	700 KB/s - 1,5 MB/s
MPEG, Kompression ca. Faktor 100	170 - 250 KB/s

2.4 Systeme für computerbasierte Informationsverarbeitung

Computerbasierte Informationsverarbeitung kann prinzipiell von mehreren verschiedenen Seiten beleuchtet werden. Zum einen ist dies die Betrachtung von Lernsystemen, die der Ausbildung von Schülern oder Studenten bzw. der Erwachsenenweiterbildung dienen. Solche Lernsysteme bestehen in der Regel aus einer Komponente zur Erstellung von Kursen und Lehrmaterialien (dem Autorensystem) und zum anderen aus der Laufzeitumgebung für das eigentliche

Lernen. Eine solche Laufzeitumgebung ist jener Programmteil einer Lernapplikation oder eines Lernprojekts, mit dem der Lernende interagiert und auf dem die Lernmaterialien präsentiert werden.

Andererseits kann die Informationsverarbeitung jedoch auch auf netzbasierten Anfragen an einen „Wissenspool" bestehen, sei es über Datenbankmechanismen, Navigieren in Hyperdokumenten oder rechnerbasierter audiovisueller Kommunikation mit anderen Menschen oder Rechnersystemen.

2.4.1 Autorensysteme und Lernsoftware

Multimediale Autorensysteme bieten einen wichtigen Rahmen zur Organisation und Erstellung von multimedialen Projekten. Sie bestimmen den späteren Ablauf des Projektes und ermöglichen die Kombination oder gar das Design der benötigen Datenobjekte wie Texte, Graphiken, Audiosequenzen und Videos (siehe auch [Woolf96]). Eine Lernsoftware ist oftmals das multimediale Zielprojekt eines solchen Autorensystems. Diese Software stellt die Laufzeitumgebung zur Präsentation des Projektes sowie zur Auswertung der Benutzerinteraktionen dar.

Grundsätzlich kann bei Autorensystemen zwischen mehreren verschiedenen Ansätzen bezüglich der Sequenzierung und der Organisation von multimedialen (Lern-) Projekten unterschieden werden. Diese werden im folgenden zunächst identifiziert und danach durch die Betrachtung übergreifender wünschenswerter Eigenschaften ergänzt. Hierbei erfolgt auch die Vorstellung und Zuordnung einer Reihe von kommerziellen Produkten, die sowohl Autorensysteme als auch Lernumgebungen realisieren [Schulmeister96].

2.4.1.1 Typen von Autorenwerkzeugen

Karten- oder Seitenbasierte Werkzeuge: Innerhalb dieser Autorensysteme sind die Kurselemente als Kartenstapel oder als Seiten eines Buches organisiert. Die Systeme erlauben Verbindungen zwischen den Karten oder den Seiten zu organisierten Sequenzen. Auf Kommando sind auch Sprünge innerhalb des vordefinierten Kursschemas zu einer bestimmten Karte oder Seite möglich. Karten- oder Seitenbasierte Autorensysteme erlauben das Abspielen von Audioelementen sowie den Start von Videosequenzen (siehe Abbildung 2.11).

Autorensysteme dieser Art sind in der Regel objektorientiert. Die Objekte sind Schaltflächen, Textfelder, Graphiken, Hintergründe, Dialogfelder, Audio/Videosequenzen oder sogar die Karten bzw. Seiten selbst. Die Charakteristik von Objekten wird in Eigenschaften beschrieben (z.B. Textobjekt: aktiviert, Times Roman Font, Fontgröße 12 pt, rot, kursiv, mit einem Clipbereich). Jedes Objekt kann mit einem *Ablaufskript*, das in der Syntax einer *Kursbeschreibungssprache* formuliert ist, gekoppelt sein. Diese Skript bestimmt das Objektverhalten beim Auftreten eines bestimmten *Ereignisses* (*Event*). *Ereignisse* erzeugen Meldungen, die entsprechend der vordefinierten Objekthierarchie an bestimmte Objekte weitergereicht werden. Ein Mausklick kann so beispielsweise von einer Schaltfläche aufgenommen werden und über eine entsprechende Meldung das Aussehen des Hintergrunds oder einer Graphik verändern. Jede Meldung wird dabei von *Message Handler* ausgewertet, die in den Skripten der einzelnen Objekte eingebettet sind. Aus diesem Grund ist eine wesentliche Aufgabe bei dieser Art von Autorensystemen die Objektskripten einschließlich der Handler in Form eines Ablaufskripts für das gesamte Projekt zu formulieren.

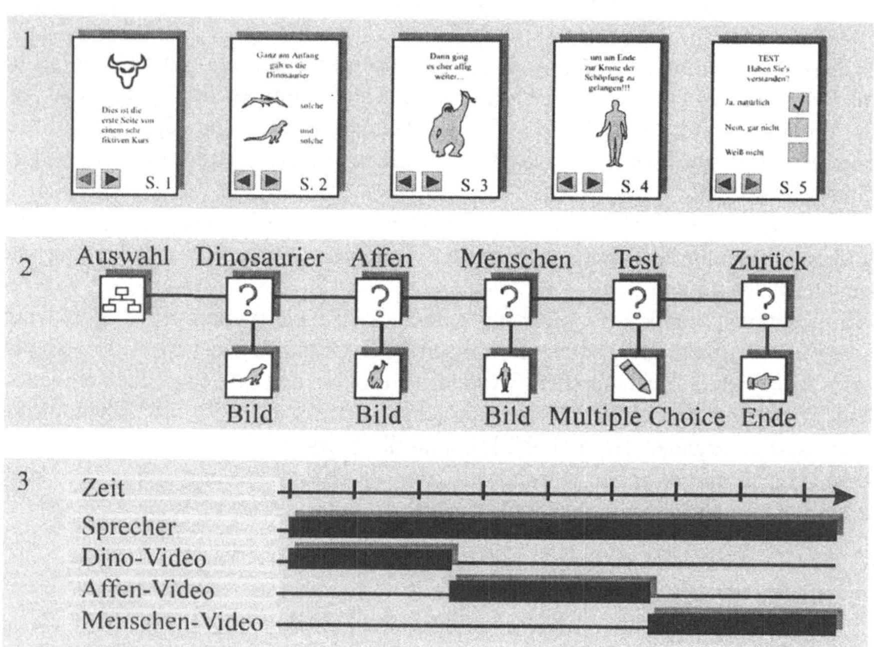

Abbildung 2.11. Die verschiedenen Typen von Autorenwerkzeugen - 1. Karten- oder Seitenbasiert; 2. Iconbasiert; 3. Zeitbasiert

Die folgenden kommerziellen Produkte repräsentieren Karten- oder Seitenbasierte Autorensysteme, die inklusive einer Laufzeitumgebung ausgeliefert werden. Sie dienen hauptsächlich für computerbasiertes Lernen und Informationsvermittlung.

- *HyperCard* von Claris Corporation: Kartenbasiert, ausgeliefert mit jedem Apple Macintosh seit 1987
- *PLUS* von Spinnaker Software: Kartenbasiert, geeignet für Macintosh, MS-Windows und OS/2 Presentation Manager

- *SuperCard* von Aldus Corporation: Seiten- bzw. Fensterbasiert, verfügbar für Macintosh
- *ToolBook* von Asymetrix Corporation: Seitenbasiert, das am meisten verbreitete Autorensystem unter MS-Windows

Icon-basierte Werkzeuge: In diesen Autorensystemen werden multimediale Objekte und Interaktionsfolgen (Events) als Objekte in einem Flußdiagramm organisiert. Ereignisgesteuerte Werkzeuge, die auf Sinnbildern (Icons) basieren erleichtern diese Organisation und ihre Repräsentation. Für den Entwurf komplizierten Navigationsstrukturen ist diese Darstellung besonders geeignet.

Die Erstellung eines Projektes reduziert sich hierdurch auf das Anordnen verschiedener Sinnbilder für Ereignisse, Aufgaben sowie Entscheidungen innerhalb des Flußdiagramms der Ablaufsteuerung. Das Flußdiagramm entspricht dadurch der inneren Logik des Projekts (siehe Abbildung 2.11). Sobald die Projektstruktur auf diese Weise erstellt wurde, können die Sinnbilder auch mit Inhalten wie Graphiken, Texte, Audioelemente und Videosequenzen gefüllt werden, die ihre Präsentation zur Laufzeit darstellen. Die Erstellung echter Ablaufskripten kann auf diese Weise umgangen werden.

Im folgenden werden kommerziellen Iconbasierte Autorensysteme vorgestellt, die inklusive einer entsprechenden Laufzeitumgebung ausgeliefert werden.

- *Authorware* von Macromedia: Drag-and-Drop-System für Macintosh und MS-Windows
- *IconAuthor* von AimTech: Iconbasiertes System, u.a. für MS-Windows
- *HSC Interactive* von HSC Software: Iconbasiertes System für MS-Windows

Zeitbasierte Werkzeuge: In diesen Autorensystemen werden Elemente und Ereignisse entlang einer Zeitlinie organisiert. Hierbei liegt die kleinste Zeiteinheit in der Regel bei 1/30 Sekunde. Ein solches Autorensystem eignet sich nur für den Entwurf von rein sequentiell strukturierten Projekten, die einen klar definierten Anfang und ein ebensolches Ende haben. Verschiedene Elemente können während des Projektablaufs gestartet, gestoppt und miteinander synchronisiert werden. Weiterhin gibt es bei manchen dieser Systeme die Option Sprünge in der Zeitskala zu ermöglichen, womit eine gewisse Navigation, Strukturierung und interaktive Kontrolle möglich ist.

Zeitbasierte Werkzeuge sind im Vergleich zu den seiten- oder iconbasierten Werkzeugen weniger für Lern- und Informationssysteme geeignet, außer sie werden zur reinen Erstellung einzelner multimedialer Lernelemente verwendet. Dies läßt sich leicht mit der fehlenden Funktionalität für komplexe Strukturierung und Interaktion begründen. Zeitbasierte Werkzeuge werden vielmehr in Multimedia-Mail-Umgebungen sowie zur Erstellung und Synchronisation von Audio- und Videosequenzen verwendet. Daher sollen an dieser Stelle auch keine kommerziellen Produkte aus dem Bereich zeitbasierter Werkzeuge aufgeführt werden.

2.4.1.2 Eigenschaften von Lernumgebungen

Jedes Multimediaprojekt besitzt individuelle Anforderungen im Bezug auf seine Designphase, sein Ablaufverhalten, seine Datenmaterialien und seine Wartbarkeit. Dennoch lassen sich für bestimmte Gruppen von Multimediaprojekten bestimmte gemeinsame Eigenschaften und Funktionalitäten formulieren. Speziell für Lern- und Informationsumgebungen ergibt sich daher eine Art Wunschliste bezüglich dieser Eigenschaften und Funktionalitäten, die das Autoren- bzw. Laufzeitsystem erfüllen sollte.

Editieren: Die Elemente eines Multimediaprojekts müssen erstellt, verändert und konvertiert werden, wobei die Einhaltung von Standarddateiformaten essentiell für die Akzeptanz des Projektes sind. Dies betrifft Elementtypen wie Bilder, Animationen, Texte, Audio und Video. Eine gängige Vorgehensweise ist das Bereitstellen entsprechender Editoren, die jedoch nicht immer auf die breite Akzeptanz der Benutzer stoßen. Ein offensichtlich leichter akzeptierter Ansatz ist die Möglichkeit zur Integration beliebiger Editoren in die Autorenumgebung (Editor-of-your-Choice). Die mitgelieferten Editoren können dann durch die bevorzugten Werkzeuge des Autors ersetzt werden.

Organisieren: Die Organisation, d.h. Design und Produktionsprozeß, für multimediale Projekte beinhaltet die Erstellung von Drehbüchern und Flußdiagrammen. Eigenschaften des Autorensystems und der Laufzeitumgebung, die eine solche Organisation erleichtern, sind ein klares Plus. Kommerzielle Produkte wie Authorware oder IconAuthor bieten durch ihren Iconbasierten Ansatz eine beispielhafte Realisation.

Vorlagen (Templates): Viele Kursautoren und -designer haben keine klaren Vorstellungen über eine didaktisch schlüssige Realisation eines multimedialen Projektes. Vorlagen, die den Autor bei der Einhaltung von grundlegenden Regeln bei der Anordnung von Graphiken oder Texten, der Auswahl von Schriftarten oder Schriftgrößen sowie der Verwendung von Farben unterstützen, sind daher sehr hilfreich. Voraussetzung ist jedoch, daß das System auf der anderen Seite erfahrenen Kursdesigner in ihrer gestalterischen Freiheit nicht eingrenzt.

Programmieren: Multimediale Autorensysteme bieten in der Regel visuelle Programmierwerkzeuge auf der Basis von Icons oder einer Skriptsprache für den Entwurf der Kurssteuerung an. Beide Ansätze geben dem Kursautoren gestalterische Freiheit und ggf. Erweiterungsmöglichkeiten im Bezug auf die Funktionalität.

Interagieren: Verschiedene Möglichkeiten der Interaktion erlauben dem Endbenutzer eine gewisse Kontrolle beim Ablauf des Projektes. Die Autorenwerkzeuge sollten daher die Realisation von Verzweigungs- und Hypernavigationsmechanismen gewährleisten. Eine strukturierte Skriptsprache (zur Realisation der Handlers) bzw. eine leistungsfähige Projektsteuerungskomponente sind hierbei adäquate Ansätze.

Steigern der Performance: Komplexe multimediale Projekte basieren auf der exakten Aneinanderreihung und Synchronisation von Ereignissen, die sowohl vom System (z.B. Timerereignis) als auch vom Endbenutzer (Interaktionen) ausgelöst werden können. Änderungen in der Sequenz oder der Synchronisation von multimedialen Abfolgen können einen großen Einfluß auf die Performance des Systems haben. Beispielsweise können Ablaufgeschwindigkeiten von Animationen verlangsamt, Refreshoperationen beim Bildschirmaufbau zeitweise unterdrückt oder Objektverwaltungsaufgaben während dem Warten auf Benutzereingaben vorgenommen werden. Dies kann die Performance des Gesamtsystems deutlich steigern ohne seine Qualität merklich zu beeinflussen.

Abspielen: Jedes Autorensystem sollte eine Möglichkeit bieten, zeitlich sequenzierte und synchronisierte multimediale Projektabläufe testweise abzuspielen. Dies umfaßt Animationen und Videos gleichermaßen, wie Audiosequenzen oder die zeitlich korrelierte Ausgabe von Texten oder Graphiken.

Ausliefern: Das Projekt auszuliefern bedeutet in vielen Fällen dem Endkunden ein Laufzeitmodul mit integrierten Steuerungsanweisungen zukommen zu lassen. Dieses erlaubt die Nutzung des multimedialen Projektes ohne die expliziten Autorenwerkzeuge zu verwenden. Oftmals wird dem Endkunden auf diese Art und Weise auch verwehrt Inhalt, Struktur und Ablauf des Projektes zu verändern. Das Anbieten gewisser Netzservices zur Übertragung von Laufzeitumgebung und Materialien, oder gar eine gänzlich netzbasierte Laufzeitumgebung mit Möglichkeiten des Fernzugriffs erleichtern die Wartung und den Betrieb des Projektes wesentlich.

2.4.2 Informationssysteme

Dieser Abschnitt stellt Informationssysteme vor, die hauptsächlich im Forschungsbereich und erst in jüngerer Vergangenheit im kommerziellen Umfeld erprobt oder angewendet werden. Dennoch ist ihre Relevanz auch im Schulungsbereich für den breiteren Markt schon heute unverkennbar (siehe auch [Linn96]). Wesentlich für diese Systeme ist ihre intensive Nutzung von modernen Netz- und Telekommunikationsinfrastrukturen, sowie ihre nicht-linearen Verknüpfung von Informationseinheiten.

2.4.2.1 Hypertextsysteme und das World Wide Web

Allgemein wird die Hypertext-Idee auf Vannevar Bush zurückgeführt, der 1945 als Berater von US-Präsident Roosevelt mit Memex eine Maschine zum Blättern und Anfertigen von Notizen in riesigen Textmengen beschrieb [Schulmeister96]. Der große Umfang von manchen Dokumentationen zwang dazu, das Papier zu verlassen und digitale Wege einzuschlagen. Hierbei hat sich besonders das Hypertext- oder Hypermedia-Konzept bewährt. Es beinhaltet die nicht-lineare Verkettung von Informationen, die im strengen Sinn in mindestens einem kontinuierlichen und diskreten Medium vorliegen [Steinmetz93].

Die historisch wichtigsten Hypertext- (bzw. Hypermedia-) Systeme sind (siehe auch [Nielsen95]):

- *Xanadu* von Xanadu Operating Company, das zum Ziel hatte, mit Hilfe einer Client/Server-Architekturund nicht-lokalen Verknüpfungen sämtliche Literatur der Welt zu vernetzen.
- *KMS* von Knowledge Systems für Sun- und Apollo-Rechner. Entwickelt an der Carnegie-Mellon University.
- *Hyperties* von der University of Maryland als reines Textsystem.
- *Intermedia* von Andries van Dam und dem Institute for Research in Information and Scholarship der Brown University. System für die kooperative Entwicklung von Unterrichtsmaterialien und zum Lernen am Bildschirm.
- *Guide* von OWL (Office Workstations Limited) ist 1986 das erste kommerziell erfolgreiche lokale Hypertextsystem.
- *HyperCard* von Bill Atkinson, das ab 1987 mit jedem Macintosh-Rechner ausgeliefert wurde und damit eine starke Verbreitung erhielt. Kaum ein anderes System hat je einen derart bedeutsamen Einfluß auf den Einsatz von Computern gehabt.
- *SEPIA* von der GMD-IPSI in Bonn unterstützt speziell Planung und Argumentation von kooperierenden Gruppen [Streitz92], [Streitz96].

Besondere Beachtung findet momentan die Hypermedia-Umgebung um des World Wide Web. Das Projekt *World Wide Web* (*WWW*) hat seinen Ursprung in den Forschungslabors von CERN (Europäisches Forschungszentrum für Teilchenphysik). Das WWW ist eine Initiative für eine weitgefächerte Informationssuche mit dem Ziel, den Zugang zu einer riesigen Welt von Dokumenten zu eröffnen. Die Protokolle des WWW stellen viele der gebräuchlichsten Anwendungsdienste des Internets dar. Die Menge der im WWW-Format angebotenen Informationen steigt sehr schnell. Es gibt WWW-Server für Bibliotheken, Firmen, Forscher etc., wobei sich die Themenbandbreite auf die unterschiedlichsten Gebiete erstreckt [Allard94], [Joseph94].
Die Entwickler des WWW definierten mehrere Protokolle der Anwendungsschicht und eine Standard für die Veröffentlichung von Dokumenten. Die drei Schlüsselkonzepte sind *URL*, *HTML* und *HTTP*. URLs sind sogenannte einheitliche Ressourcenzeiger (Uniform Resource Locators, siehe auch [Berners94]), die in erster Linie Erweiterungen eines vollständigen Pfadnamens für ein Datenobjekt innerhalb des Internets darstellen. Damit läßt sich das Datenobjekt in einer Welt, die aus der Gesamtheit aller Internet-Hosts besteht, eindeutig identifizieren. HTML (HyperText Markup Language, siehe auch [Berners95]) nennt sich die Spezifikation der Hypertext-Verknüpfunssprache, die ein WWW-Dokument inhaltlich beschreibt. Das HTTP (HyperText Transport Protocol) beschreibt schließlich das Transportprotokoll, das für den Zugriff auf weit entfernte WWW-Dokumente benötigt wird.

Ein HTML-Dokument enthält typischerweise Graphiken, Text, Tonaufnahmen, Videos sowie Verbindungen zu anderen HTML-Dokumenten überall auf der Welt. Über Ursprungseiten mit potentiellen Verbindungen zu einer Vielzahl von weiteren HTML-Dokumenten (die ihrerseits wieder Verbindungspunkte beinhalten können) erfolgt der initiale Navigationsstart durch das WWW zur gesuchten Information. Diese sogenannte *Hypernavigation* läßt dem Benutzer jede Bewegungsfreiheit innerhalb der vorhandenen Dokumente, führt jedoch auch oft zu einem Verirren im Hypernavigationsraum („Being lost in Hyperspace"). Browser- und Suchwerkzeuge sowie Dienste ähnlich den „Gelben Seiten" unterstützen daher den informationssuchenden Benutzer [Neuss95a], [Mukherjea95].

Zur benutzerabhängigen Steuerung von Abläufen, der dynamischen Erstellung von Dokumenten und der Bearbeitung von interaktiven Anforderungen innerhalb des WWW-Umgebung werden spezielle Mechanismen auf der Serverseite benötigt. Externe Programme, die typischerweise in einer höheren Programmiersprache geschrieben sind, und sogenannte *Gateway Scripts* lassen sich daher an einen WWW-Server anschließen. Der Informationsaustausch zwischen diesen Programmen bzw. Gateway Scripts und dem WWW-Server geschieht über das *Common Gateway Interface* (CGI) [Neuss95b].

WWW-Server sind somit in der Lage abhängig von eintreffenden Interaktionsmeldungen der WWW-Clients (den WWW-Browsers) HTML-Dokumente dynamisch zu erzeugen und an die Clients zurückzusenden. Weiterhin können auf diese Weise benutzerinitiierte Anforderungen der Clients auf der Serverseite beantwortet werden. Somit sind interaktive Schulungsanwendungen auch auf der Basis des World Wide Web realisierbar.

Eine neue Entwicklung für das WWW in Richtung flexiblerer Systemkomponenten stellt die *Java*-Initiative der Firma Sun Microsystems dar. Originalerweise für die Realisierung verteilter Anwendungen konzipiert, erlaubt Java mit Hilfe einer entsprechenden objektorientierten Skriptsprache (*JavaScript*) das Laden und Ausführen von plattformunabhängigen Applikationen oder Applikationskomponenten (*Java Applets*) auf der Clientseite, d.h. beim Browser. Der Browser erhält damit von einem Java-Server eine höhere und bedarfsabhängige Funktionalität, die für die verschiedensten Zwecke eingesetzt werden kann.

Die Einbindung von JavaScripts und Java Applets in WWW-Seiten geschieht über die Spracherweiterung von HTML durch die neuen Elemente <script> und <applet>. Die objektorientierte, an C++ angelehnte Java-Sprache bleibt konzeptionell jedoch völlig getrennt von HTML. Beide werden beim Laden einer WWW-Seite auf der Browserseite interpretiert und führen zu entsprechenden Ausgaben. Java Applets werden im Gegensatz dazu beim Erstellen durch den Entwickler in einen systemunabhängigen Bytecode kompiliert. Dieser kann mit Hilfe des entsprechenden Browsers auf der Zielplattform ausgeführt werden [Mintert96].

JavaScript kennt nur feste Objekte, die der Benutzer nicht ändern kann. Die Objekthierarchie leitet sich aus dem Top-Level-Objekt *Window* ab, das einen Bereich für die Darstellung von Text umfaßt. Die darunterliegenden Objekte sind *Location* (URL der aktuellen Seite), *History* (Zugriff auf URLs der bisher besuchten Seiten) sowie *Document*. Dem Document-Objekt stehen Methoden zur Darstellung von Forms (Eingabeformulare, Dialogelemente), Links und Anchors (Referenz auf andere Elemente), Plug-Ins (Schnittstelle zur Darstellung von Fremdformaten) sowie für den Behandlung von Applets zur Verfügung. Somit lassen sich komplexe Anwendungen durch die Verwendung von Java plattform-übergreifend realisieren. Viele der obengenannten Java-Komponenten befinden sich jedoch noch in einem sehr frühen Entwicklungsstadium und werden daher in Zukunft noch eine Reihe von Modifikationen erfahren.

Ein möglicher zukünftiger Konkurrent zu WWW ist *Hyper-G* vom Institut für Informationsverarbeitung und Computerunterstützte Neue Medien der TU Graz. Hyper-G kennt mehr Datentypen als WWW, erlaubt Hypertext-Anker in Bildern und Filmen, verfügt über einen 3D-Modus und unterstützt mehrsprachige Benzutzeroberflächen [Kappe91].

2.4.2.2 Andere Systeme

Mehrere weitere Systeme dienen der Entwicklung neuer Konzepte zur Informationsverbreitung auf Rechnernetzen. Sie reichen hierbei über ein breites Technologiespektrum. Beispiele für solche Aktivitäten sind:

- die HeiTS-Projekte am European Networking Center von IBM, die zur Entwicklung von technologiegetriebenen Forschungssystemen und der Erarbeitung neuer Transportmechanismen, insbesondere im Bereich Echtzeit-Audio und -Video, dienen [Steinmetz90], [Steinmetz94].
- die Arbeiten der TENET-Gruppe in den USA, die Designvorschläge und Prototypen zur Echtzeitvideo- und Audioverarbeitung auf neuen Netztechnologien erstellen [Banerjea91], [Ferrari91], [Ferrari94], [Tenet95].
- Campusweite, universitäre Informationssysteme besonders in Großbritannien, die computerbasiertes Lernen in großangelegten Feldversuchen realisieren (z.B. das Pandora-System, siehe [Hopper90]).
- Kleinere kommerzielle Systeme, die in zumeist mittelgroßen Firmen, Institutionen oder Industrieanlagen zur Informationsverbreitung und Mitarbeiterausbildung am Arbeitsplatz dienen [Owen92].

Sie alle beeinflußten und beeinflussen noch immer die aktuellen Forschungsaktivitäten. Auch die Motivation zu der vorliegenden Arbeit läßt sich nicht zuletzt aus diesen oben genannten Systemen und ihren Konzepten ableiten.

3 Das Tele-Media-Referenzmodell

Das folgende Kapitel beinhaltet zunächst eine Reihe relevanter Marktanalysen, die das Thema des computerbasierten Lernens in einer technischen Umgebung genauer beleuchten. Dadurch wird die zukünftige Notwendigkeit von Lerntechniken mit modernen Hilfsmitteln motiviert und daraus ein neuartiges Referenzmodell für eine computerbasierte Schulungsumgebung auf digitalen Netzen abgeleitet. Basis hierfür ist eine grundlegende Betrachtung von didaktischen Modellen sowie ihre Übertragbarkeit auf eine Computerplattform.

3.1 Marktanalysen

Betrachtet man die technologischen Entwicklungen der Vergangenheit, Gegenwart und Zukunft der Bereiche Informationstechnik (IT), Telekommunikation (TK) und Computeranwendungen im Überblick, zeichnen sich klare Trends in Richtung netzbasierter und integrierter Systeme ab [Dingeldein94], [Encarnação95b].

Die IT der Vergangenheit war noch geprägt von Mainframes, geringer und zumeist nur lokaler Vernetzung, der Offline- oder Batch-Verarbeitung von Daten sowie einer vorwiegend textuellen Präsentation der Ergebnisse. Bezüglich der TK existierten fast ausschließlich analoge Netze mit geringer Bandbreite für den Transport digitaler Daten und einer hauptsächlichen Verwendung für Sprach- und Faxdienste. Die gängigen Computeranwendungen erlaubten vielfach nur ein stark textorientiertes Arbeiten und oft nur für entsprechende Spezialisten optimiert. Die Bereiche IT und TK waren in der Regel strikt getrennt.

Die IT der Gegenwart besteht vorwiegend aus PCs und Workstations, die in zunehmendem Maße vernetzt sind. Daten werden oft interaktiv verarbeitet, wobei sowohl die Interaktion mit dem Computer als auch die Präsentation der Ergebnisse graphikbasiert geschieht. In der TK vollzieht sich der Wandel einer analogen hin zu einer digitalen Infrastruktur, die hohe Datenraten im Mbit/s-Bereich und damit kommunikationsaufwendige Anwendungen wie z.B. digitales Fernsehen erlaubt. Der Computer wurde zum fast alltäglichen Werkzeug in einer Vielzahl von Bereichen. Das Arbeiten ist stärker benutzerorientiert, wobei die Basis hochstrukturiertes und oft multimediales Datenmaterial ist. Weiterhin bewegen sich die zuvor getrennten Bereiche IT und TK in Form von integrierenden Systemen stark aufeinander zu.

Die IT der Zukunft wird zum einen durch immer höhere Rechenleistungen und zum anderen durch den Einsatz von mobilen Handcomputern (PDAs) geprägt sein. Die Vernetzung dieser Plattformen wird weltumspannend sein, sie werden die Echtzeitverarbeitung vieler Probleme ermöglichen sowie die Präsentation und Interaktion mit Mechanismen aus den Gebieten Multimedia und Virtuelle Realität erlauben. Die TK wird digital sein und sehr hohe Bandbreiten bis in den Gbit/s-Bereich technisch verfügbar machen. Computer werden in allen Lebensbereichen Fuß fassen und damit ihre Anwendungen für nahezu jeden Menschen verfügbar machen. Integrierte Multimediafunktionalität, gruppenorientiertes Arbeiten und die Bereitstellung weltweit verteilter Information sind hierbei die Eckpfeiler, das einer vollständigen Integration von IT und TK gleichkommt.

Die steigende Nachfrage nach *Schulungssoftware* (*CBT*-Software) beweist, daß Unternehmen beginnen, die sich entwickelnde Technologie auch zur Weiterbildung ihrer Mitarbeiter zu nutzen [Kraemer94]. Dies ist besonders vor dem Hintergrund zu sehen, daß einzelne Mitarbeiter häufig nur für kürzere Zeitabschnitte zum Zwecke der Weiterbildung freigestellt werden können. Computergestütztes Lernen erlaubt nicht nur die individuelle Bestimmung des Lerntempos durch den Lernenden, sondern erlaubt auch eine sehr flexible Handhabung der Lernzeiten. Es ist also nicht mehr notwendig, Mitarbeiter auf Tages- oder Zweitageslehrgänge zu schicken, die aufgrund der Ermüdung der Lernenden häufig nicht den gewünschten Erfolg haben können. Vielmehr können die Mitarbeiter in kleinen, arbeitslastabhängigen Lerneinheiten in neue Arbeitsaufgaben und -gebiete eingeführt werden (Lernen am Arbeitsplatz).

Die Chancen am Markt sind für verteilte, multimediale Lernumgebungen auf heterogenen Plattformen sehr hoch. Nach seriösen Schätzungen liegt das momentane Wachstum im CBT-Bereich bei 200% im Jahr, wobei zum jetzigen Zeitpunkt erst ca. 10% des möglichen Markvolumens erreicht wurde [McKinsey93]. Es wird damit gerechnet, daß in etwa zwei bis drei Jahren die Nachfrage nach solchen Lernumgebungen einen vorläufigen Höhepunkt erreichen und sich auf dem hohen Niveau etablieren wird.

3.1.1 Die McKinsey Marktanalyse

1993 wurde eine Studie von McKinsey & Company veröffentlicht, das „Handbuch Informationsmanagement". Ein Auszug der Studie war schon vorab unter dem Titel „Zusammenhänge: Die Entwicklung der Informationstechnologie

- Management des Wandels in einer Zeit des Paradigmenwechsels" verfügbar [McKinsey93].

Unter dem Kapitel „IT-Nutzertrends" war folgender Absatz zu finden: „Zwar dürfte die „nachhinkende" Anwendungssoftware entscheidende Durchbrüche auf dem Weg vom „Computing" zum „Informing" bremsen. Doch schon die heute verfügbaren und absehbaren Technologien und Produkte haben das Potential, die Unternehmen, den öffentlichen Sektor und sogar das Privatleben der Konsumenten entscheidender zu beeinflussen denn je".

Ein ganzes Kapitel der Studie beschäftigt sich mit dem „Zunehmenden Bedarf an IT-Unterstützung in der Privatwirtschaft". Hier heißt es unter anderem: „(...) Vielmehr wird es in den nächsten Jahren quer über alle Branchen zu grundlegenden Restaurierungen der Systemarchitektur(en) kommen - getrieben vom höheren Anspruchsniveau der Kunden und zunehmenden Wettbewerbsdruck. Diese Veränderungen (...) laufen darauf hinaus, daß der zweckmäßige, effiziente Einsatz der Informationstechnologie als Wettbewerbfaktor an Bedeutung gewinnt - um so mehr, je „informationsintensiver" ein Geschäft ist. Innovationskraft und Innovationsgeschwindigkeit sind im Kräftefeld zwischen anspruchsvollen Kunden und harter Konkurrenz entscheidende Faktoren. Immer kürzer werdende Produktionszyklen gibt es beispielsweise in der Autoindustrie, in der Computer- und Konsumelektronik."

Hier zeigt sich deutlich die Relevanz von modernen Informations- und Lernsystemen auf verteilten Computerplattformen. Diese laufen auf einen Prozeß hinaus, der in der McKinsey-Studie „Entwicklung intelligenter Produkte und Dienstleistungen" genannt wird. „Mit dem Ziel, höheren Kundennutzen zu bieten oder die Servicefreundlichkeit der Produkte zu steigern, erhöhen viele Unternehmen den Elektronik- und Softwareanteil ihrer Produkte. Beispiele sind das Vordringen der Autoelektronik, das kommende digitale Fernsehen oder die automatische Fehlerdiagnose in vielen Produkten. (...) Wenn sich nun die Unternehmen zunehmend restrukturieren, etwa durch Bildung vieler Profitcenter oder durch die Externalisierung von Funktionen, die sie nicht zum Kerngeschäft zählen - (...) - wird zudem die Kommunikation über Einheiten und Unternehmens- grenzen hinweg enorm zunehmen. Das Vordringen von EDI (Electronic Data Exchange) ist ein Anzeichen dafür." Läßt sich ein zusätzliche Software zur Fehlervermeidung und -behebung nun sogar über öffentliche Netze dynamisch verfügbar machen wie in diesem Szenario, so erhöht sich die Service- freundlichkeit und Informationsverfügbarkeit für ein Industrieunternehmen deutlich.

Vernetzung, Dezentralisierung und Verschiebung hin zu kleineren Hardware- plattformen liegen deutlich im Trend. Laut Gartner Group erhöhte sich beispielsweise der wertmäßige Anteil von PCs am Computermarkt von 39% im Jahre 1988 bis 1994 auf ca. 50%. Mit der zunehmenden Verbreitung von dezentralen Systemen wie etwa PCs geht eine dramatische Zunahme der Vernetzung einher. Experten gehen z.B. von einer Zunahme der weltweiten

Installation von LANs von unter 2 Millionen Stück im Jahr 1990 auf über 20 Millionen bis zur Jahrtausendwende aus [McKinsey93].

Auch über die Verbindung zwischen Multimedia, Netzen und Schulungsapplikationen werden konkrete Angaben gemacht: „So schätzt beispielsweise IDC, daß alleine in Deutschland der Multimedia-Markt von 1990 bis 1996 von rund 3 Millionen DM auf über 1,3 Milliarden DM wachsen wird. In ISDN-fähiger Version etwa könnten Multimedia-Workstations endlich das Versprechen der Bürokommunikation einlösen. Als tragbare Version könnte sie in vielfältiger Weise Schulungs- und Präsentationszwecken dienen und deutliche Nutzen über heutige Laptops hinaus bringen." Hierbei wird immer eine verteilte Client/Server-Architektur als Grundlage vorausgesetzt.

Hierzu wird noch eine weiterführende Aussage im Kapitel „Verbesserte IT-Anwendungen im öffentlichen Sektor" gemacht: „(...) An Schulen und Universitäten lassen sich durch stärkeren Einsatz von Computer-aided Learning (Teachware) neue Lerninhalte und Arbeitstechniken erschließen". Das Lernen mit diesen neuen Technologien ist jedoch nur bedingt automatisierbar, d.h. die menschliche Komponente ist essentiell.

Zusammenfassend und als Ausblick wird folgende Aussage gemacht: „Vor etwa 30 Jahren waren weniger als 2% aller betriebswirtschaftlichen Rechenvorgänge computergestützt - damals standen wir am Beginn einer technischen S-Kurve, heute nähern wir uns mit einem IT-Unterstützungsgrad von schätzungsweise 80% ihrem oberen abflachenden Ende. Die Informationsunterstützung, insbesondere die technische Bewältigung der Informationsflut, steht hingegen erst am Anfang einer solchen S-Kurve. Erst rund 6% aller Informationen sind heute elektronisch gespeichert, aufbereitet und weiterverarbeitet."

3.1.2 Die DEDICATED Marktanalyse

DEDICATED war von 1992 bis 1994 ein Projekt im Rahmen des Europäischen DELTA-Programms. Alle 21 DELTA-Projekte inklusive DEDICATED beschäftigten sich im weitesten Sinne mit computerbasiertem Lernen. DEDICATED deckt hierbei Lernumgebungen für den CAD/CAM- und den Computer-animationsmarkt ab. D.h. es stellte solchen Benutzern ein verteiltes Lernsystem zur Verfügung, die schon mit der Computertechnik im allgemeinen vertraut sind [Dedicated93].

In Deutschland gab es entsprechend der Marktanalyse 1992 etwa 200 verschiedene Anbieter von CAD-Systemen. Diese Anzahl wird sich während der nächsten fünf Jahre auf ca. 150 reduzieren. Im gleichen Zeitraum wird sich der Marktanteil der zehn größten Anbieter von 65% auf 75% erhöhen. Der größte Anteil fällt dabei traditionell in den Maschinenbaubereich (ca. 65%). Die anderen Segmente verteilen sich über die Bereiche Elektrik, Elektronik, Architektur, Kartographie und Landschaftsbau. In all diesen Bereichen wurde bei Neuanschaffungen von CAD-Systemen meistens eine Investition von 50.000 DM bis

100.000 DM getätigt, wobei mehr als 50% der investierenden Firmen KmUs (Kleinere und mittlere Unternehmen) waren.

Die Hardwarebasis im CAD-Bereich ist zu über 95% im PC- und im Workstationbereich zu finden. Macintosh-Plattformen werden nur sehr selten verwendet. Obwohl die Preise für PC-Systeme deutlich unter denen von Workstations liegen, konnte schon 1989 ein Marktvolumen von 12% (= 337 Mio. DM) des gesamten CAD/CAM/CAE-Bereichs erreicht werden. Die Automobilindustrie ist eine der Schlüsselbranchen für die Verwendung von workstationbasierten CAD-Systemen. Nach einer ODETTE-Untersuchung (Organization for Data Exchange Through Transmission in Europa) zwischen Juli 1990 und September 1991 wurden dabei etwa 3000 Systeme alleine bei den Firmen Audi, BMW, Mercedes, Porsche, VW und GM Europa eingesetzt. Jedoch auch für die Zulieferfirmen, oftmals KmUs, sind diese Systeme integraler Bestandteil für ihre Geschäfte.

CAD-Systeme sind äußerst trainingsintensiv. Ein Grund dafür sind sich ständig ändernde Anforderungen an den Benutzer. Ein Beispiel ist die Umstellung vieler CAD-Systeme von 2D auf 3D, was schon in mehr als 50% der Firmen bei über 20% der Designarbeiten der Fall ist. 70% der betroffenen Firmen führen daher Inhouse-Training durch, meistens durch CAD-Experten. Hierbei stellt sich auch ein immer höherer Bedarf an multimedialen Schulungsunterlagen heraus.

Bei einer Umfrage unter 300 Benutzern von CAD-Systemen wurden Fragebögen verschickt und ausgewertet. Hierbei zeigte sich, daß sich die Trainingsmethoden folgendermaßen aufteilt:

- 50%:   Gruppentraining in Gruppen von 10 - 15 Personen
- 90%:   Gruppentraining in kleinen Gruppen bis zu 5 Personen
- 60%:   Individuelle Unterstützung
- 50%:   Selbststudium

Computer wurden dabei hauptsächlich in Verbindung mit Video-Beamer und LCD-Panels als Präsentationshilfen („Elektronische Diashow") verwendet. Es stellte sich aber besonders für kleine und mittlere Unternehmen (*KmUs*) heraus, daß aus Ermangelung an geeigneten Schulungsräumlichkeiten die Verlagerung der Schulungen auf die Arbeitsrechner der Benutzer wünschenswert sei.

Der ebenfalls in der DEDICATED-Studie untersuchte Animationsmarkt ist von deutlich geringerer Relevanz für deutsche KmUs. Zumeist sind bisher nur Forschungsinstitute und universitäre Einrichtungen damit beschäftigt. Nach Aussage der Studie kann sich dies aber in naher Zukunft durch den verstärkten Einsatz von Virtual Reality und Cyberspace-Techniken z.B. im Architektur- und Medizinmarkt verändern. Das zur Zeit einzig relevante kommerzielle Marktsegment zeichnet sich in der Werbebranche ab.

Zusammenfassend kommt die Studie zu dem Ergebnis, daß sich die Trainingsmethoden speziell im CAD-Bereich in den letzten 10 Jahren nur wenig verändert haben. Dem stehen jedoch sich immer rascher ändernde Systemumgebungen gegenüber und damit ein steigender Bedarf an Schulung. Die Hauptursachen für die bisher langsame Verbreitung von computerbasierten Lernumgebungen werden auf die folgenden Gründe zurückgeführt: hohe Produktionskosten für CBT-Materialien, hohe Kosten für das Equipment, mangelnder Support über Netze und mangelnde Beispiele von erfolgreichen CBT-Systemen

3.1.3 „The Realities of Convergence"

Am Ende des Jahres 1994 wurde die amerikanische Studie „The Realities of Convergence: A Perspective on How to Avoid Becoming a Road Kill on the Global Information Highway" veröffentlicht. Zentrales Thema dieser Studie war die immer stärkere Überschneidung in den Zielen der Kommunikations-, Informations- und Unterhaltungsindustrie („Convergence"). Dies geschieht sowohl aus der Sicht der Anbieter entsprechender Produkte und Services (Produzenten, Großhandel, Vertrieb, Anbieter der Netzinfrastruktur und Elektronikhersteller) als auch aus der Sicht der Anwender [Kraemer94].

Zunächst wurden hierbei zwei verschiedene Modelle für die zugrundeliegende Netzinfrastruktur - den Information Highway - identifiziert: *Electronic Mall* und *Electronic Commons*. Innerhalb des ersten Modells gehen Benutzer elektronisch von einem Geschäft zum anderen, um Produkte und Services von verschiedenen Anbietern zu erstehen. Das zweite Modell stellt die Mensch-zu-Mensch-Kommunikation mehr in den Vordergrund. Diese Kommunikation geschieht entweder direkt oder über „Schwarze Bretter". Die Unterschiede der beiden Modelle lassen sich leicht in der folgenden Tabelle 3.1 aufzeigen:

Tabelle 3.1. Vergleich Electronic Mall und Electronic Commons

Electronic Mall	Electronic Commons
Kommerzielles Modell mit Gebühren für Dienstleistungen	Internet-Modell mit freiem Zugang und öffentlicher Unterstützung
Fernsehbasiert	Computerbasiert
Stellt die Unterhaltung in den Vordergrund	Stellt Kommunikation und Information in den Vordergrund
Wenige regulierende Mechanismen (offener Markt)	Mehr regulierende Mechanismen (öffentlich kontrolliert)
Benötigt ein Breitbandnetz	Benötigt in der Anfangsphase kein Breitbandnetz

Während auf dem kommerziellen Sektor eher dem Mall-Modell der Vorzug gegeben wird, ist auf dem öffentlichen Sektor die Diskussion über das „bessere" Modell noch im Gange. Sollte dort jedoch die Entscheidung zugunsten des Commons-Modell fallen, könnte dies starke Auswirkungen auf die

Gebührenpolitik und Verfügbarkeit von Technik in den betroffenen Bereichen der Telekommunikation haben. Dies könnte im schlechtesten Fall sogar den gesamten Information Highway und den damit gekoppelten Bereich der Breitbandvernetzung behindern. Eine optimale öffentliche Politik würde daher für eine ausgeglichene Verwendung der beiden Modelle sorgen.

Bis zum Jahr 2000 werden „Stand-alone" Multimediaprodukte und -dienstleistungen eine starke Marktsignifikanz haben, wobei der primäre Datenträger zum Austausch der digitalen Informationen nicht das Netz sondern eher CD-ROMs o.ä. sein wird. Erst in etwa 10 Jahren - ca. 2003 - 2006 - ist mit der allgemeinen Marktakzeptanz von Netzdiensten und verteilten Anwendungen zu rechnen. Dennoch steht völlig außer Zweifel, daß der Prozeß der Netzintegration begonnen hat und einen neuen Massenmarkt schaffen wird. Die Geschwindigkeit dieses Prozesses ist dabei von verschiedenen Faktoren abhängig: Kosten für Entwicklungen und Infrastruktur, Reglementierung des Telekommunikations-Netzzugriffs, Nachfrage der potentiellen Kunden, Risikobereitschaft der Anbieter sowie Verfügbarkeit von entsprechenden Hardware und Softwarelösungen.

Hieraus läßt sich dennoch die zwingende Notwendigkeit ableiten, zum jetzigen Zeitpunkt die Entwicklung von Technologien für den zukünftigen Netzmarkt zu forcieren. Es könnte sich gar als Trugschluß erweisen, mit diesen Entwicklungen - und den daran gekoppelten Investitionen - zumindest solange zu warten, bis der Markt „reif" ist. Dies geschieht oftmals durch die Erwartung sogenannte „Killer-Applikationen" auf dem Netzmarkt, die wie eine Initialzündung für das entsprechende Marktsegment wirken. Jene Mitbewerber, die bei Erscheinen dieser Killer-Applikationen nicht schon mit entsprechendem Know-how und eigenen Applikationen auf dem Markt etabliert sind, werden wohl von vornherein zu den Verlierern gehören. Eine andere Möglichkeit für die Initialzündung des Netzmarktes, die jedoch zu den gleichen Schlüssen bezüglich der Technologieentwicklung führt, wird durch folgendes Szenario beschrieben: Es fehlen die individuellen Killer-Applikationen bei gleichzeitiger Präsens eines ganzen Spektrums kleinerer Applikationen, die dem Markt durch ihre allgemeine Verfügbarkeit den nötigen Anschub geben.

Eine Marktuntersuchung, die 1994 von Pacific Telesis durchgeführt wurde, zeigte auf, daß speziell auf dem Markt der Netzapplikationen das oben beschriebene Szenario schon heute an der Übergangsphase zur Realität zu sein scheint. Die Untersuchung zeigte, daß mehr als 60% der Konsumenten „sehr interessiert" oder „interessiert" an 14 interaktiven Dienstleistungen waren. Als eine Auswahl von nur neun ausgewählten Diensten zur Auswahl evaluiert wurden, überschritten sechs davon deutlich einen Interessensgrad von 50% während zwei weitere beinahe diese 50%-Marke erreichten (siehe auch Abbildung 3.1). Um dies auch in zu erwartenden Umsätzen ausdrücken zu können, wurden die Konsumenten dahingehend befragt. Das Ergebnis zeigte, daß dreiviertel der Befragten für den Zugriff auf dieses Dienstleistungspaket im Schnitt 25 US$ im Monat dafür bezahlen würden. Hierbei war keiner der Dienste signifikanter Spitzenreiter [Kraemer94].

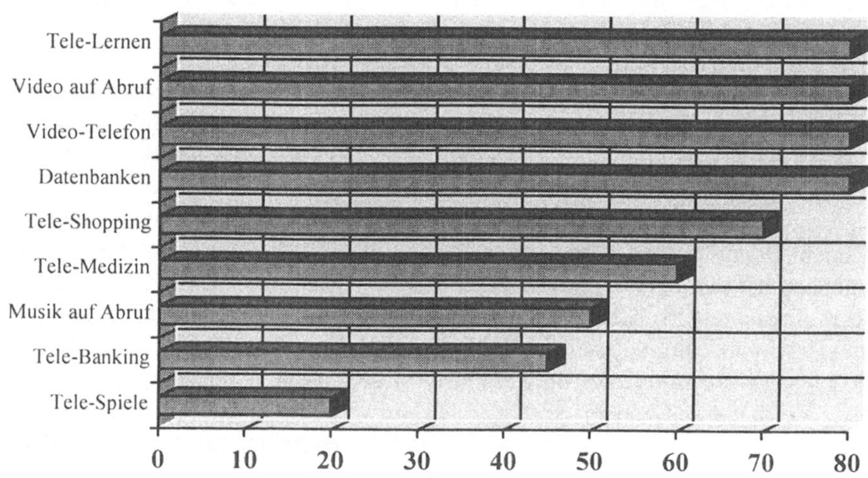

Abbildung 3.1. Konsumenteninteresse an verschiedenen Diensten auf einem öffentlichen digitalen Netz. Die horizontale Achse repräsentiert hierbei den Grad des Interesses an einer individuellen Dienstleistung in Prozent. (Quelle: Abb. VIII-2-4, Bell Statement No. 9, Bell of Pennsylvania, Inc., 1994)

Die Resultate dieser Umfrage sind typisch für den Bereich der Netzapplikationen, keine explizite Killer-Applikation konnte ausgemacht werden. Die gelungene Mischung der Dienste mit Zutaten wie Lernen, Unterhaltung, Information, bequemer Zugriff, individuelle Auswahl, Ortsunabhängigkeit, multimedialer Inhalt und Interaktivität traf das Konsumenteninteresse am besten. Der möglicherweise interessanteste Aspekt hierbei war die Tatsache, daß der Information mindestens die gleiche Bedeutung zugemessen wurde wie der Unterhaltung. Dies gilt insbesondere für jene Konsumenten, die 1990 unter 30 Jahren alt waren und demzufolge im Laufe der stark prägenden Jahre ihrer Entwicklung als junge Menschen mit der zugrundeliegenden Computertechnik umzugehen lernten.

Eine wichtige Rolle spielte bei der Untersuchung der Bereich Tele-Lernen. Er wurde gemeinsam mit den Bereichen Video auf Abruf (Video on Demand - VoD), Videotelefonie und Zugriff auf Informationsdatenbanken mit der höchsten Interessenssignifikanz genannt.

3.1.4 Definition der Zielgruppen für Lern- und Informationssysteme

Computerbasiertes Lernen, bevorzugt über Netze, spielt bei allen oben aufgeführten Studien und Marktanalysen eine bedeutende Rolle. Grundsätzlich muß jedoch zwischen verschiedenen Zielgruppen für solche Lern- und Informationssystemen unterschieden werden:

1. Schüler im Kindesalter
2. Schüler und Studenten als Jugendliche und junge Erwachsene
3. Erwachsenen jeglichen Alters nach Abschluß ihrer Ausbildungszeit

Die beiden ersten Zielgruppen befinden sich in der Regel in einem von öffentlichen Mitteln geprägten Umfeld der klassischen Bildungsinstitute wie Schulen, Fachhochschulen und Hochschulen. Im Gegensatz hierzu werden die Lernumgebungen der dritten Zielgruppe von einer sehr heterogenen Gruppe finanziert. Dies sind z.B. öffentliche Institutionen (Weiterbildungs- und Umschulungsmaßnahmen der Arbeitsämter), subventionierte Institutionen (Volkshochschulen), institutionalisierte Bildungsanstalten (Industrie- und Handelskammer), von kleinen und mittleren Unternehmen finanzierte Schulungsunternehmen und Dozenten, sowie in der Großindustrie unterhaltene Schulungsabteilungen.

Während für die ersten beiden Zielgruppen eine wohletablierte Infrastruktur besteht, ist diese Infrastruktur für die dritte Gruppe gerade am entstehen. Jedoch verstärkt sich gerade dort der Druck adäquate Mechanismen zur Weiterbildung von Angestellten und auch Entscheidungsträgern in verschiedensten Sparten anzuwenden. „Lebenslanges Lernen" ist ein Begriff, der für eine Vielzahl von Menschen, die ihre eigentliche fachliche Ausbildung schon hinter sich gebracht haben, eine alltägliche Tatsache oder Anforderung darstellt. Diese wird durch den vermehrten Einsatz von technische Hilfsmittel während der Arbeit nicht reduziert, sondern durch die schnellen Inovationszyklen gerade dieser Hilfsmittel und der daraus resultierenden Umlernphasen noch verstärkt [Eden96].

Aus diesem Grund wird es besonders auch für die Entwickler, Hersteller und Vertreiber von technischen Geräten immer wichtiger, angemessene Schulungs-, Lern- und Informationssysteme mit ihren Produkten auszuliefern. Diese werden dann sowohl genutzt, um das eigene Personal sowie das Kundenpersonal zu schulen als auch bei auftretenden Problemen über netzbasierte Mechanismen Informations- und Hilfskomponente verfügbar zu machen. Die Qualität und schnelle Verfügbarkeit beider Komponenten - initiale Schulung und Wartung im Betrieb in Zusammenarbeit mit dem Kunden - entscheiden inzwischen oftmals über Erfolg und Mißerfolg eines Produkts.

Von neuen Entwicklungen auf dem Gebiet des computerbasierten, netzunterstützten Lernens kann somit primär die dritte Zielgruppe profitieren. Durch geeignete Übernahme und Anpassung der dabei entstandenen Lernsysteme ist jedoch auch ein deutlicher Einfluß auf die ersten beiden Zielgruppen zu erwarten. Hierzu wurden inzwischen eine Reihe von Veröffentlichungen gemacht, auf die an dieser Stelle jedoch nicht näher eingegangen werden soll, da sie sich primär auf die didaktischen Aspekte von Lernumgebungen im Schul- und Fernuniversitätsbereich beziehen. Als Beispiele hierfür sollen [Pea92] und [Scottish92] genannt werden.

3.2 Ein Referenzmodell für Lernumgebungen

Eine immer komplexer werdende Umwelt erfordert vom Menschen eine immer rascher Anpassung. Zur leichteren Beherrschung dieser Umwelt wurden moderne Hilfsmittel geschaffen, die jedoch ihrerseits die Umwelt wieder ein Stück komplexer werden ließen. Daher haben interessanterweise gerade moderne Hilfsmittel wie komplexe Maschinen oder Computer nicht unbedingt zu einer direkten Erleichterung des menschlichen Lebens geführt. Erst nach einer gewissen Lernphase konnten diese Maschinen oder Computer mehr oder weniger effektiv von ihren potentiellen Anwendern genutzt werden. Dies erzeugte und erzeugt nach wie vor starke Hemmschwellen oder gar grundsätzliche Ablehnung bei vielen der Benutzern.

Durch die raschen Innovationszyklen bei den modernen „Hilfsmitteln" bildet sich eine Zweiklassengesellschaft: Auf der einen Seite die Menschen, die mit der Technik umgehen können, auf der anderen Seite jene, die solches nie gelernt haben. Lange Zeit schien es so, als ob neue Technik nur für die Menschen gedacht war, die mit der alten Technik schon sicher umzugehen verstanden. Das Interesse der Technikproduzenten vielen neuen potentiellen Anwendern die Benutzung der Technik nahezubringen war durch den hohen Aufwand nur sehr gering. Nur durch hohes persönliches Engagement der Anwender selbst gelangten sie z.B. im Computerbereich aus der Klasse der „Nichtwissenden" in die Klasse der „Wissenden".

Die immer stärkere Durchdringung auch der letzten Bereiche menschlichen Lebens mit Computern und der daraus entstehende Massenmarkt zwangen zu einem Umdenken. Traditionelle Schulungen und Kurse für die potentiellen neuen Anwender waren und sind jedoch aus verschiedenen Gründen sehr problematisch:

- Signifikante Unterschiede zwischen der Schulungsumgebung und der späteren Arbeitsumgebung des potentiellen Benutzers
- Arbeitshilfsmittel und Geräte, die in der Schulungsumgebung in einer gewissen Weise eingestellt sind oder funktionieren, verhalten sich anders in der Arbeitsumgebung
- Probleme beim Transport der in der Schulungsumgebung gemachten Übungen an den Arbeitsplatz (verschiedene Formate der Datenträger, kein Netz, etc.)
- Oftmals lange Anfahrtswege zu den Schulungsorten und daraus resultierender Zeitverlust und hohe Kosten

– Fehlende Motivation des Schulungsteilnehmer durch den möglichen Zwang
  zur Weiterbildung (Gefahr der Arbeitslosigkeit, geschickt durch den
  Arbeitgeber, automatische innerbetriebliche Weiterbildungsmaßnahme, etc.).

Hieraus folgte eine fehlenden Akzeptanz der Weiterbildungsmaßnahme. All
diese Gründe führten rasch zu einer neuen technischen Entwicklung: dem
computerbasierten Lernen und einer Reihe daran gekoppelter Schlagworte wie
CBT (Computer Based Training), *ALT* (Advanced Learning Technology), *PET*
(Progressive Educational Technology), *CAI* (Computer Aided Instruction) oder
dem oft angestrebten „Just-in-Time-Learning". Dies alles sollte nicht nur die oben
aufgeführten Nachteile bei der Weiterbildung von erwachsenen Berufstätigen
lösen, sondern auch die Ausbildung an Schulen und Universitäten revolutionieren.

Die Reaktionen darauf waren und sind noch immer sehr widersprüchlich.

– Die Klasse der Wissenden (besonders die Entwickler von CBT-Systemen)
  sonnte sich in ihren vermeintlichen Erfolgen.
– Die Klasse der Nichtwissenden wurde mit ständig neuen - an die Fähigkeiten
  der zugrundeliegenden Hardware und Software angepaßten - didaktischen
  Modellen geschult.
– Die beide Seiten beobachtenden oder involvierten Pädagogen versuchten dies
  alles zu bewerten.

Die geringe bisherige Beobachtungsdauer, die schlecht meßbaren Ergebnisse
sowie die unterschiedlichsten Auffassungen zum Prozeß des Lernens führten zu
nicht immer sachlich geführten Disputen über die Erfolge oder Mißerfolge des
Computer-basierten Lernens. Vor allem stellte sich immer mehr die Frage: Wie
soll man jemanden, der Computer ablehnt mit Hilfe von Computern die Arbeit am
Computer beibringen?

Für das weitere Verständnis dieser Arbeit sollen daher zunächst verschiedene
grundlegende Begriffe geklärt sowie neue Lernkonzepte vorgestellt und zum Teil
bewertet werden.

3.2.1 Modelle für Didaktik und Kommunikation

Der erste Ansatz zu computerbasiertem Lernen geht in die sechziger Jahre zurück.
Er war nicht zuletzt durch das damalige Verständnis des menschlichen Denkens
und der technischen Möglichkeiten von der behaviouristischen Lehrstrategie
dominiert. Der *Behaviourismus* geht davon aus, daß ein Lehrer weiß, was seine
Schüler zu lernen haben. Das Lernen selbst wird als konditionierter Reflex
angesehen, der durch Adaption erworben wird. Es genügt, dem Schüler oft genug
den geeigneten Reiz zu präsentieren, um eine bestimmte Reaktion hervorzurufen.
Das Gehirn wird dabei als Black Box aufgefaßt, die den Input erhält und
deterministisch reagiert (siehe Abbildung 3.2) [Baumgartner94].

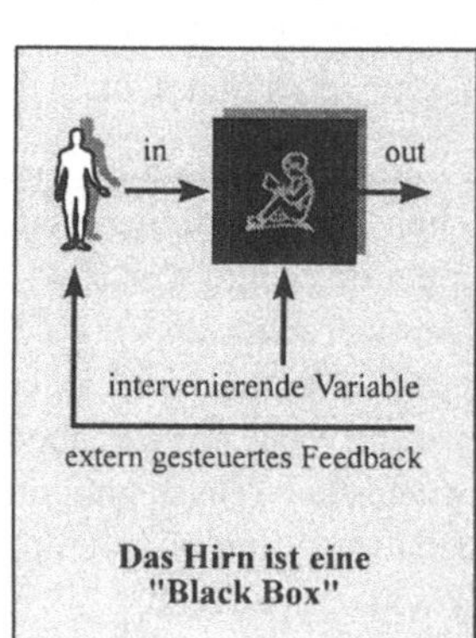
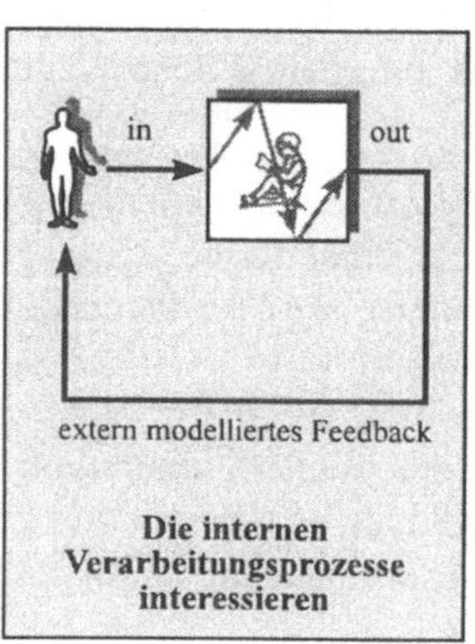

Abbildung 3.2. Vergleich der Lernmodelle Behaviourismus, Kognitivismus und Konstruktivismus

Diese Anschauung ist heute nicht mehr gebräuchlich. Sie vereinfacht die in der Regel hohe Komplexität der menschlichen Lernprozesse zu stark und hat nur beim Training von vorwiegend körperlichen Fertigkeiten (z.B. Schreibmaschinenschreiben, Sport) Erfolg. Der schon oben verwendete Begriff Reflex für das angelernte Verhalten zeigt ganz klar die Intention dieser Lehrmethode auf.

Ein moderneres und heute wahrscheinlich dominantes Modell ist der *Kognitivismus*. Im Gegensatz zum Behaviourismus betont er die inneren Prozesse des menschlichen Hirns, versucht diese zu untersuchen und in Zusammenhang zueinander zu setzen. Der Kognitivismus macht daher den Versuch das menschliche Denken wie einen Prozeß in der Informationsverarbeitung zu beschreiben. Dies erklärt auch die enge Verwandtschaft zwischen dem Kognitivismus und den Forschungsprojekten im Rahmen der Künstlichen Intelligenz. Die Suche nach den richtigen Algorithmen spielt daher in beiden Disziplinen eine entscheidende Rolle.

Lernen heißt für den Kognitivismus ein Problem zu lösen. Hierbei geht es nicht darum, auf gewisse Reize die einzig richtige Antwort zu produzieren. Weit allgemeiner gilt es richtige Methoden und Verfahren zu erarbeiten, deren Anwendung dann erst die richtige(n) Antwort(en) ergeben. Hierbei können auch verschiedene Verfahren zu optimalen und richtigen Ergebnissen führen [Schulmeister96].

War es beim Behaviourismus die Überbetonung des körperlichen Verhaltens (Reflex), so findet beim Kognitivismus eine zu starke Konzentration auf geistige Verarbeitungsprozesse statt. Diese können jedoch nicht einmal für den Menschen einfache Fähigkeiten wie das „Muster erkennen" erklären. Bei diesem Beispiel handelt es sich nicht um ein Problem, das auf seine Lösung harrt. Es ist im Gegenteil schon ungemein schwer, die Fragestellung zu formulieren, d.h. das

Problem zu generieren. Der *Konstruktivismus* versucht dieses Manko zu umgehen. Realität wird hierbei als eine interaktive Konzeption verstanden, die jeder Mensch über seine Sensoren ganz individuell wahrnimmt und interpretiert.

Dies bedeutet, daß unsere Sinnesorgane die Realität nicht einfach abbilden, sondern in einem Vorverarbeitungsprozeß bereits unterschiedlich strukturieren. Daraus folgt, daß jegliche Information auf ihrem Weg zur Verarbeitung von jedem Menschen individuell anders gefiltert sowie gewichtet wird und dabei Raum für unterschiedliche Interpretation läßt. Frühere Erfahrungen spielen dabei eine große Rolle und erlauben das Generieren eines konkreten Problems auch in neuen, verwirrenden, unsicheren oder unvorhersehbaren Situationen. Die resultierende Lösung muß dann nicht zwingend deterministisch sein, sondern ist teilweise chaotischen Schwankungen unterworfen.

Die Leistung von „Experten" besteht daher weniger in ihrer Unfehlbarkeit, als vielmehr darin, daß sie einer unsicheren, instabilen Situation durch eine gewisse Sichtweise (Problemsicht) erst Sinn geben. Dies führt automatisch zu einer völlig geänderten Rolle des Lehrers. Nicht mehr das autoritäre Lehrermodell (Behaviourismus) oder das des Tutors, der beobachtet und hilft (Kognitivismus) steht im Vordergrund. Vielmehr ist es die eigene, persönliche und praktische Erfahrung des Lernenden. Der Lehrer nimmt die Rolle eines Coaches oder Moderators ein und verliert damit viel von seiner scheinbaren Unfehlbarkeit. Seine Funktion nimmt er vielmehr durch seine große Erfahrung wahr und durch seine Fähigkeit, andere beim Umgehenlernen mit komplexen Situationen zu unterstützen.

Wie lassen sich diese drei Modelle nun auf die klassische Informationsvermittlung ohne Computerunterstützung und auf aktuelle sowie zukünftige computerunterstützte Lern- und Informationsumgebungen übertragen? Zur Beantwortung dieser Frage sollen die zugrundeliegenden Kommunikationsmodelle näher betrachtet werden.

Das Kommunikationsmodell des - zugegebenermaßen idealisierten - klassische Unterrichts ist vollkommen unabhängig von dem verwendeten didaktischen Modell (Behaviourismus, Kognitivismus oder Konstruktivismus). Während der Vorbereitung eines Kurses entscheidet der Lehrer sich für die Kursmaterialien, d.h. für den Inhalt der Nachrichten. Er bringt die Materialien in eine geeignete Form (Skripte, Folien, Bücher, Videos, etc.) und überlegt sich ihre Präsentation (Stichworte, Tafelbilder, etc.). Auf diese Weise kodiert er die Nachricht (siehe Abbildung 3.3).

Bei der Realisation des Kurses schickt der Lehrer die Nachricht und der aufmerksame Schüler empfängt sie. Der Prozeß des Lernens ist nun die Dekodierung der Nachrichten und das damit gekoppelte Verständnis oder Nichtverständnis. Im ersten Falle kann der Lernende einen Teil der empfangenen Nachricht in seinem Gehirn speichern oder aber einen Verweis auf die Stelle, an der er den Inhalt der Nachricht bei Bedarf wieder abrufen kann (Skripte, Bücher, etc.). Im zweiten Falle besteht die Möglichkeit einer Rückfrage an den Lehrer. Dieser kann dann sofort auf diese Frage eingehen und sie zum Verständnis des

Schülers beantworten. Oder aber er kann neues Kursmaterial aufbereiten und dem Schüler zu einem späteren Zeitpunkt präsentieren. Wichtig ist hierbei die grundsätzliche Möglichkeit zur Rückkopplung und damit Einflußnahme des Lernenden bei der entscheidenden Instanz bezüglich der Materialienauswahl und der Hilfe für das Verständnis.

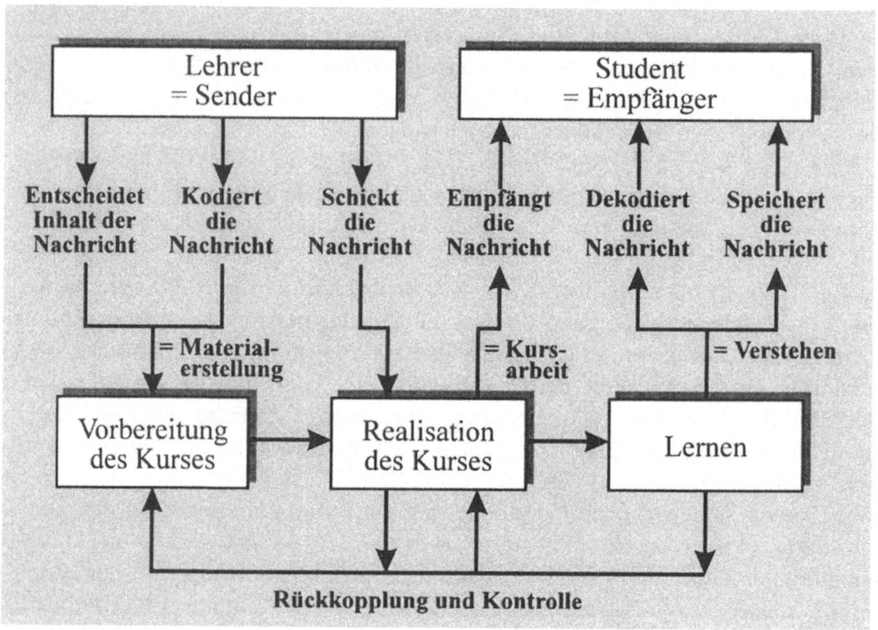

Abbildung 3.3. Kommunikationsmodell bei klassischem Unterricht

Systeme für computerbasiertes Lernen ersetzen den Lehrer mehr oder weniger durch einen Kursautor und ein Lernprogramm. Wie ein Lehrer sammelt der Autor Materialien für den Kursinhalt und bereitet sie in Form von Texten, Graphiken, Audio- und Videosequenzen sowie einer Kursablaufsteuerung (Kursskript) auf. Der eigentliche Unterricht findet ohne direkte Einflußnahme des Autors zwischen einem Schüler und einem Lernprogramm statt. Im optimalen Falle hat der Autor das ihm zur Verfügung stehende Wissen und Material so gut aufbereitet, daß sich der Schüler ausschließlich über das Medium Lernprogramm auch komplexe Zusammenhänge erarbeiten kann (siehe Abbildung 3.4).

Sollte dies jedoch nicht der Fall sein, stellt sich ein klarer Schwachpunkt der computerbasierten Lernumgebung heraus: Eine Rückkopplung zwischen Schüler und Lehrer (Autor) ist nicht möglich. Daher kann weder der Kurs leicht an bestimmte Schülerbedürfnisse angepaßt werden noch kann eine verläßliche Kontrolle über Lernerfolge gemacht werden.

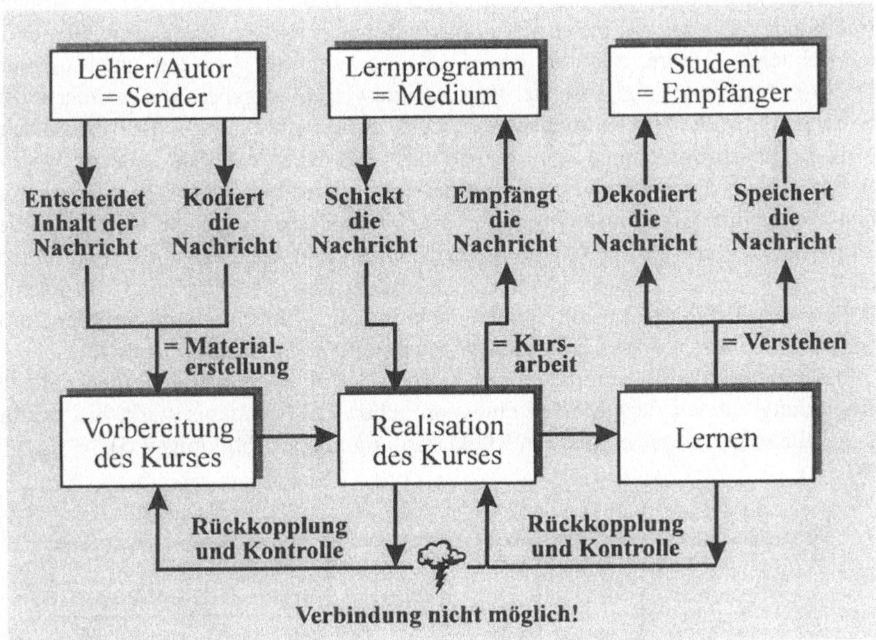

Abbildung 3.4. Kommunikationsmodell bei computerbasiertem Lernen

Aus diesen oben genannten Gründen eignen sich viele CBT-System (Computerbasierte Trainingssysteme) nur für die didaktischen Modelle Behaviourismus und Kognitivismus, d.h. einerseits für das Einübung von manuellen Fähigkeiten (z.B. Schreibmaschinenschreiben, Mausbedienung etc.), andererseits für das Vermitteln von klaren Regeln (z.B. Rechenregeln, Algorithmen etc.). Völlig ungeeignet sind sie jedoch beim Vermitteln von nicht klar formulierbaren Erfahrungen (intuitives Herangehen an unklare Problemstellungen) oder dem Überwinden von Unsicherheiten bei der Einarbeitung in gänzliche neue Wissensbereiche. Daher werden viele CBT-Systeme weniger zur echten Ausbildung und mehr als Nachschlagewerk für schon eingearbeitete Personen (Online-Hilfe) oder als Weiterbildungshilfe (Wissens-Update) genutzt. Ein Architekt ohne CAD-Erfahrung, der seinen Computer bis zu diesem Zeitpunkt nur zur Textverarbeitung genutzt hat, wird mit Hilfe eines CBT-Systems oder eines Lehrbuchs sicher nicht sehr schnell in die Lage versetzt, seine Baupläne ausschließlich auf dem Computer zu erstellen. Meist gelingt dies nur mit der Hilfe eines erfahrenen Kollegen, der die spezifischen Probleme des Lernenden zu lösen vermag [Encarnação93a], [Tritsch93b], [Dwyer95], [Hubler95], [Schroeder95b].

Zur Lösung dieses CBT-spezifischen Problems gibt es nun zwei Möglichkeiten: zum einen die Integration von Expertensystemen sowie Methoden der Künstlichen Intelligenz (KI oder AI) in die Lernumgebung; zum anderen die Einbindung eines menschlichen Tutors. Mit der ersten Lösung wird der Versuch unternommen, einem Lernsystem möglichst viel Hintergrundwissen zu geben und es über KI zu befähigen dieses Wissen menschengerecht zu vermitteln, d.h. das didaktische Modell Konstruktivismus zu realisieren. Bei der zweiten Lösung - die ausschließlich die Basis dieser Arbeit darstellt - wird bei Bedarf über Computer- und Telekommunikationstechnologie die Verbindung zwischen einem Schüler und einem Tutoren (Experten) hergestellt. Diese können dann über Text, Video- und Audiokanäle sowie weiterer kooperativer Mechanismen Probleme, Meinungen, Erfahrungen und Wissen austauschen. Weiterhin kann sich der Tutor auf diese Weise ein echtes Bild vom Wissensstand eines Schüler machen.

Das Kommunikationsmodell einer solchen Lernumgebung mit „menschlicher Anbindung" ähnelt dem Modell eines einfachen CBT-Systems stark, bis auf das wesentliche Detail der möglichen Rückkopplung (siehe Abbildung 3.5).

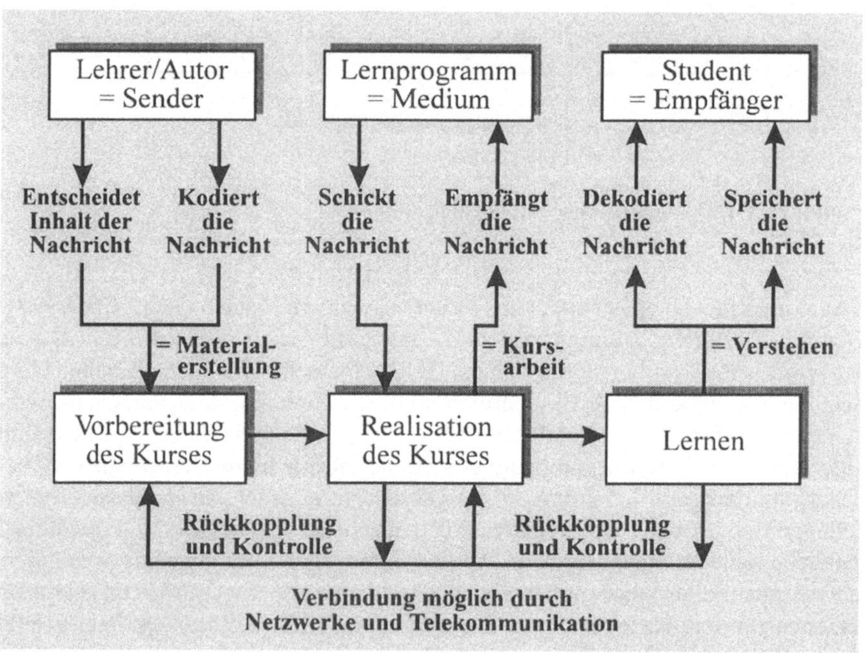

Abbildung 3.5. Kommunikationsmodell einer computerbasierten Lernumgebung, die in ein Telekommunikationsnetz eingebunden ist

Die mögliche Rückkopplung zum Autor bedingt jedoch neben der Reduktion von Berührungsängsten mit einer oft als kalt empfundenen Lerntechnik zwei wichtige Konsequenzen:

- direkte Einbringung menschlicher Erfahrung und Herangehensweise an komplexe Probleme
- rasche Änderbarkeit von Kursmaterialien und Kursablaufsteuerungen durch den Autor

Besonders der zweite Punkt verdient genauere Betrachtung: Auch ein mit viel Sorgfalt erstellter Kurs erfüllt möglicherweise nicht seinen Zweck und lehrt einen bestimmten Sachverhalt. Dies kann am Vorwissen der Schüler, an den Ansprüchen des Kurserstellers, der Auswahl des Kursmaterials oder an einer Reihe von anderen Gründen liegen. Oftmals genügt es schon Kursmaterial in einer anderen Reihenfolge zu vermitteln. Bei CBT-Systemen ohne menschliche Kommunikationsmöglichkeiten dauerte es gerade wegen der fehlenden Rückkopplung immer sehr lang, bis solch eine Änderung realisiert wurde. Durch die Rückkopplung kann sich dies auf einen Zeitraum von wenigen Tagen oder gar Stunden reduzieren.

Mehr noch als bei traditionelle Lehrmethoden können in CBT-Umgebungen - mit oder ohne menschlicher Unterstützung - Mißverständnisse und Mißinterpretationen zu unerwünschten Lernergebnissen führen. Zur Erläuterung dieses Umstandes bedarf es eines kurzen Ausflugs in die menschliche Lern- und Kommunikationspsychologie: Das allgemein akzeptierte Kommunikationsmodell zwischen Menschen umfaßt neben einem Kanal für den Sachinhalt einer Nachricht weitere Kanäle, die einen Appell an den Empfänger, eine Beziehungsinformation zwischen Sender und Empfänger sowie einen Selbstoffenbarungsanteil des Senders enthalten (siehe Abbildung 3.6). Dies bedeutet jedoch, daß ein und dieselbe Nachricht viele Botschaften enthalten kann. Diese Botschaften werden jedoch in der Regel von Sender und Empfänger sowohl unterschiedlich interpretiert als auch gewichtet [Thun94].

Probleme, d.h. Mißverständnisse zwischen Sender und Empfänger, treten besonders bei einem hohen nonverbalen Nachrichtenanteil (Gestik, Mimik, Tonfall) oder impliziten Botschaften (etwas wird indirekt gesagt ohne es wirklich auszusprechen) auf. Die Nachricht kann in diesem Fall für den Empfänger nicht kongruent wirken, d.h. für ihn weisen möglicherweise nicht alle eintreffenden Signale in die selbe Richtung. Ein Beispiel hierfür ist ein Sender, der mit lachendem Gesicht sagt, es gehe ihm schlecht. Für den Empfänger eröffnet sich in diesem Fall ein ganzes Spektrum an Interpretationsmöglichkeiten.

Um die Vielfalt der Botschaften, die in einer Nachricht stecken, zuordnen zu können, soll eine Alltagssituation als Beispiel herangezogen werden: Der Mann (= Sender) sagt zu seiner am Steuer sitzenden Frau (= Empfänger): „Du, da vorne ist grün!". Zunächst enthält die Nachricht eine *Sachinformation*, den momentanen Zustand der Ampel. Weiterhin enthält sie einen *Appell*, etwas wozu der Sender den Empfänger veranlassen möchte. Dies könnte in diesem Fall folgendes sein:

„Gib ein bißchen Gas, dann schaffen wir es noch bei grün". Aus der Nachricht geht ferner hervor, wie der Sender zum Empfänger steht, was er von ihm hält, wie die *Beziehung* zwischen den beiden Kommunikationspartnern ist. Oft zeigt sich dies in der gewählten Formulierung, im Tonfall oder anderen nonverbalen Begleitsignalen. Für diese Seite der Nachricht hat der Empfänger oft ein sehr empfindliches Ohr, denn hier fühlt er sich als Person in bestimmter Weise behandelt. In dem Beispielfall könnte die empfangene Botschaft „Du brauchst meine Hilfestellung" sein, was oft zu einem Abwehrverhalten gegenüber der Bevormundung führt. Eine barsche Antwort wie „Fahre ich oder fährst Du?" könnte daher eine natürliche Reaktion des Empfängers sein. Der vierte Nachrichtenkanal betrifft die *Selbstoffenbarung* des Senders, d.h. was er von sich kundgibt. Der obengenannte Sender möchte möglicherweise nur kundtun, daß er es eilig hat.

Sendet der Mann (Beifahrer) für seine Auffassung nur auf dem Sachinformations- sowie Selbstoffenbarungskanal, während die Frau (Fahrerin) möglicherweise vorwiegend auf den Beziehungskanal achtet und entsprechend reagiert, ist ein Mißverständnis mit anschließendem Konflikt wahrscheinlich. Keiner der beiden Kommunikationspartner wird indes eine alleinige Schuldzuweisung an dieser Situation akzeptieren.

Noch komplexer wird das Kommunikationsmodell in einer rechnerunterstützten multimedialen Lernumgebung. Eine Quelle für Mißverständnisse sind möglicherweise fehlende oder verstümmelte nonverbale Anteile bei der Kommunikation über Audio- und Videokomponenten durch deren reduzierte audiovisuelle Auflösung. Durch ihre Erfahrungen beim Telefonieren sind jedoch die meisten Menschen in der Lage diese zu kompensieren. Eine zusätzliche Quelle für Mißverständnisse ist jedoch die *mediale Aufbereitung* von Kursen durch Autoren. Sollen Lernende diese Kurse im Selbststudium verwenden, können gutgemeinte und didaktisch durchdachte Kursmaterialien das Gegenteil von dem bewirken wozu sie möglicherweise mit viel Mühe erstellt wurden.

Hat der Kursautor beispielsweise eine sehr abstrakte Denkweise und präsentiert seinen Kurs entsprechend, kann dies bei einem graphisch-visuell orientierten Lernenden zu Unverständnis, Frustration und dem Gedanken „Der Autor will sich damit nur profilieren" führen. Im umgekehrten Falle mag sich der Lernende von den „Comic-Bildchen und -Filmen" unterfordert oder nicht seriös genug behandelt fühlen. Ähnliche Situationen ergeben sich, wenn der Kurs zu kompliziert, zu einfach, zu kurz oder zu ausführlich für den Lernenden ist. In allen Fällen tendiert er zum Abbruch des Kurses, was ihm deutlich leichter fällt als bei einer traditionellen Schulungsmaßnahme.

Aus diesen Gründen spielt die *mediale Aufbereitung* und deren flexible Anpassungsfähigkeit auf die Bedürfnisse des Lernenden während eines computerbasierten Kurses eine wesentliche Rolle (siehe Abbildung 3.6). Die mediale Aufbereitung repräsentiert damit das „benutzerorientierte Wie" eines Kursverlaufs. Ihre Priorität ist dem Sachinhalt des Kurses (den der Autor dem Lernenden vermitteln möchte), dem Appell an den Lernenden („Lerne diese

Zusammenhänge"), der Beziehung zwischen Kursautor und Lernendem („Wir erarbeiten gemeinsam als Lehrer/Schülerteam ein Dir unbekanntes Thema") und der Selbstoffenbarung des Kursautors („Ich lasse Dich an meinem Wissen teilhaben") gleichzusetzen.

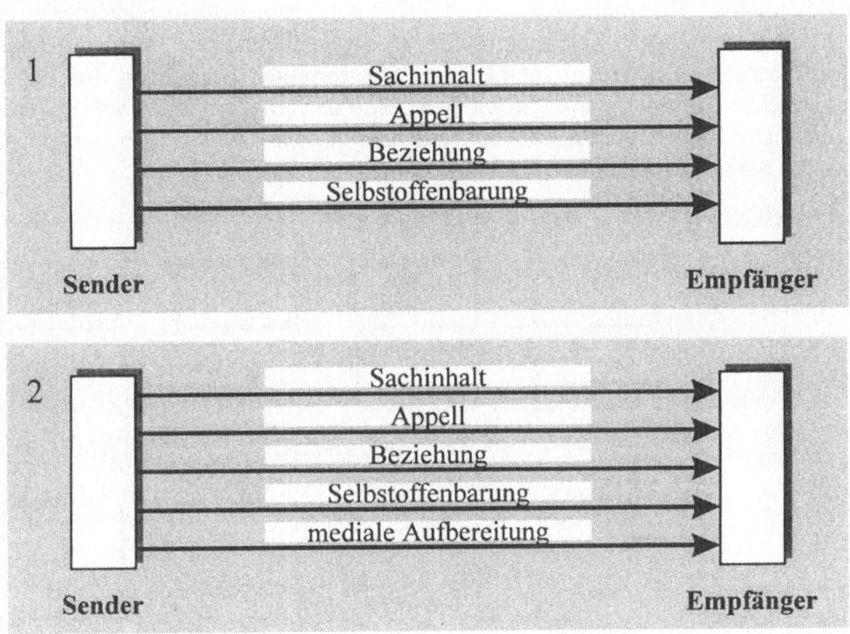

Abbildung 3.6. Menschliches Kommunikationsmodell, bei dem Nachrichten auf verschiedenen Kanälen übertragen werden. 1: in einer traditionellen Face-to-Face-Kommunikationssituation; 2: in einer computerunterstützten Kommunikationssituation.

3.2.2 Multimediale Schulungen in Netzumgebungen

Ein weiterer wichtiger Aspekt in computerbasierten Schulungsumgebungen ist die Aktualität der Kursmaterialien. Neben CBT-Systemen haben auch traditionelle Kursmaterialien (z.B. Folien) und Bücher mit dem Problem zu kämpfen, daß ihre Inhalte immer schneller veralten. In bestimmten Bereichen der High-Tech-Entwicklung, der Rechtsprechung usw. ändern sich Informationsinhalte so rasch, daß große Schwierigkeiten bestehen, das manchmal nur Wochen oder Tage zählende „Verfallsdatum" der Information zu bestimmen. Hier hilft die netzbasierte Verbindung des Schülersystems mit einem Lehrersystem, das zum einen durch menschliche Tutoren, zum anderen durch die maschinelle

Speicherung von Kursmaterialien und Kursablaufsteuerungen realisiert wird. Die Übertragung aktualisierter Materialien, Kursabschnitte oder gar ganzer Kurse wird so nur noch durch die verfügbare Netzbandbreite eingeschränkt. Das Schülersystem kann in einer solchen Umgebung als ein Auftraggeber, Servicenehmer oder Kunde (*Client*), das Lehrersystem mit menschlichem Tutor, multimedialen Kursmaterialien und Kursablaufsteuerungsmechanismen als Auftragnehmer oder Serviceanbieter (*Server*) betrachtet werden. Dieses Client/Server-Modell entspricht hiermit einer verteilten Umgebung, bei der die wesentlichen Informationen an einigen zentralen Stellen aufbewahrt werden können. Der Zugriff von der Schülerseite erfolgt dann von einem beliebigen Ort über das digitale (Telekommunikations-) Netz.

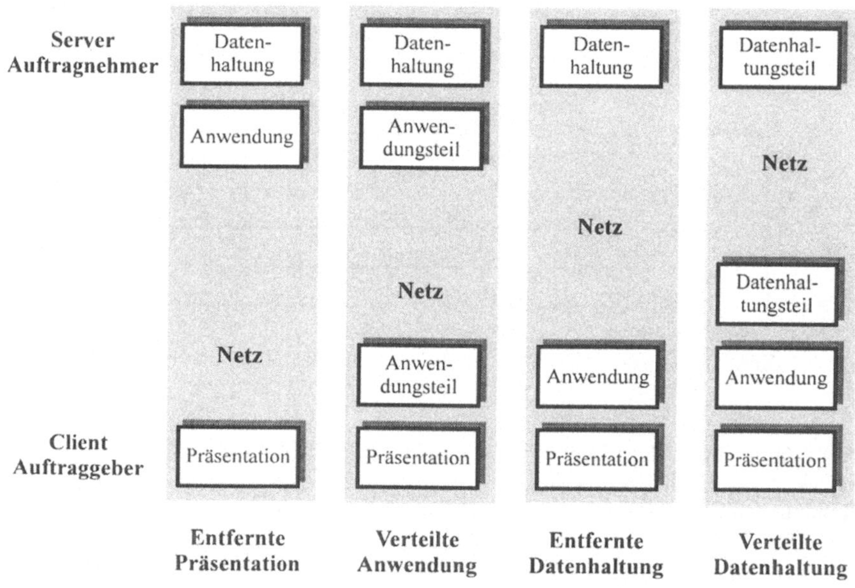

Abbildung 3.7. Verschiedene Client/Server-Architekturen: Entfernte Präsentation, verteilte Anwendung, entfernte Datenhaltung und verteilte Datenhaltung

Eine Client/Server-Anwendung läßt sich in verschiedenen Ausprägungen realisieren, die von einer entfernter Präsentation über eine verteilte Anwendung oder entfernte Datenhaltung bis hin zu einer verteilten Datenhaltung reichen (siehe Abbildung 3.7). Die Entscheidung über die adäquate Client/Server-Architektur einer Anwendung läßt sich in der Regel erst nach vorheriger Analyse der äußeren Gegebenheiten wie Komplexität der Anwendung, Datenart und -menge sowie Verfügbarkeit von Systemressourcen treffen (siehe auch Kapitel 3.4). Die Unterschiede zwischen den einzelnen Architekturausprägungen bestehen im wesentlichen aus der Lokalisation verschiedener Applikationskomponenten (die Datenhaltung, die Anwendung selbst und ihre Präsentation).

Bisher werden eine große Anzahl multimedialer Informationsdaten über CD-ROMs angeboten. Probleme bereiten erfahrungsgemäß die riesigen Datenmengen, die bei multimedialen Kursmaterialien über Schnittstellen oder Netze bewegt werden müssen. Die technischen Möglichkeiten von CD-ROMs sollen im Rahmen dieser Arbeit nicht näher betrachtet werden. Jedoch lassen sich aus den gängigen Datenübertragungsraten von CDs auf die entsprechende Rechnerumgebung sehr gut Schlüsse auf die minimalen Transferleistungen für adäquate digitale Netze machen. Die Werte in Tabelle 3.2 sind daher als grobe Eckdaten für die benötigten Transferraten in einem digitales Netz zu verstehen, wobei diese sich in Zukunft durch verbesserte Kompressionstechniken bei den einzelnen Medien noch relativieren lassen.

Tabelle 3.2. Übertragungsraten für multimediale Information von CD

Musik	> 150 KB/s (= CD Single Speed)
Text aus einer Datenbank	> 300 KB/s (= CD Double Speed)
Bilder aus einer Datenbank	> 400 KB/s
Photo-CD-Bilder	> 450 KB/s (= CD Triple Speed)
Multimedia inkl. Video und Animation	> 450 KB/s
Professionelles Multimedia inkl. Video	> 600 KB/s (= CD Quadra Speed)

3.3 „Tele-Communicating Multimedia Objects": Tele-Media

Die Arbeit mit einem verteilten, multimedialen System beinhaltet naturgemäß die Verwendung von verschiedenen Medien, wobei bei einem Teil dieser Medien auch Echtzeitaspekte beachtet werden müssen. Die Medien können einerseits für die Erstellung, Bearbeitung sowie Präsentation multimedialer Dokumente und andererseits zur Kommunikation zwischen weit entfernten Benutzern verwendet werden. Im folgenden soll das *Tele-Media*-Modell eingeführt werden, das beide Aspekte gleichermaßen umfaßt [Steinmetz90], [Tritsch91], [Steinmetz92], [Jäger92a], [Hornung93].

Das Tele-Media-Modell wurde vollständig im Rahmen der vorliegenden Arbeit entwickelt. Alle folgenden Mechanismen und Implementationen in den späteren Kapiteln lassen sich eindeutig auf dieses Modell zurückführen.

3.3.1 Die verschiedenen Tele-Media

Menschen und Computer befinden sich in einem Zeit- und Raumkontinuum. Zwei oder mehr Menschen können sich gleichzeitig innerhalb einer, beider oder keiner dieser Dimensionen befinden. Während einer computerbasierten Gruppensitzung ist die Zeit dieselbe für zwei oder mehr Kommunikationspartner, jedoch nicht zwingend der Ort. Dies wird oft auch als *Online-* oder *Echtzeit*-Kommunikation bezeichnet. Ein Telefongespräch ist ein gutes Beispiel für ein solches Echtzeitszenario. Die heutige Informations- und Kommunikationstechnologie erlaubt es jedoch auch im Computer- und Netzbereich die Vorteile der Echtzeitinteraktion in Anspruch zu nehmen, selbst wenn die beteiligten Menschen und Geräte physikalisch weit voneinander entfernt sind (siehe Abbildung 3.8).

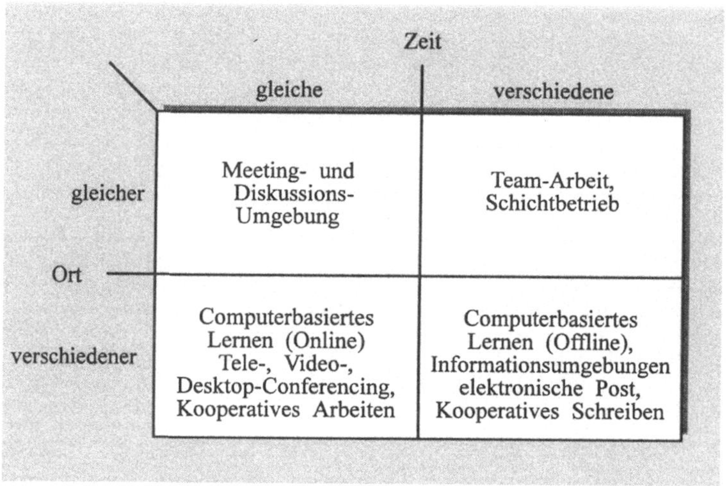

	Zeit	
	gleiche	verschiedene
gleicher	Meeting- und Diskussions-Umgebung	Team-Arbeit, Schichtbetrieb
verschiedener	Computerbasiertes Lernen (Online) Tele-, Video-, Desktop-Conferencing, Kooperatives Arbeiten	Computerbasiertes Lernen (Offline), Informationsumgebungen elektronische Post, Kooperatives Schreiben

(Ort)

Abbildung 3.8. Die Johnson Raum-Zeit-Matrix. Sie stellt die verschiedenen Kombinationen der Raum-Zeit-Verhältnisse von netzbasierten oder kooperativen Anwendungen nebeneinander

Wenn dagegen einer der Konversationspartner seine Meldungen abspeichert und danach abschickt, dann sind sowohl Zeit als auch Ort verschieden für den Partner. Die Echtzeitcharakteristik der Konversation geht dadurch verloren. Hierfür wird in der Regel der Terminus *Offline* verwendet. Ein Beispiel für ein Offline-Szenario ist die elektronische Post (E-mail).

Sollen weiterhin multimediale Dokumente erstellt, bearbeitet und präsentiert werden, so müssen diese Dokumente auf lokalen oder entfernten Speichermedien abgelegt und von dort wieder geladen werden können. In diesem Fall haben die Begriffe Zeit und Raum eine grundsätzlich andere Bedeutung als in den oben beschriebenen Szenarien. Der Raum ist gleichbedeutend mit der physikalischen Arbeitsumgebung (Rechner, Netz, Server für das Dateisystem etc.), während die Zeit die Verzögerung sowie die Synchronisation von gespeicherten oder wiedergegebenen Medien reflektiert.

Aus den oben genannten Gründen werden in verteilten, kooperativen Multimediasystemen verschiedene austauschbare, computerbasierte Medien benötigt, von denen einige Echtzeitfähigkeiten besitzen. An dieser Stelle wird der Begriff *Tele-communicating Multimedia (Tele-Media)* eingeführt, der die benötigten Mechanismen bezüglich der verwendeten Medien für ein solches System charakterisiert und in einem konsistenten Modell vereinigt.

Ein *Tele-Medium* läßt sich als ein Informations- und Kommunikationskanal beschreiben, basierend auf multimedialen Eingabe/Ausgabegeräten sowie elektronischen Kommunikationseinheiten mit einem definierten Alphabet (Übertragungsprotokoll). Daher unterstützt ein Tele-Medium prinzipiell sowohl den Online- als auch Offline-Austausch von Nachrichten über dieses Alphabet.

Abhängig von der internen Zeitabhängigkeit wird zwischen den folgenden Basistypen von Tele-Media unterschieden (siehe auch Abbildung 3.9):

– *Statische Tele-Media*
– *Dynamische Tele-Media*
– *Echtzeit-Tele-Media*

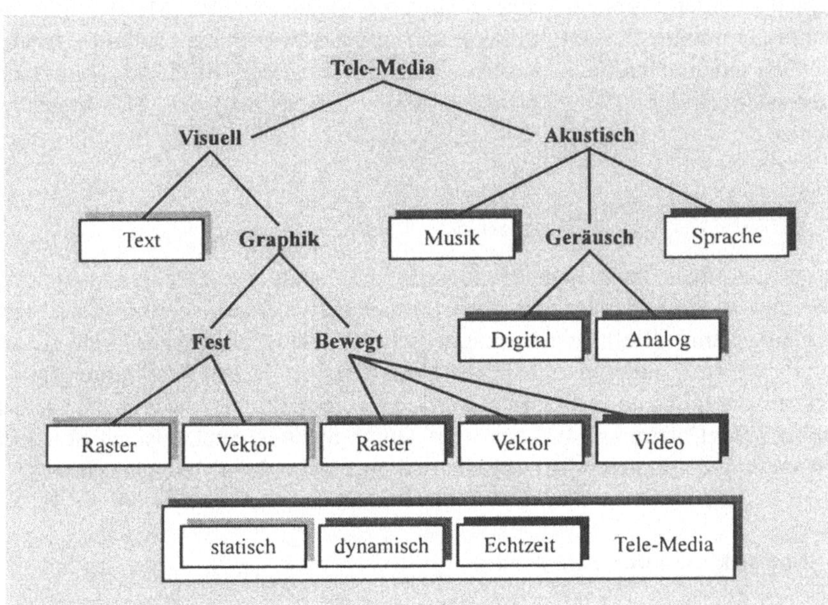

Abbildung 3.9. Eine Aufstellung der Zusammenhänge zwischen den einzelnen Tele-Media und ihrer Zugehörigkeit zu den Gruppen der statischen, dynamischen oder Echtzeitmedien

3.3.1.1 Statische Tele-Media

Statische Tele-Media werden durch die nicht implizit zeitabhängigen Medien wie *Texte, Rasterbilder* und *Vektorgraphiken* sowie die damit verwandten GUI-Elemente *Menüs, Dialoge, Schaltflächen* und *Fenster* repräsentiert. Ihre explizite Zeitabhängigkeit wird durch benutzergetriebene Aktionen zu ihrer Initialisierung, Aktivierung, Deaktivierung oder Entfernung charakterisiert. Grundsätzlich können statische Tele-Media jedoch nach ihrer Initialisierung und Aktivierung - d.h. ihrer initialen Darstellung auf einer Präsentationsplattform (z.B. Monitor) - eine beliebig lange Zeit in unveränderter Form bestehen.

3.3.1.2 Dynamische Tele-Media

Dynamische Tele-Media beinhalten eine implizite Zeitabhängigkeit. Dies bedeutet, daß ein initialisiertes und aktiviertes dynamisches Tele-Medium in der Regel seinem zeitlichen Ende entgegenläuft oder sich in einer scheinbar „endlosen" Folge von Wiederholungen einer zeitlich begrenzten Aktion (= Endlosschleife) befindet. Dieser zweite Fall läßt sich dann nur durch eine von Außen initiierte Abbruchbedingung beenden.

Beispiele für dynamische Tele-Media sind zum einen gespeicherte *Audio-* und *Videosequenzen*, die bei Bedarf auf einer entsprechenden Präsentationsplattform abgespielt werden können. Dies beinhaltet gleichermaßen Musik, Sprache, Geräusche, animierte Raster- und Vektorgraphik sowie Filme in ihrer digitalen Form. Zum anderen sind jedoch auch einfache Zeitmesser, die Zeitabschnitte und -sequenzen beliebiger Länge erfassen können als dynamische Tele-Media zu betrachten.

3.3.1.3 Echtzeit-Tele-Media

Echtzeit-Tele-Media beinhalten die klassischen Kanäle der Telekommunikation: Audio- und Videosequenzen, die nicht gespeichert werden, sondern über einen Ausbreitungskanal (Luft, elektromagnetische Wellen, elektrische Leiter) von einem Punkt zum anderen transportiert werden. An ihrem Bestimmungspunkt erfolgt unverzüglich die Präsentation des Tele-Mediums, wobei im selben Augenblick der Dateninhalt verloren geht. Durch Speichermechanismen ist jedoch eine Wandlung der Echtzeit-Tele-Media in dynamische Tele-Media möglich.

3.3.2 Spezifikation der Tele-Media

Grundsätzlich wird ein Tele-Medium als Informations- und Kommunikationskanal beschrieben, der verschiedene elektronische Plattformen in geeigneter Weise über ein - digitales oder analoges - Netz verbindet. Der

Nachrichtenaustausch zwischen den Plattformen basiert auf einem genau spezifizierten Alphabet (Protokoll), das sowohl den Zugriff auf die Inhalte als auch die Manipulation bei der Präsentation jedes einzelnen Tele-Mediums beinhaltet. Ein *Tele-Media-Objekt* (*TM-Objekt*) ist daraus folgend eine konkrete Instanz eines individuellen Tele-Mediums. Das TM-Objekt selbst kann aus einzelnen atomaren Einheiten bestehen, deren Ausprägung über einen diskreten Satz von Attributen manipulieren wird.

Die Lebensspanne jedes TM-Objekts läßt sich in vier Phasen einteilen:

- *Initialisierung*: Die Erzeugung eines TM-Objekts auf der Zielplattform wird durch eine entsprechende Netznachricht initiiert. Dies erfolgt zumeist mit dem Öffnen von Kommunikationskanälen, dem Zugriff auf jene Daten, die den Inhalt des TM-Objekts repräsentieren, dem Belegen von Systemressourcen, die für die folgende Präsentation benötigt werden und dem Vorbelegen von Objektattributen mit Standardwerten. Die Spanne bezüglich der zugrundeliegenden Datenmenge kann sich abhängig vom Medientyp von wenigen Bytes bis hin zu mehreren MBytes bewegen. Diese Phase ist vergleichbar mit einem *Konstruktor* bei objektorientierten Programmierumgebungen.
- *Aktivierung*: Die Präsentation des TM-Objekts beginnt. Dies reicht von der Darstellung eines Textes über den Start einer Animationssequenz bis hin zur Eröffnung einer Audio/Videokommunikation zu anderen Benutzern.
- *Deaktivierung*: Die Präsentation des TM-Objekts wird angehalten, jedoch ohne die auf der Zielplattform belegten Ressourcen freizugeben. Dies Ermöglicht jederzeit eine Reaktivierung des Objekts unter Beibehaltung des Zustandes bei der Deaktivierung.
- *Entfernung*: Alle Systemressourcen, die von dem betreffenden TM-Objekt belegt wurden, werden wieder freigegeben. Weiterhin werden ggf. die betreffenden Kommunikationskanäle geschlossen. Diese Phase entspricht einem *Destruktor* bei objektorientierten Programmierumgebungen.

Zu jeder Zeit zwischen der Initialisierung und der Entfernung eines TM-Objekts können alle seine wesentlichen Attribute geändert werden. Dies kann im Falle eines bereits aktivierten Objekts möglicherweise zu einer Veränderung seines *Laufzeitverhaltens* führen.

3.3.3 Die Zeit als Komponente der Tele-Media

Schon seit der Antike ist *Zeit* ein eher philosophisch betrachtetes Phänomen. Die Messung von Zeit oder Zeitabschnitten gestaltete sich bis in die Moderne als wesentlich aufwendiger als die Messung von Entfernungen. Andererseits sind die menschlichen Sinne zum Teil außerordentlich empfindlich bei der Wahrnehmung von zeitlichen Phänomenen. Dies läßt sich jedoch nicht immer objektiv beschreiben. Daher waren die Erforscher und Bewahrer der Zeit (wie beispielsweise Astronomen oder Uhrmacher) zu jedem Zeitalter stark beachtete Persönlichkeiten. Auch ihre Meßinstrumente waren stets Objekte der Faszination [Tritsch93d].

Das besondere am Fluß der Zeit ist seine Irreversibilität, die für fast jegliche Materie (mit Ausnahme der Abläufe in subatomarer Teilchensysteme) in gleichem Maße gilt. Durch die Entwicklung der modernen Technologie galt der Fluß der Zeit (oder das Springen von einem Zeitpunkt zum nächsten in näherungsweise infinitesimal kleinen Schritten) als verstanden und beherrschbar. Die moderne Fernseh- und HiFi-Technologie ließ den Eindruck entstehen, daß alle Probleme zeitlicher Natur im Zusammenhang mit Video- und Audiosignalen gelöst seien.

Zeit ist auch ein wesentlicher Begriff für die Tele-Media. Hierbei muß Zeit jedoch aus zwei verschiedenen Sichtwinkeln betrachtet werden:

1. *Synchronität* und *Asynchronität* bei der Kommunikation und der Ausführung von verteilten Anwendungen
2. *Isochronität* und *Synchronität* im Bezug auf zeitabhängige Medien

3.3.3.1 Synchronität und Asynchronität

Werden verteilte oder kooperative Applikationen basierend auf Tele-Media und ihren zeitlichen Mechanismen entwickelt, so können diese, wiederum zeitlich gesehen, für zwei verschiedene Arten von Mensch-zu-Mensch-Interaktion verwendet werden:

1. *Asynchrone Interaktion* oder *Offline-Betrieb*: Verschiedene Menschen interagieren nicht gleichzeitig mit einer oder mehreren Computerplattformen
2. *Synchrone Interaktion* oder *Online-Betrieb*: Verschiedene Menschen interagieren gleichzeitig über eine Computerplattform entweder miteinander oder mit einer gemeinsamen Applikation

Ein gutes Beispiel für eine Applikation der ersten Art ist *E-mail*. Die zweite Art von Applikationen wird oft unter Begriffen wie *Computer-Supported Cooperative Work* (CSCW) oder *Group Work* zusammengefaßt [Santos93], [Peters94], [Santos96].

Das zweite Konzept ist das radikalere im Vergleich zu „traditionellen" Computerapplikationen. Es entspricht jedoch viel eher der natürlichen Art von Menschen zu kommunizieren oder zusammenzuarbeiten. Darüber hinaus werden bei der synchronen Interaktion Konzepte wie die der Tele-Media in stärkerem Maße genutzt. Hierbei bieten sich kooperative Lernumgebungen oder Editoren als Testumgebungen an.

3.3.3.2 Rechtzeitigkeit und Gleichzeitigkeit

Neben der Verarbeitung von verschiedenen multimedialen Dateiformaten ist das wichtigste Ziel jedes Tele-Mediums zu garantieren, daß das betreffende Medium korrekt in der Zeit abgeschickt, empfangen und präsentiert wird.

Formal kann ein Tele-Medium durch seine drei Basiskomponenten Sender, Transmitter und Empfänger beschrieben werden. Jedes Tele-Medium-Signal wird beim Sender erzeugt und über den Transmitter (das Netz) verschickt. Beim Empfänger wird das einkommende Signal verarbeitet und interpretiert. In einer idealen Umgebung erfüllen alle diese Komponenten die erwartete Funktionalität für jedes Tele-Medium ohne zeitliche Einschränkungen und erlauben daher ihre problemlose Verwendung. In einer realen Umgebung bestehen jedoch eine Reihe von physikalischen oder technischen Probleme wie Verzögerungen, Verwacklungen oder gar Verlust bestimmter Signale (siehe Abbildung 3.10). Diese Schwierigkeiten können bei jeder der Komponenten auftreten und müssen daher entsprechend behandelt werden um eine optimale Performance zu gewährleisten [Steinmetz90], [Tritsch91], [Ramanathan93].

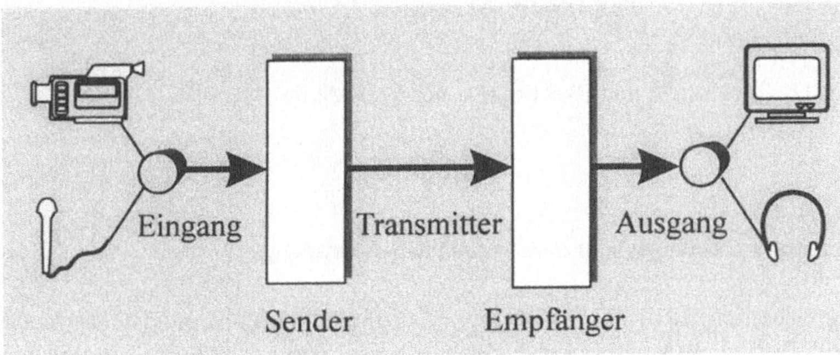

Abbildung 3.10. Das Sender-Transmitter-Empfänger-Modell zweier Echtzeit-Tele-Media

Bei der Verwendung eines einzelnen dynamischen oder Echtzeit-Tele-Mediums besteht ein direkter Zusammenhang zwischen dem Medium und der mitlaufenden Zeit. Diesen Zusammenhang bezeichnet man als *Isochronität* oder *Rechtzeitigkeit* und beschreibt das Konzept, daß das Tele-Medium rechtzeitig abgeschickt, übertragen und empfangen wird. Hierbei kann die Zeitskala von sehr klein im Fall von Verwacklungen bis sehr groß im Fall von Verzögerungen variieren. Isochronität kann durch mehrere Mechanismen erreicht werden:

– das Netz garantiert einen permanenten und konstanten hohen Datenfluß
– Implementierung von Puffern und lokalen Zeitstempeln, wobei aufwendige Timer-Mechanismen für die rechtzeitig Aufnahme und Wiedergabe der Daten sorgen

Werden mehrere dynamische oder Echtzeit-Tele-Media verwendet, tritt zusätzlich das Problem der *Synchronität* oder *Gleichzeitigkeit* auf. Im Gegensatz zur Isochronität ist hierbei die Zeitabhängigkeit zwischen zwei verschiedenen Tele-Media (wie Video und Sprache) wesentlich. Auch dieses Problem kann durch verschiedene Mechanismen beschrieben und gelöst werden (siehe Abbildung 3.11).

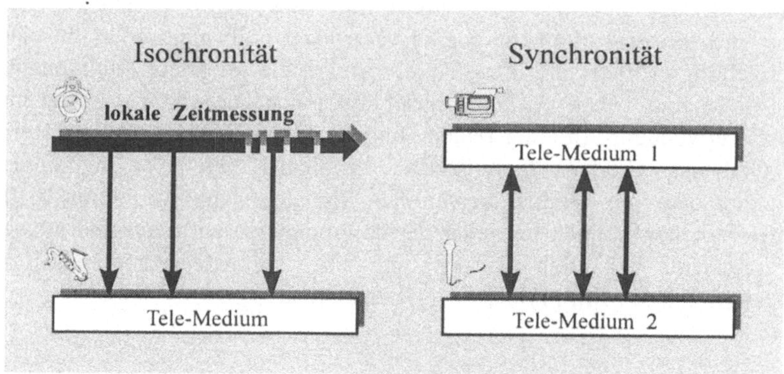

Abbildung 3.11. Isochronität und Synchronität der Tele-Media

3.3.3.3 Zeitliche Relationen und Ausnahmebehandlung

Alle angesprochenen zeitlichen Abhängigkeiten lassen sich mit einer Untermenge aus Allen's „Zeitlichen Relationen zwischen zwei Zeitintervallen" beschreiben. Diese Relationen umfassen das gesamte mögliche zeitliche Verhalten von gekoppelten multimedialen Objekten und bestehen aus *before*, *meets*, *during*, *overlaps*, *starts*, *ends* und *equal* (siehe Abbildung 3.12) [Allen83], [Hoepner91].

Diese Relationen müssen in ihrer Gesamtheit von einem funktionsfähigen Multimediasystem unterstützt werden. Sie haben damit einen direkten Einfluß auf die Spezifikation und die Realisation der Tele-Media-Objekte bezüglich ihres Systemverhaltens - Initialisierung, Aktivierung, Deaktivierung, Entfernung, Ablaufverhalten sowie Veränderung der objektspezifischen Attribute zur Laufzeit. Sie sollen im folgenden näher untersucht werden, wobei die Unterschiede bei verschiedenen TM-Objekttypen besondere Beachtung finden. Die Nomenklatur zur Beschreibung der TM-Relationen ist hierbei folgende:

- s(A):   Startzeitpunkt des TM-Objekts A oder eines atomaren TM-Objekt-Fragments A
- e(A):   Endzeitpunkt des TM-Objekts A oder eines atomaren TM-Objekt-Fragments A

Die Relation *before* beschreibt die zeitliche Anordnung eines TM-Objektes A vor dem TM-Objekt B, wobei sich ein nicht verschwindendes virtuelles TM-Objekt X zwischen A und B befindet (siehe Gleichung 3.1). Die Relation *before* ist in gleichem Maße für alle TM-Typen (statische TM, dynamische TM, Echtzeit TM) gültig. In der Regel läßt sich das Verhalten durch das Deaktivieren des Objektes A vor der Aktivierung des Objektes B erreichen.

$$s(A) < e(A) = s(X) \leq e(X) = s(B) < e(B)$$

Gleichung 3.1. Die Tele-Media-Relation before - „A happens before B"

Konvergiert die Zeitspanne des Objekts X aus Gleichung 3.1 gegen Null (s(X) = e(X)), handelt sich dies um einen Grenzfall der Relation *before* und wird durch die Relation *meets* beschrieben (siehe Gleichung 3.2). Ein solches Verhalten läßt sich durch das Deaktivieren des Objektes A direkt vor der Aktivierung des Objektes B erreichen. Unerwünschte Effekte, wie z.B. das abrupte Beenden einer Audiosequenz vor ihrem natürlichen Ende, müssen hierbei gesondert beachtet und behandelt werden.

$$s(A) < e(A) = s(B) < e(B)$$

Gleichung 3.2. Die Tele-Media-Relation meets - „A meets B"

Wird ein Objekt A während der Laufzeit eines anderen Objekts B sowohl gestartet als auch beendet, so wird dies durch die TM-Relation *during* beschrieben (siehe Gleichung 3.3). Die Realisation ist für alle TM-Typen unproblematisch und erfolgt durch die Aktivierung des TM B vor dem TM A sowie der Deaktivierung des TM A vor dem TM B. Problematischere TM-Relationen, die Sonderfälle der Relation *during* darstellen, sind *starts*, *ends* und *equal*.

$$s(B) \leq s(A) = e(A) \leq e(B)$$

Gleichung 3.3. Die Tele-Media-Relation during - „A happens during B"

Wird ein Objekt B während der Laufzeit eines Objekts A gestartet, jedoch erst nach dessen Laufzeit beendet, so wird dies durch die TM-Relation *overlaps* beschrieben (siehe Gleichung 3.4). Die Realisation erfolgt für alle TM-Typen in ähnlich unproblematischer Art wie bei der Relation *during*.

$$s(A) < s(B) < e(A) < e(B)$$

Gleichung 3.4. Die Tele-Media-Relation overlaps - „A overlaps B"

Die TM-Relation *starts* sorgt für den synchronen Beginn zweier TM-Objekte, wobei keine Aussage über deren Zukunft gemacht wird (siehe Gleichung 3.5). Die zeitliche Qualität dieses synchronen Starts ist von der raschen Verfügbarkeit aller zugrundeliegender Daten abhängig, insbesondere bei den dynamischen und Echtzeit-Tele-Media. Für objektintern Mechanismen bei den dynamischen TM kann das beteiligte Partner-TM ein virtuelles TM in Form eines Zeitmessers sein. Dies ist z.B. bei der zeitgenauen Ausgabe von Einzelbildern bei Videos oder Animationen der Fall.

Die Realisierung der *starts*-Relation erfolgt entweder durch die direkt aufeinanderfolgende Aktivierung schon vorher initialisierter Objekte (z.B. eine Graphik und ein Text erscheinen nahezu gleichzeitig auf dem Bildschirm) oder durch die Angabe entsprechender Attributwerte bei bestimmten Tele-Media wie Audio- oder Videosequenzen.

$$s(A) = s(B)$$

Gleichung 3.5. Die Tele-Media-Relation starts - „A starts B

Ähnlich der TM-Relation *starts* sorgt die Relation *ends* für die synchrone Beendigung zweier TM-Objekte, wobei keine Aussage über ihre Vergangenheit gemacht wird (siehe Gleichung 3.6). Auch die Einschränkungen bezüglich der zeitlichen Qualität der Reaktion können in adäquater Weise betrachtet werden. Ein einfaches Beispiel für die *ends*-Relation ist die Reaktion auf die Betätigung eines Schaltknopfes (Button Click), die sowohl den Schaltknopf als auch einen bisher auf dem Bildschirm sichtbaren Text entfernt.

$$e(A) = e(B)$$

Gleichung 3.6. Die Tele-Media-Relation ends - „A ends B"

Eine Kombination aus den letzten beiden Relationen *starts* und *ends* stellt die Relation *equal* dar (siehe Gleichung 3.7). Sie garantiert den gleichzeitigen Beginn und das gleichzeitige Ende zweier TM-Objekte, beispielsweise einer Videosequenz mit gekoppelter Audiosequenz. Die Realisation muß wie bei den beiden vorangehenden Relationen zum einen über die entsprechende Aktivierung und Deaktivierung der Objekte und zum anderen über interne Mechanismen erfolgen (z.B. bei der sogenannten „Lippensynchronisation“, d.h. extrem scharfen Synchronisation bei den Echtzeit-TM Audio und Video).

$$s(A) = s(B) < e(A) = e(B)$$

Gleichung 3.7. Die Tele-Media-Relation equal - „A is equal to B“

Mit Hilfe der TM-Relationen lassen sich komplexe zeitliche Vorgänge formal beschreiben und mit Hilfe der TM-Mechanismen Aktivieren und Deaktivieren sowie der Manipulation von typspezifischen TM-Attributen realisieren (siehe Abbildung 3.12). Dies gilt sowohl für die Synchronisation von verschiedenen Tele-Media als auch zur Behandlung von isochronen Anforderungen über eine interne Synchronisation mit entsprechend akkuraten Zeitmessern, die sich als virtuelle Tele-Media beschreiben lassen.

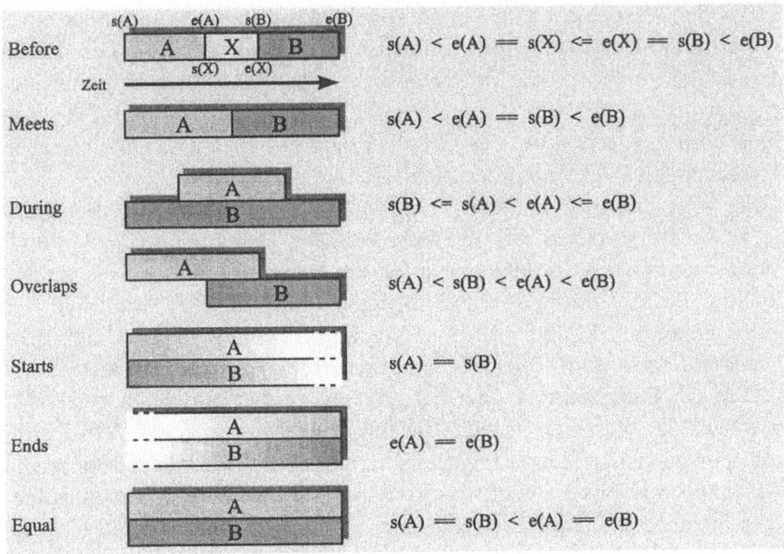

Abbildung 3.12. Zeitliche Relationen zwischen den Tele-Media. Die Formeln sind hier in einer C-spezifischen Notation bezüglich der logischen Beziehungen aufgeführt

Für die Realisation der beide weiter oben beschriebenen Konzepte *Isochronität* und *Synchronität* müssen neben den TM-Relationen auch Methoden zur Ausnahme- und Fehlerbehandlung identifiziert werden. Diese müssen den verschiedenen Tele-Media-Typen gerecht werden und so eine optimale Performance in Problemfällen gewährleisten (siehe Abbildung 3.13).

Wie bei der genaueren Analyse der Ausnahmefälle in einem realen, netzbasierten System leicht beobachtet werden kann, sind die Ausnahmefälle eher die Regel. Es ist dort kaum zu erwarten, daß beispielsweise bei dem Aufruf des dynamischen Tele-Mediums Video auf Knopfdruck die zugrundeliegenden Videodaten geladen und das Abspielen ohne Zeitverzögerung gestartet werden kann. Daher beinhaltet der natürlichen Lebenszyklus jedes Tele-Mediums eine Initialisierungsphase, die ein schon vorsorgliches Laden eines Teils oder der Gesamtheit der benötigten Daten erlaubt (Look-ahead Processing). Auf diese Weise läßt sich auch eine objekttypabhängige dynamische Lastverteilung zwischen Datentransfer, Vorverarbeitung und Präsentation der Medien realisieren. Hierbei spielen als Eckdaten immer die Leistungsfähigkeit der Computerplattform und die Transferraten des Netzes eine zentrale Rolle.

Bei den Echtzeit-Tele-Media müssen bei den innerhalb dieser Arbeit anvisierten eher schmalbandigen Netzen und Standardrechnern anders geartete Mechanismen greifen um eine möglichst hohe Leistungsfähigkeit zu gewährleisten. Dennoch lassen sich vier Ausnahmefälle (*Exceptions*) benennen, die für alle Tele-Media-Typen eine gewisse Bedeutung haben (siehe Abbildung 3.13). Lediglich die TM-spezifische Behandlung der Ausnahmen (*Exception Handling*) oder möglicherweise vorkommenden Fehler (*Error Handling*) ist verschieden.

Die frühe Art der Ausnahme zum Startzeitpunkt des Tele-Mediums oder eines atomaren Tele-Media-Fragments soll zunächst betrachtet werden. Die Daten liegen hierbei schon vor bevor die Präsentation des Tele-Mediums beginnt. Dies ist besonders bei datenintensiven statischen oder dynamischen Tele-Media sogar erwünscht und wird ggf. schon bei der Initialisierung geleistet. Die Daten werden dann in entsprechenden Puffern auf der Zielmaschine gelagert.

Anders kann sich dies bei Echtzeit-Tele-Media verhalten. Ist bei ihnen der eintreffende Datenstrom größer als die verarbeitbare Datenmenge (z.B. durch Dekompressionsalgorithmen), so akkumulieren die Daten mit der Zeit bis sie den verantwortlichen Puffer zum Überlauf bringen und so die Stabilität des Gesamtsystems gefährden können. Eine rechtzeitige Entfernung der Daten oder gewisser Datenteile aus dem Speicher sind daher eine adäquate Ausnahmebehandlung. Für die Entscheidung über das „Wann werden die Daten entfernt?" können Time-Out-Mechanismen sorgen, die nur jene Datenteile aus dem Puffer entfernen, die ein gewisses „Lagerungsalter" übersteigen. Besonders angebracht ist dieser Mechanismus bei Echtzeitvideo, das durch die Entfernung einzelner Bilder aus der Sequenz nicht gänzlich unbrauchbar wird. Anders verhält sich die Lage bei Echtzeit Audio. Hier muß ggf. Die Ausgabequalität zugunsten einer weitgehend glatten und unterbrechungsfreien Präsentation reduziert werden.

Bei der späten Ausnahme zur Startzeit - dem zweiten Fall - gelangen die Daten zu spät auf das Zielsystem. Die einfachste Möglichkeit ist im Falle von statischen und dynamischen Tele-Media so lange zu warten, bis die Daten angekommen sind. Hierbei muß jedoch auch jener Fall behandelt werden, daß die Daten nie ankommen werden, unabhängig von der Ursache. Dies kann wieder durch Time-Out-Mechanismen geschehen. Ganz anders muß dagegen bei den Echtzeit-Tele-Media gehandelt werden. Hier werden in der Regel Pseudodaten erzeugt, mit denen die Wartezeiten überbrückt werden. Im Falle von Echtzeitvideo kann dies ein einfaches Standbild sein, das sich an den vorangegangenen Bildern orientiert.

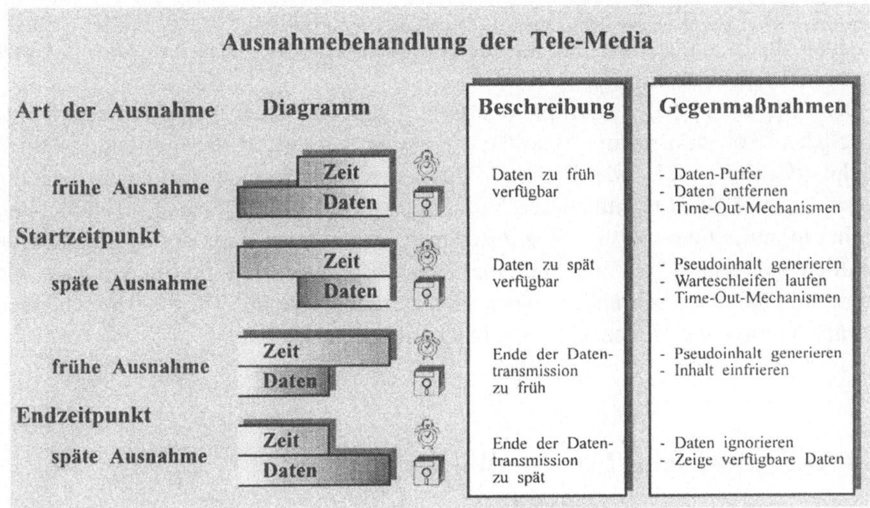

Abbildung 3.13. Behandlung verschiedener Ausnahmesituationen (Exceptions) bei den Tele-Media

Der dritte Fall ist die frühe Ausnahme zum Endzeitpunkt, d.h. das Ende einer Datenübertragung (d.h. das natürliche Ende des entsprechenden Mediums) erfolgt zu früh im Bezug auf die vorgesehene Präsentationszeit. Diese Ausnahme trifft grundsätzlich nur für dynamische und Echtzeit-Tele-Media zu, da statische Tele-Media nach ihrer Aktivierung keine weiteren Daten benötigen. Bei dynamischen Tele-Media werden die visuelle Medientypen am Ende der verfügbaren Sequenz entweder eingefroren oder wieder vom Anfang gestartet, sofern diese Daten noch verfügbar sind. Bei akustischen Medientypen kann nur die Wiederholung der Sequenz oder aber ein ersatzloser vorzeitiger Stop der Präsentation zur Behandlung der Ausnahmesituation angewendet werden. Bei Echtzeit-Tele-Media kommt nur das Einfrieren (bei Video) oder das Stoppen der Präsentation (bei Audio) in Frage, weswegen für diese Medien in der Regel zur Vermeidung der

Ausnahme höher Ansprüche an die Leistungsfähigkeit des Netzes gestellt werden als bei den anderen Medientypen.

Der vierte und letzte Fall betrifft die späte Ausnahme zum Endzeitpunkt, wobei noch Daten für ein Medium gesendet werden, das schon beendet sein sollte. Hierbei gibt es nur zwei Möglichkeiten zur Behandlung: zum einen den sofortigen asynchronen Stop der Präsentation oder der Präsentation eines Teils bzw. der gesamten restlichen Daten trotz anderslautender Systemanweisungen. Zumeist wird sowohl für dynamische als auch für Echtzeit-Tele-Media die erste dieser Möglichkeiten realisiert.

Für das reibungslose Funktionieren gerade der zeitkritischen bzw. zeitempfindlichen Tele-Media sollte das zugrundeliegende Netz mit möglichst kleinen Verzögerungszeiten (*Delays*) sowie Gleichlaufschwankungen (*Jitter*) arbeiten. Insbesondere die Qualität der Echtzeit-Tele-Media ist von diesen Netzparametern stark abhängig.

Desweiteren ist bei der Implementierung der einzelnen Tele-Media auf eine möglichst frei skalierbare Qualitätsanpassung für verschieden leistungsfähige Zielplattformen bei identischen Quelldaten zu achten. Dadurch kann beispielsweise die Qualität einer Videosequenz (bzgl. Auflösung, Bildrate und Farbtiefe) auf einem multimedialen Rechner vom unteren Ende der Leistungsskala deutlich schlechter sein als bei einer High-End-Workstation, ohne jedoch die Funktionalität einzuschränken. Dies läßt sich insbesondere mit entsprechenden Kompressions- und Dekompressionsmechanismen realisieren.

3.4 Die generische Tele-Media-Architektur

Gegenstand dieses Kapitels ist die Konzeption einer Entwicklungs- und Laufzeitumgebung für die Erstellung von verteilten Lern- und Informationssystemen basierend auf dem Tele-Media-Modell. Dies beinhaltet auch die Vorgehensweise bei einer prototypischen Realisation des Werkzeuges. Die Einsetzbarkeit des Werkzeugs - dem *Tele-Media-Trainingssystem* - soll dann in späteren Kapiteln anhand konkreter Projekte aus dem Lern- und Informationsbereich dokumentiert werden.

3.4.1 Architektur: Das ereignisorientierte Client/Server-Konzept

Die Entwicklung eines verteilten und modularen Lern- und Informationssystem erforderte die Berücksichtigung verschiedener Eigenschaften: 1. Die Integration von multimedialen Inhalten (Tele-Media); 2. Die möglichst weitgehende Unabhängigkeit von Dateiformaten, Plattformen, Betriebssystemen und Graphischen Benutzerschnittstellen (Interoperabilität); 3. Die Verwendung von

Komponentenarchitekturen, Client/Server-Mechanismen sowie objektorientierten Ansätzen für die Netzkommunikation (Modularität); 4. Die Integration didaktischer Basismethoden in das Lernsystem (Pädagogik); 5. Die Unterstützung menschlicher Kommunikation mit Hilfe der Tele-Media Audio- und Video (Kooperatives Arbeiten); 6. Die Portabilität sowohl der Steuerkomponenten als auch der Präsentations- und Interaktionskomponenten (Portabilität).

Das im folgenden vorgestellte Konzept der Tele-Media-Trainingsarchitektur besteht aus fünf Modulen:

— dem *Generischen Lernsystem* (GLS) - einem präsentations-, kommunikations- und interaktionsorientierten *Benutzermodul* (Client), mit dem sowohl der Tutor als auch der Lernende arbeiten kann,

— dem *Kursinterpreter* (CI) - einem lernzielorientierten *Steuerungsmodul* (Server), das die Kurssteuerung zur Laufzeit bereitstellt,

— dem *Protokoll- und API-Modul*, das auf der Basis eines Netzes ein Protokoll und ein API (Application Programming Interface) für den asynchronen Transport von Steuerungs- und Datenströmen zwischen CI und GLS realisiert.

— dem *Datenhaltungsmodul* (Kursmaterial-Server), das die multimedialen Materialien eines Kurses archiviert und zur Laufzeit zur Verfügung stellt,

— dem *Audio/Videomodul* (AV-Server), das die Mechanismen zur menschlichen Kommunikation und zur Zusammenarbeit bereitstellt,

Besondere Beachtung verdient hierbei die Verbindung zwischen dem Kursinterpreter (CI) und dem Generischen Lernsystem (GLS) über das Netz. Aus Gründen der vollständigen Entkopplung von CI und GLS wurde die geräteunabhängige Protokoll- und API-Schicht zwischen diese beide Module gelegt. Diese beiden Schichten repräsentieren zum einen den Dienstezugang (das API) und zum anderen das Kommunikationsprotokoll über eine Netzstruktur (die Nachrichten oder „Messages"). Sie gewährleistet die Interoperabilität zwischen den einzelnen Modulen dieser Client/Server-Umgebung und die Portabilität von Kursen (siehe Abbildung 3.14). Die Server-Komponente (der CI) soll sich hierbei zu möglichst keiner Zeit um die physikalischen Gegebenheiten der Client-Plattform (dem GLS) kümmern. Dies beinhaltet ebenfalls die Vorgabe, daß sich CI und GLS sowohl auf dem physikalisch selben Rechner als auch auf räumlich getrennten, verschiedenartigen Plattformen befinden können. Die gesamte Architektur realisiert eine Mischung aus einer verteilter Anwendung und einer verteilter Datenhaltung (siehe auch Kap. 3.1.2).

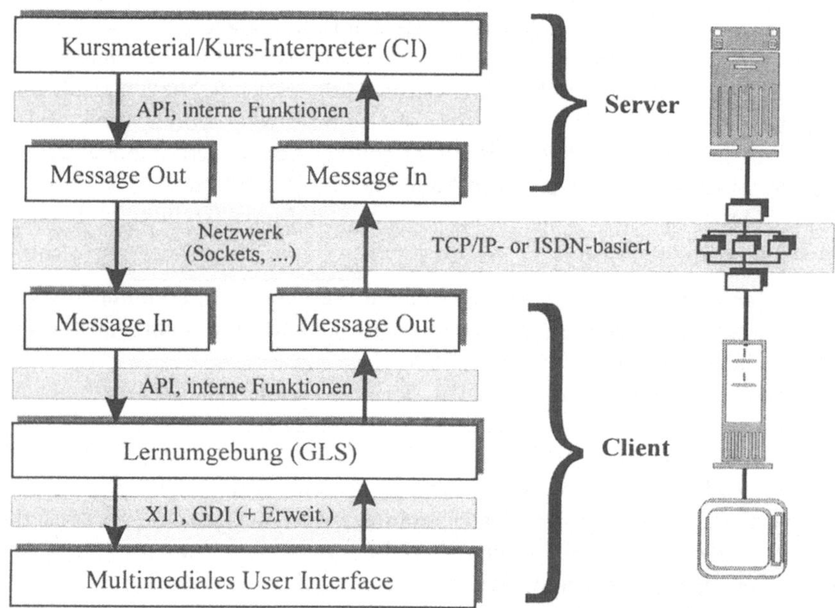

Abbildung 3.14. Die Client/Server-Architektur des Tele-Media-Trainingssystems. CI und GLS können sich hierbei auf räumlich getrennten Rechnern befinden, die über ein Netz verbunden sind. Die asynchrone Kommunikation erfolgt durch API-Aufrufe bzw. ein Protokoll (Messages). Die Ausgabe der Kurmaterialien und die Benutzereingaben werden hierbei über ein Multimediales User Interface realisiert.

Die anderen Module (Datenhaltungsmodul, Audio/Videomodul) gruppieren sich um das GLS und erweitern seine Funktionalitäten. Diese beinhalten die verteilte Archivierung von Kursmaterialien sowie die menschliche Kommunikation über Audio- und Videokanäle (siehe Abbildung 3.15). Die letztgenannte Komponente umfaßt weiterhin Mechanismen zur netzweiten Kooperation von Benutzern des Tele-Media-Trainingssystems.

Die Kommunikation zwischen Client- und Server-Modulen geschieht in einer völlig asynchronen d.h. ereignisorientierten Weise. Die Reihenfolge und zeitliche Anordnung einer Kommandosequenz ist dadurch nicht zwingend vorgegeben, sondern kann sich abhängig von Systemzuständen, Benutzeraktionen und Kursvorgaben dynamisch ändern. Damit unterscheidet sich dieser deklarative und objektorientierte Kommunikationsansatz deutlich von dem üblichen prozeduralen Aufbau einer Lernumgebung, bei der die feste Reihenfolge der Kommandos eine wesentliche Rolle spielt. Konsequenterweise können innerhalb des Modularen Trainingssystem alle beteiligten Komponenten als Quelle Kommandos im Vertrauen über das Netz abschicken, daß bei der Zielkomponente diese Kommandos erfolgreich abgearbeitet werden. Nur durch Zurücksenden einer entsprechende Fehlermeldung zeigt die Zielkomponente eine mögliche

Fehlfunktion an, auf die dann in einer Fehlerbehandlungsprozedur (Exception Handling) reagiert wird.

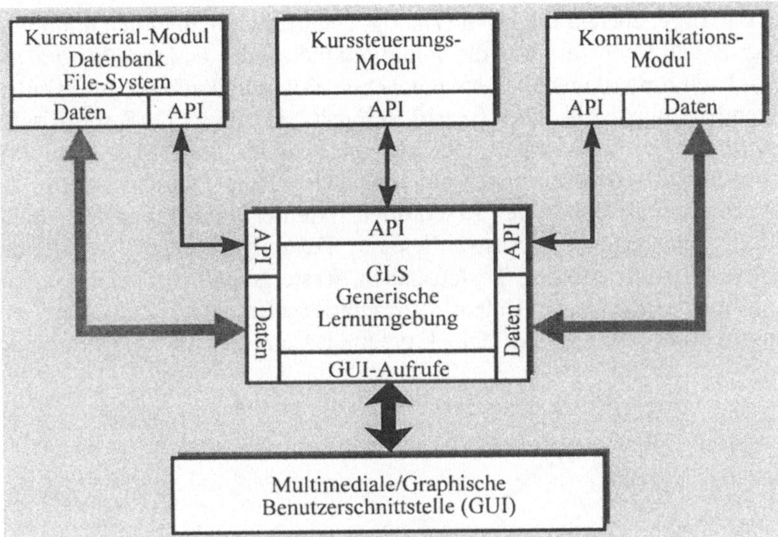

Abbildung 3.15. Das Referenzmodell der Tele-Media-Trainingsarchitektur

3.4.2 Client: Das Benutzermodul

Das *Generische Lernsystem* (GLS - Generic Learning Support) repräsentiert die Interaktions- und Präsentationsschnittstelle der gesamten Tele-Media-Trainings-architektur zum Benutzer. Hierbei ist es konzeptionell in der Lage, verschiedene Graphische Benutzerschnittstellen wie z.B. X-Windows oder MS-Windows zu unterstützen. Dies wird durch plattformunabhängige API-Aufrufe für die Tele-Media-Trainingsarchitektur und einer Reihe daraus abgeleiteter plattform-abhängiger GUI-Aufrufe realisiert. Auf diese Weise wird neben der einfachen Interoperabilität und Portierbarkeit auch ein plattformspezifisches „Look&Feel" gewährleistet, das wesentlich zur Benutzerakzeptanz beiträgt.

Das GLS verhält sich wie eine typische Client-Komponente in einem verteilten Client/Server-System. Es ermöglicht einem Benutzer die Anforderung von Dienst-leistungen bei einer Server-Komponente und sorgt sowohl für die Präsentation der Dienste als auch für die Interaktion zwischen Benutzer und allen beteiligten Komponenten. Das GLS ist hiermit das Frontend für die Tele-Media-Trainings-architektur.

Die funktionalen Einheiten des GLS bestehen im wesentlichen aus Präsentations- und Interaktionselementen, die statischen und dynamischen Tele-Media entsprechen. Zusätzlich integriert es oft verwendete didaktische Basisfunktionalitäten (z.B. Tests, Auswahllisten, Kursnavigationswerkzeuge) in der Form von vorgegebenen Dialogen (Dialog-Templates). Schließlich ermöglicht es den Zugriff des Benutzers auf die Funktionalitäten der anderen Module des Tele-Media-Trainingssystems über entsprechende Kommunikationsmechanismen.

Im folgenden wird oft der Begriff *Objekt* in einer GLS-spezifischen Begriffsinterpretation verwendet. Objekte im Sinne des GLS sind alle präsentierbaren Basiselemente innerhalb des Tele-Media-Trainingssystem. Sie werden verschiedenen Objekttypen zugeordnet: Externe Objekte, Fenster, Menüs, Dialogfelder, Schalterfelder, Auswahlfelder, Texteingabefeldern, Rollfelder, Einzelschalter, Überblicksfelder, Textausgaben, Rastergraphiken, Vektorgraphikprimitive, Audiosequenzen, Videos, Animationselemente, Zeitgeber und Verbindungsgebiete. Einige der Objekttypen lassen sich in Objektgruppen einordnen.

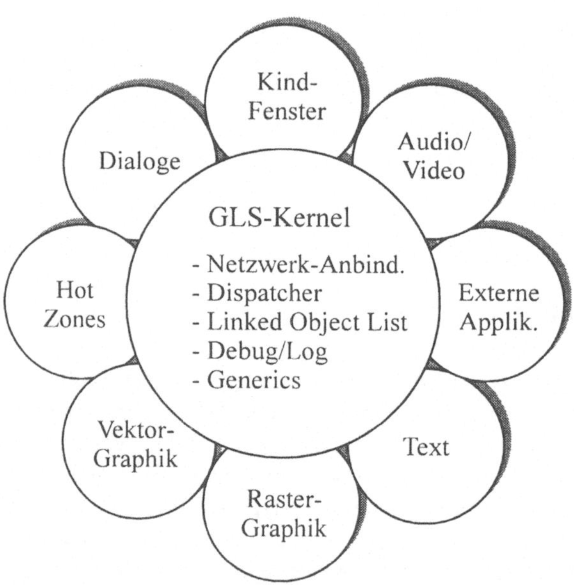

Abbildung 3.16. Anordnung von Kernel und der funktionalen Module des Generischen Lernsystems

Das GLS basiert auf einem streng komponentenorientierten Realisierungsmodell. Die zentrale Einheit wird durch das *GLS-Kernel* (den GLS-Kern)

realisiert. Dieses Kernel ist wiederum in verschiedene Komponenten strukturiert (siehe auch Abbildung 3.16):

- eine *Netzkomponente*, die für eine plattformunabhängige Ankopplung des Kursinterpreters und der anderen Module über das verwendete Netz an das GLS sorgt
- eine *Dispatcher-Komponente*, die aus den Netz ankommenden Kommandos in einer GLS-spezifischen Weise aufbereitet und an die betreffenden funktionalen Komponenten des GLS übermittelt
- eine *Objektkomponente* (Linked Object List), die alle initialisierten Tele-Media-Objekte sowie deren Parameter verwaltet und dem GLS-Gesamtsystem diese Informationen bei Bedarf zur Verfügung stellt
- eine *Debug- und Logging-Komponente*, die sowohl Software- als auch Kursentwickler Informationen über den Systemstatus und gegebenenfalls auftretende Fehler informieren
- eine *Komponente mit generischen Funktionen* die objektunabhängig sind, wie z.B. das Aktivieren, Deaktivieren oder Entfernen von Objekten und der generalisierten Änderung von Objektattributen. Weiterhin wird an dieser Stelle das Verhalten des GLS-Hauptfensters (Frame Window) realisiert.

Um den GLS-Kernel gruppieren sich eine Reihe von Komponenten, die objektspezifische Methoden zur Initialisierung, Aktivierung, Deaktivierung, Entfernung, Präsentation und Manipulation von Objektparametern beinhalten. Jede Komponente realisiert in einer streng gekapselten, GUI-abhängigen Weise die folgenden Objekte (die gebräuchlichen englischen Bezeichnungen stehen hinter den Objektbezeichnungen in Klammern).

- *Kindfenster*: Untergeordnete Fenster (Child Windows)
- *Audio/Video*: Audiosequenzen (Audios), Videos (Videos), Animationselemente (Sprites)
- *Externe Applikationen*: Fremdanwendungen (External Applications)
- *Text*: Formatierter und unformatierter Text (Texts)
- *Rastergraphik*: Bilder aus verschiedenen Dateiformaten (Images)
- *Vektorgraphik*: Linien (Lines), Mehrfachlinien (Polylines), Rechtecke (Rectangles), Kreisbögen (Arcs), Kreise (Circles), Ellipsen (Ellipses)
- *Hot Zones*: Hyperschaltflächen und Verbindungsgebiete (Hot Zones)
- *Dialoge*: Menüleisten (Menu Bars), Menügruppen (Menu Groups), Menüelemente (Menu Items), Dialogfelder (Dialog Boxes), Schalterfelder (Button Boxes), Auswahlfelder (Selection Boxes), einzeilige Texteingabefelder (Single Line Text Inputs), mehrzeilige Texteingabefelder (Editors, Multi Line Text Input), Rollfelder (Sliders), Einzelschalter (Buttons), Überblickfelder (Browsers, Navigationsfenster für Hypermedia-Unterstützung)

Besonders die letzte Gruppe beinhaltet eine Reihe von didaktischen Basiselementen (Button Boxes, Selection Boxes, etc.), die eine spezielle Anwendung in Lernumgebungen finden.

Das GLS bietet damit sowohl eine generische (= plattformunabhängige) Ansteuerungsschnittstelle als auch die plattformabhängige Implementation von Funktionalitäten in den Bereichen Präsentation, Interaktion, Kommunikation, Speicherung und Verarbeitung.

3.4.3 Server: Das Steuerungsmodul

Der Kursinterpreter (CI - Course Interpreter) liest ein Kursskript, wertet es aus und generiert damit über die zusätzlich Information der Benutzerinteraktion zur Laufzeit eine Reihe von Kontrollkommandos. Hierdurch steuert der CI den gesamten Ablauf des Kurses, der durch das GLS präsentiert wird. Auf diese Weise realisiert der CI die Server-Komponente der Tele-Media-Trainingsarchitektur, zu der sich ein oder mehrere Generische Lernsysteme innerhalb eines Netzes verbinden können.

Der CI muß sich für einen ordnungsgemäßen Betrieb der Tele-Media-Trainingsarchitektur in verbindungsbereitem Zustand auf einer innerhalb des Netzes bekannten Plattform befinden. Die Verbindungsaufnahme kann dadurch von einem GLS, der an einer beliebigen Stelle innerhalb des Netzes gestartet wurde, initiiert werden. Die erste Reaktion des CI auf eine etablierte Verbindung mit einem GLS besteht in der Aussendung einer Startsequenz von Kommandos an das GLS, die den Einsprungpunkt des CI-Dienstleistungsangebots repräsentiert. Dieser Einsprungpunkt für Kurse des Tele-Media-Trainingssystems, d.h. die erste Seite eines Kursangebots, wird *Home Page* oder *Front Page* genannt.

Zu beachten ist hierbei, daß es sich bei den Kommandos, die der CI an das GLS schickt, beinahe ausschließlich um Steuerungsanweisungen (Ausnahme: Schicken kurzer Textstrings) und nicht um die Übertragung umfangreicher Daten für Kursmaterialien handelt. Kursmaterialien wie Bilder, formatierte Texte, Audiosequenzen, Videos oder Animationen werden innerhalb des CIs lediglich über Referenzen behandelt, der Zugriff auf die physikalischen Daten erfolgt durch das Datenhaltungsmodul (den Kursmaterial-Server). Auf diese Weise wird die weitreichende Entkopplung von Kurssteuerung und Kursmaterialien realisiert.

Ähnlich wie das GLS läßt sich der Kursinterpreter in verschiedene Komponenten strukturieren:

– eine *Parser/Interpreter-Komponente*, die das Skript einer *Kursbeschreibungssprache* liest, interpretiert, aufbereitet und dem CI in geeigneter Weise zur Verfügung stellt

- eine *Kontroll- oder Steuerungseinheit* (Control Unit), die aus dem Kursskript, den Benutzerinteraktionen und möglicherweise weiteren lernspezifischen Komponenten die Kommandosequenzen an das GLS zur Laufzeit erzeugt. Hierin ist sowohl die Verwaltung von konkreten Lernmaterialien als auch die Integration von abstrakten Kurssteuerungsmechanismen beinhaltet. Desweiteren ist an dieser Stelle die Verbindung mehrerer Kontrollinstanzen zu verschiedenen Benutzern über ihren jeweiligen GLS möglich. Diese Option eröffnet ein weites Feld für die kooperative Lernarbeit in einer Netzumgebung.
- eine *Benutzermodellierungskomponente* (User Model), die aus den Interaktionen des Benutzers ein Lernprofil erstellt und entsprechende pädagogische und didaktische Vorgehensweisen des CIs initiiert
- eine *Netzkomponente* die für eine plattformunabhängige Ankopplung des Generischen Lernsystems an den CI sorgt

Die Realisierung eines CIs basiert zunächst auf seinen Fähigkeiten Kommandos über das Netz in Richtung von bestimmten Generischen Lernsystemen abzuschicken und von diesen Kommandos in einer ereignisorientierten Weise zu empfangen und auszuwerten. Das Abschicken der Kommandos ist hierbei der einfachere Teil: Alle Kommandos werden in einer GLS-konformen Weise über API-Aufrufe an die Netzkomponente übergeben und in einer speziellen Komponente der Kontrolleinheit des CIs (dem *Message Handling*) protokolliert. Die Netzkomponente verpackt die Kommandos in Meldungssequenzen, die an das betreffende GLS abgeschickt werden.

Zu jedem Zeitpunkt während der Systemlaufzeit können Kommandos bzw. Meldungen von einem GLS bei der CI-Netzkomponente eintreffen. Dies repräsentiert für den CI ein Ereignis, das er behandeln muß. Die Meldungen werden daher in einem Eingangspuffer (Input Buffer) zwischengespeichert, um den etwaigen Verlust einzelner Meldungen bei hohem Netzverkehrsaufkommen oder kurzfristig zu geringer Abarbeitungsgeschwindigkeit des CIs zu verhindern. Die Netzkomponente bereitet fortlaufend alle eintreffenden Meldungen nach dem FIFO-Prinzip (First-In-First-Out) für die Kontrolleinheit auf. Diese analysiert die Meldungen mit Hilfe der Message Handling-Komponente und erzeugt hieraus die Reaktion des Kursinterpreters auf die Anforderungen des GLS.

Das Message Handling repräsentiert hiermit die zentrale Entscheidungseinheit des Kursinterpreters. Je nach „Intelligenz" des zugrundeliegenden *Message Handlers* sind die resultierenden Kommandos des CIs an das GLS starr an ein inflexibles Skriptschema gebunden oder aber mit dynamischen und didaktisch angepaßten Kommandosequenzen gekoppelt. Dies bedeutet beispielsweise, daß das Betätigen einer Schaltfläche durch den GLS-Benutzer zu verschiedenen Zeitpunkten zwar in ein und dieselben Meldung vom GLS zum CI resultiert, die Reaktion des CIs jedoch durchaus unterschiedlich sein kann. Von der ersten zur zweiten Schalterbetätigung können sich die Reaktionssequenzen, die gemeinsam mit einer CI-internen Repräsentation der betätigten Schaltfläche im Message Handler abgelegt wurden, komplett geändert haben.

Der vorangegangene Absatz deutet schon die verschiedenen Realisationsstufen einer CI-Implementation an, die im folgenden konkretisiert werden sollen. Die einfachste Stufe ist die Realisation eines CI-Kernsystems mit der Netzanbindung und einem „hartverdrahteten" Kursablauf. Dieser Kursablauf ist typischerweise in einer höheren Programmiersprache unter ausschließlicher Verwendung des GLS-APIs kodiert. Der zugehörige Message Handler kann nur durch sorgfältiges, individuelles Ausformulieren der Reaktionssequenzen eine gewisse Flexibilität erhalten. Eine erweiterte Realisationsstufe des Kursinterpreters beinhaltet neben dem CI-Kernsystem und der Netzanbindung eine Parser- und Interpreter-Komponente, die ein konkretes Kursskript mit festen Kurssequenzen liest und in die entsprechenden GLS-API-Aufrufe umsetzt. Der Message Handler wird durch die Optionen der zugrundeliegenden Kursbeschreibungssprache und dem individuellen Kursskript bestimmt. In der Regel ist diese Lösung jedoch durch die begrenzten Möglichkeiten gängiger Kursbeschreibungssprachen sogar noch inflexibler in den Reaktionsmöglichkeiten als die einfachste CI-Stufe. Diese einfachste Lösung kann sich schließlich der gesamten semantischen und syntaktischen Variationsbreite einer Programmiersprache bedienen. Die Erstellung und Wartung von Kursabläufen ist jedoch durch die Verwendung von Programmierspracheditoren und -Compilern nur Softwareentwicklern zumutbar. Kursdesigner und Pädagogen, die größere Trainingsprojekte zu bearbeiten haben, werden nur über eine spezielle Autorenumgebung, die in der Regel auf einer Kursbeschreibungssprache basiert, mit erträglichem Aufwand zum Ziel kommen.

Die aufwendigste und flexibelste Stufe der CI-Realisierung benötigt neben dem CI-Kernsystem mit Netzankopplung eine leistungsfähige Parser- und Interpreter-komponente, die sich einer ereignisorientierten Kursbeschreibungssprache bedient. Diese Sprache muß weiterhin dem verteilten Konzept des Tele-Media-Trainingssystem Rechnung tragen und alle Kursmaterialien möglichst über abstrakte Referenzen adressieren. In Kombination mit einer Benutzer-modellierungskomponente kann damit eine flexible Reaktion des Kursinterpreters auf verschiedene Verhaltensmuster des Benutzers realisiert werden. Voraussetzung hierfür ist, daß ein Kursskript keine Anweisungen wie „Wenn der Schalter A betätigt wird, zeige Bild B" enthält. Vielmehr sollten sich die Anweisungen auf einem wesentlich abstrakteren Niveau befinden, wie z.B. „Wenn der Schalter A betätigt wird, präsentiere den Sachverhalt B". Die Präsentation des Sachverhaltes kann dann je nach dem zuvor ermittelten Benutzerprofil die Anzeige eines Bildes (für graphisch orientierte Benutzer) oder aber auch die Anzeige einer komplexen Formel (für abstrakt orientierte Benutzer) sein. Die Entscheidung über das zu präsentierende Material muß zur Laufzeit aus einer Anzahl von Optionen von der CI-Kontrolleinheit getroffen werden. Die Vielzahl der dadurch möglichen Kursverläufe fordert eine modulare, streng hierarchische oder objektorientierte Skriptsprache und Interpreterkomponente, da hier die Wiederverwendung von Kursfragmenten mit typischerweise nur minimalen Veränderungen eine wesentliche Rolle spielt.

Die Realisation der Kontrolleinheit, der Kursbeschreibungssprache, der Interpreter- und Parserkomponente sowie der Benutzermodellierung erfordert eine feine gegenseitige Abstimmung. Die Implementation wird daher nur in einem Schichtenmodell möglich sein, das die Abstufung von sehr abstrakten Skriptanweisungen innerhalb einer hierarchische Kursarchitektur bis hin zur konkreten Auswahl von Kursmaterialien durch ein pädagogisches Modell realisiert. Die Lösungsansätze reichen hierbei von der Verwendung einer äußerst leistungsfähigen Skriptgestaltung bis hin zu Methoden der künstlichen Intelligenz. Erst nach der Auswahl des konkreten Kursmaterials und deren Manipulation über die zugehörigen GLS-API-Aufrufe entsprechen die Systemmechanismen wieder den einfachen Sende- und Empfangsanweisungen der beiden ersten CI-Realisationen.

Ziel dieser Arbeit ist es nicht, die beiden letzten CI-Realisationen explizit durchzuführen. Hierfür sei auf [Knierriem96b] hingewiesen. Vielmehr soll lediglich die einfache Version eines hartverdrahteten Kursinterpreters realisiert und daraus ein Werkzeug bzw. ein Framework (Rahmenimplementation) entwickelt werden, das sämtliche obengenannten Implementationsansätze unterstützt. Dies geschieht jedoch so, daß die resultierenden Ergebnisse ohne Beschränkung der Allgemeinheit gelten. Hierzu siehe auch Kapitel 3.5.

3.4.4 Verbindung: Das Protokoll- und API-Modul

Die plattformunabhängige Kommunikation zwischen dem Generischen Lernsystem und dem Course Interpreter wird durch ein objektorientiertes Meldungsprotokoll realisiert. Die völlige Asynchronität - d.h. Ereignis-orientierung - der ausgetauschten Meldungen erlaubt dem Kursinterpreter ein flexibles Reagieren auf jegliche Benutzereingabe unter Berücksichtigung der Kursbeschreibung. Die Benutzereingabe kann von der Aufforderung zum Start eines bestimmten Kurses bis zum einfachen Betätigen eines Auswahlfeldes reichen. Der Kursinterpreter reagiert mit dem Ansprechen einer Funktion aus einem spezifischen und plattformunabhängigen API. Der Aufruf einer solchen API-Funktion resultiert in der Generierung einer entsprechenden Meldung, die über ein Meldungsprotokoll an das GLS geschickt wird.

Der Zugriff auf individuelle Meldungen innerhalb des vorgegebenen Protokoll wird über definierte API-Funktionen gewährleistet. Hierbei geschieht das Abschicken einer Meldung durch das Aufrufen der API-Funktion während der Empfang von der entsprechenden Client- oder Server-Komponente gewährleistet werden muß. Hierbei findet keine explizite Quittierung einer eintreffenden Meldung statt. Ausnahme kann hierbei ein auftretender Fehler sein, der in einer entsprechende Rückmeldung resultiert.

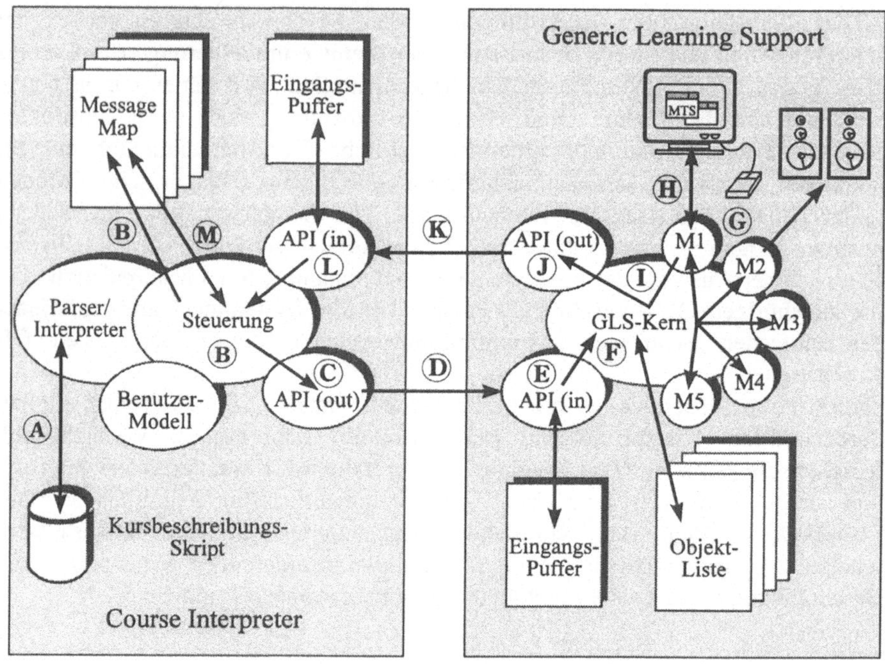

Abbildung 3.17. Die Kommunikationsarchitektur eines ereignisorientierten Lernsystems

Im folgenden soll ein typische Kommunikationszyklus zwischen GLS und CI in seine Einzelschritte zerlegt und dokumentiert werden (siehe auch Abbildung 3.17):

A. *CI-Parser/Interpreter*: Der Kursinterpreter liest und interpretiert einen Teil des Kursablaufskripts und generiert daraus eine Aktion.

B. *CI-Steuerungseinheit*: Die Aktion wird von der CI-Kontroll- oder Steuerungseinheit weiterverarbeitet. Beinhaltet sie die Erzeugung eines Tele-Media-Objekts (Schalter, Graphik, Text, etc.) für Präsentations- oder Interaktionszwecke, so wird dieses Objekt in einer Message- oder Object Map registriert. Wird durch die Aktion dagegen ein bestehendes Tele-Media-Objekt manipuliert, geschieht dies erst nach dem vorherigen Zugriff auf seine Repräsentation in der Object Map, wo alle auch alle Objektveränderungen registriert werden. Durch die Verwendung einer Message Map geschieht die Zuordnung aller potentiellen Benutzerinteraktionen zu den resultierenden Aktionen der Kurssteuerung. Dies realisiert den in die Steuerungseinheit eingebetteten Message Handler. Hierdurch verhält sich die Steuerungseinheit wie eine Zustandsmaschine, deren Verhalten sich durch Benutzerinteraktion, Systemzustand und Ablaufskript zur Laufzeit dynamisch verändern kann.

C. *CI-API-Ausgang*: Nach der Registrierung der Aktion erfolgt der API-Aufruf, der über eine Funktion die Transmission einer entsprechenden gekapselten Meldung über das Netz hin zum Generischen Lernsystem bewirkt.

D. *Netz*: Die Meldung befindet sich auf dem Netz. Sie beinhaltet eine individuelle Identifikation ihrer Aufruffunktion (d.h. eine Meldungsidentifikation), eine eindeutige Objektidentifikation und alle weiteren Funktionsparameter. Die Meldung ist hiermit ein Element des Kommunikationsprotokolls.

E. *GLS-API-Eingang*: Die eintreffende Meldung wird empfangen, im Eingangs-puffer zwischengelagert und über einen der Meldung entsprechenden API-Befehl dem GLS-Kern zur Verfügung gestellt. Diese API-Funktion auf der GLS-Seite entspricht der API-Funktion von Punkt C. auf der CI-Seite.

F. *GLS-Kern*: Der GLS-Kern ordnet der API-Funktion die entsprechende Objektmethode zu. Initialisiert die Funktion ein neues Objekt, so wird ein neues Element in einer zentralen Objektliste erzeugt. Dieses Element beinhaltet dann die Identifikation des Objekts und andere wichtige Objekt-parameter. Referenziert die Funktion dagegen ein schon existierendes Objekt bzw. sein Element in der Objektliste, so werden die bis dahin gültigen Objekt-parameter gelesen, für Objektaktionen verwendet sowie möglicherweise geändert und in der geänderten Form in die Objektliste zurückgeschrieben.

G. *Objektmodul*: Der GLS-Kern greift auf die verschiedenen Funktionalitäten unterschiedlicher Objekttypen über entsprechend Softwaremodule zu. Dies entspricht der Kodierung der Methoden zur Manipulation der Objekttypen in vollständig entkoppelter Weise. Die Methodenmodule existieren für Objekt-typen wie Fenster, Menüs, Text, Dialoge, Rastergraphik, Vektorgraphik, Schaltflächen, Animation, Video, Audio und Zeitmesser. Einige dieser Objekt werden als aktiv bezeichnet, wie z.B. Schaltflächen. Diese aktiven Objekt können durch Benutzerinteraktion mit ihnen neue Meldungen (von GLS nach CI) generieren.

H. *Benutzerschnittstelle*: Die plattformunabhängigen API-Funktionen rufen plattformabhängige Funktionen auf, die die direkte Kommunikation mit der graphischen Benutzerschnittstelle (OSF/Motif oder MS-Windows) erlauben. Auf einer „Motif"-Workstation sind dies UNIX-, X11-, Motif- und Multimedia-Funktionsaufrufe. Auf einem „Windows"-PC sind dies GDI- und Multimedia-Funktionsaufrufe.

I. *Objektmodul*: Interagiert der Lernende mit dem System (durch Drücken von Schaltflächen, etc.) ruft das hierfür verwendete aktive Objekt über den GLS-Kern eine GLS-Rückkopplungsfunktion auf.

J. *GLS-API-Ausgang*: Der API-Aufruf resultiert in der Transmission einer entsprechenden gekapselten Rückkopplungsmeldung über das Netz hin zum Kursinterpreter.

K. *Netz*: Die Rückkopplungsmeldung befindet sich auf dem Netz. Sie beinhaltet eine individuelle Identifikation ihrer Aufruffunktion (d.h. eine Meldungsidentifikation), eine eindeutige Objektidentifikation und alle weiteren Funktionsparameter. Die Meldung ist hiermit ein Element des Kommunikationsprotokolls.

L. *CI-API-Eingang*: Der CI empfängt diese Meldung und speichert sie in einem lokalen Eingangspuffer zwischen. Weiterhin erfolgt die Benachrichtigung der CI-Steuerungseinheit über die eingetroffenen Meldung.

M. *CI-Steuerungseinheit*: Die Reaktion des Kursinterpreters auf die eingetroffenen Rückkopplungsmeldung wird durch ein Lesen des entsprechenden Eintrags in der Message Map realisiert. Hierbei spielt der Identifikator des beteiligten aktiven Objektes auf der GLS-Seite eine wesentliche Rolle. Die Referenzen jener Funktionen, die die Reaktion auf eine bestimmte Benutzerinteraktion darstellen werden mit Hilfe des Message Handlers aus der Message Map ermittelt. Sie können eine neue Sequenz von Aktionen (API-Aufrufe, Meldungen) beinhalten.

Verschiedene multimediale Objekte (Text, Graphik, Fenster, Menüs, Dialoge, Video, Audio, Timer, Tests, etc.) können über das Meldungsprotokoll initialisiert und aktiviert, sowie auch wieder deaktiviert und aus dem System entfernt werden. Der GLS-Kern behält dabei mit Hilfe seiner Objektliste die Kontrolle über jedes der Objekte und wählt für jeden Objekttyp die passende Methode aus einer Reihe von Modulen für eine Aktion des Objektes aus. Hierzu steht dem Tele-Media-Trainingssystem ein kompletter und in sich konsistenter Satz von API-Funktionen mit entsprechenden Meldungen zur Verfügung.

Auf diese Weise entsteht eine völlige Entkopplung zwischen Generischem Lernsystem und Kursinterpreter. Der Kursinterpreter besitzt die „Intelligenz" und verschickt Meldungen mit Hilfe des APIs. Das Generische Lernsystem besitzt die „Funktionalität" und erhält seine Anweisungen zum einen durch den Kursinterpreter (was das GLS ausführt) und zum anderen vom Benutzer (was das GLS an den Kursinterpreter schickt, der danach die weiteren Aktivitäten initiiert).

3.4.5 Materialien: Das Datenhaltungsmodul

Die Archivierung und der Zugriff auf Schulungsmaterialien folgt innerhalb der Tele-Media-Trainingsarchitektur dem Client/Server-Konzept einer verteilten Datenhaltung (siehe Kapitel 3.2.2). Die zugrundeliegenden Tele-Media-Objektdaten werden durch einen entsprechenden, möglicherweise verteilten Server verwaltet. Hierbei kann die Realisierung dieses Kursmaterial-Servers auf zwei Arten erfolgen: zum einen durch den Zugriff auf ein verteiltes Dateisystem (NFS - Network File System), wobei unterschiedliche Datentypen an physikalisch verschiedenen Stellen im Netz gelagert sein können; zum anderen durch ein netzweites Datenbanksystem, das einen transparenten Datenzugriff über eine Standardschnittstelle erlaubt (siehe Abbildung 3.18).

Die plattformunabhängigen Grundfunktionalitäten des Datenhaltungsmoduls beschränken sich auf die Identifikation der gewünschten Schulungsmaterialdaten anhand einer Referenz oder eines Dateinamens und ihre möglichst rasche Übertragung zur Zielplattform. Wünschenswerte Eigenschaften speziell einer Datenbankumgebung sind datentypabhängige Kompressionsmechanismen für eine erhöhte Übertragungsrate auf dem Netz sowie eine automatisierte Formatkonvertierungskomponente.

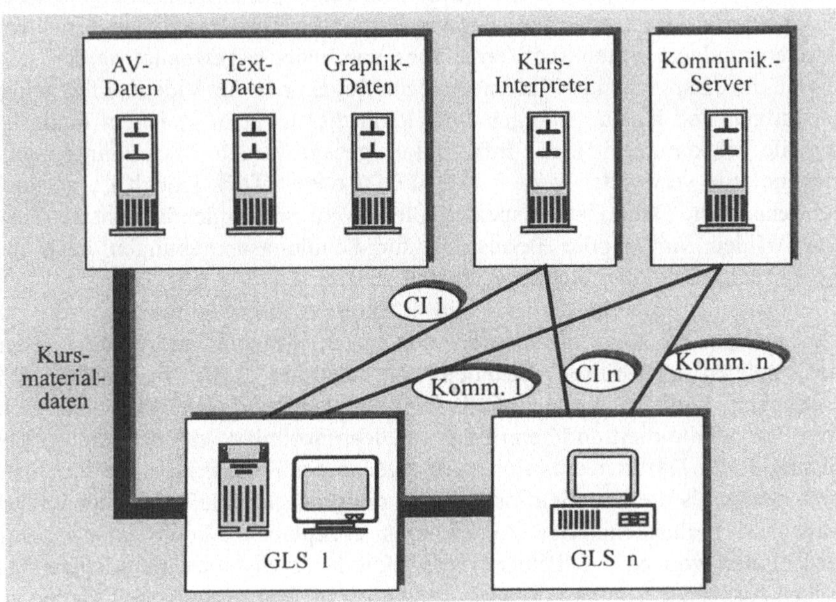

Abbildung 3.18. Die Architektur des verteilten Tele-Media-Lernsystems mit mehreren Generischen Lernsystemen, einem verteilten Kursmaterial-Server, einem Kursinterpreter und einem Kommunikationsserver

3.4.6 Kommunikation: Das Audio/Videomodul

Die integrierte Realisierung eines Audio/Video-Kommunikationsmoduls zielt auf die menschliche Kommunikation in einer Lernumgebungen. Dies kann ein Gespräch zwischen zwei Studenten oder Benutzern während der Lösung eines gemeinsam bearbeiteten Problems sein (Point-to-Point-Kommunikation), oder aber auch ein audiovisuelle Diskussionsrunde zwischen einem Tutor und mehreren Benutzern sein (Multipoint-Kommunikation) [Rosenberg92], [Kraut92], [Hornung93].

Verschiedene multimediale Rechnerplattformen bieten auch sehr verschiedene Typen von Audiokomponenten und -anwendungen. Dennoch setzen beinahe alle auf einen gemeinsamen Satz von Funktionalitäten wie der Aufnahme, der Speicherung und der Wiedergabe von Audiosequenzen. Diese Standardfunktionalitäten sind ebenfalls die Basis für die Audio-Kommunikationsmechanismen des Tele-Media-Trainingssystems. Statt nach der Aufnahme die Audiodaten auf einem lokalen Datenträger zu speichern werden sie über das Netz an eine Zielplattform weitergegeben und dort sofort abgespielt. Dies entspricht der Funktionalität des Echtzeit-Tele-Mediums Audio. Zur Realisierung müssen Algorithmen zur Datenreduktion, Echtzeit-Formatkonvertierung, Unterdrückung von Hintergrundgeräuschen und Vermeidung von Echos angewendet werden.

Obwohl die entsprechende Multimediatechnologie (z.B. für Videoconferencing) immer billiger und leistungsfähiger wird, kann dies nicht in gleichem Maße für die digitale Telekommunikations-Infrastruktur gesagt werden. Zwar kann schnelle Netztechnologie verwendet werden (z.B. FDDI oder ATM), jedoch ist sie noch immer sehr teuer. Daher ist es speziell für das zu verwendende Echtzeit-Tele-Medium Video von großer Bedeutung für Schulungsumgebungen auch auf billigeren schmalbandigen Netzen verfügbar zu sein.

Leistungsfähige Kompressions- und Dekompressionsalgorithmen, die in Echtzeit auf preisgünstiger Hardware oder gar in Software ausgeführt werden können, spielen aus diesen Gründen eine zentrale Rolle für Video. Die Videosequenz wird in diesem Fall vor der Transmission über das Netz komprimiert oder kodiert und beim Empfang dekomprimiert oder dekodiert (siehe Abbildung 3.19). Da für Kommunikationszwecke der Echtzeitaspekt eine höhere Priorität besitzt als die hohe Auflösung oder die große Farbtiefe der Videobilder, ist auch ein verlustbehafteter Algorithmus akzeptabel. Videosequenzen mit Wiederholraten von ca. 10 Bildern pro Sekunde sowie einer räumlichen und farblichen Auflösung von ca. 150 x 150 Pixel bei 16 Graustufen gelten hierbei als vertretbar.

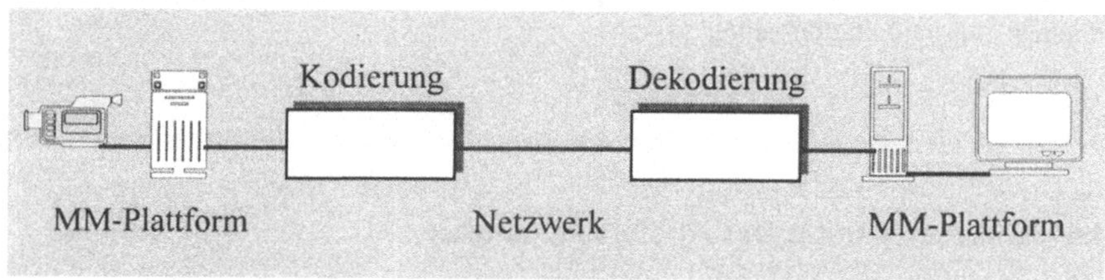

Abbildung 3.19. Die Video-Kommunikationskomponente innerhalb des Tele-Media-Trainingssystems

Das Audio/Videomodul des Tele-Media-Trainingssystems besteht aus den multimedialen Aufnahme- und Wiedergabekomponenten auf den GLS-

Plattformen sowie einem Kommunikationsserver zur korrekten Verteilung der Audio/Videodatenströme (siehe Abbildung 3.18). Der Kommunikationsserver sorgt zudem für die initiale Kontaktaufnahme zweier oder mehrerer Kommunikationspartner und der Verwaltung von Audio/Video-Systemressourcen.

3.5 Analytische Betrachtungen der Tele-Media-Architektur

Das in den letzten Abschnitten vorgestellte Tele-Media-Referenzmodell basiert auf einer Kommunikations- und API-Schnittstelle, die sich in wesentlichen Punkten von herkömmlichen Architekturen und Modellen unterscheidet: Zunächst ist Kommunikation zwischen dem Steuerungs- und dem Benutzermodul auf ein Minimum reduziert. Dies geschieht durch die Verlagerung von einer Reihe von Verwaltungsaufgaben bei der Medienbehandlung auf die Seite des Benutzermoduls. Operativ hat dies zur Konsequenz, daß nicht jede Entscheidungsfindung zur Kontrolle oder zur Manipulation der Informationsmaterialien beim Steuerungsmodul erfolgt. Nur die grundlegenden Verhaltensmuster werden dort festgelegt und dem Benutzermodul über das Netz mitgeteilt. Das Resultat ist eine „schlanken" Schnittstelle zwischen der Client- und der Serverkomponente.

Diese „schlanke" Schnittstelle ist jedoch nur möglich, wenn sie Statusinformationen über die einzelnen Medien beinhaltet, um das Steuerungsmodul bei Bedarf vom augenblicklichen Zustand eines Tele-Mediums zu informieren. Als Beispielsszenario kann dabei folgende Situation dienen: Ausgehend von der Serverseite wird auf der Clientseite die Darstellung eines komplexen graphischen Interaktionselements initiiert. Der Benutzer interagiert damit ohne daß dies dem Server übertragen wird. Erst nach Abschluß der Interaktion (z.B. Ausfüllen eines Formulars) werden die Ergebnisse bzw. Statusinformationen des Interaktionselements zur Auswertung an den Server geschickt. Dort erfolgt dann eine entsprechende Reaktion.

Die folgenden Abschnitte dienen daher der Ausarbeitung und Analyse der Client/Server-Schnittstellen der Tele-Media-Architektur, dem Entwurf eines „Style Guides" zum funktionellen Verhalten von Präsentationsmedien untereinander sowie der Evaluierung der Ergebnisse über eine Reihe von Qualitätsmerkmalen.

3.5.1 Die Middleware

Die getrennte Betrachtung des Kommunikations- und API-Moduls resultiert in gängigen Client/Server-Modellen zur Referenzierung dieser Komponente als

„Middleware". Sie stellt die konkrete Realisations des abstrakten Kommunikationsbegriffs zwischen Client und Server dar.

Im folgenden wird eine Reihe von Software-Konstrukten zur Beschreibung eines Middleware-Modells im Bezug auf das Protokoll- und API-Modul aufgezeigt. Das Middleware-Modell beinhaltet die nötige Funktionalität zur vollständigen Steuerung von multimedialen Präsentationen und Interaktionen wie sie bei der Einführung des Tele-Media-Referenzmodells beschrieben wurden. Die weiterführenden Ansätze werden zudem aus dem Bereich des Software-Engeneering entnommen:

Sequenz: Aneinanderreihung einer Folge von Aktionen

Pseudocode:

```
DO Verarbeitung 1
...
DO END Verarbeitung 1
DO Verarbeitung 2
...
DO END Verarbeitung 2
```

Wiederholung: Repetition einer Aktion bis zu einer Abbruchbedingung

Pseudocode:

```
DO Verarbeitung 3 WHILE Bedingung
...
DO END Verarbeitung 3
```

Auswahl: Wahl anhand einer Bedingung aus einer Reihe von Möglichkeiten

Pseudocode:

```
IF Bedingung THEN
...
ELSE
...
IF END
```

Schachtelung: Freie Kombination der obengenannten Konstrukte Sequenz, Wiederholung und Auswahl

Pseudocode (Beispiel):

```
DO Verarbeitung
   ...
   IF Bedingung 1 THEN
     IF Bedingung 2 THEN
       ...
     ELSE
       DO Verarbeitung
       ...
       DO END Verarbeitung
     IF END
   ELSE
   ...
   IF END
DO END Verarbeitung
```

Diese Konstrukte ergänzen die weiter oben definierten Tele-Media-Relationen in einer weniger abstrakten Weise. Ein Kommunikations- und API-Modell, das alle Forderungen sowohl der Tele-Media-Relationen als auch der Middleware-Konstrukte unterstütz, muß folgendermaßen aussehen:

1. Die von der Aktivierung eines multimedialen Objektes unabhängige Initialisierung seiner zugrundeliegenden Datenstrukturen und Anfangszustände.
2. Die möglichst generische - d.h. objekttypunabhängige - Aktivierung und Deaktivierung jedes multimedialen Objekts zu einem beliebigen Zeitpunkt mit minimaler Zeitverzögerung. Dies dient nicht zuletzt der Realisierung des Middleware-Konstrukts *Sequenz* und einer Reihe von Tele-Media-Relationen.
3. Die Kapselung von externen Ereignissen zur Gewährleistung einer schnellen Reaktionsfähigkeit sowohl von Client- als auch Serverkomponenten zur Realisierung der Middleware-Konstrukte *Wiederholung* und *Auswahl*.
4. Die Integration von Timermechanismen zur zeitlichen Synchronisation verschiedener Objektabläufe entsprechend der Tele-Media-Relationen.
5. Die Möglichkeit zur Änderung aller wichtigen Objektattribute zur Laufzeit
6. Die Manipulation von Systemvariablen, die z.B. das „Refresh"-Verhalten der graphischen Objekte bestimmen.

Grundsätzlich lassen sich diese Forderungen schon zu einem großen Teil durch die Spezifikation der Lebensspanne eines Tele-Media-Objekts in die Phasen Initialisierung, Aktivierung, Deaktivierung und Entfernung erfüllen. Hierbei ist die erste Phase noch objektspezifisch, während die restlichen drei Phasen auf der Ebene des Kommunikationsprotokolls und des APIs völlig generisch sind. Einzig die jeweils aufgerufenen Methoden auf der Clientseite sind objektspezifisch.

Das Setzen von spezifischen Objektattributen, allgemeingültigen Objektattributen und Systemattributen kann asynchron zu jeder Zeit erfolgen und bedarf ebenfalls nur eines kleinen Satzes an Funktionen. Eine Auswahl von Objekte, die durchaus auch von unterschiedlichen Objekttypen sein dürfen, können unter einer gemeinsamen Gruppe mit individueller Identifikation zusammengefaßt werden. Dies ermöglicht die leichte gemeisame Manipulation aller Gruppenobjekte.

Die Rückmeldung der Objekte zum Server geschieht über einen Satz von ebenfalls asynchronen Rückkopplungsfunktionen, die objektspezifische Statusinformationen enthalten können. Vom Client initiierte Warnungs- und Fehlermeldungen informieren den Server zusätzlich über unvorgesehene oder gar fehlerhaft System- bzw. Objektzustände.

Aus dem bisher gesagten läßt sich ein Tele-Media-spezifisches API und daran gekoppeltes Kommunikationsprotokoll für die Middleware-Komponente ableiten. Es besteht im wesentlichen aus den Aufrufen, die in den untenstehenden Tabellen aufgeführt sind. Hierbei markiert die Zeichenfolge „XXX" einen objekttypspezifischen Aufruf. Das API und damit das Kommunikationsprotokoll ist asymmetrisch, d.h. eine Gruppe von API-Aufrufen dient der Server-nach-ClientKommunikation (siehe Tabelle 3.3) und eine weitere Gruppe der Client-nachServer-Kommunikation (siehe Tabelle 3.4).

Tabelle 3.3. API-Aufrufe für die Server-nach-Client-Kommunikation

API-Aufrufe, die eine Kommunikation von Server zu Client initiieren	Funktionelle Beschreibung
InitSystem	Initialisiere die Systemattribute auf der Clientseite
InitXXX	Initialisiere ein Tele-Media-Objekt oder einen Synchronisations-Timer
ActivateObject	Rufe die Methode zum Aktivieren eines Objektes aufgrund seines Objekttyps auf
DeactivateObject	Rufe die Methode zum Deaktivieren eines Objekts auf
KillObjekt	Entferne das Objekt aus dem lokalen Speicher des Systems auf der Clientseite
SetXXXAttributes	Setze objektspezifische Attribute eines initialisierten Objekts
SetObjectAttributes	Setze Objektattribute, die für alle oder eine Mehrzahl der Objekte relevant sind (z.B. Größe, Position, o.ä.)
SetSystemAttributes	Setze Systemattribute auf der Clientseite (z.B. das Refresh-Verhalten der graphischen Objekte)
GroupObjects	Überführe eine Gruppe von Objekten in ein Kombinationsobjekt zur gemeinsamen Steuerung (z.B. ein Video- und ein Audioobjekt für ein synchronisiertes Startverhalten)
UngroupObjects	Löse die Kombinationsgruppe wieder auf

Tabelle 3.4. API-Aufrufe für die Client-nach-Server-Kommunikation

API-Aufrufe, die eine Kommunikation von Client zu Server initiieren	Funktionelle Beschreibung
XXXAction	Schicke eine objektspezifische Meldung zum Server, die ggf. Statusinformationenenthält
WarningMessage	Schicke eine Warnungsmeldung zum Server
ErrorMessage	Schicke eine Fehlermeldung zum Server

Die Dateninhalte der betroffenen Objekte werden bei dem oben beschriebenen API-Ansatz oftmals nur referenziert, z.B. bei Rastergraphiken, Audio- oder Videosequenzen. Das physikalische Laden der Daten wird durch die Initialisierungsmethode des zugehörigen Objekts auf der Clientseite gestartet. Daher wird auch der Übertragungsmechanismus alleine durch den Client bestimmt.

Die Isochronität eines Dynamischen Tele-Mediums wird durch Timer gewährleistet, die parallel zu jedem dieser Tele-Media auf der Clientseite gestartet werden. Dies ermöglicht neben dem zeitgenauen Start und Stopp auch zeitgesteuerte Wiederholungsschleifen, was einer typischen „Scheduler"-Funktionalität entspricht. Eine *Sequenz* im Sinne des Middleware-Modells sowie die Tele-Media-Relationen *before*, *meets*, *during* und *overlaps* lassen sich nun alleine durch entsprechende Kombinationen von ActivateObject- und DeactivateObject-Aufrufen erreichen. Als Beispiel sei im folgenden Pseudocode die TM-Relation *meets* realisiert:

```
InitObject 1
InitObject 2
...
ActivateObject 1
...
DeactivateObject 1
ActivateObject 2
...
DeactivateObject 2
...
KillObject 1
KillObject 2
```

Die Tele-Media-Relationen *starts*, *ends*, und *equal* können bei nicht sehr strikten Forderungen bezüglich der Zeitgenauigkeit ebenfalls mit entsprechenden Kombinationen realisiert werden. Bei erhöhten Qualitätsansprüchen müssen die zu synchronisierenden Objekte jedoch in ein Gruppenobjekt überführt werden, um die Verzögerungszeiten durch eine der beteiligten Komponenten zu verzögern. Der Pseudocode für die Relation *equal* sieht in diesem Falle folgendermaßen aus:

```
InitObject 1
InitObject 2
...
3 = GroupObjects ( Object 1, Object 2)
ActivateObject 3
...
DeactivateObject 3
UngroupObjects 3
...
KillObject 1
KillObject 2
```

Die Middleware-Konstrukte *Wiederholung* und *Auswahl* lassen sich aus dem konzeptionellen Umstand ableiten, daß die gesamte Client/Server-Kommunikation asynchron stattfindet und Statusinformationen transportieren kann. Ein *Wiederholung*, die möglicherweise durch alternierende ActivateObject/DeactivateObject-Befehlsfolgen gesteuert wird, läßt sich daher jederzeit unterbrechen. Eine *Auswahl* läßt sich durch die Auswertung von Statusinformationen eines Objekts ebenfalls leicht realisieren:

```
InitObject 1
ActivateObject 1
...
(mögliche Benutzerinteraktion mit Object 1,
 Object 1 schickt nach Beendigung der
 Interaktion seinen Zustand,
 Schreiben des Zustands in Variable „StateObject 1")
...
IF (StateObject 1 == A) THEN
...
ELSE
...
IF END
...
DeactivateObject 1
KillObject 1
```

Der hier vorgestellte API-Befehlssatz des Tele-Media-Referenzmodells kann durch den oben beschriebenen Ansatz auf einem geringen Umfang gehalten werden. Dennoch besteht die Möglichkeit jedes Tele-Media-Objekt vollständig und direkt zu kontrollieren. Dies steht in klarem Gegensatz zu einer Reihe von Kommunikationsmodellen bei anderen Client/Server-Systemen, die entweder auf einem wesentlich größeren Befehlssatz basieren (z.B. dem X-Windows-System) oder bei denen ein schmales API und Netzwerkprotokoll nur als Träger für eine wesentlich komplexere API- oder Funktionsschicht dient (z.B. bei HTTP als Träger für HTML).

Diese konkurrierenden Architekturansätze verlagern zumeist den Großteil der Interaktionskontrolle auf die Serverseite und erzeugen damit neben dem reinen

Übertragen von Daten einen hohen Kommunikationsoverhead durch eine große Anzahl ausgetauschter Steuerungsanweisungen. Zudem ist der Zugriff auf einzelne Objekte manchmal eingeschränkt, was sich dann in unverhältnismäßig hohem Aufwand bei der Manipulation des Einzelobjekts zeigt. So ist es beispielsweise bei einigen Systemen üblich, das Neuzeichnen eines Objekts dadurch zu erreichen, daß der gesamte sichtbare Bereich der Umgebung, in der sich das Objekt befindet, neu aufgebaut wird. Dies geht dann immer zu Lasten der Performance der Client-Komponente.

3.5.2 Numerische Analyse

Der folgende Abschnitt enthält eine detaillierte und analytische zeitliche Betrachtung des Steuerdatenstroms innerhalb interaktiver Client/Server-Anwendungen, wobei ein besonderer Fokus auf entsprechende Schulungsumgebungen liegt. Die zu transportierende Datenmenge der Steuerungsinformationen ist hierbei in der Regel nicht das zentrale Kriterium, im Gegensatz zur Übertragung von Schulungsmaterialdaten. Vielmehr sind es Konzepte und Organisation der Steuerungsmechanismen, wie synchrone und asynchrone Kommunikation, verteilte Objektverwaltung sowie die Unterstützung statusbehafteter Informationsübertragung.

An dieser Stelle soll auch eine grundsätzliche Vereinbarung für die Objektkommunikation zwischen Client und Server im Tele-Media-Referenzmodell getroffen werden: Der Server bestimmt die Kennung jedes Objekts (Objekt ID). Diese wird dem Client bei der Initialisierung eines Objekts mitgeteilt, womit der eindeutige Bezug auf das betreffende Objekt für alle zugehörigen nachfolgenden Meldungen definiert wird. Keine Objekt ID kann mehrfach vergeben werden um Fehlverhalten oder Verwechslungen zu vermeiden.

3.5.2.1 Zeiten zur Meldungsübertragung

Die Verbindungsaufnahme zwischen Client und Server sowie die Erzeugung einer initialen Meldungsfolge des Servers zur Bereitstellung einer Startseite (Home Page) beim Client sind einmalige Aktionen innerhalb einer Arbeitssitzung. Daher spielen sie eine nur untergeordnete Rolle im Bezug auf zeitliche Betrachtungen, sofern sie eine eher subjektive Spanne nicht wesentlich überschreiten. Typischerweise wird ein Anwender auf der Clientseite ungeduldig, sofern sich nach dem Start des Lern-Frontends innerhalb von 10 bis 30 Sekunden keine nennenswerte Reaktion zeigt, z.B. das Anzeigen zumindest von Teilen der Home Page.

Erst bei der darauffolgenden Interaktion mit dem Frontend und den damit verbundenen ersten benutzererzeugten Meldungen in Richtung Server wird das Zeitverhalten des Gesamtsystems zu einem immer wichtigeren Kriterium. Hierzu soll mit Gleichung 3.8 zunächst der Zeitbedarf $Z_{C/S}$ für das Abschicken einer

Meldung von Client oder Server betrachtet werden. Für jede Meldung ist dabei der Aufwand zum Erzeugen bzw. zur Aufbereitung der Meldung und zur Bereitstellung der Meldung als eine netzwerktaugliche Sequenz von Bytes wesentlich. Die Aufbereitung der Meldungen ist hierbei typischerweise der aufwendigere Teil. Sie beinhaltet auf der Clientseite den Aufruf und die Abarbeitung von Callback-Funktionen zur Auswertung von Benutzerinteraktionen. Auf der Serverseite spielen Parser- und Interpreter-Routinen zur Auswertung schon geladener Steuerungsskripts eine zeitlich gesehen eher noch kritischere Rolle.

$A_{C/S}$:   Algorithmischer Aufwand zur Meldungsaufbereitung
$V_{C/S}$:   Verpacken der Meldung zu netzwerktauglichen Sequenzen

$$Z_{C/S} = A_{C/S} + V_{C/S}$$

Gleichung 3.8. Zeitbedarf $Z_{C/S}$ für das Abschicken einer Meldung auf Client- oder Serverseite.

Die möglichst hohe Optimierung der $A_{C/S}$-Komonente trägt daher im Bezug auf die Sendefunktionalität der einzelnen Meldungen wesentlich zum beschleunigten Laufzeitverhalten des Gesamtsystems bei. Typische Zeiten für beide Summanden $A_{C/S}$ und $V_{C/S}$ können unter Vermeidung von Festplattenzugriffen im Bereich von Millisekunden liegen. Hierzu müssen jedoch schon alle beötigten Daten aufbereitet im Arbeitsspeicher der jeweiligen Client- oder Serverplattform vorliegen.

In noch höherem Maße als dies bei der Sendefunktionalität möglich war, läßt sich der Zeitbedarf beim Empfangen von Meldungen sowohl beim Client als auch beim Server analysieren. Hierbei fallen das Entpacken der Meldung aus ihrer netzwerkspezifischen Form, die Suchoperationen in den Listen der aktuellen Präsentations- und Interaktionsobjekt, Plattenzugriffe und Funktionen auf dem Server zur Interpretation des Steuerungsskripts sowie Methodenaufrufe auf dem Client zur Darstellung und Manipulation der Objekte zeitlich gesehen mit unterschiedlichen Prioritäten ins Gewicht. Zunächst sei in Gleichung 3.9 der Zeitbedarf Z_S für die Zugriffe auf den Server betrachtet:

E_S: Entpacken der Meldung
S_S: Suchen des betroffenen Objekts in der Objektliste
D_S: Plattenzugriff auf dem Server für das Lesen des Skripts
C_S: Parsing des Skripts und interne Darstellung im Speicher des Servers
$t_{SingleFind}$: Überprüfung eines einzelnen Objekts in der verketteten Objektliste

n_{Object}:   Anzahl der Objekte in der Objektliste

$$Z_S = E_S + S_S + D_S + C_S$$

$$\text{mit } \overline{S_S} = t_{SingleFind} \bullet \frac{nObjects}{2}$$

Gleichung 3.9. Zeitbedarf Z_S für die Zugriffe auf den Server bei Anfragen von einem Client. Hierbei ist die mittlere Suchzeit S_S des betroffenen Objekts in der Objektliste abhängig von der Gesamtzahl der Objekte.

Die Summanden E_S und S_S verhalten sich bei einem schlanken Meldungsumfang, einer relativ geringer Anzahl verschiedener Meldungen und einer Objektzahl n_{Object} die nicht wesentlich über maximal 1000 liegt relativ unkritisch. Dies gilt insbesondere dann, wenn die Überprüfung einzelner Objekte in der Objektliste in Zeiträumen von typischerweise einigen Mikrosekunden durchgeführt werden kann. Diese Zeitspannen liegen bei der Suche in verketteten Listen und der Verwendung von optimierenden C-Compilern durchaus im Bereich des möglichen.

Demgegenüber verhält sich der Einfluß der Summanden D_S und C_S auf das Laufzeitverhalten des Gesamtsystems deutlich anders. Muß beispielsweise bei jeder eintreffenden Meldung auf dem Server ein Parsing- und Interpreter-Lauf über ein auf der Festplatte vorliegenden Steuerungsskripts erfolgen, so ist klar ersichtlich, daß massive Geschwindigkeitseinbußen bei der Reaktionszeit des Servers einkalkuliert werden müssen. Die Gründe hierfür sind sowohl die physikalischen Zugriffe auf einen Datenträger als auch der Vorgang des Parsing.

Deutlich günstiger ist es, wenn das Steuerungs- oder Ablaufskript schon in einer aufbereiteten (pre-compiled) Form vorliegt und in den Arbeitsspeicher geladen wurde. Die Aufbereitung kann dabei entweder schon bei der Kurserstellung geschehen sein oder aber stückweise zu dafür günstigen Zeitpunkten zur Laufzeit geschehen. Die erste Variante wird oftmals bei kommerziellen Produkten wie z.B. *ToolBook* zur Steigerung der Laufzeitgeschwindigkeit verwendet (siehe auch Kapitel 2.4.1).

Die analogen Betrachtungen zum Zugriff auf den Server können auch für den Zeitbedarf Z_C bei der Verarbeitung von Meldungen auf dem Client gemacht werden (siehe Gleichung 3.10). Hier fallen naturgemäß alle Routinen zum Parsing und Interpreting des Steuerungsskripts sowie die zugehörigen Zugriffe auf einen Datenträger weg. Dagegen spielen Methodenaufrufe zur Objektmanipulation und der Präsentationsaufwand multimedialer Objekte eine dominante Rolle. Je nach algorithmischem Aufwand (z.B. bei der Darstellung großformatiger und komprimierter Rastergraphiken) können hierbei beträchtliche Verzögerungszeiten auftreten.

E_C: Entpacken der Meldung
S_C: Suchen des betroffenen Objekts in der Objektliste
P_C: Methodenaufruf und Präsentationsaufwand
$t_{SingleFind}$: Überprüfung eines einzelnen Objekts in der verketteten Objektliste
n_{Object}:   Anzahl der Objekte in der Objektliste

$$Z_C = E_C + S_C + P_C$$

$$mit\ \overline{S_C} = t_{SingleFind} \bullet \frac{nObjects}{2}$$

Gleichung 3.10. Zeitbedarf Z_C für die Zugriffe auf einen Client bei Anweisungen vom Server. Hierbei ist die mittlere Suchzeit S_C des betroffenen Objekts in der Objektliste abhängig von der Gesamtzahl der Objekte.

Zuletzt erfolgt die Betrachtung des Zeitbedarfs Z_T durch die Übertragung der Meldung über ein physikalisches Netzwerk. Hier sind es die Entfernung zwischen Client- und Serverplattform, die Signallaufzeiten in Netzwerkkarten, Repeaters, Bridges, Routers und Gateways, die Übertragungszeit aufgrund der Meldungslänge und der Netzbandbreite sowie der Verwaltungsoverhead des Verwendeten Netzwerkprotokolls die zeitabhängigen Parameter. Gleichung 3.11 setzt dies alles in Zusammenhang:

D_T: Verzögerung durch die Entfernung von Client und Server
S_T: Druchlaufzeit durch Netzwerkkarten, Repeaters, Bridges, Routers und
                Gateways zwischen Client und Server
T_T: Übertragungszeit aufgrund der Meldungslänge und der Netzbandbreite
K_T: Kompenstationsfaktor zur Beachtung des Verhältnisses zwischen Brutto-
                und Nettodatenrate des verwendeten Netzwerkprotokolls (bei TCP/IP
                kommt zu den übertragenen Daten z.B. ein Overhead von ca. 20% für
                Protokollinformationen hinzu, daraus ergibt sich: $K_T = 1{,}2$)
b: Bandbreite = Bruttodatenrate des Netzwerks (z.B. 64 kBit/s für einen
                ISDN-Kanal)
l: Meldungslänge in Bytes
c: Elektromagnetische Ausbreitungsgeschwindigkeit in einem
                Übertragungsmedium ($2 \bullet 10^8$ m/s für Glasfaser; $2{,}5 \bullet 10^8$ m/s für
                Kupfer; $3 \bullet 10^8$ m/s für Vakuum)
s: Entfernung zwischen Client und Server

$$Z_T = D_T + S_T + \left(T_T \bullet K_T\right) = \frac{s}{c} + S_T + \left(\frac{l \bullet 8\ Bit}{b} \bullet K_T\right)$$

Gleichung 3.11. Zeitbedarf Z_T für die Übertragung durch ein Netzwerk.

Ein Zahlenexempel in Gleichung 3.12 soll nun helfen abzuschätzen, wie stark die einzelnen Summanden der Gleichung 3.11 ins Gewicht fallen. Hierbei werden nur D_T, T_T und K_T in Betracht gezogen, da sie in dem folgenden Beispiel als konstant angenommen werden können: Es sei über zwei ISDN-Basiskanäle eine 1000 Bytes große Meldung an einen weit entfernten Rechner zu schicken. Die Übertragung erfolge durch einen Satelliten, der in 36.000 km Höhe steht. Als Netzwerkprotokoll werde TCP/IP verwendet, das über die Softwareschnittstelle CAPI (Common ISDN-API) an die ISDN-Infrastruktur angebunden sein soll.

$$Z'_T = D_T + \left(T_T \bullet K_T\right)$$

$$= \frac{s}{c} + \left(\frac{l \bullet 8\ Bit}{b} \bullet K_T\right)$$

$$= \frac{2 \bullet 3,6 \bullet 10^7\ m}{3 \bullet 10^8\ \dfrac{m}{s}} + \left(\frac{1000\ Byte \bullet \dfrac{8\ Bit}{1\ Byte}}{1,28 \bullet 10^5\ \dfrac{Bit}{s}} \bullet 1,2\right)$$

$$= 2,4 \bullet 10^{-1}\ s + \left(6,25 \bullet 10^{-2}\ s \bullet 1,2\right)$$

$$\approx 300\ ms$$

Gleichung 3.12. Zeitbedarf Z'_T für die Übertragung von 1000 Bytes über einen Satelliten unter Verwendung des TCP/IP-Protokolls. Laufzeitverzögerungen durch Netzwerkkarten, Router, Gateways sowie terrestrischen Datentransport zu Satellitensender und -empfänger werden hierbei nicht betrachtet.

Das Ergebnis von Gleichung 3.12 zeigt, daß sich die zeitliche Verzögerung bei der Kommunikation über Satellit nahe der 0,5-Sekunden-Grenze liegt. Dies gilt insbesondere wenn die bisher vernachlässigt Durchlaufzeit durch Netzwerkkarten, Routers, Gateways und zusätzlichem terrestrischem Datentransport hinzukommt. Damit werden Round-Circle-Zeiten, d.h. Zeiten vom Abschicken einer Anforderung bis zum Zurückkommen einer Antwort, von mindestens ein bis zwei Sekunden erreicht. Dies ist für hochinteraktive Anwendungen wie Schulungsumgebungen nicht akzeptabel, wobei in diese Betrachtung noch nicht die Netzbelastung durch multimediale Datenströme für die darzustellenden Materialien einbezogen wurde.

Wünschenswert sind hingegen Reaktionszeiten von 100 ms oder weniger. Erst bei sehr schnellen Netzwerken oder der relativen räumlichen Nähe der einzelnen Plattformen wie sie beispielsweise innerhalb von LANs gegeben ist, lassen sich solche Client/Server-Applikationen mit einer hohen Interaktivität verwirklichen. Abweichungen von solchen Systemumgebungsbeschränkungen sind nur dann akzeptabel, wenn die Steuerung der Präsentation und der Interaktion zum Teil auf der Clientseite realisiert werden kann. Dies erfordert entweder eine hohe „Eigenintelligenz" des Clients oder das vorhergehende Übertragen der vorgesehenen Reaktionsschemata zum Client.

Aus allen vorangegangenen Betrachtungen ergibt sich nun eine unterschiedliche Zeitbilanz für das übermitteln einer einzelnen Meldung vom Server zum Client, abhängig davon ob dies synchron oder asynchron geschieht. Die synchrone Übertragung der Meldung basiert auf einer Feedback-Meldung vom Client zum Server. Deren Inhalt besagt, ob die erste Meldung mit oder ohne Fehler beim Client angelangt ist und dort zu den korrekten Reaktionen geführt hat. Erst dann kann eine weitere Meldung zum Client geschickt werden, wobei deren Inhalt abhängig vom Ergebnis der Feedback-Meldung sein kann. Gleichung 3.13 zeigt den kommunikationsbedingten Zeitaufwand t_{sync} für die synchrone Meldungs-übertragung

$$t_{sync} = \left(Z_C \,/\, S + Z_T + Z_C \right)_{Meldung} + \left(Z_C \,/\, S + Z_T + Z_S \right)_{Feedback}$$

Gleichung 3.13. Zeitbedarf t_{sync} für eine synchrone Meldungsübertragung

Bei dem asynchronen Meldungstyp wird dagegen auf die standardmäßig zurückgeschickte Feedbackmeldung verzichtet, was in einem anderen Zeitaufwand t_{async} resultiert (siehe Gleichung 3.14). Daher kann eine nachfolgende Nachricht direkt nach der vorhergehenden abgeschickt werden, ohne zunächst auf eine Feedback-Reaktion des Empfängers zu warten. Bei einem möglicherweise aufgetretenen Fehler schickt der Empfänger zu einem beliebigen Zeitpunkt eine Meldung, die eine eindeutige Zuordnung zu ihrer Ursprungsmeldung haben muß und auf die geeignet reagiert werden kann. Dies entspricht auch in hohem Maße dem asynchronen und ereignisorientierten Kommunikationsmodell, das in der Literatur für optimierte verteilte Systeme angewandt wird [Singhal95], [Mattern95], [Charron96].

$$t_{async} = (Z_C / S + Z_T + Z_C)_{Meldung}$$

Gleichung 3.14. Zeitbedarf t_{async} für eine asynchrone Meldungsübertragung, bei der keine Fehler aufgetreten sind

Jedoch erst bei einer Sequenz von Meldungen zeigt sich der in der Regel große Vorzug des asynchronen im Gegensatz zum synchronen Meldungstyps richtig. Bei der Übertragung einer synchronen Meldungssequenz wird diese durch die Summe der Einzelmeldungen charakterisiert, wobei immer eine Systemkomponente auf die vorhergehende wartet (siehe Gleichung 3.15). Dies bedeutet, daß eine Übertragung über das Netz immer nur dann stattfindet, wenn sicher ist daß, die vorhergehende bestätigt wurde. Das Resultat ist eine relativ inhomogenen Belastung des Netzes mit „Daten-Bursts", d.h. Übertragungsspitzen.

n: Anzahl der Meldungen
m: Anzahl der Feedback-Meldungen

$$\sum t_{sync} = \sum_{i=1}^{n} (Z_C / S + Z_T + Z_C)_i + \sum_{j=1}^{m} (Z_C / S + Z_T + Z_S)_j$$

Gleichung 3.15. Zeitbedarf Σt_{sync} für eine Sequenz synchroner Meldungsübertragungen (Send + Acknowledge)

Bei der Übertragung einer asynchronen Meldungssequenz werden die Steuerungsdaten kontinuierlich gesendet. Der Datenfluß ist während der Sequenz recht homogen, was damit auch zu einer günstigeren, aber komplizierter zu berechnenden Zeitbilanz führt. Dies gilt jedoch nur solange keine Fehler auftreten, die Senderseite genügend schnell Meldungen nachliefert und die Empfängerseite die Meldungen schnell genug verarbeitet. Im Fehlerfall besteht weiterhin das Problem, daß die relativ späte asynchrone Reaktionsmöglichkeit darauf zu einer ganzen Kaskade von Fehlermeldungen durch die Folgemeldungen der fehlerauslösenden Meldung führen kann. Dies kann im schlimmsten Fall das gesamte System mit Fehlermeldungen überfluten und annähernd zum Stillstand bringen. Daher müssen schon eine Reihe von Reaktionsmechanismen auf fehlerhafte Meldungen bei der Empfängerseite realisiert sein, um schon möglichst viele solche Meldungen zu vermeiden.

Die folgende Gleichung 3.16 beschreibt eine asynchrone Meldungssequenz von Server zu Client für die Ausgabe eines einzelnen Objekts oder eines graphischen Elements auf dem Bildschirm. Hierbei ist die umgekehrte Meldungsrichtung typischerweise aufgrund des wesentlich geringeren Meldungsaufkommens unkritischer.

n: Anzahl der Meldungen
m: Anzahl der Fehlermeldungen
k: Anzahl der Meldungen, die aus Fehlermeldungen resultieren

$$\sum t_{async} = \sum t_i + \sum t_j + \sum t_k + \dots$$

$$= \left[(Z_{C/S} + Z_T)_1 + (Z_C)_n + \left(\sum_{i=2}^{n} (Z_T)_i \right) \right] + \left[\sum_{j=1}^{m} (Z_{C/S} + Z_T + Z_S)_j \bullet \varepsilon \right] + \left[\sum_{k=1}^{q} (Z_T)_k \right] + \dots$$

mit $\varepsilon \to 0$ für $n \to \infty$ und $m < n$

Gleichung 3.16. Zeitbedarf Σt_{async} für eine Sequenz asynchroner Meldungsübertragungen für die Ausgabe eines graphischen Elements auf dem Bildschirm (Send + Fehlermeldungen + Fehlerkorrektur)

Für den Zeitbedarf Σt_{async} der asynchronen Sequenz sind folgende Parameter relevant: Erzeugen und Abschicken der ersten Meldung $Z_{C/S}$ auf der Serverseite, die Übertragungszeit Z_T aller Meldungen von Server zu Client über das Netz sowie die Zeit Z_C zur Ausführen der letzten Meldungsanweisung auf der Clientseite. Dies ergibt die Zeit Σt_i.

Dazu kommt die Zeit Σt_j für mögliche Fehlermeldungen, die vom Client zum Server geschickt werden. Sie spielen zeitlich gesehen jedoch eine kleine bis gar keine Rolle, wenn sie in kleiner Zahl auftreten und zudem parallel zum eigentlichen Meldungsfluß in die entgegengesetzte Richtung über das Netz geschickt werden. Je höher die Zahl der Meldungen der eigentlichen Steuersequenz, desto geringer ist die Wahrscheinlichkeit, daß ein möglicher Fehler erst ganz am Ende auftritt und sich seine Übertragung zu Σt_i addiert.

Die Anzahl der zusätzlichen Meldungen von Server zu Client, die aus den Fehlermeldungen resultieren, müssen über die Zeit Σt_k jedoch in Betracht gezogen werden. Ihre Aufgabe ist es die Fehler zu korrigieren. Die Punkte am Ende der Gleichung symbolisieren die theoretische Möglichkeit einer nichtabbrechende Reihe durch Kaskaden von Fehlermeldungen, die ihrerseits neue Fehlermeldungen erzeugen bevor sie geeignet behandelt werden können.

Insgesamt sind jedoch im Normalfall die Zeiten Σt_j und Σt_k gleich Null und damit die asynchrone Meldungsübertragung weit leistungsfähiger als die synchrone. Der Vorteil ist die quasi-parallele Bearbeitung der Meldungen beim Sender, auf dem Netz und beim Empfänger. Hierbei ist das Gesamtsystem so leistungsfähig wie die langsamste Komponente, was typischerweise das Netz ist.

3.5.2.2 Refresh-Verhalten und Caching der Objektdaten

Interessant ist nun die vergleichende Betrachtung des „Refresh"-Verhaltens einer graphikorientierten Anwendung, d.h. der Veränderung des sichtbaren Bildschirminhaltes aufgrund einer Benutzerinteraktion oder einer Programmanforderung. Hierbei wird immer vorausgesetzt, daß es sich um ein verteiltes System handelt, bei dem die Client-Komponente jene graphischen Ausgabefunktionalitäten bereitstellt, die die Server-Komponente anfordert.

Das einfachste Verhaltensmodell für den Refresh-Bildaufbau besteht in der Anforderung des Servers zur Ausgabe einzelner Pixel beim Client. Dies wiederspricht substantiell dem weiter oben vorgestellten Tele-Media-Modell. Die darzustellenden Objekte werden im Gegensatz dazu vorher auf der Serverseite berechnet und in ihre atomaren Bildschirmelemente zerlegt (ggf. innerhalb einer begrenzenden „Bounding Box", siehe auch Gleichung 3.17). Danach wird jedes Pixel inklusive seiner potentiellen Position zur Clientseite übertragen und an der entsprechende Stelle auf dem Bildschirm ausgegeben.

$$t_{PR} = \sum_{x=m}^{n} \sum_{y=i}^{j} \left[t(RGB) \right]_{x,\,y}$$

Gleichung 3.17. Resultierender Zeitbedarf t_{PR} beim pixelorientierten Kommunikationsmodell für das Pixel-Refresh-Verhalten. t(RGB) beschreibt hierbei die Zeit zur Übertragung und zur Ausgabe eines Pixels mit Rot/Grün/Blau-Farbkomponenten. Die Minimalwerte einer möglichen Bounding Box betragen in x-Richtung m und in y-Richtung i, die Minimalwerte in x-Richtung n und in y-Richtung j. Die numerischen Werte für n - m und j - i sind typischerweise größer 100 und damit ist die Anzahl der übertragenen Einzelmessages oft deutlich größer als 10.000.

Dieser Mechanismus entspricht in keiner Weise einem modernen, objektorientierten Kommunikationsmodell. Er soll daher auch aufgrund der großen Datenmenge, die über das Netz zu bewegen ist, nicht weiter betrachtet werden. Es bleibt jedoch zu bemerken, daß er in vielen netzbasierten verteilten Systemen (z.B. dem X-Windows-System) in der ein oder anderen Ausprägung noch anzutreffen ist.

Ein anderes oft verwendetes Modell ist der erneute Aufbau aller graphischen Objekte des Gesamtbildes bei einer Refresh-Anforderung. Hierbei werden die Anforderungen zum Aufbau von Seiten des Servers in einer Weise gestellt, die eher dem Tele-Media-Referenzmodell entsprechen, da die zugrundeliegenden Objekte keine Pixel sondern komplexe graphische Gebilde wie Textzeilen oder Bilder sind. Um nicht die Gesamtdaten jedes Objekts bei einem Refresh erneut übertragen zu müssen, kommen Caching-Mechanismen zum Einsatz (siehe auch [Abrams95] oder [Malpani95]). Diese sorgen für eine Zwischenspeicherung der zuletzt geladenen Objektdaten in einem dafür reservierten Speicherbereich und regeln die Zugriffsmöglichkeit auf diese Daten bei einem erneuten Darstellen eines Objekts nach relativ kurzer Zeit. Hierbei spielt die Größe des Cache-Speichers sowie die Granularität und Separierbarkeit der darin verwalteten Objekte bei bestimmten Operationen eine wesentliche Rolle für die Leistungsfähigkeit des Gesamtsystems. Dies gilt zum Beispiel dann, wenn bestimmte graphische Objekte oder eine ganze Bildschirmseite (ggf. mit geringen Modifikationen) oft wiederholt dargestellt werden sollen.

Viele einfache WWW-Browser (= Clients in einer WWW-Umgebung) basieren auf einem Cache-basierten Modell für das Refresh-Verhalten. Auch eine Tele-Media-basierte Umgebung kann so aufgebaut werden. Abhängig von der Größe des Cache-Speichers ist die Aufbauzeit des Bildes (bestehend aus mehreren Objekten) nach einem Refresh größer oder gleich der Zeit t_{max} aus Gleichung 3.18, die sich wiederum aus Gleichung 3.16 ergibt.

q: Anzahl der graphischen Objekte einer Bildschirmseite
n: Anzahl der Meldungen für ein graphisches Element
m: Anzahl der Fehlermeldungen
k: Anzahl der Meldungen, die aus Fehlermeldungen resultieren

$$t_{max} = (Z_{C/S} + Z_T)_{1,1} + (Z_C)_{n,q}$$

$$+ \sum_{p=1}^{q} \left(\left[\sum_{i=2}^{n} (Z_T)_{i,p} \right] + \left[\sum_{j=1}^{m} (Z_{C/S} + Z_T + Z_S)_{j,p} \bullet \varepsilon \right] + \left[\sum_{k=1}^{q} (Z_T)_{k,p} \right] \right)$$

mit $\varepsilon \to 0$ *für* $n \to \infty$ *und* $m < n$

Gleichung 3.18: Gesamtzeit zum Aufbau einer Bildschirmseite unter Berücksichtigung von q beteiligten Objekten

Eine starke Reduktion des Aufwands zum Bildschirmaufbau beim Refresh ergibt sich durch einen „intelligenten" Client. Dieser fordert nur ein Neuzeichnen jener Objekte an, die durch Benutzerinteraktion, Verdeckung oder andere graphische Aktionen in irgendeiner Weise auch tatsächlich verändert wurden. Die resultierende Verringerung des Aufwands zum Neuzeichnen bestimmter Bildschirmregionen können hierbei über 90% betragen, z.B. beim Verschieben einzelner kleiner graphischer Objekte in einem mit vielen anderen Objekten gefüllten Bildschirm. Die Reaktionsgeschwindigkeit des Gesamtsystems gewinnt hierdurch insbesondere bei einem hohen Maß an Benutzerinteraktion. In Gleichung 3.18 bedeutet das oben gesagte einen erheblich kleineren Maximalwert q für den Summenindex p. Dieses erweiterte Cache-basierte Modell wurde daher als Ausgangsbasis für die Realisierung der Client-Komponente der Tele-Medie-Referenzarchitektur gewählt (siehe auch Kapitel 4).

An dieser Stelle sollen nun auch die inhaltlichen Daten mit in Betracht gezogen werden, die für die Präsentation von Objekten benötigt werden. Diese Daten sind entweder direkt an die Tele-Media-Meldungen gekoppelt (*Intrinsic Objekte*) oder aber sie werden durch Netzzugriffe auf entsprechende verteilte Dateisysteme oder auf Datenbanksysteme zugänglich gemacht (*Externe Objekte*). Innerhalb des Tele-Media-Referenzmodells werden die Objekte Kindfenster, Vektorgraphiken, Hot Zones, Dialoge und kurze ASCII-Textstrings als Intrinsic Objekte definiert. Audio-/Videosequenzen, Animationen, formatierte Texte und Rastergraphiken basieren dagegen auf entsprechenden dateibasierten Daten und sind damit Externe Objekte. Diese werden in Formaten bereitgestellt, wie sie ausführlich in Kapitel 2.3 beschrieben werden. Das Laden der Daten von Externen Objekten auf die Client-Plattform muß daher für die zeitlichen Betrachtungen aus Gleichung 3.18 miteinbezogen werden.

Die Ladezeiten der Externen Objekte können mitunter die Gesamtleistung des Systems stark beeinflussen. Während die Meldungen zum Initialisieren bei beiden Objekttypen in etwa die gleiche Datenmenge beinhalten (typischerweise 100 bis 500 Bytes, siehe auch Kapitel 4.2) tragen sie im Falle der Externen Objekte Referenzen zu den Objektdaten, die über das Netz geladen werden müssen. Handelt es sich bei dem Objekt beispielsweise um eine Rastergraphik im *Bitmap*-Format mit 256 Farben und einer räumlichen Auflösung von 200 x 100 Pixel, so müssen dafür inklusive des Bitmap-Headers ca. 21.000 Bytes zusätzlich über das Netz transportiert werden. Das Anzeigen der Rastergraphik wird entsprechend der Spezifikation der Tele-Media in Kapitel 3.3.2 durch eine Aktivierungsmeldung realisiert, die nur noch eine kleine Zahl an Bytes benötigt.

Die Leistung des Gesamtsystems läßt sich durch geeignete komprimierte Objektformate steigern, sofern die Dekompression der Daten schneller geht als das Übertragen der zusätzlichen unkomprimierten Daten. Wird im Beispiel oben das Bitmap-Format durch das *JPEG*-Format mit einer Kompressionsrate von 10:1 ersetzt, so reduziert sich das Datenvolumen der Graphik (inkl. JPEG-Header) auf ca. 3.000 Bytes. Ist der Dekompressionsalgorithmus auf der Clientseite schneller als die Übertragung von 18.000 Bytes, so ergibt sich eine bessere Performance bei Verwendung der JPEG-Graphiken.

Das konkrete Vorgehen im Bezug auf die Cache-Größe und der Verwendung von komprimierten Daten bei Externen Objekten läßt sich nur von den Eckdaten bei den Rechenleistungen von Client- und Server-Plattformen sowie der Übertragungskapazität des verwendeten Netzes ableiten. Dies ist insbesondere bei einer geplanten häufigen Verwendung von Externen Objekten mit hohem Datenvolumen sehr wichtig.

3.5.2.3 Änderung von Objektattributen und Statuszuständen

Der gezielten Änderung von Objektattributen zur Laufzeit fällt bei hoch-interaktiven Systemen wie sie mit dem Tele-Media-Referenzmodell realisiert werden können eine zentrale Rolle zu. Zu diesem Zweck umfaßt das Tele-Media-Meldungsprotokoll bzw. das zugehörige API eine Reihe von generischen Funktionalitäten für die Änderung bestimmter Attribute. Hierzu gehören beispielsweise die Position oder die Größe eines graphischen Objekts. Desweiteren können mit speziellen Meldungen objektspezifischen Attribute verändert werden, was eine gezielte Manipulation beliebiger Objekte erlaubt. Das wiederholte Darstellen der betroffenen Objekte erfordert hierbei nicht das Neuzeichnen der gesamten Bildschirmseite, wie auch schon beim Refresh-Verhalten weiter oben beschrieben wurde.

Dieses Verhalten des „selektiven Repaints" steht dabei im Gegensatz zu den Möglichkeiten vieler vergleichbarer Client-Komponenten von netzbasierten Systemen. Zur Beschreibung des selektiven Repaints soll als Beispiel folgendes Szenario betrachtet werden: Auf einer Bildschirmseite sind neben anderen Objekten ein Scrollbar und ein kurzer Textstring sichtbar. Durch Betätigen des Scrollbars soll die Fontgröße des Textstrings vergrößert bzw. verkleinert werden. Im folgenden werden die Funktionsabfolgen bei dem zugehörigen selektiven bzw. nicht-selektiven Repaint aufgezeigt:

Selektives Repaint:

- *Client*:   Interaktions-Message vom Scrollbar
- *Server*:   Bestimmung des neuen Objektzustands, Abschicken der Attributsänderung
- *Client*:   Neuzeichnen des Textes mit geänderter Fontgröße, Refresh aller in Mitleidenschaft gezogenen graphischen Objekte

Nicht-selektives Repaint:

- *Client*:   Interaktions-Message vom Scrollbar
- *Server*:   Bestimmung des neuen Seitenaufbaus (z.B. durch ein CGI-Skript auf einem WWW-Server), Abschicken des neuen Seitenskripts
- *Client*:   Neuaufbau der gesamten Seite (!) entsprechend dem Skript

Eindeutig kann dabei festgestellt werden, daß das nicht-selektive Repaint immer mit dem Neuzeichnen der ganzen Bildschirmseite einhergeht. Hiermit ist das selektive Repaint eindeutig die günstigere Variante zum neuen Bildschirmaufbau bei dem obengenannten Szenario.

Noch ein ganzes Stück weiter im Bezug auf die Vermeidung von Meldungs-Overhead geht die Unterstützung der Übertragung von statusbehafteten Informationen zwischen Client und Server. Dies ist besonders wichtig für eine Reihe von lernspezifischen Dialogboxen. Diese werden beim Initialisieren in einen definierten Anfangszustand gebracht, auch bezüglich der Statusattribute ihrer Interaktionselemente, z.B. Buttons oder Checkboxen. Ein leistungsfähiges Interaktionsmodell muß nun folgende Möglichkeiten eröffnen:

1. Ändern des Status jedes Interaktionselements in einer Dialogbox zu jeder Zeit vom Server aus.
2. Veränderung der Statuszustände bei bestimmten Interaktionselementen durch den Benutzer, ohne daß diese dem Server direkt mitgeteilt werden.
3. Übermitteln der Benutzerinteraktion bei bestimmten Dialogelementen inklusive der Übertragung von Statusinformationen von anderen Dialogelementen.

Hiermit ist folgendes Szenario denkbar: Eine Multiple-Choice-Dialogbox mit einer Reihe von „Three-State-Buttons" (Ja/Nein/Weiß-nicht) und zugehörigen Fragen wird vom Server initialisiert und aktiviert. Der Benutzer interagiert mit den Three-State-Buttons, ohne daß eine entsprechende Meldung zum Server geschickt wird. Wenn der Benutzer der Meinung ist, daß er alle Fragen nach seinem besten Wissen beantwortet hat drückt er auf einen OK-Button. Daraufhin wird der Status aller Three-State-Buttons zum Server übertragen und dort analysiert. Der Server überträgt daraufhin gegebenenfalls die „richtigen" Zustände der Three-State-Buttons an den Client, so daß sie dem Benutzer als Feedback angezeigt werden können.

Die Übertragung von Statusinformationen erlaubt hierbei die Vermeidung von überflüssigen Meldungen (bei der Interaktion des Benutzers mit den Three-State-Buttons beim Überlegen) und eine gezielte Rückkopplung von Server zu Client. Viele netzbasierte Systeme sind zu solch einem komplexen Verhalten entweder gar nicht oder nur über umständliche Umwege in der Lage. Das Tele-Media-Referenzmodell fordert daher aus den obengenannten Gründen sowohl die Unterstützung von selektivem Repaint als auch die Übertragung von statusbehafteten Informationen.

3.5.3 Der semantische „Style Guide"

Erfahrungsgemäß bereitet die Umsetzung einer Architekturmodells in eine reale Anwendungsumgebung eine Reihe von Problemen „semantischer" Art. Was bedeutet es beispielsweise konkret, wenn die Forderung gestellt wird, daß eine Schaltfläche (Button) und ein Rasterbild sich in der selben Bildschirmregion befinden? Kann das Rasterbild den Button jemals auch nur zum Teil überdecken oder nicht? Die Beantwortung solcher Fragen im Vorfeld der Systementwicklung helfen mißverständliche bzw. inkonsistente Lern- und Interaktionskonzepte auf Seiten der Kursentwickler und falsche Erwartungen auf Seiten der Anwender zu verhindern.

Durch Tests und Befragungen bei Entwicklern und Benutzern von computerbasierten Lernsystemen konnte für das Tele-Media-Referenzmodell im Rahmen dieser Arbeit eine Auflistung verbindlicher Forderungen an das

„semantische Verhalten" eines darauf basierenden Lernsystems ausgearbeitet werden.

- Graphische Objekte werden in der Reihenfolge dargestellt, in der sie aktiviert wurden (nicht in der sie initialisiert wurden!). Diese Reihenfolge gilt auch noch nach einem Refresh
- Buttons und Hot Zones genießen einen Sonderstatus unter den graphischen Objekten. Sie liegen immer vor allen anderen graphischen Objekten, die keine eigenen Fenster besitzen.
- Wenn Buttons übereinanderliegen, wird bei einem „Anklicken" nur der „oberste" Button beachtet. Der oberste Button ist hierbei der zuletzt aktivierte
- Wenn Hot Zones übereinanderliegen, wird bei einem „Anklicken" jede Hot Zone in der Reihenfolge von vorne nach hinten beachtet. Die oberste Hot Zone ist dabei die zuletzt aktivierte
- Die Ausgabe von explizit zeitbehafteten multimedialen Objekten (Audio, Video, Animation) läßt sich zu jeder Zeit mit nur geringer Verzögerung stoppen (Reaktionszeiten < 1 Sekunde)

Die Realisierung eines Lernsystems, das auf dem Tele-Media-Referenzmodell basiert, muß den obengenannten Forderungen strikt folgen. Andernfalls kann die semantische Konsistenz des Systems nicht garantiert werden.

3.5.4 Die Qualitätsmerkmale verschiedener Architekturen

Im folgenden werden die Forderungen an die Eigenschaften einer Lernarchitektur von Kapitel 2.4.1.2 im Hinblick auf die technischen Qualitätsmerkmale eines vollständigen Modells bzw. seiner Realisierung formuliert. Ziel ist es hierbei einen Punktekatalog zu erarbeiten, der es ermöglicht, die Qualitätsmerkmale verschiedener Architekturen beim Einsatz in konkreten Szenarien zu evaluieren und gegeneinander zu positionieren.

Insgesamt setzt sich der Katalog aus elf Punkten zusammen, die neben einer eher globalen, qualitativen Betrachtungsweise auch eine in Zahlenwerten ausgedrückte konkrete, quantitative Evaluierung zulassen.

1. *Funktionsabdeckung*: Vollständigkeit der Funktionen einer Lernarchitektur in bezug auf die Forderungen
2. *Widerspruchsfreiheit*: Ausmaß, in welchem vorhandene Funktionen den Forderungen der Architektur widersprechen
3. *Zuverlässigkeit*: Maß für die Erwartung, daß eine Architektur bei der Realisierung seine spezifizierten Funktionen während der Anwendungsdauer erfüllt
4. *Integrität*: Ausmaß, in welchem unberechtigte Zugriffe sowie unerwünschte Veränderungen und Zerstörungen verhindert werden.

5. *Robustheit*: Ausmaß, in welchem die Umgebung auch bei Verletzung der festgelegten Betriebs- und Benutzungsvoraussetzung seine Funktionalität bewahrt
6. *Effizienz*: Umfang an DV-Ressourcen (CPU-Zeit, Speicher, Antwortzeitverhalten)
7. *Korrigierbarkeit*: Aufwand zur Lokalisierung und Behebung von Fehlern in der Lernanwendung
8. *Änderbarkeit*: Aufwand zur Modifikation einer Lernanwendung im bestehenden funktionalen Rahmen
9. *Erweiterbarkeit*: Eigenschaften der Architektur, um neue Funktionen erweiterbar zu sein
10. *Übertragbarkeit*: Aufwand zur Übertragbarkeit einer Lernumgebung von einer Hardware/Software-Plattform auf eine andere
11. *Wiederverwendbarkeit*: Aufwand zur Verwendung von Lernmaterialien anderer Schulungsumgebungen

Dieser Katalog wird in Kapitel 5.4 wieder zur Evaluierung der Tele-Media-Trainingsarchitektur aufgegriffen werden.

4 Implementation der Tele-Media-Architektur

Das folgende Kapitel beschreibt im Detail die prototypische Realisierung der Tele-Media-Trainingsarchitektur, wie sie im vorhergehenden Kapitel entwickelt wurde. Dies dient der Überprüfung der vorgestellten Konzepte und ihrer Absicherung durch entsprechende Tests in einer realitätsnahen Lernumgebung. Insbesondere wurde während der Implementation von den Möglichkeiten gebrauch gemacht, bei auftretenden Problemen in der „realen" Welt des Programmprototyps entsprechende Modifikationen an der Referenzarchitektur vorzunehmen.

Die Implementation umfaßt das Generische Lernsystem (GLS), ein Werkzeug für die Entwicklung leistungsfähiger Kursinterpreter (Course Interpreter Developer Toolkit - CIDK), die plattformunabhängige Netzschnittstelle zwischen GLS und Kurs-Interpreter, die Mechanismen zur Einbindung von multimedialen Kursmaterialien und die plattformübergreifende Audio/Videokommunikation. Die im folgenden vorgestellte prototypische Implementation ist nur eine von vielen denkbaren Realisierungsmöglichkeiten der Tele-Media-Trainingsarchitektur. Jedoch lassen sich durch die gewählte Implementation ohne Beschränkung der Allgemeinheit Rückschlüsse auf jegliche Realisierungsart und -umgebung für die Tele-Media-Architektur ziehen.

4.1 Ausgangssituation

Die Motivation zur Realisierung der Tele-Media-Trainingsarchitektur hat neben der rein wissenschaftlichen auch eine Anwendungskomponente. Somit ist die Zielvorgabe nicht die Entwicklung und prototypische Realisierung eines Lernsystemkonzepts mit völlig neuen Basismechanismen (z.B. für Netzprotokolle, Codec-Algorithmen oder Multimediaformate) und auf möglicherweise ungewöhnlichen Rechner- oder Netzplattformen (z.B. Rechner mit Spezialhardware oder spezifische Audio/Videonetze). Vielmehr sollen möglichst viele der Standardkomponenten und -mechanismen, wie sie im Kapitel „Stand der Technik" dieser Arbeit beschrieben wurden, verwendet werden.

Im Rahmen dieser Arbeit wird aus verschiedenen Bausteinen ein Lernsystem neu konzipiert und entwickelt, wobei die einzelnen Bausteine auf das Tele-Media-Referenzmodell zurückzuführen sind. Das Endprodukt ist daraus folgend die vollständige und konsistente Beschreibung sowie die prototypische Implementation der Tele-Media-Trainingsarchitektur. Nur an jenen Stellen, wo benötigte Basisbausteine nicht verfügbar sind, sollen diese neu entwickelt werden (z.B. bei der Audio/Video-Kommunikation). Alle anderen Bausteine basieren auf aktueller Technologie und auf bestehende Standards (z.B. Dateiformate).

4.1.1 Ein Entwicklungswerkzeug für Tele-Media-Trainingssysteme

Die Evaluierung und Beurteilung eines komplexen Systems wie das Tele-Media-Trainingssystem erfordert eine umfangreiche Testumgebung. Sie dient zum einen der Absicherung der eher theoretischen Modellvorstellung, wie sie in Kapitel 3 dieser Arbeit präsentiert wurde, und zum anderen zur Anpassung des Modells an reale, technische Gegebenheiten. Diese Testumgebung wurde im Rahmen dieser Arbeit so entwickelt, daß einem potentiellen Entwickler einer Kursumgebung auf mindestens einer Plattform alle benötigten Module und Komponenten mit Ausnahme des vollständig realisierten Kursinterpreters zur Verfügung stehen. Hier wurde Softwarerahmen (Framework) für die Implementation von Kurs-interpretern (CIs) zu Verfügung gestellt. Als Beispiel wird den zukünftigen Entwicklern eines komplexen Kursinterpreters ein in ANSI-C hartkodierter Kurs mitgegeben, der die grundsätzliche CI-Funktionsweise aufzeigt (siehe auch Kapitel 3.4.3).

Das Generische Lernsystem sowie die Audio/Videokommunikations-komponente liegen dagegen in ihrer endgültigen Version vor. Sie erlauben im Zusammenspiel mit dem CI den Ablauf von Kurssequenzen auf einer multimedialen Rechnerplattform und die menschliche Kommunikation zwischen zwei oder mehreren Systembenutzern. Für die Kurssequenzen benötigte Materialien lassen sich über Referenzen ansprechen und von einer angekoppelten Netzinfrastruktur laden. Das Kommunikations-API und -Protokoll wird in speziellen Modulen innerhalb des GLS sowie des CI-Framworks gekapselt und ist somit für einen Entwickler in völlig transparenter Weise vollständig verfügbar.

4.1.2 Identifikation der Zielplattformen

Entsprechend der Umfragen und der Marktanalysen, die im Kapitel 3 dieser Arbeit referenziert werden, wurden die Zielplattformen des Tele-Media-Trainingssystems ausgewählt. Die erste Auswahl geschah zeitlich gesehen Anfang des Jahres 1992. Es wurde jedoch schon dort bei den entsprechenden Entscheidungen großen Wert auf die Offenheit gegenüber zukünftigen Standardkomponenten gelegt. Anpassungen an neue technologische Entwicklungen wurden während der gesamten Entwicklungszeit des Tele-Media-Trainingssystems bis zum jetzigen Zeitpunkt durchgeführt [Brisson92b], [Dedicated93], [Santos93], [Hornung94], [Santos96].

Das Generische Trainingssystem wurde vornehmlich auf Personal Computer unter dem Betriebssystem und der Graphischen Benutzerschnittstelle MS-Windows entwickelt. Es ist auch unter MS-Windows NT lauffähig. Die parallele Entwicklung des GLS auf einer Workstation/UNIX/X-Windows/Motif-Plattform entsprechend den Spezifikationen in dieser Arbeit wurde zum Teil an einem Partnerinstitut (INESC, Lissabon, Portugal) und zum Teil während Projekt-aktivitäten am Institut für Graphische Datenverarbeitung von Kollegen durchgeführt. Sie ist daher nicht Bestandteil des im Rahmen dieser Arbeit entwickelten Prototyps und wird dementsprechend nur im Kapitel 5 für eine vergleichende Evaluierung herangezogen.

Das CI-Framework wurde ebenfalls auf Personal Computer unter MS-Windows implementiert und läßt sich mit einem der für MS-Windows verfügbaren C-Compilern in CI-Entwicklungsprojekten weiterentwickeln. Der beiliegende hartkodierte Beispielkurs beinhaltet eine übergeordnete Steuerkomponente sowie einzelne Kursseiten, die zum Teil referenzierte multimediale Materialien darstellen. Auch hier wurde im Rahmen von parallelen Projektarbeiten ein identisches CI-Framework für Silicon Graphics und Sun Workstations erstellt.

Das Audio/Videokommunikationsmodul wurde im Rahmen dieser Arbeit sowohl für Silicon Graphics und Sun Workstations als auch für Personal Computer entwickelt. Hiermit lassen sich Möglichkeiten und Grenzen der plattformübergreifenden, audiovisuellen Echtzeitkommunikation aufzeigen. Die Anzahl der möglichen Kommunikationspartner liegt systembedingt durch die begrenzte Anzahl der Socket-Ports zwischen zwei und sechs. Hiermit läßt sich ein weites Feld an Kommunikationsszenarien innerhalb verteilter Schulungs-umgebungen abdecken.

Nach Untersuchungen, die zeigten, daß bei der Verwendung von weniger als 1000 Kursmaterialdateien im Rahmen eines Kurses die Datenzugriffszeiten über ein Netzwerkdateisystem schneller sind als mit Hilfe eines Datenbanksystems, wurde das *Network File System* (NFS) für die Datenhaltung verwendet [Brisson92b].

Die Zielplattformen (Hardware, Betriebssysteme, Graphische Benutzer-schnittstellen) wurden hauptsächlich aufgrund von Marktstudien, Umfragen sowie ihrer Verfügbarkeit ausgewählt. Sie lassen sich jedoch auch motivieren durch die entwicklungsbegleitende Erprobung von Komponenten des Tele-Media-Trainingssystems in einer Workstation-basierten kooperativen Softwareumgebung (CoMEdiA), einer plattformübergreifenden Lernumgebung innerhalb der Europäischen Union (DEDICATED) und einem Schulungs-, Trainings- und Informationsszenario in Zusammenarbeit mit der DeTeBerkom (COBRA-3-STI-

Szenario). Die Beschreibung der Erprobung und Evaluierung der Komponenten des Tele-Media-Trainingssystem im einzelnen und im Zusammenspiel erfolgt im Kapitel 5 dieser Arbeit.

4.1.3 Plattformübergreifende Realisation

Alle Komponenten des Tele-Media-Trainingssystem sind für eine plattformübergreifende Realisierung konzipiert. Hierfür bedarf es jedoch einiger grundsätzlicher Vorüberlegung bezüglich der verwendeten programmiersprache-abhängigen Typenkonventionen, den Systemfarben und -schrifttypen sowie den multimedialen Dateiformaten. Weiterhin erleichtern ein Satz von systemspezifischen Bitmasken (Bit Masks) and Bitflaggen (Bit Flags) die Verwendung des schon weiter oben eingeführten APIs für die Kommunikation zwischen Generischem Lernsystem und Kursinterpreter.

Alle in dieser Arbeit vorgestellten Softwarekomponenten wurden in der Programmiersprache „C" und „C++" entwickelt. Da sich die verwendeten Datentypen je nach zugrundeliegender Hardware bzw. Betriebssystemplattform substantiell unterscheiden können, wurde an dieser Stelle eine plattformunabhängige Definitionsschicht eingezogen, die eine einheitliche Typenkonvention gewährleistet. Dies wurde vor dem Hintergrund geleistet, daß sowohl die Anzahl und Reihenfolge der Bytes oder Bits eines spezifischen Datentyps als auch seine eineindeutige Identifikation für das reibungsloses Funktionieren des netzbasierten Tele-Media-Trainingssystems unerläßlich sind.

Die *Basisdatentypen* des Tele-Media-Trainingssystems umfassen alphanumerische Zeichen, ganze Zahlen (Integers), vorzeichenlose natürliche Zahlen sowie Fließkommazahlen. Hierzu gehört oftmals im Gegensatz zu den entsprechenden Datentypen auf den zugrundeliegenden Betriebssystemplattformen die explizite Angabe der Datentyplänge in Bits. Erweiterungen beinhalten spezielle Typen für boolsche Ausdrücke, Netzzugriffe, Multimediakomponenten, komplexe Strukturen und der C-spezifischen „Zeigerarithmetik". Alle verwendeten Datentypen werden in zwei *Header-Dateien* durch typedef-Anweisungen den plattformabhängigen Datentypen zugeordnet (siehe auch Anhang A für die komplette Aufstellung der verwendeten Datentypen).

Im folgenden werden beispielhaft einige der Datentypzuordnungen für verschiedene Betriebssysteme aufgezeigt:

Tabelle 4.1. Datentypen für UNIX/X-Windows/Motif-Plattformen

Zuordnung		Beschreibung
`typedef char`	`tChar`	alphanumerisches Zeichen
`typedef unsigned int`	`tCard`	allgemeine natürliche Zahl ohne Angabe der Länge
`typedef unsigned char`	`tCard8`	natürliche Zahl mit 8 Bits Länge
`typedef unsigned short`	`tCard16`	natürliche Zahl mit 16 Bits Länge
`typedef unsigned long`	`tCard32`	natürliche Zahl mit 32 Bits Länge
`typedef float`	`tFloat`	allgemeine Fließkommazahl ohne Angabe der Länge
`typedef float`	`tFloat32`	Fließkommazahl mit 32 Bits Länge
`typedef double`	`tFloat64`	Fließkommazahl mit 64 Bits Länge
`typedef int`	`tInt`	allgemeine ganze Zahl ohne Angabe der Länge
`typedef char`	`tInt8`	ganze Zahl mit 8 Bits Länge auf einer Sun Sparc-Plattform
`typedef signed char`	`tInt8`	ganze Zahl mit 8 Bits Länge auf einer Silicon Graphics Indigo-Plattform
`typedef short`	`tInt16`	ganze Zahl mit 16 Bits Länge auf einer Sun Sparc-Plattform
`typedef signed short`	`tInt16`	ganze Zahl mit 16 Bits Länge auf einer Silicon Graphics Indigo-Plattform
`typedef long`	`tInt32`	ganze Zahl mit 32 Bits Länge auf einer Sun Sparc-Plattform
`typedef signed long`	`tInt32`	ganze Zahl mit 32 Bits Länge auf einer einer Silicon Graphics Indigo-Plattform

Tabelle 4.2. Datentypen für MS-Windows-Plattformen

Zuordnung		Beschreibung
`typedef char`	`tChar`	alphanumerisches Zeichen
`typedef UINT`	`tCard`	allgemeine natürliche Zahl ohne Angabe der Länge
`typedef BYTE`	`tCard8`	natürliche Zahl mit 8 Bits Länge
`typedef WORD`	`tCard16`	natürliche Zahl mit 16 Bits Länge
`typedef DWORD`	`tCard32`	natürliche Zahl mit 32 Bits Länge
`typedef float`	`tFloat`	allgemeine Fließkommazahl ohne Angabe der Länge
`typedef float`	`tFloat32`	Fließkommazahl mit 32 Bits Länge
`typedef double`	`tFloat64`	Fließkommazahl mit 64 Bits Länge
`typedef int`	`tInt`	allgemeine ganze Zahl ohne Angabe der Länge
`typedef signed char`	`tInt8`	ganze Zahl mit 8 Bits Länge
`typedef short int`	`tInt16`	ganze Zahl mit 16 Bits Länge
`typedef LONG`	`tInt32`	ganze Zahl mit 32 Bits Länge

An der obenstehenden Tabelle 4.1 läßt sich leicht ablesen, daß selbst identische Betriebssysteme und Graphische Benutzerschnittstellen nicht die Gleichheit zugrundeliegender Datentypen gewährleisten. Der Portierungsaufwand zwischen Sun Sparc und Silicon Graphics Indigo Workstations unter X-Windows/Motif ist daher stets mit einem nicht verschwindenden Aufwand verbunden. Die Verwendung der gemeinsamen Datentypen hilft bei der Minimierung des Portierungsaufwand für das Tele-Media-Trainingssystem.

In adäquater Weise können die in den oben stehenden Tabellen aufgeführten Datentypen auch für andere, bisher nicht berücksichtigte Plattformen definiert werden. Alle Funktionsaufrufe innerhalb des Tele-Media-Trainingssystems, die eine plattformübergreifende Verwendung beinhalten, werden zur Gewährleistung ihres vorgesehenen Verhaltens streng nach den obenstehenden Typenkonventionen definiert und realisiert.

Funktionsattribute, die die Aktivierung von eindeutig definierte Auswahlzuständen erlauben, werden in der Form von *Bitflaggen* (Flags) vorbelegt. Hierbei bekommt jede dieser Flaggen einen eindeutigen Namen, repräsentiert dabei jedoch intern eine ganze Zahl. Flaggen werden verwendet, um eine vereinfachte und lesbarere Kodierung von Quelldateien bei umfangreichen Softwareprojekte zu ermöglichen. Es ist ohne weiteres möglich die Flaggen durch das Einsetzen der entsprechenden Zahlenwerte in die Funktionsaufrufe zu ersetzen. Die Fehlerträchtigkeit der so kodierten Programme steigt jedoch in der Regel signifikant an.

Das Tele-Media-Trainingssystem stellt die Definitionen aller verwendeten Bitflaggen in einer Header-Datei zur Verfügung. Im folgenden werden einige Beispiele für Flaggen gezeigt, ihre komplette Auflistung ist in Anhang B zu finden.

```
#define FlagDialogTypeStandard     1      (Standarddialogfeld)
#define FlagDialogTypeWarning      2      (Warnungsausgabe)
#define FlagDialogTypeError        3      (Fehlerausgabe)
```

In ähnlicher Weise wird innerhalb des Tele-Media-Trainingssystems ein Satz von *Bitmasken* verwendet. Im Gegensatz zu den Bitflaggen lassen sie sich beim Funktionsaufruf über den boolschen ODER-Operatoren „|" binär kombinieren und ergeben dadurch ein spezifisches Bitmuster. Die ausführende Funktion analysiert dieses Bitmuster und verhält sich entsprechend. Dieser Mechanismus erlaubt beispielsweise die Zuordnung der Eigenschaften „unterstrichen" und „kursiv" zu einer Zeichenkette innerhalb eines Funktionsattributs. Die komplette Auflistung der verwendeten Bitmasken mit erklärenden Beispielen ist in Anhang B zu finden.

Die Behandlung von *Farben* und *Schriftarten* wird unter den gängigen Graphischen Benutzerschnittstellen höchst unterschiedlich realisiert. Um auch hier eine plattformunabhängige Funktionalität zu erreichen wurde ein erweiterbarer Satz von Farben und Schriftarten innerhalb des Tele-Media-Trainingssystems definiert, auf den die API-Funktionen zugreifen können. Die Farbbehandlung betrifft dabei nicht die Ausgabe von Rasterbildern aus entsprechenden Dateien, sondern ausschließlich die explizite Auswahl von Systemfarben beispielsweise für Fensterhintergründe, Zeichenketten oder Vektorprimitive. Die Abstraktion der verwendeten Schriftarten auf eine in gewissen Schranken frei wählbare Untermenge gewährt eine weitgehende Unabhängigkeit von ihrem Darstellungsmechanismus als Bitmap Font, Postscript Font oder True Type Font. Grenzen werden nur durch die Menge der verfügbaren Schriftarten auf der Zielplattform und ihrer Zuordnung zu den abstrakten Schriftarten gesetzt. Das Tele-Media-Trainingssystem unterstützt dabei die theoretische Anzahl von 2^{32} (= 4.294.967.296) Systemfarben und ebenso vielen Schriftarten.

Für besondere Probleme sorgte die Implementation der Audio-Kommunikation auf PC-Plattformen: Keine der Standard-Audiokarten unterstützte das simultane Aufnehmen (Senden) und Wiedergeben (Empfangen) von Audio-Datenströmen. Dies wurde auf Nachfrage bei Herstellern durch die fehlende Anforderungen des Marktes und der preisgünstigeren Verwendung einer einzigen, umschaltbaren A/D-D/A-Baugruppe begründet. Erst Ende 1995 wurden die ersten bi-direktionalen Karten vermarktet.

Für die plattformübergreifende Verwendung von Kursmaterialien wurde eine breite Auswahl von multimedialen Standarddateiformaten ausgewählt, die von jeder Implementierung des Generischen Lernsystems zu unterstützen sind. Die konkreten Dateiformate werden bei der Beschreibung des entsprechenden Tele-Mediums in den folgenden Abschnitten spezifiziert.

4.1.4 Die Systementwicklung unter MS-Windows und X-Windows

An vielen Stellen dieser Arbeit wird auf die Notwendigkeit moderner Softwaresysteme hingewiesen, plattformübergreifend verfügbar zu sein. Um bei verschiedenen Komponenten die Realisation dieser Forderung innerhalb des Tele-Media-Trainingssystems zu dokumentieren, wurden die Implementationen von CI und GLS auf der Basis von *Workstations* unter UNIX/X-Windows und von *Personal Computer* (PCs) unter MS-Windows in allen Kombinationen gekoppelt und evaluiert (siehe auch Abbildung 4.1 und Kapitel 5). Bei der Implementation der plattformspezifischen Modulausprägungen fielen die konzeptionellen Unterschiede der verwendeten Rechnerarchitekturen, Betriebssysteme, graphischen Benutzeroberlächen sowie Entwicklungswerkzeuge stark ins Gewicht und mußten daher gebührend beachtet werden.

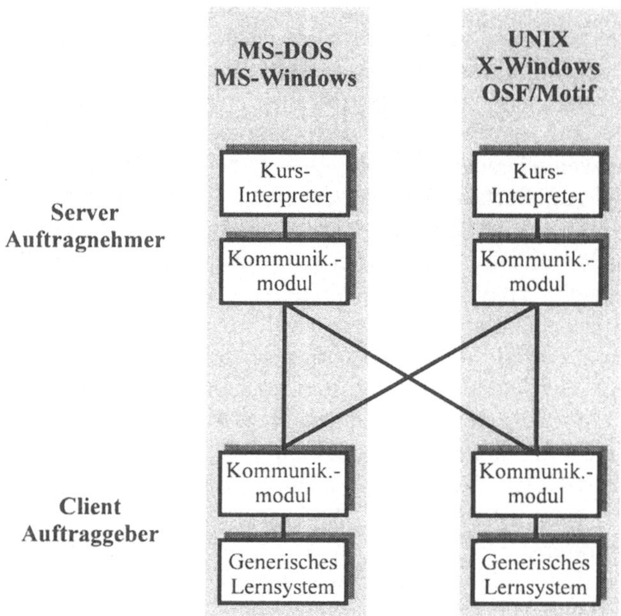

Abbildung 4.1. Die überkreuzverbundene Testumgebung für das Generischen Lernsystem und den Kursinterpreter basierend auf PC- und Workstation-Plattformen

Die Beachtung dieser Randbedingungen führte neben den im vorigen Abschnitt beschriebenen Abstraktionen bezüglich Datentypen, Farben oder Schriftarten zu bestimmten Vorgehensweisen bei der Implementation. Zu deren Verständnis ist jedoch eine vorhergehende Betrachtung der wesentlichen Systemunterschiede der beteiligten Plattformen nötig.

Workstations und Personal Computer sind grundsätzlich offene System, d.h. ein Benutzer kann sie nachträglich mit zusätzlichen Komponenten aufrüsten. Während jedoch im PC-Bereich Einigung zwischen allen Herstellern auf eine bestimmte Prozessorarchitektur und ein standardisiertes Bussystem besteht, das die verschiedenen Hardwarekomponenten miteinander verbindet, ist dies bei den Workstations nicht der Fall. Dort unterstützt jeder Hersteller in der Regel nur eine spezielle Prozessorarchitektur oder -familie und sein eigenes, proprietäres Bussystem. Die Konsequenz hiervon ist die grundsätzliche Unmöglichkeit des Austausches von bestimmten Software- und Hardwarekomponenten zwischen den Workstations verschiedener Hersteller. Weiterhin geschieht die Ansteuerung der Zusatzhardware in Workstations ebenfalls mit nicht einheitlichen Mechanismen, was besonders bei Multimediaerweiterungen und der Netzanbindung zum Tragen kommt. Diese Unterschiede müssen daher besonders bei der jeweiligen Implementation des Moduls zur Audio/Videokommunikation beachtet werden.

Der deutlichste Systemunterschied besteht zwischen den Betriebssystemen MS-DOS und UNIX. Während DOS ein 16-Bit *Singletasking* ist, realisiert UNIX ein 32-Bit *Multitasking*-System. DOS kann daher grundsätzlich nur eine Anwendung (Task) gleichzeitig ausführen, während unter UNIX die parallele Bearbeitung mehrerer verschiedener Prozesse die Regel ist. Erst MS-Windows erweitert DOS zu einem Multitasking-System, wobei sich das realisierte Multitasking-Konzept jedoch von dem entsprechenden UNIX-Pendant unterscheidet.

Multitasking unter UNIX basiert auf einer Zeitscheibenverwaltung (Scheduling), die jedem einzelnen *Prozeß* oder *Task* einen bestimmten Anteil von Zeit auf einer Zeitscheibe zur Verfügung stellt (*Preemptive Multitasking*). Ein voller Umlauf auf der Zeitscheibe repräsentiert dabei die Zeit, die benötigt wird um alle Prozesse einmal zu behandeln. Der Zustand jedes Prozesse wird vom System zwischengespeichert wenn ihm die Zeitscheibenverwaltung der Zugriff auf den Prozessor entzogen wird. Ist er wieder an der Reihe, wird dieser Zustand wieder exakt rekonstruiert.

MS-Windows 3.x basiert dagegen auf einem *Non-preemptive* oder *Kooperativen Multitasking*. Jeder Prozeß erhält dabei so lange die volle Kontrolle über das gesamte System inklusive dem Prozessor, bis er sie freiwillig wieder abgibt. Damit bewirkt jeder Prozeß, der in eine Endlosschleife gerät, den kompletten Absturz des Windows-Systems. Andererseits kann in einem solchen System ein Prozeß A zu einem bestimmten Zeitpunkt einen anderen Prozeß B gezielt aufrufen. Prozeß B kann nach erfolgreicher Bearbeitung des Aufrufs ein Ergebnis an Prozeß A zurückgeben, der garantiert genauso lange wartet und sofort mit dem Ergebnis weiterarbeitet. Die Gefahr, daß eine Zeitscheibenverwaltung dem Prozeß B die Kontrolle entzieht und den Prozeß A auffordert weiterzuarbeiten auch wenn das Ergebnis noch nicht vorliegt, ist niemals gegeben [Richter91], [Conger92], [Petzold92], [Microsoft96].

Dieses Modell für Multitasking wurde zwar in den MS-Windows-Nachfolgesystemen *Windows NT* und *Windows 95* zugunsten eines „echten" preemptive Multitasking aufgegeben, jedoch wurden viele der „alten" Mechanismen beibehalten, so z.B. ein Aufruf zu einem unbedingten Prozeßwechsel. Daher haben die oben gemachten Anmerkungen für diese Systeme auch in Zukunft noch eine gewisse Bedeutung. Für das Tele-Media-Trainingssystem hatten sie von Anfang an die konzeptionelle Auswirkung, daß zu keiner Zeit ein Modul auf eine bestimmte eintreffende Nachricht warten durfte - möglicherweise umsonst und damit in alle Ewigkeit - und so das gesamte System blockieren konnte. Unter UNIX wäre in diesem Fall nur der betreffende Prozeß blockiert, was für bestimmte Algorithmen gängige Praxis ist. Auf dem PC wäre damit jedoch der komplette Stillstand des Systems erreicht. Die Lösung diese Problems wurde durch die völlige asynchrone Gestaltung des Meldungskonzepts zwischen Generischem Lernsystem und Kursinterpreter gelöst. Die Realisierung diese Konzepts für jede beteiligte Plattform befindet sich in den jeweiligen Netzkommunikationsmodulen.

Neben der Beachtung der unterschiedlichen Multitasking-Konzepte mußte für die beiden Graphischen Benutzerschnittstellen MS-Windows und X-Windows (mit der OSF/Motif-Oberfläche) eine konsistente Beschreibung für die multimedialen Päsentations- und Interaktionskomponenten gefunden werden, die zudem auch für andere Plattformen wie Apples Macintosh-Oberfläche oder IBMs Presentation Manager Gültigkeit hat. Ziel war hierbei, das Look&Feel der jeweiligen Plattform weitgehend zu erhalten, jedoch die Funktionalitäten plattformübergreifende zu definieren und realisieren. Die Abbildung der GUI-Vorgaben des Tele-Media-Trainingssystems mußten sich daher auf das Windows-Graphics Device Interface (GDI), das Motif Widget X-User Interface, das OS/2 UI Control Interface, sowie das Mac Interface abbilden lassen (siehe Abbildung 2.5). Besonders die Behandlung von Menüs, Fensterattributen und Dialogen führte zu häufigem Abstimmungsbedarf zwischen den potentiellen Kursautoren, den Designern des Kursinterpreters und den Entwicklern der plattformabhängigen GLS-Komponenten.

Der Plan, kommerzielle Werkzeuge zur plattformunabhängigen Software-entwicklung zu verwenden (XVT, Zinc, StarView, SUIT u.a.), wurde nach einer Evaluierungsphase aufgrund des völligen Fehlens von Netzunterstützung und Multimediaintegration (insbesondere Audio und Video) sowie erheblichen Geschwindigkeitseinbußen bei den Laufzeitsystemen aufgegeben. Daher wurden auf den verwendeten Workstations ausschließlich GNU C++ Compiler und auf den PCs Microsofts Visual C++ und Borlands C++ Compiler (zum Teil inklusive der hierzu verfügbaren C++-Klassenbibliotheken Microsoft Foundation Class und Borland Object Windows Library) verwendet. Der plattformübergreifende Austausch von Quellcodes erfolgte über FTP-Services und zugehörige Netzwerkzeuge (z.B. UNIX2DOS und DOS2UNIX zur Anpassung von Textdateiunterschieden).

4.2 Realisation des Benutzermoduls - das GLS

Im folgenden werden die einzelnen Module bzw. die Objekte des GLS inklusive ihrer Funktionsschnittstelle (API - Application Programming Interface) beschrieben. Hierbei ist zwischen API-Funktionen zu unterscheiden, die vom CI zum GLS (Kontroll- oder Steuermeldungen) und vom GLS zum CI (Rückkopplungsmeldungen) geschickt werden. Die ersteren besitzen im Funktionsnamen immer die Anfangsbuchstaben *Ddc* (Abkürzung für Distant and Distributed Computing) gefolgt von weiteren funktionsspezifischen Buchstaben. Die zweiteren beginnen immer mit den Buchstaben *DdcCi*. Die Kommunikation zwischen CI und GLS findet ausschließlich über das API bzw. das zugrundeliegende Netzprotokoll statt, wobei jedoch keinerlei Daten sondern ausschließlich Referenzen auf Daten bzw. GLS-Objekte ausgetauscht werden.

Daraus resultiert ein Satz von API-Funktionen, der die Verwaltung und Manipulation jedes GLS-Objekts beinhaltet. Ziel ist hierbei die Menge der API-Funktionen möglichst klein zu halten, wobei die Unterstützung potentieller Kursinterpreter so umfassend (generisch) wie möglich sein sollte.

Objekte im Sinne des GLS sind alle präsentierbaren Basiselemente innerhalb der Schulungs- und Informationsumgebung. Sie werden verschiedenen Objekttypen zugeordnet: Externe Objekte (External Objects), Fenster (Windows), Menüleisten (Menus), Menügruppen (Menu Groups), Menüelemente (Menu Items), Dialogfelder (Dialog Boxes), Schalterfelder (Button Boxes), Auswahlfelder (Selection Boxes), einzeilige Texteingabefelder (Single Line Inputs), mehrzeilige Texteingabefelder (Multi Line Inputs), Rollfelder (Sliders), Einzelschalter (Buttons), Überblickfelder (Browsers; Dialogfenster zur Navigationssteuerung), Textausgabe (Texts), Rastergraphiken (Images), Linien (Lines), Mehrfachlinien (Polylines), Rechtecke (Rectangles), Kreisbögen (Arcs), Kreise (Circles), Ellipsen (Ellipses), Audiosequenzen (Audios), Videos (Videos), Animationselemente (Animations), Zeitgeber (Timers) und Verbindungsgebiete (Hot Zones). Hinzu kommen noch einige benutzerdefinierte Typen, die späteren Erweiterungen dienen. Einige Objekttypen lassen sich auch in verschiedene Objektgruppen - den Modulen - einteilen, z.B. in die Module Dialoge oder Vektorprimitive (siehe auch Abbildung 3.16).

Der Lebenszyklus eines Objekts gliedert sich grundsätzlich in vier Phasen: Initialisierung, Aktivierung, Deaktivierung und Entfernung. Bei der Initialisierung wird das Objekt erzeugt, mit einer eindeutigen Identifikation (ID) versehen und einem Elternfenster oder -objekt zugeordnet (Parent ID). Zudem wird ihm ein Satz von Anfangsattributen zugeordnet. Bei der Aktivierung wird es abhängig vom Objekttyp präsentiert. Bei der Deaktivierung wird diese Präsentation gegebenenfalls asynchron abgebrochen, d.h. ein graphisches Objekt wird beispielsweise unsichtbar, ein Timer oder eine Audiosequenz wird gestoppt. Bei der Entfernung werden sämtliche Objektressourcen für das System wieder freigegeben.

Die Ausgabe der darstellbaren GLS-Objekte erfolgt bei jedem Neuzeichnen (z.B. Graphik-Refresh) in der Reihenfolge ihrer Aktivierung. Ausnahmen hierbei sind die aktivierten Schaltflächen (Buttons), die immer über allen anderen Objekten liegen sowie die Verbindungsgebiet (Hot Zones), die immer über ihren Elternobjekten liegen.

Die folgende Beschreibung bezieht sich bei Realisationsdetails auf die GLS-Implementierung unter MS-Windows, die im Rahmen dieser Arbeit durchgeführt wurde.

4.2.1   Der GLS-Kern

Wie schon in Kapitel 3.4.2 gefordert, besteht das GLS aus mehreren Komponenten, wobei der GLS-Kern die zentralen Steuerungsaufgaben übernimmt. Der Kern selbst besitzt ebenfalls eine Substruktur, die ihn in eine Netz-, eine Dispatcher-, eine Objekt, eine Debug- und Logging sowie eine generische Funktionskomponente einteilt.

4.2.1.1 Netz- und Dispatcher-Komponente

Die Netzkomponente dient der plattformunabhängigen Ankopplung des GLS an das Netz. Ihre Funktionalität wird überwiegend von dem eigenständigen Protokoll- und API-Modul des Tele-Media-Trainingssystems bestimmt, dessen technische Details weiter unten beschrieben werden. Aus einem semantischen Blickwinkel betrachtet, ist diese Komponente in der Lage, Meldungen, die über das Netz eintreffen, geeignet aufzubereiten und selbst gezielt Meldungen über das Netz abzuschicken. Eintreffende Meldungen werden hierbei in einem Eingangspuffer zwischengespeichert und von der Dispatcher-Komponente in einen gezielten GLS-Funktionsaufruf gewandelt. Wichtiges Hilfsmittel hierfür ist die Objektkomponente, die alle momentan initialisierten Objekte verwaltet.

Die Dispatcher-Komponente stellt somit sicher, daß die objektspezifisch richtige Methode zur Behandlung einer eintreffenden Meldung aufgerufen wird. Diese Aufgabe hat eine zentrale Bedeutung innerhalb des GLS, da alle Objekte für sämtliche in ihrem Lebenszyklus auszuführenden Aktionen nach der initialen Erzeugung ausschließlich mit ihrer ID referenziert werden. Hierbei ist die Dispatcher-Komponente die einzige GLS-Instanz, die in der Lage ist der betreffenden ID mit ihrem Objekttyp zu verbinden und daraus durch entsprechende Aufrufe die gewünschten Reaktionen zu veranlassen.

Während der Initialisierung eines Objektes besteht diese Aufgabe in der Überprüfung der Objekt ID nach ihrer Einzigartigkeit, dem Test für die grundsätzliche Existenz sowie den korrekten Typen des Elternobjekts und den im Normalfall folgenden einfachen Aufruf des entsprechenden Objektkonstruktors mit seinen übertragenen Initialisierungsattributen. Die Initialisierung einer Schaltfläche (Button) beinhaltet beispielsweise neben ihrer eindeutigen ID die ID des Fensters in der sie dargestellt werden soll (Parent ID), ihre Position innerhalb des Elternfensters (x, y), ihre physikalische Größe (width, height) sowie den textuellen oder graphischen Inhalt als Parameter. Ergibt die Überprüfung des Dispatchers, daß dieselbe Objekt ID schon einem anderen Objekt zugeordnet wurde oder daß das Elternobjekt kein Fenster ist, wird die Weitergabe der Initialisierungsmeldung an das GLS mit einer Fehlermeldung an den CI verweigert. Wichtig ist hierbei die Tatsache, daß jede Objekt ID immer eineindeutig sein muß, d.h. auch Objekte unterschiedlichen Typs nicht dieselbe ID besitzen dürfen.

Wird die Änderung von Objektattributen durch eine entsprechende objektspezifische Meldung veranlaßt, führt die Dispatcher-Komponente wieder eine Reihe von Überprüfungen durch, bevor die zugehörige Objektmethode aufgerufen wird. Hierdurch wird sichergestellt, daß nicht versucht wird durch Methoden des Objekttyps A Attribute eines Objekts mit dem Typ B überschrieben werden. Dies wäre sonst grundsätzlich durchaus möglich und könnte zu einem völlig unvorhersehbaren Systemverhalten führen.

Werden jedoch Änderungen an Objektattributen durch eine generische Meldung angefordert, so reicht das Dispatcher-Modul diese im Anschluß an eine Überprüfung des grundsätzlichen Vorhandenseins der angesprochenen Objekt ID direkt weiter an die GLS-Komponente mit den generischen Funktionen. Typische Vertreter von generischen Meldungen fordern beispielsweise die Aktivierung, Deaktivierung oder Entfernung von Objekten nur unter Angabe der Objekt ID an.

4.2.1.2 Objektkomponente

Die Objektkomponente stellt im wesentlich eine innerhalb des GLS global zugreifbare Objektliste mit einer Reihe von Manipulationsmethoden dar. Neben dem GLS-Kern greifen auch alle anderen Module häufig auf diese Objektliste zu, da sie die aktuellen Attributwerte sämtlicher initialisierter Objekte beinhaltet. Dies reicht von der Objekt ID, über Eltern ID, Aktivierungsstatus und einer Referenz auf die möglicherweise mit dem Objekt assoziierte Verbindungsflächen (Hot Zones) bis hin zu allen objektspezifischen Merkmalen.

Die allgemein zugänglichen Methoden der Objektkomponente sind das Anlegen neuer Listenelemente (= Objekte), das Entfernen einzelner Objekte, das Überprüfen auf die Gültigkeit bestimmter Objektattribute, das Suchen nach Einzelobjekten und Objektgruppen mit verschiedenen Schlüsseln sowie das Verschieben einzelner Listenelemente nach vorne und nach hinten. Technisch gesehen ist die Objektkomponente die Implementation einer optimierten doppelt verketteten Liste, deren Performance jedoch maßgeblichen Einfluß auf die Gesamtleistung des GLS hat.

4.2.1.3 Debug- und Logging-Komponente

Sämtliche Aktivitäten des Tele-Media-Trainingssystems laufen mit Ausnahme des bearbeiteten Kurses im Normalfall völlig unsichtbar für den Benutzer ab. Das gesamte Präsentationskomponente des Lernsystem wurde von Beginn an so konzipiert, daß der Lernende mit keinerlei Statusinformationen oder System-meldungen von seinen Trainingsaktivitäten abgelenkt werden sollte. Kleinere Unregelmäßigkeiten fängt das System in der Regel ab oder können dem Benutzer durch Mechanismen mitgeteilt werden, die in das Kommunikationsprotokoll zwischen CI und GLS integriert sind. Hierzu muß diese Informationsstrategie dem Benutzer gegenüber jedoch im Kursinterpreter verankert werden.

Kommt es jedoch zu schwerwiegenden Fehlern, beispielsweise während der Implementation neuer GLS- oder CI-Funktionalitäten, durch eine gestörte Netzverbindung, eine fehlerhafte Konfiguration der GLS-Plattform oder einen plötzlich nicht mehr erreichbaren Server, so können diese nicht mehr vom Tele-Media-Trainingssystem ausgeglichen werden. Es besteht in diesen Fällen oftmals auch für erfahrene Entwickler oder Systemadministratoren ein massives Informationsdefizit über den Zustand der verteilten Anwendung. Diese auszugleichen ist Aufgabe der Debug- und Logging-Komponente.

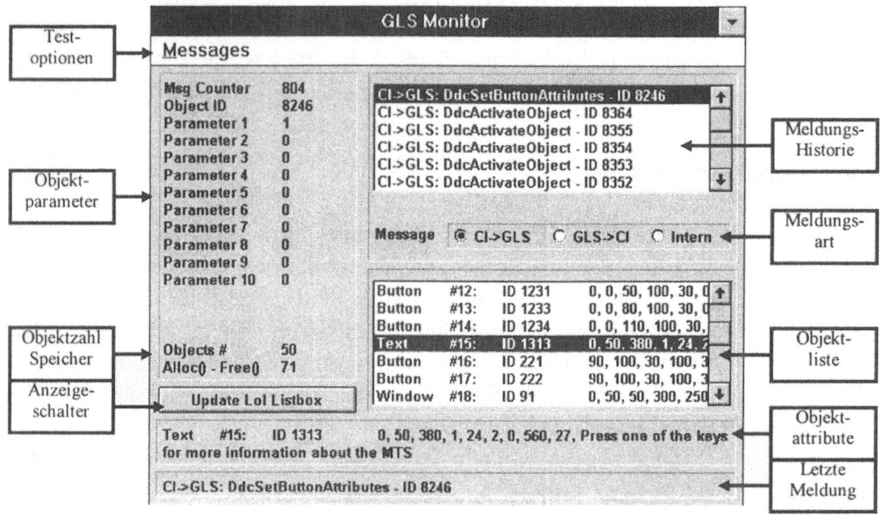

Abbildung 4.2. Das Monitor-Fenster der GLS Debug- und Logging-Komponente. Seine Aktivierung erfolgt durch einen Doppelklick mit der rechten Maustaste innerhalb des GLS-Hauptfensters

Die Logging-Funktionalität umfaßt das Protokollieren des plattformabhängigen Systemverhaltens beim Start und beim Beenden des GLS, was besondere Relevanz für Systemadministratoren hat. Weiterhin erfolgt eine Registrierung aller zur Laufzeit auftretenden Fehler, auch wenn sie völlig unsichtbar für den Benutzer vom Tele-Media-Trainingssystem behandelt werden und zu keiner Beeinträchtigung des Betriebs führen. Ein solcher Fall ist beispielsweise der Versuch des CIs ein Objekt zweimal aus der GLS-Objektliste zu entfernen. Der zweite entsprechende Aufruf wird mit einer Fehlermeldung des GLS-Dispatchers quittiert werden, ohne jedoch einen Einfluß auf den ablaufenden Kurs zu haben. Dennoch besitzt ein solcher Fehler sehr wohl ein gewisses Interessenspotential für den Designer des betreffenden Kurses. Aus diesem Grund werden alle registrierten Fehler und die Protokollinformationen des Systemverhaltens in einer Logdatei gespeichert, die bei jedem Aufruf des GLS neu angelegt wird. Hierbei wird eine ältere Version der Logdatei überschrieben.

Eine typische GLS-Logdatei hat dabei folgendes Aussehen:

```
Creating Logfile for the Generic Learning Support

Copyright: Fraunhofer-IGD, Darmstadt
Date and time: Mon Mar 13 23:43:22 1995

3D Controls registered: ok
GLS Monitor Dialog initialized: ok
Loading Dialog DLL: ok
Network initialization: ok
System menu setup: ok
Frame Window graphics attributes: ok
Loading INI values: ok

Left over memory blocks (MALLOC - FREE)...    0

GLS terminated, closing Logfile!
```

Neben Zeit und Datum des GLS-Aufrufs beinhaltet diese Logdatei Informationen über das erfolgreiche Einrichten der MS-Windows 3D-Dialoge, des GLS-Monitors, der GLS-Standard-Dialogboxen, der Verbindung zum Netz, des GLS-Systemmenüs, der Graphikattribute des GLS Hauptfensters und der Standard-Initialisierungswerte. Beim Beenden des GLS erfolgt eine Überprüfung, ob alle Speicherressorcen wieder freigegeben wurden sowie eine letzte Abschlußmeldung. Von diesem Schema abweichende Ausgaben zeigen in der Regel aufgetretene Fehler detailliert an. Die Länge der Logdatei kann in solchen Fällen um ein Vielfaches ansteigen.

Um während eines laufenden Kurses oder zu Programmtestzwecken die Aktivitäten von Netz und GLS-Kern beobachten zu können, wurde ein Monitor-Fenster als fester Bestandteil des GLS implementiert (siehe Abbildung 4.2). Es zeigt die Historie und die Art aller eintreffenden und abgeschickten Meldungen an, die Objektparameter der letzten Meldung, die Anzahl der initialisierten Objekte, den Zustand des GLS-Speichermanagers (= Anzahl der allokierten Speicherbereiche) und bei Bedarf die komplette Objektliste. Hierbei wird das Auffrischen der Objektlistenanzeige nur nach Betätigen eines Anzeigeschalters durchgeführt. Das Anklicken eines einzelnen Objekts innerhalb der Objektliste bewirkt das Anzeigen aller zugehörigen aktuellen Objektattribute in einem gesonderten Textfeld.

Über den Menüpunkt <Messages> des Monitor-Fensters wird die Möglichkeit eröffnet, zu Testzwecken den Empfang jeder einzelnen Meldung vom CI zum GLS inklusive der freien Angabe einzelner Parameter zu simulieren. Hierfür wird jede Meldung in einem Untermenüpunkt repräsentiert, dessen Aktivierung die Darstellung eines zusätzlichen Fensters für diese spezielle Aufgabe bewirkt (siehe Abbildung 4.3). Somit wird dem GLS-Entwickler ein integriertes Debugging-Werkzeug zur Verfügung gestellt, das die interaktive Analyse beliebiger Meldungssequenzen erlaubt.

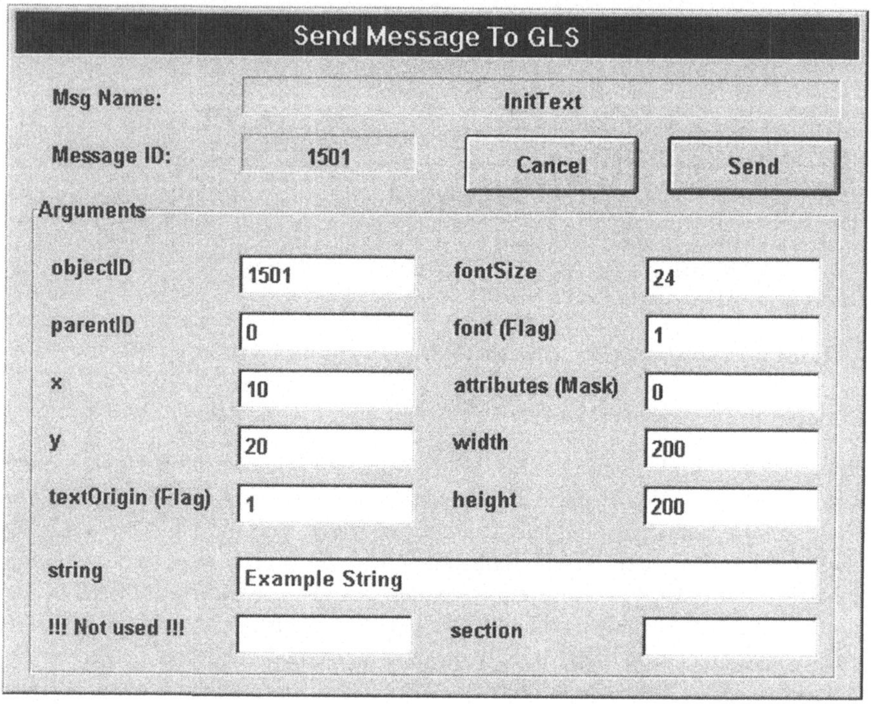

Abbildung 4.3. Das Fenster für einzelne Meldungsaufrufe der GLS Debug- und Logging-Komponente. Seine Aktivierung erfolgt über das Menü des GLS Monitor-Fensters

4.2.1.4 Generische Funktionskomponente

Diese Funktionskomponente des GLS dient zum einen der typunabhängigen Aktivierung, Deaktivierung und Entfernung von Objekten und zum anderen einer generalisierten (generischen) Änderung von Objektattributen. Weiterhin wird hier die Gesamtverwaltung des Systems inklusive dessen Initialisierung, die Behandlung des GLS-Hauptfensters (das *Frame Window*) sowie die Integration von externen Applikationen über entsprechende Mechanismen übernommen.

Das GLS-Programm liest bei seinem Start aus einer Initilisierungsdatei eine Reihe von Standardwerten, die die Suchpfade nach einzelnen Typen von Kursmaterialdaten, die Zuordnung der Schriftarten sowie netzspezifische Angaben beinhalten. Sollten hierbei Fehler auftreten, werden sie in der weiter oben beschriebenen Logdatei angezeigt. Die Suchpfade erlauben eine plattformspezifische Anpassung der Kursmaterialquellen an die plattform-unabhängigen Referenzen des Kursinterpreters. Die netzspezifischen Angaben werden an das Kommunikationsmodul für die Verbindungsaufnahme zum Kursinterpreter benötigt. Die interaktive Änderung dieser Standard-Initialisierungswerte läßt über ein spezielles Setup-Dialogfenster realisieren (siehe Abbildung 4.4). Seine Aktivierung erfolgt über das Systemmenü des GLS-Hauptfensters.

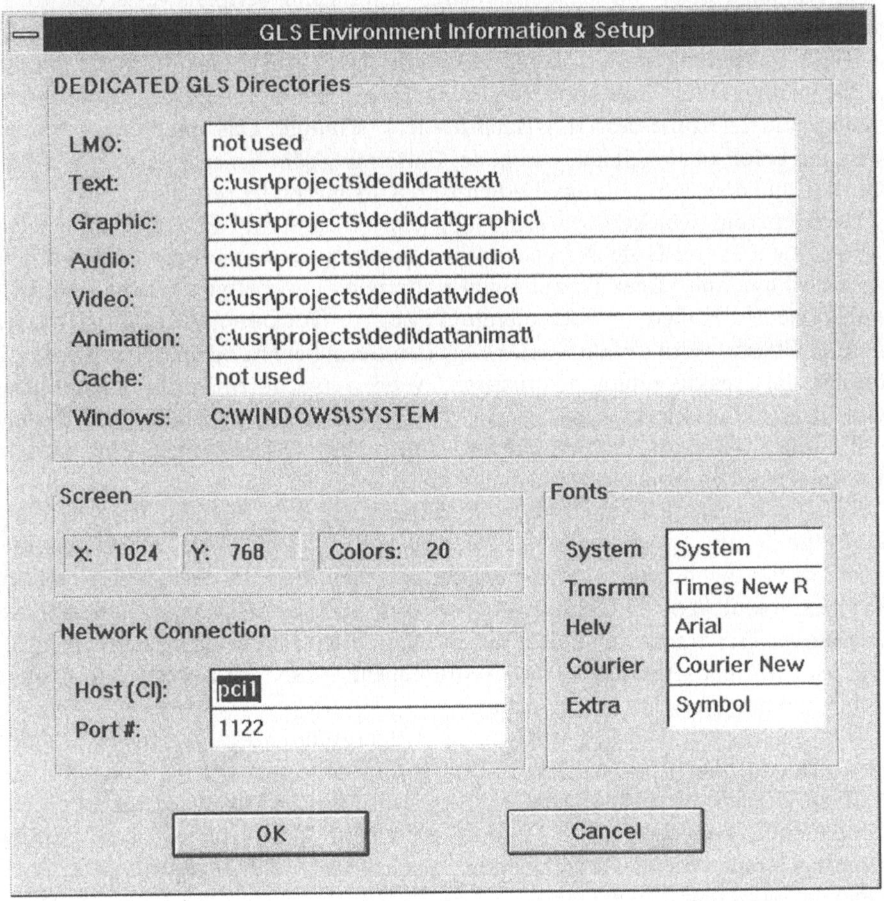

Abbildung 4.4. Das Setup-Fenster mit den Materialdatenpfaden, den Netzinformationen für die Verbindungsaufnahme zum Kursinterpreter und den Schriftartenzuordnungen

Bei einem fehlerlosen Start des GLS-Programms erfolgt die Anzeige des Frame Windows. Seine Attribute und Zeichenoperationen werden von dem hier vorgestellten GLS-Kern kontrolliert. Hiermit stellt es den zentralen Einsprungpunkt für eine Reihe von Funktionalitäten innerhalb des GLS dar. Um auch von der CI-Seite her ansprechbar zu sein, erhält das Frame Window immer die systemweite Identifikation (ID) 0.

Nach der Darstellung des Frame Windows erfolgt die Verbindungsaufnahme zu einem Kursinterpreter, dessen netzspezifische Adresse (Host Address) ebenfalls in der GLS-Initialisierungsdatei gespeichert ist bzw. über das Setup-Fenster angegeben wird. Ab diesem Zeitpunkt erwartet der GLS die ersten Meldungen vom Kursinterpreter um sie abzuarbeiten. Dies kann beispielsweise eine kursspezifische Anfangssequenz mit verschiedenen referenzierten Objekten sein.

Die Initialisierung einer Instanz des Generischen Lernsystems geschieht mit der API-Funktion DdcInitInstance, die Breite, Höhe, Hintergrundfarbe, Koordinatensystem und Titelzeile des GLS-Hauptfensters bestimmt. Das Ende dieser Instanz wird mit DdcExit eingeleitet, was in der Entfernung sämtlicher initialisierter GLS-Objekte und dem Verbindungsabbruch zum Kursinterpreter resultiert.

Nachdem ein Objekt über seine objektspezifische API-Funktion initialisiert wurde, kann es mit Hilfe der generischen Funktionen angesprochen werden. Die zu der Aktivierung, Deaktivierung und Entfernung zugehörigen generischen API-Funktionen heißen DdcActivateObject, DdcDeactivateObject und DdcKillObject. Wird ein aktiviertes Objekt entfernt bevor es deaktiviert wurde, so erfolgt die Deaktivierung automatisch. Wird versucht ein nicht initialisiertes Objekt zu aktivieren, zu deaktivieren oder zu entfernen, so reagiert das System mit einer internen Fehlermeldung, die das Gesamtsystem in seinem Laufzeitverhalten jedoch nicht beeinträchtigt.

Die generalisierte Änderung von Objektattributen bezieht sich auf die Objektgröße, die Objektposition sowie die Reihenfolge bei der Objektausgabe. Die dazu gehörenden API-Funktionen heißen DdcSetObjectPosition, DdcSetObjectSize, DdcPutObjectToFront und DdcPutObjectToBack. Ist eine dieser Funktionen im Bezug auf ein gewähltes Objekt nicht sinnvoll - z.B. das Ändern der Position einer Audiosequenz - so wird der Aufruf ohne Fehlermeldung ignoriert.

Das Setzen von Vordergrund- sowie Hintergrundfarben geeigneter Objekte geschieht mit den API-Funktionen DdcSetFgColor und DdcSetBgColor. Die Farben werden hierbei in der GLS-spezifischen Farbskala angegeben. Die Gruppierung beliebiger GLS-Objekte zu einem neuen Objekt bzw. dessen Umgruppierung wird durch die Funktionen DdcGroupObjects und DdcUngroupObjects erreicht.

Das Neuzeichnen der betroffenen graphischen Objekte bei sich änderndem Bildschirminhalt (Refresh- oder Repaint-Aktionen) kann über die Funktion DdcEnableRepaint temporär deaktiviert und wieder aktiviert werden. Hierdurch kann bei einer Sequenz von bestimmten graphischen Aktionen ein Flackereffekt durch rasch aufeinanderfolgende Repaints kurzzeitig verhindert und durch eine einzige, abschließende Auffrischung des Fensterinhalts ersetzt werden. Dies verbessert sowohl die Ergonomie als auch die Geschwindigkeit der graphischen Ausgabe.

Die Einbindung externen Applikationen geschieht mit der API-Funktion DdcInitExApplication, die als Parameter den Applikationsnamen und ggf. Kommandozeilenoptionen enthält. Externe Applikationen können dann wie GLS-Objekt behandelt werden, sind jedoch in der Regel plattformabhängig. Die Kommunikation zur Steuerung der externen Applikationen sind plattformabhängig. Im Falle der hier beschriebenen Windows-Implementation werden zum einen die entsprechenden Windows-GDI-Funktionsaufrufe und zum anderen DDE-Mechanismen verwendet. DDE (Dynamic Data Exchange) ist eine MS-Windows-spezifische Schnittstelle zum Datenaustausch verschiedener Applikationen.

4.2.2 Die statischen Komponenten

Die statischen GLS-Komponenten entsprechen im wesentlichen den statischen Tele-Media Text, Rasterbildern und Vektorgraphik. Die Objekte Fenster, Menüs und Schaltflächen werden als Spezialfall oder als Kombination der statischen Tele-Media angesehen.

Die Objekte werden zusätzlich in die Kategorien „aktiv" und „passiv" eingeteilt, je nachdem ob sie nur eine Präsentationsaufgabe haben oder auch eine zusätzliche Interaktionsfunktionalität besitzen.

Die TM-Relationen *starts* und *ends* haben auch für die statischen GLS-Komponenten eine gewisse Bedeutung: Sie beschreiben das gleichzeitige Erscheinen oder Verschwinden mehrerer solcher Komponenten auf der GLS-Präsentationsoberfläche. Dies wird durch direkt aufeinander folgende Aufrufe der generischen Funktionen DdcActivateObject, DdcDeactivateObject oder DdcKillObject realisiert.

4.2.2.1 Fenster

Neben dem Hauptfenster (Frame Window), das immer die ID 0 hat, können auf der visuellen GLS-Präsentationsumgebung (d.h. dem Desktop) beliebig viele Kindfenster erzeugt werden. Die API-Funktion zur Initialisierung der Kindfenster heißt DdcInitWindow. Sie enthält als Parameter - neben der Fenster ID und der Elternfenster ID - die Ursprungposition (x,y = linke obere Ecke), die Breite (width), die Höhe (height) und den Text der Titelleiste. Breite und Höhe des Fensters beziehen sich dabei auf die Dimension der *Client Area* des Fensters, d.h. dem für den Benutzer tatsächlich verwendbaren Zeichenbereich. Dadurch können zusätzliche Berechnungen der tatsächlichen Fenstergröße inklusive der Dekorationen (Randdicke, Titelleiste, Systemmenü, Rollbalken und Standard-schaltflächen) entfallen, wenn es beispielsweise darum geht, Objekte einer bestimmten Größe exakt in den Zeichenbereich eines Fensters zu legen. Ein zusätzlicher Funktionsparameter bestimmt das Aussehen und die Dekorationen des Fensters (siehe Abbildung 4.5).

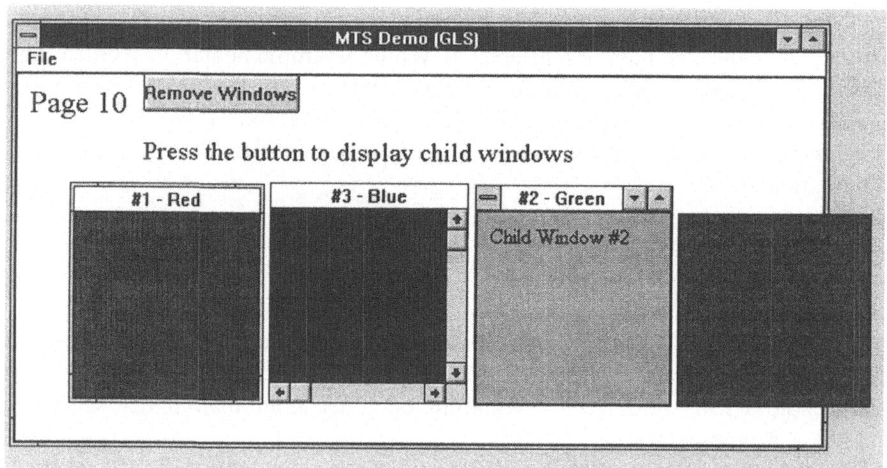

Abbildung 4.5. Das GLS-Hauptfenster (Frame Window) mit vier Kindfenstern. Diese wurden mit verschiedenen Attributen initialisiert bzw. ihre Attribute wurden nach der Initialisierung geändert. Die Kindfenster 1 bis 3 können vom Benutzer verschoben werden, das Fenster 1 erlaubt auch die Änderung seiner Größe. Das Fenster 4 ragt über das Frame Window hinaus, kann jedoch nicht interaktiv vom Benutzer manipuliert werden.

Die Positionen der Kindfenster sind immer relativ zum gesamten Bildschirm und sie können auch außerhalb ihrer Elternfenster liegen. Ein Ändern der Fensterattribute Position, Größe, Hintergrundfarbe und Text der Titelleiste erfolgt mit der Funktion DdcSetWindowAttributes oder mit entsprechenden generischen Funktionen (DdcSetObjectPosition, DdcSetObjectSize oder DdcSetBgColor). Objekte innerhalb eines Fensters können in Abhängigkeit zu einer Objektmaske mit der Funktion DdcClearWindow entfernt werden.

Informationen über den momentanen Zustand eines Fenster und die physikalische Dimension seiner Dekorationen werden mit der Funktion DdcGetWindowAttributes eingeholt. Die Antwort hierauf wird vom GLS mit der Funktion DdcCiWindowAttributes zurückgeschickt. Auf diese Weise ist es dem Kursinterpreter möglich jederzeit gesicherte Kenntnisse über ein Fenster zu erlangen, das der Benutzer möglicherweise verschieben oder in seiner Größe ändern kann.

4.2.2.2 Text

Das Objekt Text dient der Ausgabe von formatiertem Text in einem GLS-Fenster. Die zugehörige API-Funktion heißt DdcInitText und erlaubt die Plazierung des Textes innerhalb eines umschließenden Gebiets (Bounding Box) dessen Position und Größe frei wählbar ist. An dieser Bounding Box erfolgt wahlweise ein Abschneiden des Texts (Clipping mit oder ohne Rollbalken) oder ein erzwungener Zeilenumbruch. Die Position der Bounding Box steht in Relation zum Ursprung des Elternfensters.

Als Quelle für den Ausgabetext kommen ASCII-Text-Strings, ASCII-Dateien oder RTF-Dateien in Frage. Die Funktion DdcSetTextAttributes ermöglicht die Manipulation aller Attribute zur Laufzeit. DdcSetTextString dient der schnellen Veränderung des rein textuellen Inhalts des Textobjekts ohne die zugehörigen Attribute zu berühren. Eine Sonderrolle nimmt hierbei die Möglichkeit ein, als Ziel eine Statuszeile anzugeben. Dies geschieht durch die Referenzierung auf die Objekt ID 0. In diesem Fall wird die Ausgabe des textuellen Eingabeparameters am unteren Rand des Frame Windows bewirkt.

Wurde als Quelle für den Ausgabetext ein ASCII-Text-String oder eine ASCII-Datei gewählt erfolgt die Formatierung anhand von Funktionsattributen für den Schrifttyp sowie die Fontgröße. Weitere unterstützte Attribute sind kursiv, fett und unterstrichen. Standardmäßig werden fünf verschiedenen Fonttypen unterstützt: System (keine variable Fontgröße, keine Formatierung), Courier (ohne Serifen), Times Roman (proportional, mit Serifen), Helvetica (proportional, ohne Serifen) und Extra (Sonderzeichen). Abbildung 4.6 zeigt die Ausgabe von vier untereinander liegenden ASCII-Text-Strings mit verschiedenen Schrifttypen.

Wird die Größe der Bounding Box mit dem Wert (0,0) initialisiert, so ermittelt das System selbständig die kleinste, den Text vollständig umschließende Bounding Box.


```
Courier Font, 12 pt.
```
Times Roman Font, 12 pt.

Helvetica Font, 12 pt.

Εξτρα Φοντ, 12 πτ

Abbildung 4.6. Vier ASCII-Text-Strings mit jeweils verschiedenen Schrifttypen (Courier, Times Roman, Helvetica, Extra) und der Fontgröße 12 Punkte.

Wurde als Quelle für den Ausgabetext eine RTF-Datei gewählt, stehen alle Attribute bezüglich Schrifttyp, Fontgröße, Farben etc. implizit in der Datei. Die entsprechenden GLS-Funktionsattribute werden daher ignoriert.

RTF stellt eine Beschreibungssprache für komplexe Dokumente dar, die neben der Verwaltung der Schrifttypen, Fontgrößen, Farbenattributen oder Fontattributen auch Kopfzeilen, Fußnoten, Seitenlayout und viele andere Informationen beinhalten kann. Daher wurde für das Tele-Media-Trainingssystem ein RTF-Parser mit integriertem Darstellungsmodul entwickelt, der eine bestimmte Untermenge des RTF-Befehlssatzes umfaßt. Die unterstützten Funktionalitäten sind: beliebige Schrifttypen und Fontgrößen; 24-Bit-Farbauflösung; kursive, fettgedruckte und unterstrichene Zeichen; Tabulatoren und mathematische Sonderzeichen sowie beliebige Orientationswinkel eines Schriftzuges (siehe Abbildung 4.7).

Das ist ein *RTF* Test.

Das ist ein RTF Test.

Das ist ein ***RTF***Test.

Das ist ein **RTF** Test.

Das ist ein **RTF** Test.

Das ist ein *RTF* Tes

Abbildung 4.7. Ein RTF Text mit verschiedenen Schrifttypen, Fontgrößen und Farben

Der RTF-Parser wurden in ein separates Softwaremodule ausgelagert. Die Standardmethode unter MS-Windows hierfür ist das Erzeugen einer *Laufzeitbibliothek* oder *Dynamic Link Library* (DLL). DLLs erlauben das Verbinden (Linking) von Objektdateien zur Laufzeit und damit die Erstellung modularisierten Applikationen. Zwischen dem ablaufenden Hauptprogramm und einer DLL besteht eine definierte Import- und Exportschnittstelle, die im Falle des Austauschs der DLL durch eine neuere Version keinen Neukompilationsvogang des Hauptprogramms erfordert.

Grundsätzlich greifen innerhalb des Multitasking häufig mehrere Anwendungen gleichzeitig auf gleiche Funktionen zu. Statt diese Funktionen bei der Generierung einer Anwendung mehrfach in jede Anwendung einzubinden, erlauben DLLs gemeinsam genutzte Funktionen. Die DLLs können Code und Daten besitzen und unabhängig von den sie benutzenden Anwendungen entwickelt werden. Aus diesem Grund besteht für andere Anwendungen die Möglichkeit, die DLLs, die im

Rahmen des Tele-Media-Trainingssystems erstellt wurden, auch in Anspruch zu nehmen.

4.2.2.3 Menüs

Menüs sind eine textuelle Auswahlmöglichkeit von Verzweigungsoptionen und sind daher eine aktive Variante des Tele-Mediums Text. Sie gehorchen einer hierarchischen Aufbauorganisation und können wie alle anderen GLS-Objekte zur Laufzeit des Tele-Media-Trainingssystems erzeugt und wieder entfernt werden. Pro Fenster (einschließlich dem Frame Window) kann eine zugehörige Menüleiste (Menu Bar) über die API-Funktion DdcInitMenuBar initialisiert werden. Eine solche Menüleiste kann Menüelemente (Menu Items) und Menügruppen (Menu Groups) enthalten (siehe Abbildung 4.8). Eine Menügruppe kann ihrerseits wieder Menüelemente und Menügruppen enthalten. Die Initialisierung erfolgt über DdcInitMenuGroup und DdcInitMenuItem. Der Eltern-ID-Parameter der beiden letztgenannten Funktionen referenziert hierbei nicht das Elternfenster sondern die Elternmenüleiste oder die Elternmenügruppe. Das zugehörige Elternfenster wird dann systemintern automatisch zugeordnet.

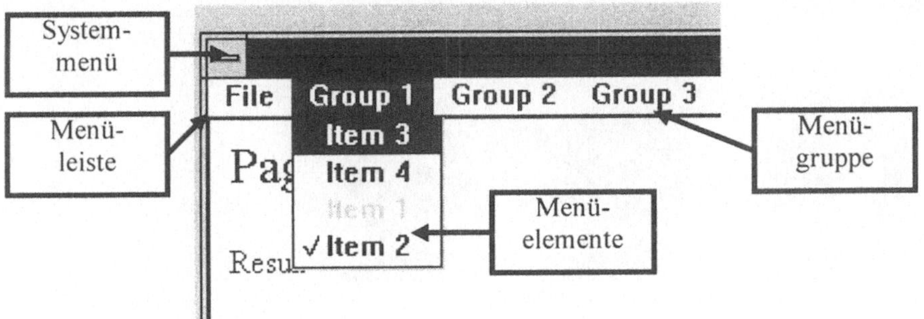

Abbildung 4.8. Das Frame Window mit Menüleiste, Menügruppen (Group 1, Group 2, Group 3) und Menüelementen (File, Item 1, Item 2, Item 3, Item 4). Das Menüelement Item 1 ist „disabled", Item 2 ist „checked". Alle anderen Menüelemente besitzen Standardattribute (unchecked, enabled). Ein Klick mit dem Mauszeiger auf die Schaltfläche oben links im Frame Window öffnet das Systemmenü.

Menüelemente können bestimmte Eigenschaften haben, die mit den Begriffen „mit einem Häkchen versehen" (checked) oder „nicht aktivierbar und mit grauer Schrift versehen" (disabled) beschrieben werden. Die Standardeigenschaften von Menüelementen sind unchecked und enabled. Abweichende Eigenschaften werden während der Initialisierung festgelegt oder zur Laufzeit geändert. Eine Änderung zur Laufzeit geschieht mit der Funktion DdcSetMenuItemAttributes.

Informationen über den Zustand eines Menüelements können mit der Funktion DdcGetMenuItemAttributes eingeholt werden. Die Antwort hierauf wird vom Generischen Lernsystem mit der Funktion DdcCiMenuItemAttributes zurückgeschickt.

Interaktionen des Benutzers mit Menüelementen resultieren auf der GLS-Seite in Aufrufen der Funktion DdcCiMenuAction, die dem Kursinterpreter die IDs der betreffenden Elemente mitteilen.

4.2.2.4 Rasterbilder

Die API-Funktion DdcInitImage erlaubt die Initialisierung der Ausgabe von Rasterbildern in den Standardformaten *TIFF*, *GIF*, *PCX*, *BMP*, *DIB* und *PPM* (siehe Abbildung 4.9). Hierbei werden die Attribute für die Bildposition und die Bildgröße übergeben. Ist der initiale Wert für die Bildgröße (0,0), so ermittelt das System selbständig die reale Bildgröße in Pixel. Ist der initiale Wert ungleich (0,0), so wird die Rastergraphik wahlweise an den Ränder der so aufgespannten Bounding Box abgeschnitten (Clipping) oder passend hineinskaliert (Scaling). Das Elternobjekt eines Rasterbildes ist immer ein GLS-Fenster, wobei die x,y-Position des dargestellten Bildes die linke, obere Ecke in Relation zum Nullpunkt des Fensters ist.

Abbildung 4.9. Eine Reihe von annähernd identischen Rasterbildern, die mit Hilfe der Graphikfilter aus verschiedenen Dateiformaten (TIFF, GIF, PCX) geladen und in einem GLS-Fenster dargestellt wurden.

Die Verwaltung und die Importfilter der verschiedenen Rasterformate wurden in separate *Dynamic Link Libraries* ausgelagert. Hierbei realisiert eine spezielle DLL den generalisierten Zugriff auf die Rasterbilddateien und ihre Darstellung im Windows-spezifischen *Device Independent Bitmap* Format. Sie greift ihrerseits wiederum auf einen Satz von untergeordneten DLLs zu, die jeweils die einzelnen Graphikfilter für die unterstützten Dateiformate beinhalten. Eine Erweiterung um neue Standardformate für Rasterbilder (z.B. JPEG) ist daher sehr leicht möglich.

Die Attribute für die Position, die Größe und das wahlweise Clipping/Scaling der Rasterbilder können mit der Funktion DdcSetImageAttributes zur Laufzeit verändert werden.

4.2.2.5 Vektorgraphik

Für die Erstellung von Vektorgraphiken stehen eine Reihe von Vektorprimitiven zur Verfügung: Linien, Mehrfachlinien, Rechtecke, Kreise, Kreisbögen und Ellipsen (siehe Abbildung 4.10). Globale Attribute für Vektorprimitive wie Vordergrundfarbe, Linienstil und Liniendicke werden mit Hilfe der Funktion DdcSetGraphicsAttributes global für jeweils ein GLS-Fenster gesetzt. Die Initialisierung der einzelnen Vektorprimitive unter Berücksichtigung der zum Ausgabefenster gehörenden globalen Attributen geschieht mit den Funktionen DdcDrawLine, DdcDrawPolyline, DdcDrawRectangle, DdcDrawCircle, DdcDrawArc und DdcDrawEllipse.

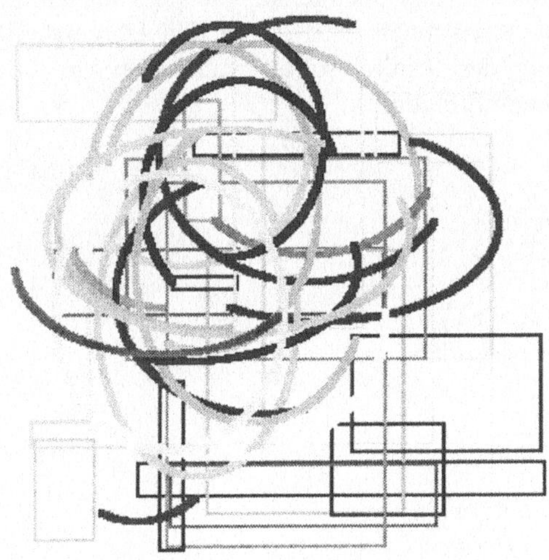

Abbildung 4.10. Mit Hilfe eines Zufallsgenerators ausgegebene Vektorprimitive vom Typ Rectangle und Arc. Der Algorithmus des Zufallsgenerators ist dabei auf der CI-Seite realisiert. Die Liniendicke der in einem GLS-Fenster ausgegebenen Objekte beträgt zwei Pixels bei den Rectangles und fünf Pixels bei den Arcs.

Linien und Rechtecke werden über einen Anfangspunkt sowie einen Endpunkt beschrieben, Polylines über eine beliebige Anzahl von Stützpunkten, die durch Geraden verbunden werden. Die Darstellung von Kreisen erfolgt durch die Angabe ihres Mittelpunktes und dem Radius, Ellipsen enthalten die getrennte Radiusangabe für x- und y-Achse. Die aufwendigsten Objekte sind Kreisbögen (Arcs), die über den Teilbereich einer Ellipse definiert werden. Sie verfügen entsprechend der GLS-API-Definition über einen Mittelpunkt, eine Bounding Box um die Ellipse die den Kreisbogen enthält, einen Start- sowie einen Endwinkel. Unter MS-Windows erfolgt die Darstellung von Kreisbögen über eine entsprechende GDI-Funktion (*Graphics Device Interface*). Dort wird der Kreisbogen zwar auch durch Anfangs- und Endwinkel begrenzt, die jedoch indirekt über zwei Koordinatenangaben und ihre Verbindungen zum Mittelpunkt definiert [Conger92]. Eine geschlossene Figur läßt sich so durch den Kreisbogen und zwei Linien von dessen Endpunkten zum Ellipsenmittelpunkt beschreiben. Die Umrechnung von der plattformunabhängigen GLS-API-Darstellung hin zur GDI-Darstellung erfordert daher einen gewissen Aufwand.

Die Koordinaten des Ursprungs (x_{origin}, y_{origin}) und der Dimension der Bounding Box (width, height) sind sowohl für die GDI- als auch für die GLS-API-Funktion des Kreisbogens identisch. Die Umrechnung der GLS-API-Anfangs- und Endwinkel (α, β) in ihre entsprechenden Koordinaten (x_3, y_3; x_4, y_4) für die GDI-Funktion wird in Gleichung 4.1 gezeigt. Die Begrenzung des Kreisbogens wird durch jene zwei Geraden definiert, die von den obengenannten Koordinaten zum Mittelpunkt der Ellipse reichen. Der Kreisbogen wird gegen den Uhrzeigersinn gezeichnet, die positive Zählrichtung der Winkel startet nach oben von einer horizontale Nullinie durch den Ellipsenmittelpunkt.

$$x_3 = x_{origin} + \frac{width}{2} + \left(\frac{width}{2} \bullet \cos\left(\frac{\alpha \bullet \pi}{180°} \right) \right)$$

$$y_3 = y_{origin} + \frac{height}{2} - \left(\frac{height}{2} \bullet \sin\left(\frac{\alpha \bullet \pi}{180°} \right) \right)$$

$$x_4 = x_{origin} + \frac{width}{2} + \left(\frac{width}{2} \bullet \cos\left(\frac{\beta \bullet \pi}{180°} \right) \right)$$

$$y_4 = y_{origin} + \frac{height}{2} - \left(\frac{height}{2} \bullet \sin\left(\frac{\beta \bullet \pi}{180°} \right) \right)$$

Gleichung 4.1. Die Umrechnung der Anfangs- und Endwinkel eines Kreisbogens in die GDI Koordinatendarstellung der Arc()-Funktion.

Bei allen Objekten, die ein abgeschlossenes Gebiet beinhalten (d.h. alle außer Linien) kann dieses Gebiet entweder mit der Objektfarbe eingefärbt oder aber transparent sein. Manipulationen an den Attributen der Vektorprimitive werden mit Generischen Funktionen des GLS vorgenommen (DdcSetObjectPosition, DdcSetFgColor etc.).

4.2.2.6 Button

Ein Button ist eine einzelne Schaltfläche, die Tele-Media-Eigenschaften des statischen Textes und der Rasterbilder mit einer aktiven Interaktionskomponente verbindet. Ein Button kann innerhalb eines Elternfensters an eine beliebige Position plaziert werden kann. Die zugehörige API-Funktion heißt DdcInitButton und enthält Attribute für die Position in Relation zum Ursprung des Elternfensters (siehe Abbildung 4.11). Weiterhin enthalten die Attribute die Größe des Buttons und einen Textstring, der wahlweise als Buttontext oder als Referenz zu einer Graphikdatei interpretiert wird. Diese Graphik wird dann auf der Oberfläche des Buttons ausgegeben.

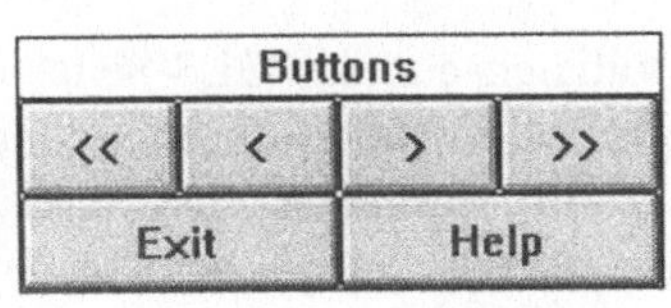

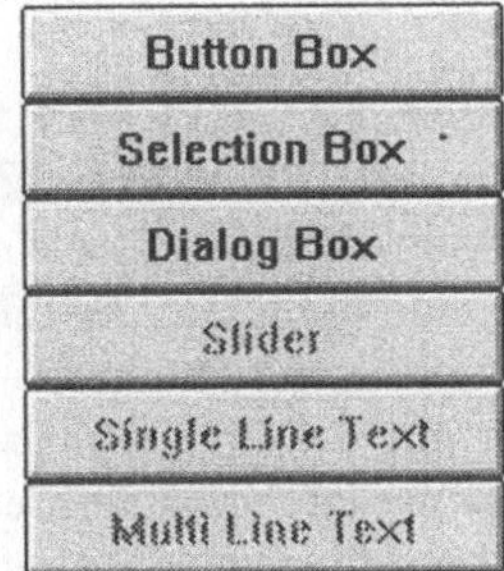

Abbildung 4.11. Eine Reihe von Buttons, links in einem eigenen Fenster, rechts an einer beliebigen Stelle innerhalb eines größeren Fensters. Die drei unteren Buttons auf der linken Seite sind in einem insensitiven Zustand

Mit Hilfe der Funktion DdcSetButtonAttributes kann ein Button in einen Zustand versetzt werden, in dem er zwar noch sichtbar ist, jedoch nicht mehr betätigt werden kann (im Gegensatz zu DdcDeactivateObject: hier wird der Button unsichtbar). Dieser Zustand nennt sich insensitiv. Das Aussehen des Buttons ändert sich hierbei zu einer hellgrauen Darstellung.

Ein insensitiver Button verhält sich wie jedes andere GLS-Objekt. Ein sensitiver Button bleibt dagegen immer oberhalb allen anderen graphischen GLS-Objekten (mit Ausnahme möglicher anderer sensitiver Buttons) und kann daher potentiell immer betätigt werden, d.h. wird von keinem anderen Objekt verdeckt.

Interaktionen des Benutzers mit Buttons resultieren auf der GLS-Seite in Aufrufe der Funktion DdcCiButtonAction und damit zur Benachrichtigung des Kursinterpreters.

4.2.2.7 Hot Zone

Verbindungsgebiete (Hot Zones) werden ähnlich den Schaltflächen verwendet, jedoch mit dem Unterschied, daß sie unsichtbar und beliebigen graphischen Objekten (Texte, Rasterbilder o.a.) zugeordnet sein können. Eine Hot Zone innerhalb des GLS umschließt ein rechteckiges Gebiet, das eine Nachricht an den

Kursinterpreter verschickt wenn sich der Mauszeiger innerhalb des Gebiets befindet und die linke Maustaste betätigt wird. Damit ist eine Hot Zone leicht als Hypertext- oder Hypermedia-Anker einsetzbar.

Die Initialisierung einer Hot Zone erfolgt mit der Funktion DdcInitHotZone mit Parametern für das Elternobjekt, die Position, die Größe und den Sichtbarkeitszustand (sichtbar/unsichtbar; siehe Abbildung 4.12). Alle oben genannten Attribute mit Ausnahme dem zugeordneten Elternobjekts können mit der Funktion DdcSetHotZoneAttributes geändert werden. Das Verschieben des Elternobjekts hat die entsprechende Verschiebung aller daran gekoppelter Hot Zones zur Folge.

Interaktionen des Benutzers mit Hot Zones resultieren auf der GLS-Seite in Aufrufen der Funktionen DdcCiHotZoneButtonPressAction und DdcCiHotZoneButtonReleaseAction (Drücken und Loslassen der linken Maustaste). Sie enthalten beide die ID der betreffenden Hot Zone, in der sich der Mauszeiger zu diesem Zeitpunkt befindet und schicken diese an den Kursinterpreter. Ein Klick mit der linken Maustaste außerhalb einer Hot Zone resultiert in einer Nachricht an den Kursinterpreter, die lediglich die Position des Mauszeigers in Bildschirmkoordinaten beinhaltet, jedoch keine Hot Zone ID.

Die potentielle Möglichkeit durch einen Klick mit der linken Maustaste eine Nachricht an den Kursinterpreter zu initiieren kann durch die Funktion DdcEnableHotZones zur Laufzeit ein- bzw. ausgeschaltet werden.

Help - DEDICATED

Page 1: The Modular Training System
Page 2: CBT Learning Scenarios
Page 3: Traditional learning
Page 4: Computer-based learning
Page 5: CBT in a human network
Page 6: About the GLS authors
Page 7: GLS Features: Menus
| Page 8: GLS Features: Text |
Page 9: GLS Features: Images & Timers
Page 10: GLS Features: Child Windows
Page 11: GLS Features: Dialogs
Page 12: GLS Features: Audio & Video

Abbildung 4.12. Ein Fensterobjekt mit zwölf Textobjekten, wobei das achte Textobjekt von einer sichtbaren Hot Zone überlagert wird.

4.2.3 Die integrierten und didaktischen Komponenten

Die integrierten und didaktischen Komponenten sind im wesentlichen statische Tele-Media, die für bestimmte Aufgaben im Lernbereich kombiniert werden und dadurch eigenständigen Funktionseinheiten bilden. Sie sind zudem stark auf ihre Aufgaben vorbereitet, dem Benutzer einen einfachen, interaktiven Zugriff auf das Tele-Media-Trainingssystem zu bieten.

Die durchwegs aktiven Objekte, die im folgenden vorgestellt werden, sind integrierte Dialogfelder, Auswahlfenster, textuelle Eingabewerkzeuge, Multiple Choice Testfelder, Rollbalken und Überblickfelder.

4.2.3.1 Dialog Box

Eine Dialog Box dient der Ausgabe von Meldungen in Standard-, Warnung- oder Fehlersituationen. Sie wird mit der API-Funktion DdcInitDialogBox initialisiert und besteht aus drei Elementen: Titelzeile, Textzeile und Schaltflächen. Die Titelzeile wird durch einen Parameter bestimmt, der die Wahl zwischen Meldung (Message), Warnung (Warning) und Fehler (Error) läßt. Die Textzeile wird als Textstring übertragen. Die Anzahl und Funktion der Schaltflächen wird durch ein Bitmasken-Attribut bestimmt, das die Schalter Ok, Cancel, Yes, No und Help in beliebiger Kombination zuläßt (siehe Abbildung 4.13).

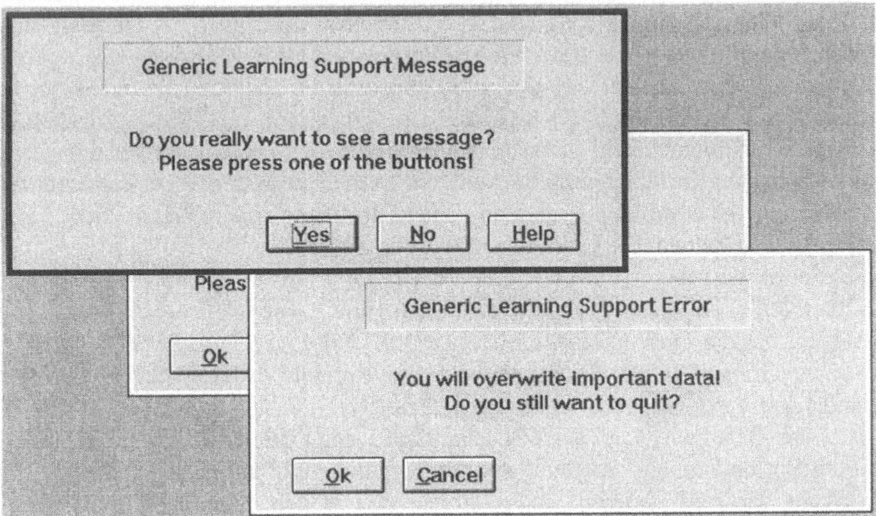

Abbildung 4.13. Verschiedene Dialog Boxes, die Meldungen ausgeben, Standard-Schaltflächen darstellen und auf eine Benutzerinteraktion warten. Oben links: Standard Dialog Box; Unten rechts: Fehler Dialog Box

Die binäre Vorlage (Template) jedes Button Boxtyps wird in einer *Dynamic Link Library* gespeichert, die mit Standardwerkzeugen der MS-Windows-Compiler ohne Zugriff auf die GLS-Quellen dekompiliert und verändert werden kann. Auf diese Weise können leicht die Beschriftungen der Schaltflächen auf die Anforderungen multilingualer Lernumgebungen angepaßt werden.

Die Änderung der sichtbaren Schaltflächen zur Laufzeit wird mit der Funktion DdcSetDialogAttributes ermöglicht. Interaktionen des Benutzers mit einer Dialog Box resultieren in Aufrufen der Funktion DdcCiDialogBoxAction, die neben ihrer Objekt ID auch eine Identifikation der betätigten Schaltfläche zum Kursinterpreter überträgt.

4.2.3.2 Button Box

Eine Button Box dient der Auswahl einer oder mehrerer Alternativen aus einer Reihe von textbasierten Aussagen. Ihr Aussehen sowie ihre Funktionalität wird durch drei Elementen bestimmt: Titelzeile, Eingabeschaltflächen und Kontrollschaltflächen. Sie ist ein sehr komplexes Objekt und benötigt daher mehr als eine API-Funktion zu ihrer vollständigen Beschreibung. Die Initialisierung einer "leeren" Button Box erfolgt mit der Funktion DdcInitButtonBox, die die Position der Button Box, Art und Anzahl der Eingabeschaltflächen, Art und Anzahl der Kontrollschaltflächen sowie die Textzeile festlegt. Die Art der Eingabeschaltflächen kann entweder "Three-state Check Button" oder "Radio Button" sein. Im ersten Fall sind die Eingabeschaltflächen quadratisch und erlauben eine m-aus-n-Auswahl, wobei die jeweilige Auswahl drei verschiedene Zustände erlaubt (Ja, Nein, Weiß nicht). Im zweiten Fall ist nur eine 1-aus-n-Auswahl mit zwei Zuständen möglich. Die prinzipiell verfügbare Anzahl der Auswahlschaltflächen liegt zwischen einer und zehn. Diese Begrenzung wurde aus didaktischen Gründen eingeführt, da ein Lernender in der Regel keine höhere Anzahl von Auswahlmöglichkeiten ohne Probleme überblicken kann. Die Kontrollschaltflächen entsprechen denen, wie sie schon bei den Dialog Boxes beschrieben wurden.

Die initiale Zuordnung eines Textes zu jeder "leeren" Eingabeschaltfläche geschieht mit der Funktion DdcSetButtonBoxText. Über diese Funktion können einzelnen Eingabeschaltflächen auch deaktiviert und aktiviert oder ihr Text geändert werden (siehe Abbildung 4.14).

Erst das Betätigen einer Kontrollschaltfläche zeigt das Ende einer Interaktion mit der Button Box an, das Betätigen der Eingabeschaltflächen beläßt das Objekt in einem passiven Zustand. Interaktionen des Benutzers mit einer Kontroll-schaltfläche resultieren auf der GLS-Seite in Aufrufen der Funktion DdcCiButtonBoxAction. Diese beinhaltet als Parameter neben der Button Box ID und der Anzahl der Eingabeschaltflächen den Zustand jeder einzelnen Eingabeschaltfläche.

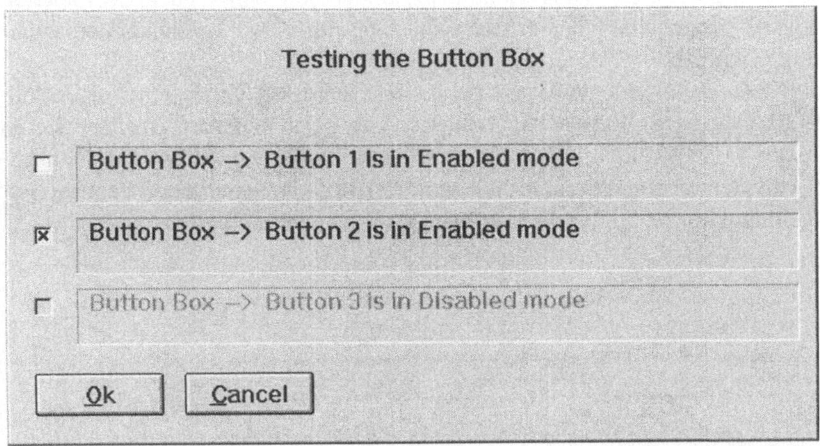

Abbildung 4.14. Eine Button Box mit drei „Three-state Check Buttons" und den Kontrollschaltflächen Ok und Cancel. Die dritte Eingabeschaltfläche ist in einem deaktivierten Zustand

Button Boxes erhalten vom System dynamisch berechnete Größen, die zur Laufzeit nicht geändert werden können. Die Position kann dagegen mit der Funktion DdcSetObjectPostion jederzeit modifiziert werden.

4.2.3.3 Selection Box

Eine Selection Box ermöglicht die Auswahl einer Option aus einer Reihe von Alternativen. Sie besteht aus den drei Elementen Titelzeile, Eingabeschaltflächen und Kontrollschaltflächen. Wie die Button Box ist sie ein sehr komplexes Objekt und benötigt daher mehr als eine API-Funktion zu ihrer vollständigen Beschreibung. Die Initialisierung einer "leeren" Selection Box erfolgt mit der Funktion DdcInitSelectionBox, die die Position der Selection Box, Anzahl der Eingabeschaltflächen, Art und Anzahl der Kontrollschaltflächen sowie die Textzeile festlegt. Die mögliche Anzahl der Auswahlschaltflächen liegt zwischen einem und zehn. Die Kontrollschaltflächen entsprechen denen, wie sie schon bei den Dialog Boxes beschrieben wurden.

Die Zuordnung eines Textes zu jeder "leeren" Eingabeschaltfläche geschieht mit der Funktion DdcSetSelectionBoxAttributes. Über diese Funktion können einzelnen Eingabeschaltflächen auch deaktiviert und aktiviert oder ihr Text geändert werden. Weitere Attribute einzelner Schaltflächen können das Anzeigen eines "neuen", eines "bearbeiteten" und eines "beendeten" Punktes sein, was sich gegenseitig ausschließt. Mit diesen Schaltflächenmodi werden speziell auf Lernumgebungen zugeschnittene Memory-Funktionalitäten bezüglich der

Benutzerführung eröffnet. Dies dient insbesondere der Anzeige unbearbeiteter, schon einmal bearbeiteter oder erfolgreich abgeschlossener Lerneinheiten (siehe Abbildung 4.15).

Sowohl das Betätigen einer Eingabeschaltfläche als auch einer Kontroll-schaltfläche zeigen das Ende einer Interaktion mit der Selection Box an. Sie ist daher immer in einem aktiven Zustand. Die Interaktionen resultieren auf der GLS-Seite in Aufrufen der Funktion DdcCiSelectionBox, die neben der Selection Box ID die Kennung der betätigten Schaltfläche als Parameter enthält.

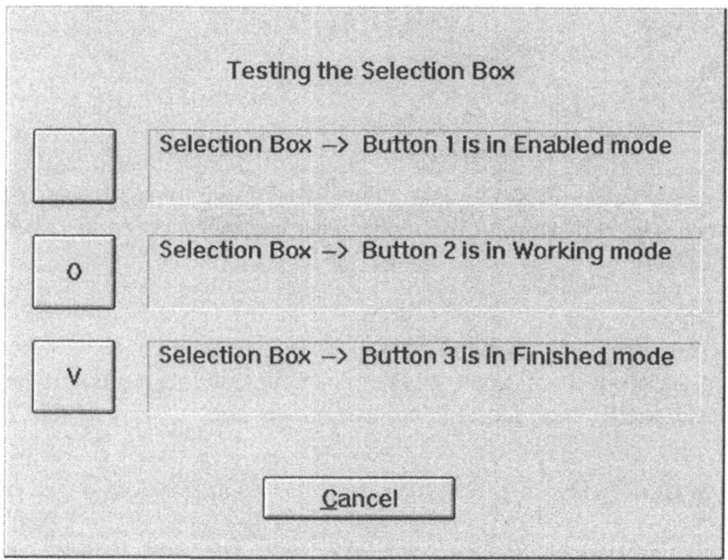

Abbildung 4.15. Eine Selection Box mit drei Eingabeschaltflächen und der Kontrollschaltfläche Cancel. Eingabeschaltfläche 1 ist ein neuer (unbearbeiteter), 2 ist ein bearbeiteter und 3 ist ein beendeter Punkt

Wie Button Boxes erhalten Selection Boxes vom System dynamisch berechnete Größen, die zur Laufzeit nicht geändert werden können. Die Änderung der Position erfolgt durch die generische Funktion DdcSetObjectPosition.

4.2.3.4 Single Line Text Input

Ein Single Line Text Input dient der Eingabe von Text durch den Benutzer und besteht aus drei Elementen: Textzeile, Eingabezeile und Kontrollschaltfelder. Dieses Texteingabeobjekt wird durch die API-Funktion DdcInitSingleLineTextInput initialisiert, die als Parameter die Position in Relation zum Elternfenster, ein Eingabefilter, die Textzeile und den initialen

Inhalt der Eingabezeile enthält. Das gewählte Eingabefilter erlaubt nur die Verwendung bestimmter Zeichen zur Texteingabe (alphanumerisch, rein numerisch, etc.).

Interaktionen des Benutzers mit einem Single Line Text Input resultieren auf der GLS-Seite in Aufrufen der Funktion DdcCiSingleLineTextInputAction, die als Parameter neben der Objekt-ID und einer Kennung der betätigten Kontrollschaltfläche den Eingabestring enthält.

Die Kontrollschaltfelder Ok und Cancel werden vom System vorgegeben und sind nicht veränderbar. Eine Änderung der Objektposition erfolgt wie bei Button Boxes oder Selection Boxes (siehe Abbildung 4.16).

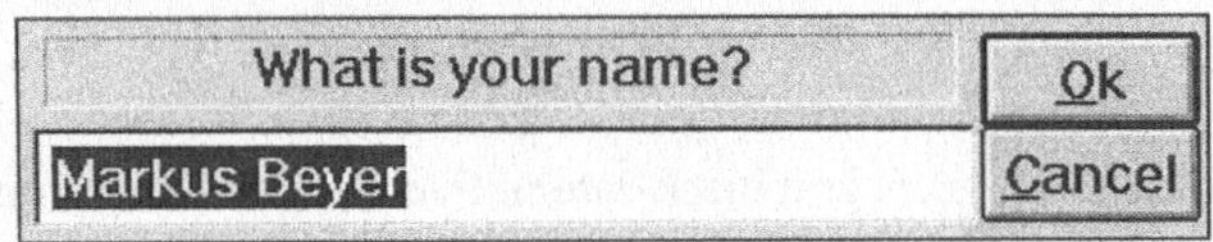

Abbildung 4.16. Ein Single Line Text Input

4.2.3.5 Multi Line Text Input

Ein Multi Line Text Input dient der Eingabe sowie der Änderung von mehrzeiligem Text durch den Benutzer und besteht aus den drei Elementen Textzeile, Eingabefeld und Kontrollschaltfelder.

Abbildung 4.17. Ein Multi Line Text Input. Ein Wort des textuellen Eingabefeldinhalts wurde mit Hilfe der Maus markiert.

Dieses Texteingabeobjekt wird durch die API-Funktion DdcInitMultiLineTextInput initialisiert, die als Parameter die Position in Relation zum Elternfenster, die obere Textzeile und den initialen Inhalt des Eingabefeldes enthält (siehe Abbildung 4.17). Der Inhalt des Eingabefeldes wird hierbei direkt durch einen Textstring oder aber indirekt durch eine Textdatei bestimmt. Dieser Eingabefeldtext kann jederzeit mit der Hilfe von Tastatur und/oder Maus editiert werden.

Ähnlich wie beim Single Line Text Input resultieren Benutzerinteraktionen mit der mehrzeiligen Version der Texteingabe in Aufrufen der Funktion DdcCiMultiLineTextInputAction. Alle anderen Funktionalitäten sind bei diesen beiden verwandten Objekttypen identisch.

4.2.3.6 Slider

Ein Slider ist ein Rollbalken, der zur graphisch-interaktiven Einstellung von numerischen Werten geeignet ist. Die Initialisierung erfolgt mit der API-Funktion DdcInitSlider und umfaßt die Position, den Minimalwert, den Maximalwert, den Anfangsstand, die dezimale Auflösung sowie die Titelzeile des Sliders. Weiterhin kann ausgewählt werden, ob der Slider horizontal oder vertikal ausgerichtet dargestellt wird. Die Änderung Attribute Minimalwert, Maximalwert, dezimale Auflösung, Slider-Stand und Titelzeile zur Laufzeit erfolgt mit der Funktion DdcSetSliderAttributes (siehe Abbildung 4.18).

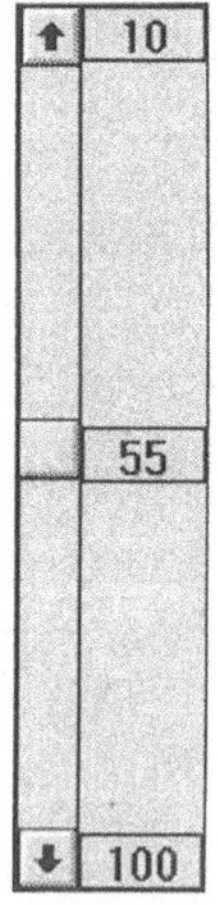

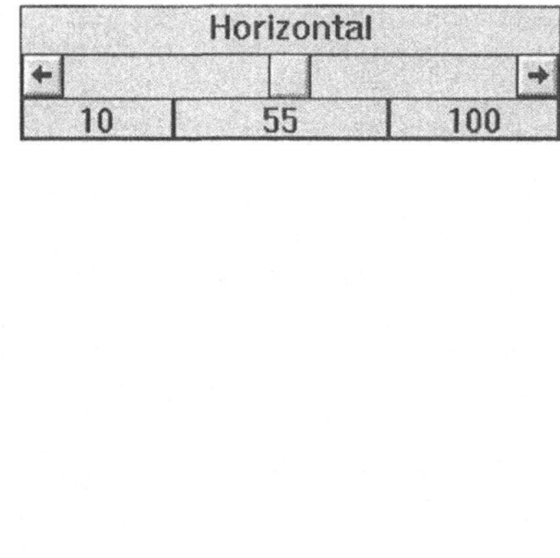

Abbildung 4.18. Ein vertikaler sowie ein horizontaler Slider. Die Minimalwerte betragen 10, die Maximalwerte 100. Der aktuelle Zustand ist bei beiden der Slider-Stand 55

Jedes Betätigen eines Sliders führt durch die Funktion DdcCiSliderAction zu einer Benachrichtigung des Kursinterpreters über seinen aktuellen Zustand. Aus diesem Grund sind weitere Kontrollschaltflächen nicht vorgesehen.

4.2.3.7 Browser

Ein Browser (Überblickfeld) dient der graphischen Auswahl einer textuellen Option aus einem Entscheidungsbaum. Auf diese Weise lassen sich beispielsweise die Auswahl von Dateien oder Schulungskursen aus einer vorhandenen Menge treffen. Die Initialisierung eines GLS-Browsers geschieht mit DdcInitBrowser. Hierdurch werden sowohl die Position des Browser-Fensters als auch der initiale Zustand seiner Kontrollschaltflächen bestimmt.

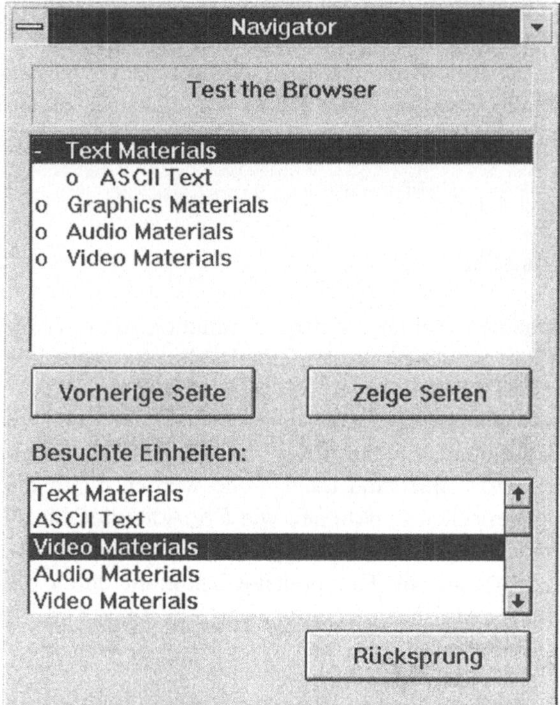

Abbildung 4.19. Das Browser-Objekt mit dem oberen Fenster für die Anzeige des Auswahlbaumes mit vier Wurzelelementen und einem Kindelement sowie dem unteren Listenfenster für die Historieninformation. Elementen im Auswahlbaum ohne weiter unten liegende Kindebenen wird ein „o" vorangestellt, jenen mit nicht angezeigten Kindebenen ein „+". Werden die Kindebenen angezeigt, ändert sich das „+" in ein „-". Das Listenfenster für die Historieninformation zeigt die unstrukturierte zeitliche Abfolge der Benutzerinteraktionen

Die einzelnen textuellen Auswahlelemente des Browsers werden mit der Funktion DdcSetBrowserText gesetzt. Die Position eines jeden solchen Textes innerhalb des Auswahlbaumes wird hierbei über seinen Elterntext bestimmt, der ebenfalls ein Parameter dieser Funktion ist. Wird dieser textuelle Parameter nicht vorbelegt, so erfolgt die Erzeugung des Auswahlelements in der obersten Wurzelebene (siehe Abbildung 4.19).

Jedes Anklicken eines Auswahlelements mit dem Mauszeiger resultiert zum einen im Markieren des zugehörigen Textes. Zum anderen erfolgt hierdurch wechselweise das Anzeigen bzw. Verstecken gegebenenfalls vorhandener weiter unten liegender Ebenen mit ihren zugehörigen Auswahlelementen (= Kindebenen).

Die Betätigung der Schaltfläche „Zeige Seiten" resultiert im Aufruf der Funktion DdcCiBrowserAction, die den zugehörigen Textstring des Auswahl-elements enthält. Weiterhin wird jede dieser Aktionen in einem integrierten Listenfenster angezeigt und als chronologische Historieninformation gespeichert. Die Schaltfläche „Vorherige Seite" ruft dieselben Rückkopplungsfunktion auf, jedoch mit dem Textstring des als vorletztes gewählten Auswahlelements. Die Schaltfläche „Rücksprung" erlaubt dagegen die Rücknavigation zu einem beliebigen, im Historieninformationsfenster frei auswählbaren Punkt (= besuchte Einheit) im Auswahlbaum.

4.2.4 Die dynamischen Komponenten

Die dynamischen GLS-Komponenten Audio, Video, Animation und Timer entsprechen in ihrer Funktionalität den Dynamische Tele-Media. Sie enthalten implizite Mechanismen zur Gewährleistung ihrer jeweiligen Isochronität.

Die Synchronisation einzelner dynamischer GLS-Komponenten zu anderen statischen oder dynamischen GLS-Komponenten erfolgt über die TM-Relationen *before*, *meets*, *during*, *overlaps*, *starts*, *ends* und *during*. Sie werden durch die entsprechende Ausführung von generischen Funktionen wie DdcActivateObject, DdcDeactivateObject oder DdcKillObject sowie möglichen parallelen Timer-Objekten realisiert. Jede zuvor rein statische Komponente bekommt durch die kombinierte Behandlung mit einer dynamischen Komponente (oder eines Timers) selbst ein gewisses dynamisches Verhalten.

4.2.4.1 Audio

Audiosequenzen werden mit der Funktion DdcInitAudio initialisiert. Die Parameter diese Funktion beinhalten neben einer Objekt-ID und dem Dateinamen der Audioquelle eine Zeit in Millisekunden. Ist dieser Wert gleich Null, so wird die Audiodatei bis zu ihrem Ende abgespielt. Ist der Wert jedoch ungleich Null, repräsentiert er die abzuspielende Zeitspanne der Audiosequenz. Hierbei wird die

Audiodatei ggf. so lange wiederholt, bis diese Zeit verstrichen ist. Gewährleistet wird dieses Verhalten durch eine endlose Wiedergabeschleife der Audiodatei und einen automatisch parallel gestarteten Timer, der die Audiosequenz durch eine GLS-interne Nachricht nach der vorgegebene Zeitspanne asynchron unterbricht.

Die Audioquellen müssen als *WAVE*-Dateien vorliegen, wobei Samplingraten von 8 kHz bzw. 44,1 kHz bevorzugt zu verwenden sind. Die Attribute bzw. die Möglichkeiten zur asynchronen Änderung des Verhaltens während der Laufzeit werden über die Funktion DdcSetAudioAttributes gesteuert. Hiermit lassen sich die Lautstärke verändern (falls die Hardware-Audiokomponenten dies zulassen) und die Audiosequenz asynchron unterbrechen. Das letztere Verhalten läßt sich auch über die generischen Funktionen DdcDeactivateObject oder DdcKillObject erreichen.

4.2.4.2 Video

Videosequenzen werden mit den Funktionen DdcInitVideo initialisiert. Als Parameter werden eine Zeit in Millisekunden, eine x,y-Position, eine Breite, eine Höhe sowie ein Dateiname übergeben. Die Zeit hat für die Videosequenz grundsätzlich die gleiche Bedeutung wie für eine Audiosequenz. Position, Breite und Höhe beschreiben das Fenster, in dem die Videobilder abgespielt werden. Sind die Werte für die Fensterbreite sowie -höhe gleich Null, so werden die dem betreffenden Video zugeordneten Standardwerte verwendet. Diese lassen sich aus der Videoquelle extrahieren, die durch den Dateinamen spezifiziert wird.

Die erlaubten Quellformate für die Darstellung von Videosequenzen innerhalb des GLS sind *AVI* sowie *MPEG*. Audiokanäle, die mit dem Videosignal in diesen Formaten abgespeichert sein können, werden beim Abspielen der Videosequenz synchronisiert wiedergegeben.

Um die Isochronität des Videostromes zu gewährleisten, werden ggf. Einzelbilder in einer Sequenz nicht auf dem Bildschirm dargestellt, obwohl ihre Daten innerhalb der Quelldatei vorhanden sind. Die Zahl der dargestellten bzw. weggelassenen Bilder hängt stark von der Leistungsfähigkeit der Ausgabe-plattform ab. Als Konsequenz kann sich bei der Präsentation von großformatigen Videosequenzen ein „ruckendes" Abspielen des visuellen Datenstromes einstellen, das jedoch nicht ihre Gesamtlaufzeit oder den Audioanteil beeinflußt.

Position, Breite und Höhe des Videofenster sowie die Lautstärke des Audiosignals können durch die Funktion DdcSetVideoAttributes zur Laufzeit verändert werden.

4.2.4.3 Animation

Eine Animation innerhalb der GLS-Umgebung erlaubt das Abspielen einer Sequenz von Rasterbildern innerhalb eines Fensters auf einer linearen Trajektorie. Dies entspricht im wesentlichen einer *Sprite*-Animation. Initialisiert wird sie durch die Funktion DdcInitAnimation, die eine Startposition, eine Endposition, die Anzahl der Einzelbilder, die Zeit zwischen jedem einzelnen Bild, die Gesamtzeit (Null für eine Endlosschleife) sowie den Dateinamen des ersten Bildes enthält. Die Größe des Sprites sollte 100 x 100 Pixel und die Bildwiederholrate 10 Bilder/s nicht übersteigen, da sonst viele Rechnersysteme über ihre Grenzen belastet werden und dadurch die Zeitvorgaben nicht mehr einhalten können.

Als Quellformate für die Einzelbilder werden *BMP*, *TIFF* und *PCX* akzeptiert. Der Dateiname des ersten Bildes muß in der Form „xxxxx000.xxx" vorliegen, alle weiteren Bilder erhalten eine fortlaufende Numerierung an den drei Stellen vor dem Punkt.

Befindet sich eine solche Animation in ihrer Ausführung, kann sie jederzeit durch die generische Funktion DdcDeactivateObject unterbrochen werden.

4.2.4.4 Zeitgeber

Ein GLS-Zeitgeber (Timer) ist ein Meßwerkzeug für zeitliche Intervalle. Bei der Initialisierung eines Timer-Objekts erfolgt die Vorgabe ob ein individuelles Intervall, eine diskrete Anzahl von Intervallen oder eine potentiell unendliche Reihe von Zeitintervallen die Basis des Objekts ist. Dies geschieht mit der API-Funktion DdcInitTimer. Das asynchrone Anhalten der Meßsequenz geschieht mit DdcSetTimerAttributes (oder mit DdcDeactivateObject bzw. DdcKillObject).

4.3 Protokollbibliotheken und Steuerungsmodul-SDK

Im vorangegangenen Kapitel wurden die API-Funktionen des Generischen Lernsystems und ihre Eigenschaften ausführlich beschrieben. Im folgenden sollen nun die Umsetzung der Funktionsaufrufe in Netzmeldungen sowie die beispielhafte Implementation eines Kursinterpreters und seine Verwendung als Kursinterpreter Development Toolkit (*CIDK*) im Mittelpunkt der Betrachtungen stehen.

4.3.1 Meldungsprotokoll und API

Gemäß der Definition des Tele-Media-Trainingssystems erlaubt ein spezielles API über Steuerungsfunktionen den Zugriff eines Kursinterpreters (CI) auf das Generische Lernsystem (GLS). Rückkopplungsfunktionen, die ebenfalls innerhalb des APIs spezifiziert sind, benachrichtigen den CI über Benutzerinteraktionen Hierbei können sich die beiden Softwarekomponenten CI und GLS auf verschiedenen Rechnerplattformen befinden, die über ein Netz miteinander verbunden sind.

Alle API-Funktionen zur Steuerung des GLS müssen daher in einer Weise auf dem CI verfügbar sein, daß sie aufgerufen werden können um eine netzbasierte Meldung zum GLS zu erzeugen, die dort die „echte" Funktionalität adressiert. Umgekehrt muß jede Interaktion, die auf der GLS-Seite eine Rückkopplungsfunktion anspricht, eine netzbasierte Meldung zum CI erzeugen, die dieser geeignet empfangen, aufbereiten und beantworten kann. Die Gesamtheit der Meldungen definiert dann ein vollständiges Netzprotokoll für die Client/ServerKommunikation zwischen GLS und CI [Tritsch94a].

Das wesentliche Softwaremodul für diese Aufgabe ist das schon weiter oben in Kapitel 3.4 kurz beschriebene Protokoll- und API-Modul. Für seine Realisierung unter MS-Windows wurden zwei DLLs (*Dynamic Link Libraries*) implementiert, die die zentrale Aufgabe des Konvertierens von Funktionsaufrufen in Netzmeldungen und zurück übernehmen.

Die Server-DLL (DDCSRV.DLL) gehört zum Kursinterpreter. Alle GLS-APIAufrufe werden direkt an sie weitergereicht und starten für jede Funktion den folgenden Mechanismus: Die DLL ordnet jeder Steuerfunktion eine funktionsspezifische Kennung zu, die Message ID genannt wird (z.B. 1101 für **DdcActivateObject**, 1102 für **DdcDeactivateObject**, usw.). Diese Kennung wird als erstes Element in einen Sendepuffer (Typendefinition: **tBuffer**) geschrieben nachdem dieser initialisiert wurde. Als nächstes streift die DLL alle Parameter vom Funktionskörper ab und initiiert eine typenspezifische Weiterleitung dieser Parameter in den Sendepuffer. Die erlaubten Typen sind hierbei **eString, eCard32, eInt32** sowie **eBool**. Sie entsprechen den C-Typen eines Nullterminierten Strings, eines 32-Bit unsigned Integers, eines 32-Bit Integers und einem 32-Bit Boolean-Wert. Zuletzt erfolgt das Abschicken des gesamten Sendepuffers über das Netz.

Der folgende Auszug von Programmzeilen zeigt die entsprechende Realisation der **DdcActivateObject**-Funktion in der Server-DLL:

```
tBool  WINAPI DdcActivateObject (tCard32 objectID)
  {
   tBuffer bufOut;
   tCard32 messageID;

   messageID = MsgGlsActivateObject;   // = 1101
   DdcBufferInit(&bufOut);
   DdcBufferWrite (&bufOut, eCard32, &messageID);
   DdcBufferWrite (&bufOut, eCard32, &objectID);
   return((tBool)DdcBufferSend(port, &bufOut));
  }
```

Eine weitere Aufgabe der Server-DLL ist die Bereitstellung empfangener Netzmeldungen in einer weiterverarbeitbaren Form für den Kursinterpreter:

Sobald der Kursinterpreter einen Bitstrom aus dem Netz erhält, speichert er diesen in einem Empfangspuffer (Typendefinition: tBuffer) und ruft die Server-DLL-Funktion CiReadMsgStruct auf. Diese erhält vom Kursinterpreter eine definierte leere Struktur (Typendefinition: tCiMsgStruct), in die sie die empfangenen Parameter einer Funktion einfüllen soll. Zunächst ermittelt sie durch das Auslesen der ersten vier Bytes die Message ID und dadurch die Anzahl sowie die Datentypen der zugehörigen weiteren Funktionsparameter. Mit Ausnahme etwaiger String-Parameter ist die Länge der Parameter durch ihren Datentypen eindeutig bestimmt. Diese String-Parameter können theoretisch eine beliebige Länge haben und werden daher bis zu ihrem abschließenden „\0"-Zeichen eingelesen.

Nachdem die CiReadMsgStruct-Funktion alle empfangenen Parameter einer Meldung in die zuvor leere CI-Struktur eingefüllt hat, benachrichtigt sie den Kursinterpreter hiervon. Dieser hat nun die vollständige Information der Rückkopplungsfunktion vorliegen, kopiert sie in interne Puffer und kann sie auswerten. So schnell wie möglich reinitialisiert er die CI-Struktur und leert sie dadurch wieder vollständig. Nun ist sie bereit zur Aufnahme der nächsten Netzmeldung, die von der Server-DLL aufbereitet wird.

Die Client-DLL (DDCCLI.DLL) ist das genaue Gegenstück zur Server-DLL. Sie gehört zum GLS und ist in der Lage Rückkopplungsmeldungen, die sie aus Rückkopplungsfunktionen generiert hat mit einer entsprechenden Message ID zu versehen und inklusive aller Parameter über das Netz in Richtung CI abzuschicken. Weiterhin empfängt sie die Steuermeldungen vom CI, deren Informationsgehalt sie jedoch nicht nur aus dem Empfangspuffer in eine GLS-Struktur (Typendefinition: tGlsMsgStruct) füllt, sondern auch für den Aufruf der entsprechenden GLS-API-Funktion sorgt. Auf der GLS-Seite wird daher genau jene Funktion ausgeführt, die auf der CI-Seite angefordert wurde.

Zusätzliche Funktionen in der Client- und der Server-DLL sorgen für die Verbindungsaufnahme und den Verbindungsabbau zwischen GLS und CI sowie für die Verwaltung der verschiedenen Sende- und Empfangspuffer (I/O-Puffer).

4.3.2 CIDK: Ein Entwicklungswerkzeug für „Didaktische Server"

Die Implementation eines geeigneten Kursinterpreters für dynamische und netzbasierte Schulungsumgebungen innerhalb des Tele-Media-Trainingssystems erfordert entsprechende Entwicklungswerkzeuge. Solche Werkzeuge werden allgemein *SDKs* (Software Development Kits) genannt. Sie umfassen in der Regel die Spezifikation eines API sowie die Bereitstellung von Header-Dateien, Bibliotheken und Quellcodes für die Compiler höherer Programmiersprachen.

Das Kursinterpreter Development Toolkit (*CIDK*) ist ein solches SDK für die Programmiersprache C bzw. C++. Es beinhaltet zum einen die im vorhergehenden Kapitel beschriebene Server-DLL und zum anderen eine Reihe von Header-Dateien zur Definition von API (DDCAPI.H), plattformunabhängigen Typen

(STDTYPES.H, DDCTYPES.H), Konstanten (DDCCONST.H), Bitmasken (DDCMASKS.H), Bitflaggen (DDCFLAGS.H), Farben (DDCCOLOR.H), I/O-Puffern (DDCBUF.H) und Netzmechanismen (DDCSOCK.H). Weiterhin umfaßt das CIDK ein modulares Programm, das exemplarisch einen hartverdrahteten Kursinterpreter realisiert: den CIDEMO-Server.

Das Hauptmodul des CIDEMO-Programms (bestehend aus den Quellen CIDEMO.C, CIDEMO.H, CIKERNEL.C) kann als Basis für jeden neu zu implementierenden Kursinterpreter dienen. Das Modul STATBAR.C realisiert der Anzeige von Informationen in einer Statuszeile am unteren Ende des Server-Fensters (siehe Abbildung 4.20).

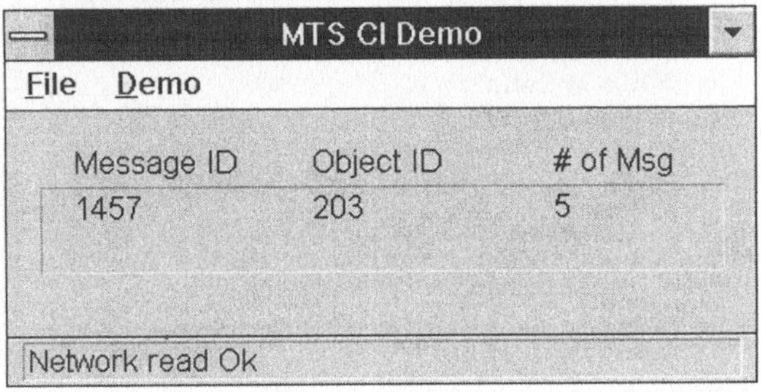

Abbildung 4.20. Das Fenster des CIDEMO-Servers. Die letzte empfangene Meldung kommt von einer Schaltfläche (Message ID = 1457) mit der Objekt-ID 203. Dies ist die insgesamt fünfte Meldung, die der Kursinterpreter zur Bearbeitung erhält.

Ein Demonstrationskurs, der seitenweise orientiert ist und sämtliche Funktionalitäten des Tele-Media-Trainingssystems vorstellt, ist in den Modulen C4P1.C, C4P2.C, ... , C4P20.C mit ihren entsprechenden Header-Dateien kodiert. Eine Initialisierung- und Dispatcher-Aufgabe sowie die Bereitstellung seiten-übergreifender Mechanismen (bestimmte Menüeinträge, Vor- und Zurückblättern) übernimmt das Modul CIACT.C.

Die Beschreibung einzelner Seiten wird in reinem, plattformunabhängigen ANSI-C bzw. C++ realisiert, wobei für die Kommunikation mit dem GLS ausschließlich auf API-Funktionen zurückgegriffen wird. Anhang E enthält beispielsweise den Quellcode der Seite 3, der Funktionen für die initiale Darstellung der Seite (DspPage3: zwei Texte, eine umschaltbare Schaltfläche, ein Browser), für das Entfernen der Seite (RmvPage3) und für die Reaktion auf Benutzerinteraktionen (MsgHandlerPage3) enthält (siehe auch Abb. Abbildung 4.21). Die letzte Funktion beinhaltet hierbei einen Zeiger auf die CI-Struktur tCiMsgStruct, um den Zugriff auf die Parameter der Rückkopplungsmeldung zu gewähren. Die Objekt-IDs werden in der Header-Datei C4P3.H so definiert, daß der zugehörige Quellcode einfacher lesbar ist (z.B. **#define** Text1 311).

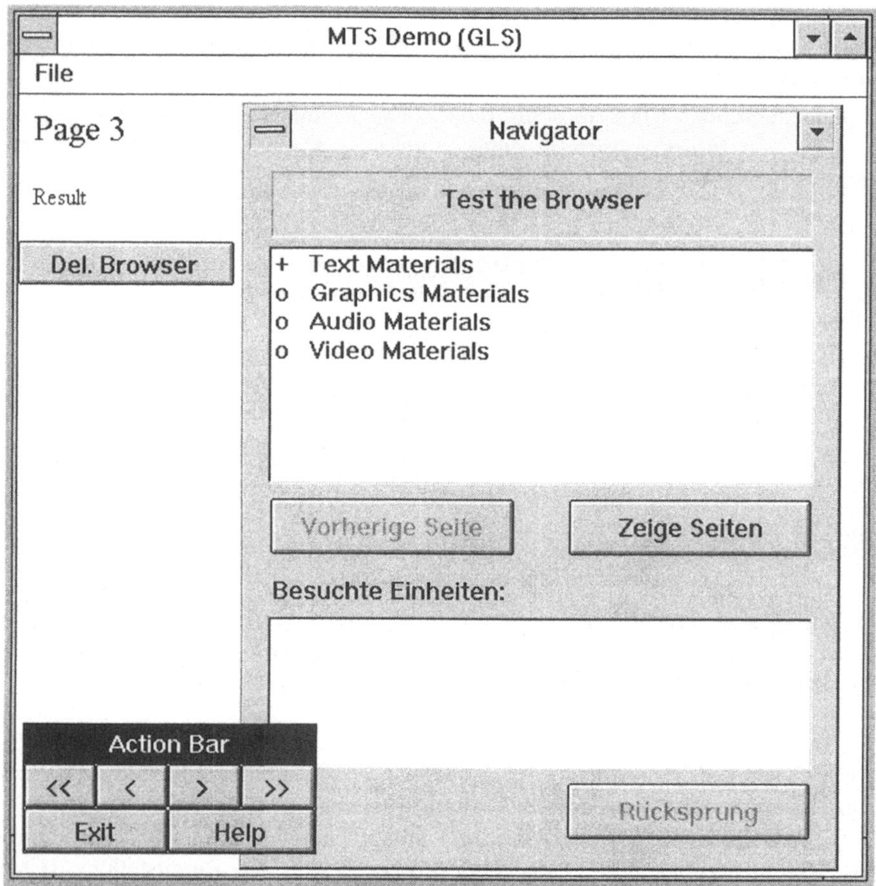

Abbildung 4.21. Seite 3 des CIDEMO-Servers direkt nach dem initialen Aufruf des Browsers, dargestellt innerhalb der GLS-Umgebung. Das Fenster mit der Titelzeile „Action Bar" dient seitenübergreifenden Aufgaben und ist im Modul CIACT.C kodiert. Eine Interaktion mit dem Browser führt zu einer Änderung des Textstrings „Result".

4.4 Realisation des Kommunikationsmoduls

Das Kommunikationsmodul des Tele-Media-Trainingssystems besteht aus Audio- und Videokomponenten sowie Mechanismen für zwei verschiedene Kommunikationsmodelle: Punkt-zu-Punkt-Kommunikation und Multipoint-Kommunikation. Die Basiskonzepte des Kommunikationsmoduls werden von den Echtzeit-Tele-Media abgeleitet und erlauben die Entwicklung eines kooperativen Systems für die menschliche Zusammenarbeit [Tritsch93b], [Tritsch94b].

Die Echtzeitverarbeitung von Audio- und Videosignalen auf verschiedenen Rechnerplattformen erfordert sowohl einen beträchtlichen numerischen Rechenaufwand als auch hohe Datentransferleistungen, die ohne besondere Vorkehrungen ein System leicht überfordern können. Der Reihenfolge (Pipeline) für verschiedene Verarbeitungsschritte der multimedialen Informationen fällt hierbei eine zentrale Rolle zu. Im folgenden sollen diese Schritte für das Abschicken sowie Empfangen von Audio- bzw. Videosequenzen zunächst im Überblick und danach im Detail betrachtet werden (siehe Abbildung 4.22). Die Qualität der Audioverbindung soll in diesem Zusammenhang auf die Verwendung bei Sprechverkehr optimiert werden und nicht auch andere Audioquellen (Musik, MIDI) zwangsläufig unterstützen.

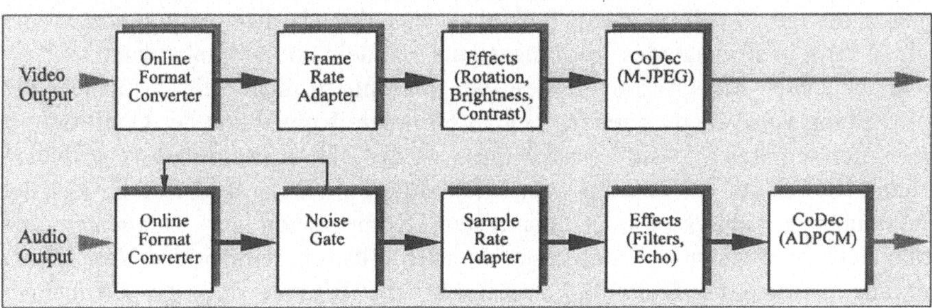

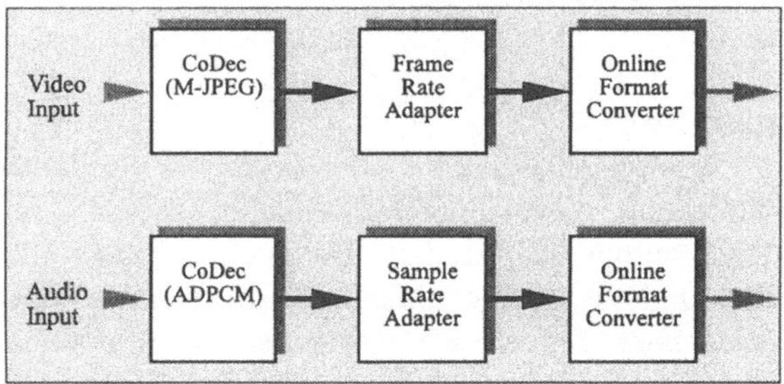

Abbildung 4.22. Audio- und Video-Pipelines bei der Echtzeitkommunikation. Oben die Pipelines beim Versenden der Daten, unten beim Empfang

Das Aufbereiten eines Audiosignals für seine direkte nach der Digitalisierung zerfällt in die Aspekte Konversion, Geräuschunterdrückung, Anpassung der Sampling Rate, Filterung und Komprimierung. Die Konversion dient hierbei der Wandlung des gerade digitalisierten Eingangsformats, das durch die verwendete Rechnerplattform bestimmt wird in ein intermediäres Forma, das für das Gesamtsystem definiert wurde. Dies gewährleistet, daß alle weiteren nach dieser Konversion ausgeführten Verarbeitungsschritte in der Pipeline plattform-unabhängig mit den identischen Algorithmen ausgeführt werden können.

Der erste dieser plattformunabhängigen Schritte innerhalb des beschriebenen Kommunikationsmodul ist eine Geräuschunterdrückung (*Noise Gate*), die verhindert, daß „Leer"-Daten weiterverarbeitet werden, wenn das Eingangssignal eine gewisse Schwelle unterschreitet, d.h. ein Sprecher gerade schweigt. Als nächste erfolgt eine Anpassung der Sampling Rate des Aufnahmesystems an die spezifizierte Rate des Gesamtsystems. Danach kann das Signal durch verschiedene Filter in seiner Qualität verbessert werden, wonach direkt vor dem Verschicken über das Netz die numerisch anspruchsvolle Kompression der Audiodaten ausgeführt wird. Hierbei gilt es eine günstige Balance zwischen rechnerischem Aufwand, erzielter Kompressionsrate und Qualitätsverlust des resultierenden Audiosignals zu wahren.

Der Empfang der Audiodaten vom Netz resultiert in der Umkehrung einiger der oben beschriebenen Verarbeitungsschritte: Zunächst erfolgt die Dekompression der Daten, danach die Anpassung der Sampling Rate und schließlich die Konversion der Daten in das Zielformat, das die Hardwarekomponenten der Zielplattform in ein analoges Ausgangssignal wandeln und abspielen kann.

Ähnlich wie die Audioverarbeitung präsentiert sich die Pipeline der Verarbeitung von Videosequenzen beim Versenden: Konversion des Quellformats in ein intermediäres Systemformat, Anpassung der Bildrate auf einen vereinbarten systemweiten Wert, Anwendung von Effektalgorithmen zur Bildrotation oder der Erhöhung von Helligkeit oder Kontrasten, Kompression der Videodaten und schließlich die Versendung des resultierenden Bitstromes über das Netz. Beim Empfang werden die Daten dekomprimiert, die Bildrate auf den Zielrechner angepaßt und das plattformabhängige Videodatenformat generiert. Danach erfolgt die Darstellung auf dem Bildschirm [Tritsch93b], [Jäger94].

4.4.1 Audio für Kommunikationszwecke

Verschiedenen Multimediaplattformen bieten unterschiedliche Typen von Audiogeräten, -formaten, -werkzeugen und -diensten an. Dennoch umfassen alle von ihnen einen gewissen Satz an Basisfunktionalitäten. Dazu gehören z.B. Aufnahme, Speichern und Wiedergabe. Jedoch schon bei den Dateiformaten ändert sich das Bild drastisch: fast jeder Computerhersteller favorisiert sein eigenes Audioformat (SGI und Apple: *AIFF*; Sun: *µ-law*; PC: *WAVE*; etc.).

Viele Formate und Audio-Peripheriegeräte basieren auf der *Puls Code Modulation (PCM)*, wobei bei einer bestimmten festen Abtastrate die momentane Stärke des Audiosignals digitalisiert und innerhalb eines vorgegebenen Wertebereiches in einer Datei abgelegt wird (AIFF, WAVE). Ein typisches Anwendungsbeispiel ist eine Abtastrate von 8 kHz innerhalb eines 8-Bit-Wertebereiches (= 8 KBytes pro Sekunde). Damit kann nach dem *Shannon'schen Abtasttheorem* eine maximale Audiofrequenz von 4 kHz verarbeitet werden mit einer Dynamik, die 256 verschiedenen, lineare Stufen zwischen Stille und maximaler Lautstärke umfaßt. Dies reproduziert recht gut das dynamische Verhalten der menschlichen Stimme. Die resultierende Audioqualität entspricht in etwa der eines guten Telefonsignals. CD-Qualität läßt sich mit einer Abtastrate von 2 x 44.1 kHz (stereo) bei 16 Bits Dynamikbereich realisieren (= 196,4 KBytes/s).

Andere Formate, wie z.B. das μ-law-Format (auch U-LAW genannt), basieren auf einem logarithmischen Algorithmus bezüglich des Sample-Size-Kanals. Der Speicheraufwand beim Digitalisieren von Audiosequenzen mit gleicher Sampling Rate und Bittiefe ist hierbei in etwa identisch zum PCM-Verfahren. Die Auflösung erscheint jedoch erhöht durch die logarithmische Skala, die eher dem physiologischen Hörvermögen des Menschen entspricht. Andererseits ist der numerische Aufwand bei der Verarbeitung solcher logarithmischer Algorithmen überproportional erhöht, da ein Großteil der verwendeten Hardware- sowie Softwareplattformen zur Audioverarbeitung auf linearen Mechanismen basiert und daher einer aufwendigeren Umrechnung bedarf.

Möchte man die oben beschriebenen Formate zum plattformübergreifenden Austausch von Audio innerhalb kooperativer Anwendungen verwenden, so benötigt man *Echtzeit-Formatkonverter*, die alle verwendeten Formate in ein intermediäres Zwischenformat (Intermediate Audio Format) wandeln können. Dieses wird über das Netz ausgetauscht und in der Zielmaschine wieder in das plattformspezifische Format zurückkonvertiert (siehe Abbildung 4.23).

Innerhalb dieser Arbeit wurde das WAVE-Format bei 8 bzw. 4 kHz Sampling Rate und einer Sample Size von 8 Bits als intermediäres Format gewählt. Die Hauptgründe lagen in der starken Verbreitung des Formats besonders auf PCs sowie seiner Einfachheit und der sehr exakten Spezifikation [Microsoft96]. Besonders der erste Grund fiel stark ins Gewicht, da bei der Verwendung des WAVE-Formats der PC als die Plattform mit der schwächsten Rechenleistung keinerlei Formatkonversion durchführen muß. Die Implementation der Software-Echtzeitkonverter ließ sich auf den anderen Plattformen (SGI Indigo, Sun Sparc 2/10) problemlos realisieren und erzeugen je nach Leistungsfähigkeit der zugrundeliegenden CPU im Betrieb zwischen 10 und 50 Millisekunden Laufzeitverzögerung des Audiosignals.

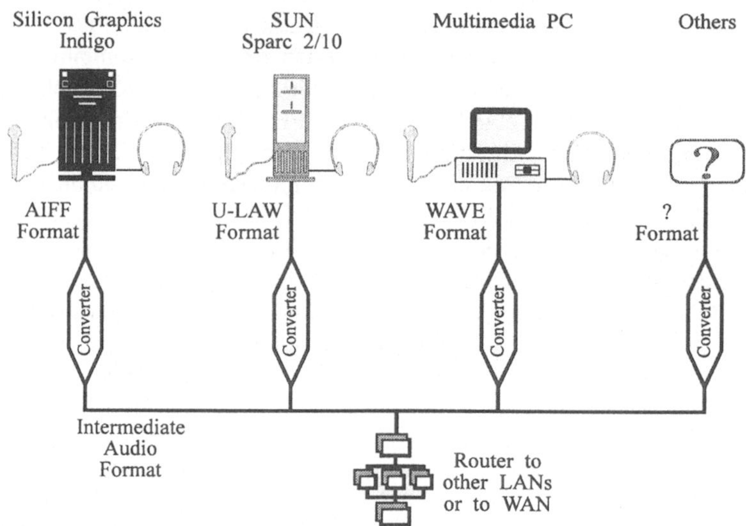

Abbildung 4.23. Architektur für Audiokommunikation in einer heterogenen Umgebung unter Verwendung von Echtzeit-Formatkonvertern

Mechanismen wie *Down-Sampling* (entfernen von einzelnen digitalisierten Audiowerten aus dem PCM-Datenstrom) oder *Up-Sampling* (Interpolation fehlender diskreter Audiowerte in den PCM-Datenstrom) stellen weiter Möglichkeiten der Audioverarbeitung dar. Sie werden für „Primitiv"-Kompressionszwecke und für die Anpassung an verschiedene Audiohardware verwendet. Damit ist die Integration beispielsweise von diskreter 8-kHz- und 12-kHz-Audioperipherie auf verschiedenen Plattformen allein durch Software gegeben. Beim Down-Sampling wird einfach jeder n-te Sample aus dem Datenstrom entfernt, wobei n der Reziprokwert des Faktors ist, um den der Datenstrom reduziert werden soll. Bei der Reduktion einer 12-kHz-Sampling-Rate auf 8 kHz, d.h. um 1/3, erfolgt die Entfernung jedes dritten Samples. Ist n keine ganze Zahl, so wird dies durch die Entfernung diskreter Samples mit entsprechend variierendem zeitlichen Abstand realisiert. Integriert über eine nicht zu kurze Zeitspanne, in der mehrere entfernte Samples liegen, führt dies bei deren geschickte Auswahl zum erwünschten Ergebnis.

Beim Up-Sampling erfolgt die Interpolation fehlender Samples über die benachbarten Samples. In der vorliegenden Arbeit wird aus Gründen der schnellen Berechenbarkeit hierfür eine lineare Interpolation eingesetzt. Experimente mit Interpolationen aus Funktionen zweiten Grades führten zu keiner nennenswerten Verbesserung der Sprachqualität bei gleichzeitig deutlich erhöhtem Rechenaufwand. Unterschiede konnten nur bei den scharfen Zischlauten entdeckt werden, die eher zur Verzerrung (*Distortion*) neigten.

Als sehr sinnvoll hat sich die Verwendung eines *Noise Gates* und einer *Echo Cancelation* bei der Echtzeitkommunikation herausgestellt. Das erstere schließt automatisch den Kommunikationskanal, wenn das Audiosignal unter eine vorher gesetzte dynamische Schwelle fällt (d.h. bei Stille bzw. ausschließlichem Hintergrundgeräusch) und öffnet den Kanal wieder, sobald der Benutzer in sein Mikrophon spricht. Die technische Realisation erfolgt über eine variable ε-Umgebung, die um die Nullinie der PCM-kodierten Audiodaten liegt. In regelmäßigen Abständen wird überprüft, ob ein Sample außerhalb der Umgebung liegt. Wenn ja, wird die Weiterverarbeitung des Audiodatenstromes durchgeführt, wenn nicht, werden die Daten bis zur nächsten Überprüfung nicht beachtet und aus dem System gelöscht. Dies entspricht in hohem Maße den Forderungen der Echtzeit-Tele-Media bei der Behandlung von Ausnahmesituationen (*Exception Handling*). Je nach dem Geräuschpegel der Umgebung kann die ε-Umgebung des Noise Gates vergrößert oder verkleinert werden, um einen optimalen Arbeitsbereich zu gewährleisten. Das Hauptaugenmerkmal bei der Implementation des Noise Gates liegt jedoch bei einer schnellen Ansprechzeit, die durch die Tele-Media-Relation *starts* gefordert wird. Das im Rahmen dieser Arbeit realisierte Noise Gate arbeitet mit einer Ansprechzeit von deutlich unter 100 ms und einer algorithmusbedingten Laufzeitverzögerung des Audiosignals von weniger als 10 ms.

Die Echo Cancelation verhindert *Feedback*-Störungen, wobei das beim Ziel angekommene Audiosignal über den Lautsprecher ausgegeben, über das Mikrophon wieder aufgenommen und mit gewisser zeitlicher Verzögerung zur Quelle zurückgeschickt wird. Das Ergebnis kann von einem hohen Pfeifen bis zu einem immer wiederkehrenden Echo reichen. Die Implementation eines entsprechenden Algorithmus' für die Echtzeitaudiokomponente stellte sich im Rahmen dieser Arbeit jedoch als nicht trivial heraus. Besonders bei den Verzögerungszeiten des Audiosignals und dem Verbrauch von Speicherressourcen wurden ungünstige Werte erreicht. Daher werden im täglichen Betrieb auf Kopfhörer-Mikrophon-Kombinationen oder spezielle Mikrophonvorverstärker mit Echounterdrückung zurückgegriffen, die das Feedback-Problem auf ein verschwindendes Maß reduzieren.

Ein signifikanter Engpaß für die Audiokommunikation über weitverbreitete Netztechnologie für Rechner stellt die beschränkte und veränderliche Netzkapazität dar. Besonders zweiteres beruht auf den verbindungslosen Mechanismen dieser Netze, die damit in völligem Widerspruch zu den verbindungsorientierten Kommunikationsnetzen der nationalen Telekomanbieter stehen. Während verbindungsorientierte Netze einen neuen Benutzer ablehnen, wenn „die Leitung besetzt" ist, fehlt dieser Mechanismus bei verbindungslosen Netzen völlig. Jeder kann seinen Datenstrom abschicken und verläßt sich darauf, daß *Bridges*, *Routers* und *Gateways* diesen über einen nicht zwingend vorbestimmbaren Weg ans Ziel bringen. Sind sehr viele Datenströme unterwegs, sinkt entsprechend die verfügbare Transferkapazität für jeden einzelnen Strom.

Ist von vornherein bekannt oder absehbar, daß die Netzkapazität für den Transfer des Audiodatenstroms zu klein werden kann, müssen

Kompressionsalgorithmen angewandt werden. Ein weitverbreiteter Standard ist der *ADPCM*-Algorithmus *(Adaptive Differential Pulse Code Modulation)*. Er ist auf die Gegebenheiten der menschlichen Stimme angepaßt und erreicht Kompressionsfaktoren von 2 bis 5 ohne nennenswerte Verluste. Der Algorithmus kann recht problemlos sowohl für Kompression als auch für Dekompression in Software realisiert werden, verbraucht jedoch beträchtliche Rechenkapazitäten.

Das Netz ist in dem gesamten oben beschriebenen Szenario das zeitlich unberechenbarste Element. Je nach vorhandenen oder nicht vorhandenen asynchronen Diensten können Verzögerungen (durch Puffer) oder Gleichlaufschwankungen (durch unterschiedliche Transportzeiten) auftreten. Diese sind nur durch sorgfältiges Netz-Setup oder -Upgrade verhinderbar. Als günstigster Wert erwies sich bei der Erprobung der Audiokommunikation auf dem LAN eine Puffergröße von auf Zeitbasis umgerechnet 1/10 Sekunde. Hiermit konnte ein guter Kompromiß für die Tele-Media-Forderungen nach kurzen Verzögerungszeiten (Delays) einerseits und unterbrechungsfreiem, gepuffertem Abspielen andererseits gefunden werden. Die Gesamtverzögerung des Audiosignals erreichte bei moderater Netzauslastung unter Berücksichtigung der Verzögerungen durch Echtzeitkonverter, Noise Gate, Name Service des TCP/IP-Netzes sowie Router- und Bridge-Delays etwa 0,5 bis 1 Sekunde. Damit war die Audiokommunikation zwischen ausgewählten Rechnern innerhalb eines Netzes mit über 300 angeschlossenen Plattformen problemlos möglich.

Diese Art der Audiokommunikation ist jedoch weniger für einen allgemeinen Einsatz auf dem *Internet* geeignet, wie auch schon Studien anderer Audiokommunikations-Tools für Rechnernetze zeigen (z.B. Iphone). Diese haben zwar Stärken in zum Teil hohen Kompressionsrate, verbrauchen jedoch oft durch spezifische Implementierungsmethoden (z.B. schnelleres aber unkontrollierbares UDP-Protokoll statt TCP) bevorzugt die Internet-Ressourcen, die dann anderen netzbasierten Applikationen fehlen. Vielmehr ist der Einsatz der Audiowerkzeuge des Tele-Media-Trainingssystems eher für verbindungsorientierte Netztopologien geeignet wie sie mit *ISDN* oder *ATM* realisiert werden können. Dadurch wird für den in der menschlichen Kommunikation immens wichtigen Audiokanal die benötigte Netzbandbreite reserviert und gewährleistet. Besonders ISDN mit seinen vergleichsweise günstigen Kosten spielt hier eine herausragende Rolle.

Aus diesen Gründen werden alle Mechanismen des Kommunikationsmoduls für die Audio- und Videotransmission zwar auf *TCP/IP* unter der Verwendung von *Berkeley-Sockets* abgestimmt, jedoch immer mit Vorgabe ihre Verwendung auch unter ISDN mit seiner *CAPI*-Schnittstelle (Common ISDN API) verfügbar zu machen. Hierfür werden kommerzielle TCP/IP-nach-CAPI-Konverter verwendet, deren Einsatz in Kapitel 5 näher betrachtet wird. Ein Hauptaugenmerk bezüglich der Audiotransferleistungen ist jedoch durch die angestrebte Verwendung von ISDN-Routers eine Beschränkung des zugehörigen Datenstromes auf die eines ISDN-Kanals abzüglich ca. 20% Verwaltungsaufwand für TCP/IP über ISDN [Jäger92a], [Hornung93].

Die Nettodatenrate für den Audiokanal darf damit etwa 64 kBit/s – 20% ≈ 48 kBit/s = 6 KBytes/s betragen. Diese kann mit den weiter oben beschriebenen Mechanismen zur Kompression (Down-Sampling, ADPCM) problemlos eingehalten werden. Hiermit ist die Verwendung der oben beschriebenen Audiokomponente als Echtzeit-Tele-Medium gegeben. Eine entsprechende Implementation inklusive Echtzeitkonverter, Down- und Up-Sampling sowie Noise Gate wurde auf verschiedenen Testplattformen erprobt, wobei algorithmusbedingte Verzögerungen in der Regel 30 bis 50 ms nicht überschritten haben. In Kapitel 5 werden die entsprechenden Erfahrungen genauer erläutert.

4.4.2 Video für Kommunikationszwecke

Video in der uns bekannten Form ist ein analoges Signal. Um dieses Videosignal einzufangen und es über ein Netz zu übertragen, muß es digitalisiert werden. Hierfür benötigt man spezielle Hardware, die aber immer günstiger und verbreiteter wird. Digitales Video ist grundsätzlich eine visuelle Information, die als eine Sequenz von digitalen Bildern unter einem sehr engen zeitlichen Rahmen betrachtet werden kann. Das Aufnehmen und Übertragen einer fortlaufenden Videosequenz benötigt Bandbreiten von bis zu 216 MBits/Sekunde, was die meisten Systembusse, LANs oder WANs überfordert. Der Spitzenwert von 216 MBits/Sekunde entspricht dem nach der CCIR-601-Spezifikation digitalisierten PAL-Videosignal. Diese schiere Datenmenge erfordert spezielle Methoden zu ihrer Behandlung.

Innerhalb des Tele-Media-Trainingssystem wird jedes plattformabhängig digitalisierte Videobild (Frame) entsprechend der Pipeline in Abbildung 4.22 zunächst in ein plattformunabhängiges Format gewandelt. Dieses Konversionsmodul muß daher für jede unterstützte Digitalisierungseinheit (Frame Grabber) einzeln implementiert vorliegen. Das Zielformat ist hierbei eine Sequenz von Rohbildern, die auf einem Datenmodell mit reduzierter Orts- und Farbauflösung basieren. Für den Ortsraum wurden wahlweise die nach CCITT standardisierte Common Intermediate Format (*CIF*) mit 352 x 288 Pixel und Quarter Common Intermediate Format (*QCIF*) mit 176 x 144 Pixel Auflösung gewählt. Die Reduktion der Farben beläuft sich dabei auf entweder 256 bzw. 160 Farben oder 128 bzw. 16 Graustufen [CCITT90], [Jäger92b], [Turletti93].

Ähnlich der entsprechenden Audioverarbeitung erfolgt für den Videostrom eine Anpassung der Bildwiederholrate auf einen systemweiten Wert. Hierbei hat sich für rein kommunikationsspezifische Videosequenzen eine Zahl von 5 bis 10 Bildern pro Sekunde als ausreichend herausgestellt. Diese wird auf der Senderseite durch entsprechendes Weglassen von einzelnen Frames der Quellsequenz realisiert. Auf der Empfängerseite werden die eintreffenden Bilder dann so schnell wie möglich dargestellt, um die Verzögerungszeiten klein zu halten. Kleinere Veränderungen der senderseitigen Bildqualität können durch spezifische

Filter für Helligkeit, Kontrast o.ä. nach der Anpassung der Bildwiederholrate durchgeführt werden [Tritsch93b].

Um dem möglichen Wunsch nach einer höheren Bildwiederholrate auf der Empfängerseite nachzukommen, beinhaltet die Videokommunikationskomponente des Tele-Media-Trainingssystems den I^3-*Mechanismus* (Intermediate Image Interpolation, siehe Abbildung 4.24). Hierbei wird über einen einfachen Algorithmus, der aus der Überlagerung des vorhergehenden mit dem nachfolgenden Bild ein intermediäres Zwischenbild erzeugt, die Bildwiederholrate ohne zusätzliche Belastung der Netzressourcen verdoppelt. Zur Berechnung des Zwischenbildes wird jedes Pixel des vorhergehenden Bildes sowie des nachfolgenden Bildes in seiner Intensität halbiert. Durch die Addition der entsprechenden Pixel beider Quellbilder entsteht ein neues Zielbild mit einer im Mittel korrekten Intensität aller Pixel. Nachteile dieser Methode sind Verwischungsartefakte bei schnellen Bewegungen und eine erhöhte Verzögerungszeit durch die Pufferung des letzen Bildes sowie der Berechnung und der zeitlich adäquat zwischengeschobenen Ausgabe des intermediären Bildes. Der Vorteil ist jedoch die deutlich sichtbar erhöhte Bildwiederholrate bei sehr geringem numerischen Rechenaufwand.

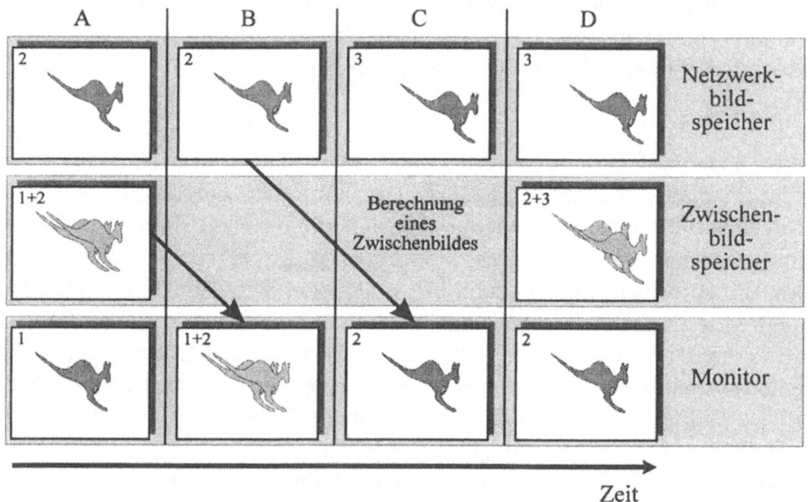

Abbildung 4.24. Der I^3-Mechanismus in Richtung der Zeitachse von links nach rechts: A – Bild 1 steht im Monitor-Bildspeicher und wird dargestellt, aus Bild 1 und 2 wird ein Zwischenbild berechnet und im Zwischenbildspeicher abgelegt; B – Das Zwischenbild wird in den Monitor-Bildspeicher kopiert und angezeigt; C – Bild 3 trifft vom Netz ein und wird im Netzwerk-Bildspeicher gepuffert. Dessen vorheriger Inhalt wird rechtzeitig in den Monitor-Bildspeicher kopiert und angezeigt; D Analog zu A erfolgt die Berechnung eines neuen Zwischenbildes

Um die Leistungsfähigkeit bezüglich der Videoverarbeitung innerhalb einer Echtzeitumgebung zu steigern, können vor dem Verschicken des Videostroms über ein Netz spezifische Kompressions- und Dekompressionsalgorithmen (*Codec*-Algorithmen) angewandt werden. Grundsätzlich wird dabei zwischen zwei Kompressionstechniken unterschieden. Die erste führt eine reine Einzelbildkompression aus, d.h., jedes Bild aus einer Videosequenz wird komprimiert ohne auf sein Vorgänger- oder Nachfolgerbild zu achten. Der *JPEG*- oder *Motion-JPEG*-Standard gehört zu dieser Kategorie (siehe auch Kapitel 2.3.4).

Die zweite Kompressionstechnik komprimiert die Einzelbilder in Abhängigkeit zu einer bestimmten Zahl von Vorgänger- und Nachfolgerbildern, wobei Ähnlichkeiten zwischen aufeinander folgenden Bildern ausgenutzt werden. Hierdurch wird eine sehr hohe Qualität von Bildsequenzen bei einer hohen Kompressionsrate erzeugt. Problematisch ist jedoch der immense Kompressionsaufwand, der um Größenordnungen höher ist als der Aufwand bei der Einzelbildkompression und auch bei der Dekompression mit erhöhtem Rechenaufwand zu Buche schlägt.

Der zweiten Technik wird für reine Archivierungs- und Wiedergabezwecke in der Regel der Vorzug gegeben. Dies ist vor allem durch Kompressionsraten im Bereich von 100, die bestechende Qualität und immer leichter verfügbaren leistungsfähige Kompression/ Dekompressions-Hardware bedingt. Prominente Vertreter dieser zweiten Technik sind folgende Standards: *MPEG* (Moving Pictures Expert Group), CCITT *H.261 (Px64)*, Apple *QuickTime*, IBM *Indeo* und Microsoft *Video for Windows* [CCITT90], [JPEG89], [LeGall91], [Liou91], [Littman91], [Turletti93], [Microsoft96].

Um jedoch innerhalb einer kooperativen Umgebung mit entsprechenden Echtzeitanforderungen vernünftig mit Video als Kommunikationskanal arbeiten zu können, muß entweder ein wenig aufwendiger Softwarealgorithmus wie Motion-JPEG verwendet oder zusätzliche Codec-Hardware zugekauft werden. Kombiniert mit den oben beschriebenen Mechanismen wie Formatkonvertierung, I^3, Reduktion von Orts- und Farbauflösung sowie Bildwiederholrate usw. können die Codecs dann den Videostrom bis unter ein Netzdatenvolumen von 128 kBit/s (= 2 ISDN-Kanäle) drücken. Hierdurch ist eine breite Basis von Standardplattformen in der Lage, Video zu Kommunikationszwecken zu nutzen.

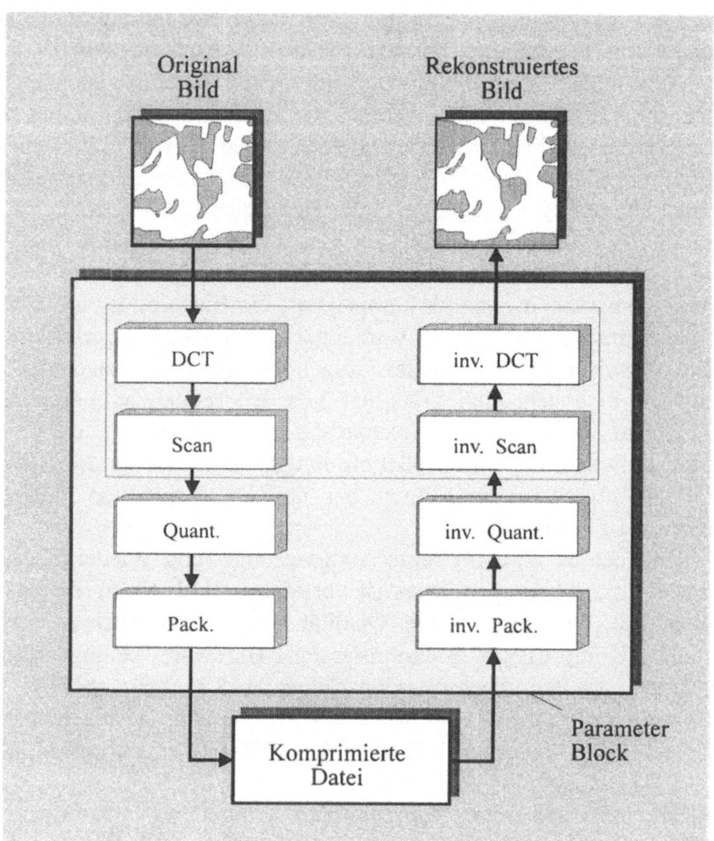

Abbildung 4.25. Kompressions- und Dekompressionsschema beim JPEG-Verfahren, bestehend aus Diskreter Kosinustransformation (DCT), Quantisierung der DCT-Koeffizienten und gepackter Kodierung sowie deren jeweiligen Umkehrfunktionen

Um diese Aussage zu verifizieren, wurde im Rahmen der Entwicklung des Tele-Media-Trainingssystems ein Motion-JPEG-Codec auf Sun Sparc 2 bzw. Sun Sparc 10 sowie SGI Indigo Plattformen implementiert und evaluiert. Der zugrundeliegende JPEG-Algorithmus für jedes einzelne Videobild gliedert sich in jeweils drei Schritte für die Kompression und die Dekompression (siehe Abbildung 4.25). Die Kompressionsschritte sind hierbei die folgenden:

1. Die Entfernung redundanter Daten durch die Verwendung der Diskreten Kosinustransformation (DCT) mit nachgeschaltetem Scan-Algorithmus
2. Die Quantisierung der DCT-Koeffizienten durch Wichtungsfunktionen, die auf das menschliche Wahrnehmungssystem optimiert sind

3. Die gepackte Kodierung der Daten, um die Entropie der quantisierten DCT-
   Koeffizienten zu minimieren

Die Dekodierung findet in der umgekehrten Reihenfolge durch die jeweiligen
inversen numerischen Algorithmen statt [Steinmetz93], [Vieira93], [Koegel94],
[Minoli94].

Der DCT-Algorithmus im ersten Schritt der Kodierung ist fundamental und von
zentraler Bedeutung. Er erlaubt die Eliminierung von Dateninformation ohne
jedoch mehr als einen vorgegebenen Qualitätsverlust der Qualität des
Ergebnisbildes nach seiner Rekonstruktion durch die zugehörige Umkehrfunktion
(IDCT) nach sich zu ziehen. Technisch gesehen basieren die DCT- und die IDCT-
Funktionen auf der Transformation des Quellbildes vom Ortsraum in den
Frequenzraum und zurück. Die Darstellung im Frequenzraum hat hierbei den
Vorteil, daß die überwiegende Menge der zugrundeliegenden Bildinformation auf
wenige Koeffizienten konzentriert wird. Das Quellbild wird dazu in 8x8-Blöcke
aufgebrochen, die in ihrer Gemeinsamkeit das gesamte Bild überdecken. Jeder
dieser Blöcke wird mit der folgenden zweidimensionalen DCT-Transformation in
einen Koeffizientenblock umgewandelt (siehe Gleichung 4.2):

$$\begin{bmatrix} 8 \times 8 \\ DCT - Matrix \end{bmatrix} \begin{bmatrix} 8 \times 8 \\ Quellbildblock \end{bmatrix} \begin{bmatrix} 8 \times 8 \\ IDCT - Matrix \end{bmatrix} = \begin{bmatrix} 8 \times 8 \\ Koeffizientenblock \end{bmatrix}$$

Gleichung 4.2. Die zweidimensionale DCT-Transfomation

Eine DCT-Matrix ist eine normalisierte Matrix und wird aus der Gleichung 4.3
abgeleitet. Die IDCT-Matrix ist die dazu inverse Matrix und kann aus Gleichung
4.4 erhalten werden. Diese beiden Gleichungen repräsentieren die idealisierte
mathematische Definition der eindimensionalen DCT- bzw. IDCT-
Transformationen. Um die zweidimensionale Transformation durchzuführen, wird
die eindimensionale Transformation zunächst bei den Spalten und auch bei den
Reihen durchgeführt.

$$F(u) = \frac{1}{2} C(u) \bullet \left(\sum_{x=0}^{7} f(x) \bullet \cos \frac{(2x+1) \bullet u\pi}{16} \right)$$

$$mit\ C(u) = \frac{1}{\sqrt{2}}\ für\ u = 0, und\ C(u) = 1\ sonst$$

Gleichung 4.3. Mathematische Definition der 8x8 DCT-Transfomation

$$f(x) = \frac{1}{2}\left(\sum_{u=0}^{7} C(u) \bullet F(u) \bullet \cos\frac{(2x+1)\bullet u\pi}{16}\right)$$

$$mit\ C(u) = \frac{1}{\sqrt{2}}\ f\ddot{u}r\ u = 0,\ und\ C(u) = 1\ sonst$$

Gleichung 4.4. Mathematische Definition der 8x8 IDCT-Transfomation

Als wichtige Eigenschaft bei der Berechnung stellt sich heraus, daß die IDCT-Matrix gleich der transponierten DCT-Matrix ist. Als Resultat einer Transformation nach Gleichung 4.2 erhält man mit Hilfe der DCT- und IDCT-Matrizen zunächst einen 8x8-Block von 64 DCT-Koeffizienten. Ihre Werte sind dabei eindeutig durch den 8x8-Quellblock bestimmt.

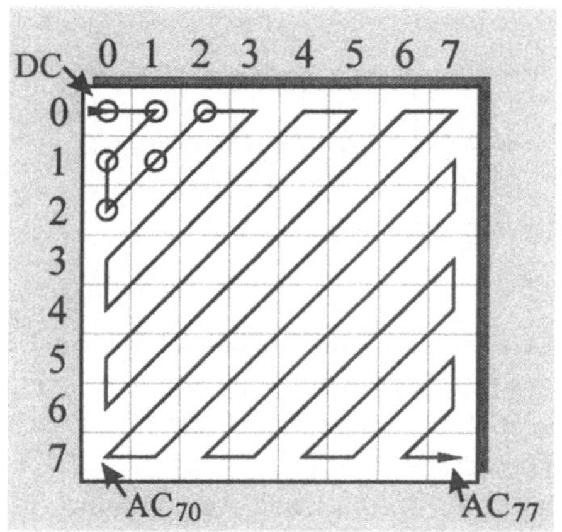

Abbildung 4.26. Der Zick-Zack-Pfad der DCT-Koeffizienten, ausgehend vom markierten DC-Koeffizienten links oben. Die AC-Koeffizienten der folgenden zwei Diagonalreihen sind ebenfalls durch Kreise markiert

Die DCT-Koeffizienten können als relative Werte der raumabhängigen Frequenzen über die 64 Pixel des Quellblocks angesehen werden. Der Koeffizient mit einer „Nullfrequenz" in alle Richtungen des Quellblocks liegt in der oberen linken Ecke des Koeffizientenblocks und wird DC-Koeffizient genannt. Er beschreibt die Gemeinsamkeit, d.h. die gemittelte Intensität aller 64 Pixel in der Ortsdarstellung und beinhaltet daher in der Regel den höchsten Informationsanteil. Die übrigen 63 Koeffizienten (genannt AC-Koeffizienten) beschreiben die Abweichungen der einzelnen Pixel untereinander in horizontaler oder vertikaler Raumrichtung. Ihr Informationsgehalt sinkt typischerweise, je weiter entfernt sie sich vom DC-Koeffizienten befinden. Über einen Zick-Zack-Pfad ausgehend vom DC-Koeffizienten kann man sich daher leicht vom wichtigsten zu weniger wesentlichen Koeffizienten bewegen (siehe Abbildung 4.26).

Die Rücktransformation des Koeffizientenblocks in einen 8x8-Pixelblock des Zielbildes geschieht mit der Gleichung 4.5. Werden hierbei sämtliche 64 DCT-Koeffizienten verwendet, ist der Zielbildblock völlig identisch mit dem Quellbildblock, d.h. durch die Transformationen geht keinerlei Information verloren.

$$\begin{bmatrix} 8\times 8 \\ IDCT - Matrix \end{bmatrix} \begin{bmatrix} 8\times 8 \\ Koeffizientenblock \end{bmatrix} \begin{bmatrix} 8\times 8 \\ DCT - Matrix \end{bmatrix} = \begin{bmatrix} 8\times 8 \\ Zielbildblock \end{bmatrix}$$

Gleichung 4.5. Die zweidimensionale IDCT-Transfomation

Durch Testreihen konnte herausgefunden werden, daß die Verwendung von 6, 10 oder 15 DCT-Koeffizienten (vollständige Diagonalreihen, siehe auch Abbildung 4.26) für den Kompressions- und Dekompressionsvorgang in einer Einzelbildqualität resultierte, die für einen Videostrom völlig ausreichend ist. Im Falle von sechs Koeffizienten sind dies DC, AC_{01}, AC_{10}, AC_{02}, AC_{11} und AC_{02}. Alle anderen AC-Koeffizienten werden dabei auf Null gesetzt. Dieses Vorgehen entspricht einem „Scanning" der DCT-Koeffizienten nach den relevantesten Vertretern und dem gleichzeitigen Ausblenden der anderen.

Das Wissen um den Scanning-Vorgang kann bei den Matrizenoperationen benutzt werden, um den Aufwand der benötigten Multiplikationen und Additionen im Vergleich zur Verwendung der vollständigen Matrizen zu optimieren. Dieser numerische Aufwand reduziert sich damit bei der Kompression mit nur sechs DCT-Koeffizienten durch Weglassen der „Null-Operationen" von 1024 auf 240 Multiplikationen und von 896 auf 210 Additionen. Bei der Dekompression stehen die Verhältnisse bei 1024 : 240 Multiplikationen und 869 : 152 Additionen.

Eine weitere Optimierung des Algorithmus' konnte durch die Vermeidung von „for" Schleifen erreicht werden. Statt dessen wurde jede numerische Operation explizit „von Hand" kodiert, was zu deutlich besseren Ausführungszeiten führte. Für die Beschleunigung der folgenden Verarbeitungsschritte wurden die ermittelten Koeffizienten aller Quellbildblöcke je nach Koeffiz[]entyp in eindimensionale Speicherbereiche gruppiert. Dies bedeutet, daß von einem Gesamtquellbild nach dessen DCT-Transformation alle DC-Koeffizienten in einem Speicherbereich vorliegen, die AC_{01}-Koeffizienten in einem weiteren, usw.

Der zweite Kompressionsschritt – die Quantisierung – dient dem Abschneiden der DCT-Koeffizienten ab einer bestimmten Nachkommastelle und die daraus resultierende Verwendung von Datentypen bestimmter Länge (z.B. 8-Bit-Integer). Dies reduziert das Datenvolumen erheblich, resultiert aber in einem gewissen Verlust der Bildinformation je nach gewählter „Abschnittstelle". Technisch ist die Quantisierung daher durch die Division jedes DCT-Koeffizienten durch einen optimalen, typkorrespondierenden Teiler mit anschließender Rundung zum nächsten Integer definiert.

Ist die Kompressionszeit nicht erheblich, so wird für jeden Koeffiziententypen der optimaler Teiler für möglichst geringen Informationsverlust zur Kompressionszeit ermittelt und für den Dekompressionsprozeß gespeichert. Der so gewonnene Teiler kann dabei zum Teil sogar vom vorhergehenden Koeffizientenblock abhängen. Für das Echtzeit-Videomodul des Tele-Media-Trainingssystems wurden dagegen die Teiler für verschiedene DCT-Koeffizienten empirisch ermittelt und dem System als feste Werte eingegeben. Dadurch konnte die Codec-Geschwindigkeit nochmals gesteigert werden.

Speziell die Speicherung der quantisierten DC-Koeffizienten beinhaltet eine Sonderbehandlung. Da sie sich bei benachbarten 8x8-Quellbildblöcken in der Regel nur wenig unterscheiden, wird nur ihre Differenz zum vorhergehenden DC-Koeffizienten ausgehend vom ersten DC-Koeffizienten des Gesamtquellbildes gespeichert. Dies resultiert in einer Reihe von Werten, die sich in den meisten Fällen gar nicht oder nur wenig vom Wert 0 unterscheiden.

Diese Aufbereitung der Koeffizienten hat wiederum einen günstigen Einfluß auf den dritten Kompressionsschritt: die gepackte Kodierung. Hierbei wird das bekannt *Huffman-Kodierungsverfahren* auf die 6, 10 oder 15 Koeffizientenreihen angewandt. Es basiert auf der Erstellung einer Wertetabelle, die zunächst die Häufigkeitsverteilung aller verwendeten Werte ermittelt. Danach erfolgt die tabellarische Zuordnung aller Werte zu einem eindeutigen Bitmuster, wobei die am häufigsten verwendeten Werte durch die kürzesten Bitmuster repräsentiert werden. Die Dekodierung erfolgt dann wieder mit Hilfe der Zuordnungstabelle.

Durch statistische Untersuchungen konnte eine annähernd allgemeingültige Zuordnungstabelle für die quantisierten DCT-Koeffizienten ermittelt werden. Aus diesem Grund ist auch sie dem Video-Codec fest vorgegeben. Wieder ist eine deutliche Beschleunigung des Algorithmus' die Konsequenz. Dennoch ist die Qualität der Zielbilder durchaus noch zufriedenstellend, wie mit einer Testumgebung zweifelsfrei nachgewiesen werden konnte (siehe Abbildung 4.27).

Die Videokommunikationsprototypen wurden auf Sun- und SGI-Plattformen getestet und im Rahmen verschiedener Entwicklungen netzbasierter Anwendungen evaluiert (siehe Kapitel 5). Manche Frame Grabber Hardware (z.B. Sun VideoPix) erwies sich dabei beim Digitalisieren des analogen Videostroms um bis zu Faktor 3 langsamer als der darauffolgende Kompessionsalgorithmus. Dennoch wurden auch mit dieser Hardware Bildwiederholraten von maximal 4 bis 5 Bildern pro Sekunde erreicht.

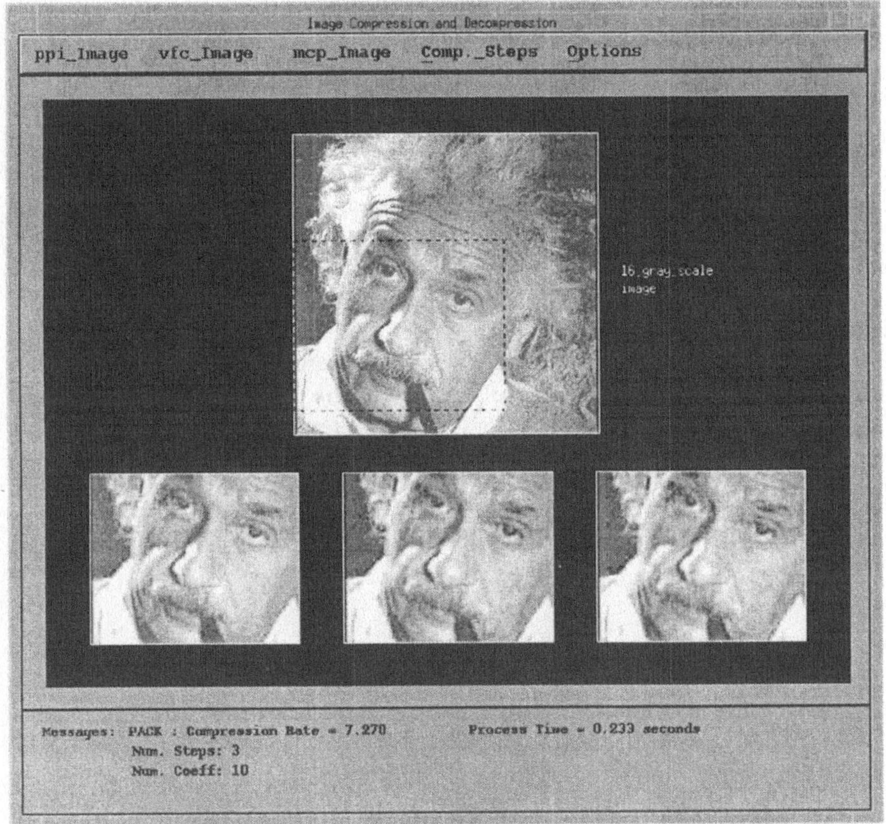

Abbildung 4.27. Testumgebung zum Evaluieren der Bildqualität nach jedem der drei JPEG-Kompressionsschritte. Oben das Quellbild aus einer Sequenz, aus dem interaktiv ein Ausschnitt gewählt werden kann. Unten die resultierenden Zielbilder nach den drei Einzelschritten und ihrer entsprechenden Dekompression im QCIF-Format

Auf dem Ethernet-LAN der Testumgebung konnte bei reinen Transferversuchen (direkt aus einer Datei ohne Codec-Algorithmen und Darstellung auf der Zielplattform) eine Übertragungsrate von 40 bzw. 80 Bilder/s bei einer Auflösung von 16 bzw. 128 Graustufen gemessen werden. Jedes unkomprimierte Bild aus der Videosequenz hat dabei eine Größe von 12 KBytes bzw. 25 KBytes. Dies resultiert in einer Spitzentransferleistung von maximal 1 MByte/s auf dem TCP/IP-basierten LAN.

Durch Anwendung des oben beschriebenen Motion-JPEG-Algorithmus' kann nun die Datenmenge der Einzelvideobilder abhängig von der gewählten Anzahl an berücksichtigten DCT-Koeffizienten und damit der Bildqualität reduziert werden. Die Implementierung der drei verschiedenen Qualitätsstufen mit 6, 10 und 15 DCT-Koeffizienten führte auf dem Testsystem zu folgenden Ergebnissen: Mit 6

Koeffizienten (Kompressionsfaktor: 20 bis 30) ist der Algorithmus insgesamt am effektivsten (10 bis 14 Bilder/s), resultiert jedoch in der schlechtesten Bildqualität. Mit 15 Koeffizienten (Kompressionsfaktor: 9 bis 12) ist er am langsamsten (5 bis 7 Bilder/s), ergibt jedoch die qualitativ hochwertigsten Bilder. Bei einem Kompressionsfaktor von 9 (ca. 2800 Bytes/s oder 22.400 Bits/s) ist es daher theoretisch möglich bis zu 500 Bilder/s über ein LAN zu übertragen. Damit stellt dieses im Gegensatz zu deutlich schmalbandigeren LANs nicht den limitierenden Faktor in der Bildübertragung dar. Vielmehr sind es die Frame Grabber Hardware und der Codec-Algorithmus, deren Leistungsfähigkeit für eine annehmbare Qualität bezüglich der Einzelbildauflösung und der Wiederholrate bei der Echtzeitübertragung von Videosequenzen über Netze verantwortlich sind.

Mit der oben vorgestellten Implementation von Echtzeit-Video im Rahmen des Tele-Media-Trainingssystems konnte Möglichkeit zur Verwendung von visuellen Kommunikationsmethoden auf Netzen nachgewiesen werden (siehe auch Abb. Abbildung 4.31). Kapitel 5 zeigt darüber hinaus ihre Integration in komplexere Applikationsprototypen.

4.4.3 Synchronisation von Audio und Video

Große Probleme bereitet oft die scharfe Synchronisation von Audio- und Video-Datenströmen, die sogenannte *Lippensynchronisation* mit Versatzzeiten von Audio und Video von unter 80 ms [Steinmetz93]. Sie entspricht der Tele-Media-Relation *equal*. Die naheliegenste Lösung ist die Integration von Audio- und Videosignal in ein einziges Dateiformat. Durch eine Ineinanderverschachtelung der Audio- und Videodaten reduzieren sich sowohl beim Speichern auf einen Datenträger als auch beim späteren Lesen davon die vielen zeitraubenden Bewegungen des Schreib/Lesekopfes. Dieser muß nicht permanent zwischen unterschiedlichen Audio- und Videodateien „pendeln". Die Methode der kombinierten Archivierung von AV-Daten wird auch in der gleichen Weise bei neueren Versionen der Standard-Videoformate angewandt. So kann das Microsoft Video-for-Windows-Format *AVI* beispielsweise *WAVE*-Audiodateien direkt integrieren.

Eine andere, aufwendigere Methode ist es, die Synchronisation von getrennten Audio- und Videodatenströmen über hochgenaue Timer vorzunehmen. Problematisch ist hierbei die Anpassung von Quell- und Zielplattform im Bezug auf die Timer.

Um für entsprechende Applikationen zu Archivierungszwecken eine Aufnahme- und Wiedergabemöglichkeit für synchronisierte Audio- und Videosequenzen zu eröffnen, wurde die Testimplementation eines Audio/Video-editors erstellt. Dieser AV-Editor realisiert die erste der beiden obengenannten Lösungen zur Audio/Videointegration. Das zugrundeliegende Archivierungs-format *IFAV* (Integrated Format for Audio and Video) der synchronisierten Audio/Videodaten wurde speziell für den AV-Editor definiert (siehe Abbildung

4.28). Es ist ein generisches Containerformat, das jederzeit in Richtung eines Standardformates (z.B. AVI, QuickTime, MPEG, o.ä.) modifiziert werden kann. IFAV basiert auf sogenannten AV-Frames, wobei jeder AV-Frame aus n Bildern und den zugehörigen Audioinformationen besteht. Der Vorteil eines hohen Wertes für n ist, daß sowohl bei der Aufnahme als auch bei der Wiedergabe nur wenige Einzelzugriffe auf den Datenträger gemacht werden müssen. Der Nachteil ist hierbei, daß große Puffer zur Verfügung stehen müssen, um die AV-Daten zwischenzulagern und der spätere Plattenzugriff für mehrere Bilder länger dauert, was den Rechner für diesen Zeitraum unter Umständen deutlich verlangsamt. Typischerweise liegt der Wert n daher zwischen 1 und 5, abhängig von der verwendeten Rechnerplattform und dem Speichermedium.

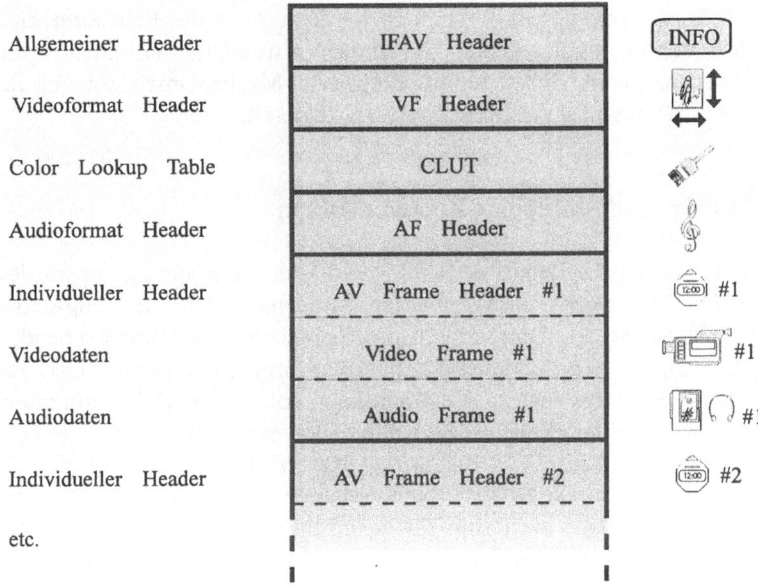

Abbildung 4.28. Das generische IFAV-Datenformat. Es besteht aus einem allgemeinen Kopf (AV-Formatspezifikation, Größe der weiteren folgenden Dateibereiche), einem Videoformatkopf (allgemeinen Videobilderinformationen), einer Farbtabelle (Color Lookup Table) für die Videobilder, einem Audioformatkopf (allgemeine Audioinformationen) sowie einzelnen AV-Frames. Letztere enthalten neben einem individuellen Kopf mit Zeitinformationen sowohl Video- als auch Audiodaten

Für die Realisation der Aufnahme- bzw. Wiedergabefunktionalität des AV-Editors wurde ein abwechselndes *Prozeß*- oder *Thread*-Schema gewählt. Hierbei ist ein Prozeß 1 für alle geraden AV-Frames und ein Prozeß 2 für alle ungeraden AV-Frames zuständig. Ihre Kopplung erfolgt über *Semaphore*. Bei der

Wiedergabe einer zuvor aufgenommenen Echtzeit-Videosequenz liest Prozeß 1 den ersten AV-Frame vom Speichermedium und teilt Prozeß 2 das Ende dieser Tätigkeit über eine Lese-Semaphor mit. Danach beginnt Prozeß 2 mit dem Lesevorgang des zweiten AV-Frames, während Prozeß 1 das erste AV-Frame wiedergibt. Das Ende das Lesevorgangs wird wieder im Lese-Semaphor angezeigt, das Ende der AV-Frame-Wiedergabe dagegen in einem Wiedergabe-Semaphor. Sind beide Tätigkeiten abgeschlossen (das Lesen vom einen Prozeß, die Wiedergabe vom anderen), so wird die Sequenz in gleicher Weise bis zum letzten AV-Frame in alternierender Weise wiederholt. Sogenannte „Totzeiten" beim Lesen von Daten mit der gleichzeitigen Unfähigkeit eines einzelnen Prozesses zur Bildausgabe werden somit vermieden.

Die Realisierung des AV-Editors und seine Erprobung in Zusammenhang mit dem CoMEdiA-Prototypen (siehe Kapitel 5.1) zeigen einige der Möglichkeiten auf, die mit Hilfe der Tele-Media-Relationen im Bezug auf die Echtzeitmedien Audio und Video zur Verfügung stehen. Neben der Verwendung der reinen Audio bzw. Videofunktionalitäten stehen somit integrierte Mechanismen sowohl für Kommunikations- als auch für Archivierungszwecke bereit.

4.4.4 Peer-to-Peer- und Multipoint-Kommunikation

In den vorangegangenen Kapiteln über Audio- und Videokommunikation wurden überwiegend die Transport- und Präsentationsmechanismen der zugrunde-liegenden Technik betrachtet. Dies erlaubt die Realisierung der entsprechenden *Client*-Komponenten auf verschiedenen Rechnerplattformen und deren Punkt-zu-Punkt-Verbindung (Peer-to-Peer) zu Kommunikationszwecken. Die Verbindung zwischen den beiden Partnerplattformen kann dabei nur über einen allgemein verfügbaren *Name Server* des TCP/IP-basierten Netzes etabliert werden, der für eine Aufschlüsselung von logischen Rechnernamen in eindeutige Rechner-adressen sorgt. Er sorgt dann weiterhin für die ordnungsgemäße Zustellung der Audio/Video-Datenströme über das Netz.

Um die Funktionalität auch für mehr als zwei gleichzeitig miteinander kommunizierende Benutzer ausweiten zu können, wird eine spezifische Server-Komponente für die sogenannte *Multipoint*-Verbindung benötigt. Dies zieht als Konsequenz jedoch angepaßte Client-Komponenten und eine Reihe komplexer Steuermechanismen nach sich. Das jetzt folgende Kapitel zeigt die Implementierung einer Multipoint-Kommunikationsumgebung innerhalb des Tele-Media-Trainingssystems exemplarisch auf. Hierbei wurde die Anzahl der potentiellen gleichzeitigen Benutzer ohne Beschränkung der Allgemeinheit auf sechs begrenzt. Ziel war dabei die Unterstützung kleiner Arbeitsgruppen bei bidirektionalen Dialogen. Damit unterscheidet sich das Testsystem deutlich von sogenannten *Broadcast*-Umgebungen, die in der Regel unidirektionale Verbindungen mit bis zu mehreren tausend Benutzern ermöglichen und somit mehr einer Radiostation gleichen [Worsch93].

Für die Realisierung des Multipoint-Kommunikationssystem mußten eine Reihe von Randbedingungen beachtet werden: Verwendung der Standardmechanismen der Echtzeit-Audio/Videokommunikation des Tele-Media-Trainingssystems, geringe Belastung der Rechner- und Netzressourcen sowie ein Kommunikationsmodell, das sowohl den technischen Systembedingungen als auch dem menschlichen Kommunikationsverhalten entgegen kommt. Besonders der letztere Punkt verdient eine etwas nähere Betrachtung. Sprechen in einem normalen Gespräch zwischen mehreren Menschen verschiedene Beteiligte durcheinander, so ist das menschliche Hörsinnsystem in der Lage ein einzelnes Gespräch herauszufiltern. Findet diese Kommunikation jedoch mit Hilfe eines Netzes und daran angeschlossener Rechner inklusive einer Mikrophon/Lautsprecherkombination statt, gelingt der Filterprozeß nicht mehr. Die Kombination der ankommenden Audiosignale wird als nicht mehr trennbare Einheit wahrgenommen, unabhängig von ihrer Zusammensetzung.

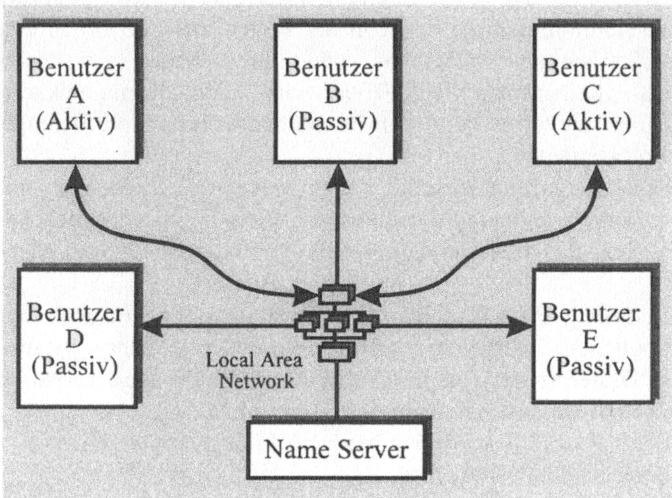

Abbildung 4.29. Das mögliche Schema von fünf Benutzern während einer Multipoint-Kommunikation im Tele-Media-Trainingssystem

Die eintreffenden Videodatenströme sind von den physiologischen Vorgaben des Menschen weniger problematisch: Jede eintreffende Videosequenz wird in ihrem eigenen Fenster angezeigt. Bei zu vielen eintreffenden Videodaten werden jedoch sowohl die beteiligten Rechner als auch das Netz leicht überlastet. Um den menschlich Hörgewohnheiten und den Forderungen nach möglichst geringer Systembelastung durch Video gerecht zu werden, erlaubt das Multipoint-Kommunikationssystem maximal sechs Benutzer, von denen wiederum maximal zwei aktiv am Gespräch beteiligt werden sein dürfen (siehe Abbildung 4.29). Die restlichen vier sind zu dieser Zeit passive Zuhörer bzw. Zuseher, die jedoch den Wunsch nach einer künftiger aktiver Kommunikationsbeteiligung anzeigen können.

Die Realisierung dieses Szenarios erfordert die entsprechende Erweiterung der Funktionalitäten des Name Servers bzw. seine kommunikationsspezifische Neuentwicklung. Er fungiert dann als Schaltzentrale, die Audio- bzw. Videodatenströme bündelt, um beispielsweise für die passiven Zuhörer eines Gesprächs aus zwei potentiell ankommenden Audioströmen nur einen gemeinsamen zu generieren. Die Implementation basiert daher auf den folgenden Komponenten (siehe auch Abbildung 4.30):

- *Name Server*: Dieser Prozeß ist unabhängig von allen Benutzerprozessen. Er befindet sich genau einmal im System und regelt die Verbindung der einzelnen Benutzer und ihre Kommunikation. Elle auszutauschenden Daten werden über ihn gesendet.
- *Benutzerprozeß*: Dieser Prozeß ist der Interaktionskern der Benutzerplattform für die Multipoint-Kommunikation. Er ist in der Regel über ein *API* in eine andere Benutzerapplikation integriert, die er damit um seine Kommunikationsfähigkeiten erweitert. Hier wird eine Kommunikation gestartet und beendet. Weiterhin können Informationen über andere Benutzer im System eingeholt werden.
- *Local Server*: Dieser benutzerspezifische Server wartet auf Meldungen und Daten vom Name Server. Er wertet diese aus und leitet sie an entsprechende andere Prozesse weiter. Er ist der einzige Prozeß, der Daten direkt vom Name Server empfängt.
- *Audio-Empfänger*: Dieser Prozeß erhält seine Daten vom Local Server und gibt diese nach möglichen Verarbeitungsschritten auf einem Lautsprecher aus.
- *Video-Empfänger*: Dieser Prozeß entspricht dem Audio-Empfänger, jedoch für die Ausgabe von Video-Datenströmen auf dem Bildschirm.
- *Audio-Sender*: Dieser Prozeß liest Audiodaten vom Mikrophon, verarbeitet sie weiter und schickt sie an den Name Server.
- *Video-Sender*: Dieser Prozeß erhält seine Daten von der Frame Grabber Hardware, verarbeitet sie geeignet weiter und sendet sie an den Name Server.

Die Audio- und Videokomponenten wurden im Rahmen dieser Arbeit zu Testzwecken auf Sun Sparc und SGI Indigo Workstations implementiert. Sie stellen damit ein Superset der schon in den vorangegangenen Kapiteln beschriebenen Mechanismen dar, die die Echtzeit-Kommunikationskomponenten des Tele-Media-Trainingssystems umfassen.

Um die systemübergreifende Funktionalität zu erproben, wurden die Audiofunktionalitäten auch für Multimedia-PCs unter MS-Windows implementiert. Hier mußte jedoch aufgrund der bis Mitte 1995 bei Standard-Audiokarten fehlenden Funktionalität zur gleichzeitigen Aufnahme und Wiedergabe von Audiosequenzen eine Einschränkung gemacht werden: Die beiden aktiven Kommunikationspartner können nicht gleichzeitig Sprechen oder Hören, sondern müssen wie bei „Walkie-Talkies" eine Taste betätigen, die den Audiostrom nur in eine Vorzugsrichtung erlaubt. Auf den Workstations ist dagegen eine uneingeschränkte bidirektionale Kommunikation zwischen den aktiven Partnern möglich [Schepp94].

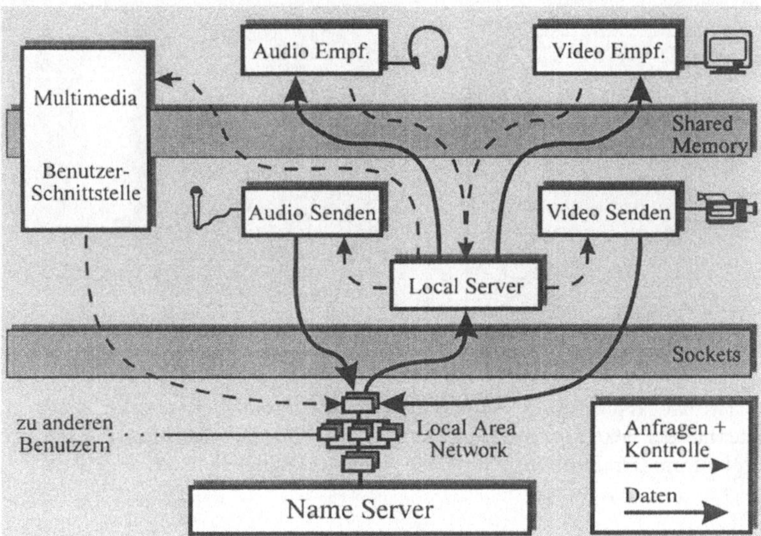

Abbildung 4.30. Fluß der Audio/Videodaten und der Kontrollsequenzen innerhalb der Multipoint-Kommunikation. Der Benutzerprozeß ist dabei in die graphische Benutzerschnittstelle integriert. Die technische Ausführung der Prozeßkommunikation wird entweder über Shared Memory oder Berkeley-Sockets realisiert

Wesentliche Funktionalität der Videokomponente bei der Multipoint-Kommunikation ist die visuelle Rückkopplung des eigenen Bildes. Es verunsichert erfahrungsgemäß einen Gesprächspartner sehr, wenn er weiß, daß eine Kamera auf ihn gerichtet ist und er nicht sehen kann, was für ein Bild bei seinem Gegenüber ankommt. Daher wird im Tele-Media-Trainingssystem in diesem Fall immer ein Kontrollbild mit dem eigenen Videoausgangssignal angezeigt (siehe Abbildung 4.31). Eventuell notwendige Korrekturen an der Kameraeinstellung können somit sofort vorgenommen werden.

Der Name Server verarbeitet Anfragen (Requests), Kontrollsequenzen und Daten von den Sendeprozessen und dem Benutzerprozeß. Je nach Art des Requests muß er Daten weiterleiten, empfangen oder auswerten. Hierbei werden die Daten, die von den jeweiligen Sendeprozessen abgeschickt werden, durch den Name Server an die Empfangspartner, d.h. die Local Server, geschickt. Weiterhin verwaltet der Name Server alle potentiell im System vorhandenen

Kommunikationspartner, bietet Kommunikationskanäle in ausreichender Anzahl an und erlaubt das ordnungsgemäße Abmelden von einer Gesprächsrunde.

Abbildung 4.31. Die typischen Videofenster für Kommunikationszwecke: links ein Empfangsfenster mit der dekomprimierten Videosequenz; rechts ein Rückkopplungsfenster auf der Senderplattform (ohne Anwendung von Codec-Algorithmen).

Um eine möglichst einfache Integration der Echtzeitkommunikation in lokale Client-Anwendungen wie das Generische Lernsystem zu ermöglichen, bietet die Multipoint-Kommunikationskomponente ein API, das Zugriff auf alle seine wichtigen Funktionen enthält. Diese umfassen das Anmelden und Beenden einer Kommunikation, das Erfragen von Systemattributen und Benutzerinformationen sowie das Abschicken von Requests und Kontrollsequenzen. Hiermit bestehen einfache Möglichkeiten diese Funktionalitäten aus dem GLS mit der Hilfe von Menüpunkten oder speziellen Kindfenstern aufzurufen.

Der Multipoint Name Server kann auch für weitere Kommunikationsdienste wie den Austausch von Bildschirmschnappschüssen genutzt werden. Hierbei werden seine Fähigkeiten mit den Funktionalitäten des Generischen Lernsystems für die Darstellung von Rasterbildern gekoppelt. Eine weitere Möglichkeit in dieser Richtung besteht in der Nutzung der GLS-Texteingabefelder zur rein textuellen Kommunikation.

5 Evaluierung des Tele-Media-Systems

Das folgende Kapitel befaßt sich mit der Erprobung und der Bewertung des Tele-Media-Trainingssystem-Prototyps. Hierbei werden in unterschiedlichen Ansätzen sowohl die Einzelkomponenten als auch das Gesamtsystem betrachtet. Das Ziel ist eine gründliche Validierung der in den vorangegangenen Kapiteln dieser Arbeit vorgestellten Konzepte des Tele-Media-Referenzmodells und seiner Realisierung. Besonderes Augenmerk wird dabei auf eine schlüssige Einbettung der Testergebnisse in realitätsnahe Anwendungsszenarien gelegt. Nur auf diese Weise läßt sich zweifelsfrei nachweisen, daß sich die in dieser Arbeit gewonnen Ergebnisse auf Bedürfnisse von Anwendern und Entwicklern von Lernumgebungen übertragen lassen.

Grundsätzlich gliedert sich die Evaluierung dabei in zwei Abschnitte: Der erste umfaßt eine Reihe von Einzelerprobungen. Diese beschreiben das Tele-Media-Prototypsystem bzw. einzelne Komponenten der Tele-Media-Architektur beim Einsatz für die Entwicklung verschiedener Applikationsumgebungen aus dem Bereich des computerunterstützten Lernens. Die Auswahl der Evaluierungsumgebungen ist an ausgewählte Projekte gekoppelt, die sich besonders gut für die Erprobung verteilter Lern- und Informationssysteme eignen. Der zweite Abschnitt – die vergleichende Evaluierung – setzt wiederum die aus den Einzelerprobungen gewonnenen Erkenntnisse den Erfahrungen bei der Verwendung adäquater bestehenden Systemen gegenüber.

Die Einzelerprobungen wurden anhand des Prototypen für kooperatives Lernen und Arbeiten *CoMEdiA* sowie der Prototypen für verteiltes Lernen auf heterogenen Netzen *DEDICATED* und *COBRA-STI* durchgeführt. Die vergleichende Evaluierung basiert auf den Erfahrungen beim Erstellen von Lernanwendungen mit dem kommerziellen Autoren- und Lernsystem *ToolBook* sowie dem Internet-basierten Hypernavigationssystem *World Wide Web*.

5.1 Menschliche Kommunikation bei verteilten Editoren

Der Applikationsprototyp CoMEdiA (Cooperative hyperMedia Editing Architecture) wurde in einem Umfeld entwickelt, das die Untersuchung von kooperative Arbeit mit entsprechenden multimedialen Editoren auf heterogenen Netzen zum Ziel hatte. Während dieser Entwicklungen stellte sich sehr bald eine leistungsfähige Audio/Videokommunikation als wesentlicher Bestandteil für erfolgversprechende kooperative Arbeitsszenarien heraus. Im Rahmen einer engen Zusammenarbeit wurden daher die entsprechende Echtzeitkomponente der Tele-Media-Trainingsarchitektur in den CoMEdiA-Prototypen integriert und erprobt [Hornung91], [Santos94], [Santos95b], [Santos96].

5.1.1 Der CoMEdiA-Prototyp

Der CoMEdiA-Prototyp realisiert eine Systemarchitektur, die die Kooperation zwischen mehreren Autoren beim Editieren von multimedialen Dokumenten unterstützt. Das CoMEdiA-Design erlaubt dabei kleine Gruppen von maximal sechs Teilnehmern, die an verschiedenen Orten und Plattformen arbeiten können. Sie sind hierfür über ein LAN oder WAN miteinander verbunden und kooperieren bei der Aufgabe ein gemeinsames Dokument zu erstellen. Es wird daher zu jedem Zeitpunkt davon ausgegangen, daß alle Beteiligten der Arbeitsgruppe dieses gemeinsame Interesse haben und somit nicht mit ihre Mitautoren konkurrieren sondern sie jederzeit unterstützen.

Die Ergebnisse der kooperativen Aktivitäten können wissenschaftliche Reports, Zeitungsartikel, Projektanträge, Quellcodes für Softwareprojekte, Animations-skripte oder Schulungsmaterialien sein. Die Vorteile in der Gruppenarbeit gliedern sich in zwei wesentliche Gesichtspunkte: zum einen können Menschen mit unterschiedlichem Fachwissen ihre Expertise in das Dokument einbringen; zum zweiten besteht für alle Beteiligten die Möglichkeit zu jedem Zeitpunkt der Dokumenterstellung an den editorischen Tätigkeit beteiligt zu sein. Hierbei können gegebenenfalls auftretende inhaltliche oder formalen Unstimmigkeiten direkt bereinigt werden und bedürfen nicht eines langwierigen „Review-Prozesses", der nur in einer festgelegten Reihenfolge durchgeführt werden könnte.

Zur Unterstützung de Gruppenarbeit stellt der CoMEdiA-Prototyp eine Multi-Cursor-Umgebung mit wahlfreiem Zugriff auf eine Reihe von multimedialen Editoren zur Verfügung (siehe Abbildung 5.1). Jeder Benutzer besitzt dabei seinen eigenen Cursor mit individueller Form, mit dem er das gemeinsame Dokument bearbeiten kann. Auf diese Weise ist die Unterscheidung der einzelnen Autoren leicht möglich.

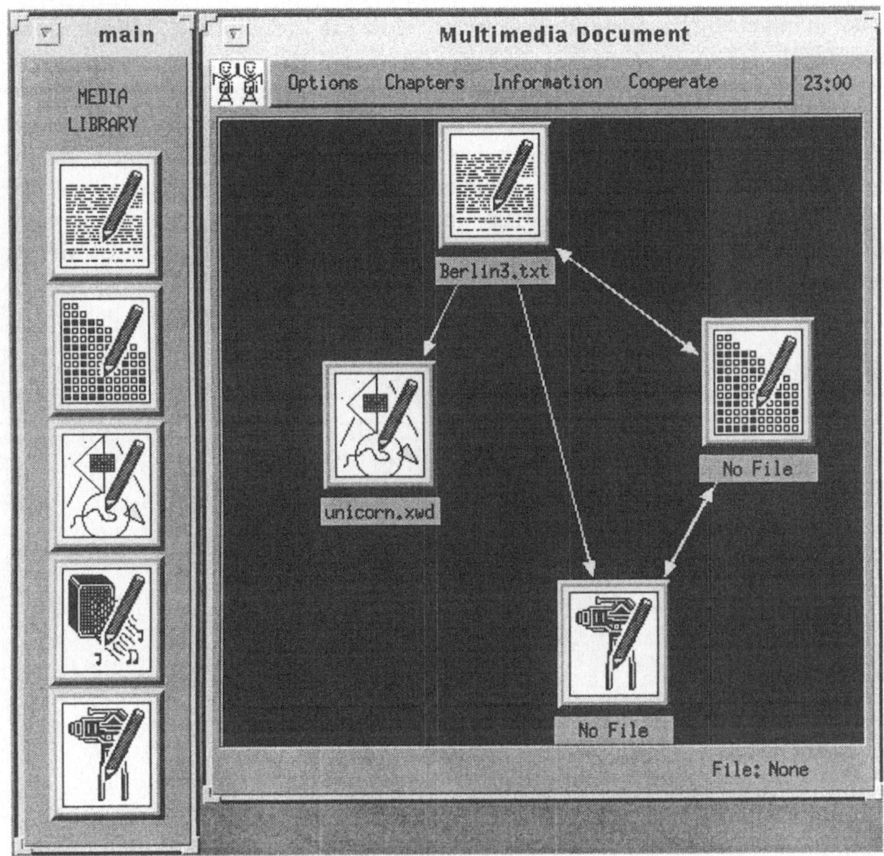

Abbildung 5.1. Die CoMEdiA-Umgebung während der Bearbeitung eines multimedialen Dokuments (Quelle: A. Santos, A. Marcos).

Um Überschneidungen der Autoren bei der Bearbeitung von bestimmten Bereichen des Dokuments zu verhindern, wurde CoMEdiA mit Mechanismen ausgestattet, die einem Autor ein temporär alleiniges Recht einräumen dies zu editieren. Diese Konzept der gegenseitigen Ausschließung (Mutual Exclusion) bei der Dokumentenbearbeitung basiert auf einer leistungsfähigen Client/Server-Umgebung, wobei eine Server-Komponente die dynamische Verteilung von Zugriffsrechten regelt.

Jeder Benutzer der CoMEdiA-Umgebung erhält bei seiner Anmeldung eine gruppenspezifische Rolle, die seine Zugriffsrechte regelt. Diese soziale Rolle kann dabei von dem Gruppenvorsitz über die eines Autors oder eines Kommentators bis hin zu einem Leser mit stark eingeschränkten Schreibrechten reichen. Abhängig von dem sozialen Status eines Gruppenbeteiligten entscheidet die CoMEdiA-Server-Komponente die Aktivitäten, die auf der Client-Seite (der

Editorenumgebung) ausgeführt werden dürfen [Santos93], [Santos95a], [Santos96].

Die im CoMEdiA-Prototyp integrierten Editoren umfassen die Medien Text, Rasterbilder, Vektorgraphik, Audio und Video. Besonders der Videoeditor mit integrierter Audiosynchronisation basiert dabei auf den Grundkonzepten, die für die Realisation des Echtzeit-Tele-Mediums Video für Kommunikationszwecke erarbeitet wurden. Es wurde zur Implementation das im Kapitel 4.4.3 beschriebene Integrated Format for Audio and Video *IFAV* und seine assoziierten Aufnahme- und Wiedergabemechanismen verwendet [Eichhorn93].

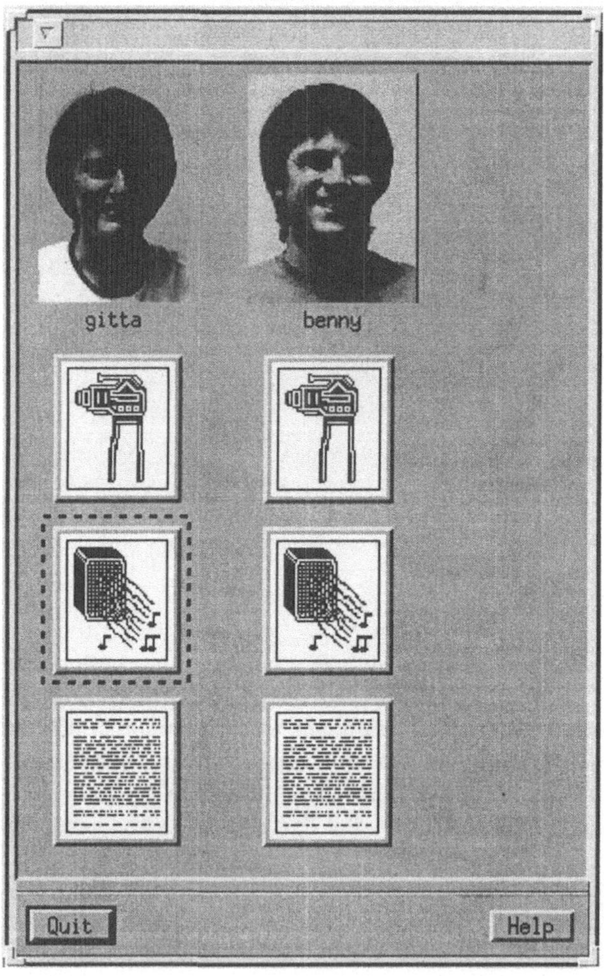

Abbildung 5.2. Auswahl der Kommunikationskanäle innerhalb der CoMEdiA-Umgebung (Quelle: A. Santos und A. Marcos).

Hauptverwendungspunkt für die Audio- und Videoeditoren sind neben der Archivierung der laufenden Kommunikation, die Anbringung von Audio/Video-anmerkungen an beliebige Dokumentenobjekte. Diese Funktionalität erlaubt beispielsweise das Hinterlassen einer „Videonachricht" an einer bestimmten Stelle des Dokumentes für einen anderen, gerade abwesenden Mitautor. Kommt er – möglicherweise zu einem viel späteren Zeitpunkt – an die betreffende Stelle, so wartet die Nachricht auf ihn und kann abgespielt werden. Auf diese Weise lassen sich objektspezifische Informationen besser zuordnen und übermitteln.

5.1.2 Integration und Test des Kommunikationsmoduls

Die Integration der Audio- und Videokomponenten des Tele-Media-Trainingssystems in den CoMEdiA-Prototypen erfolgt durch eine Reihe von Menüpunkten und Auswahloptionen in Dialogfenstern. Damit läßt sich direkt aus der CoMEdiA-Umgebung die in Kapitel 4.4 beschriebenen Kommunikations-funktionalitäten adressieren. Es besteht die freie Auswahl zwischen einer rein akustischen oder aber einer audiovisuellen Verbindung (siehe Abbildung 5.2).

Mehrerer Erprobungen und Demonstrationen innerhalb des hauseigenen LANs sowie zu weiter entfernten Kommunikationspartnern über ISDN-WANs konnten erfolgreich durchgeführt werden (siehe Abbildung 5.3). Je nach Bandbreite der ISDN-Verbindung sowie der Leistungsfähigkeit der TCP/IP-nach-ISDN-Routing-Komponenten konnten erfolgreiche Arbeitssitzungen zwischen Darmstadt und Partnern in Berlin, Heidelberg, Bremen und Rostock durchgeführt werden. Die Audiosignale waren dabei in der Regel auch über längere Zeiträume von ausreichender Qualität, während die Videosequenzen abhängig von der sonstigen Systembelastung zu größeren Leistungsschwankungen neigten. Daher waren die Bildraten in ein breites Spektrum zwischen 10 Bilder/s (auf dem LAN) und manchmal deutlich weniger als 1 Bild/s (bei Basic Rate ISDN und hoher Systembelastung durch die kooperativen Editoren) verteilt. Die Synchroni-sierungseigenschaften des integrierten Audio/Videoeditors der CoMEdiA-Umgebung konnte dadurch jedoch in keinster Weise beeinflußt werden.

Zusammenfassend konnte mit Hilfe der prototypischen CoMEdiA-Umgebung der eindeutige Nachweis angetreten werden, daß ein kooperatives System inklusive multimedialer Echtzeitkommunikationskanäle auch auf Standardrechner und -netzen realisierbar ist. Die zukünftig zu erwartende Leistungssteigerung sowohl der Rechner als auch der Netze wird daher eine verstärkte Verwendung von ähnlich konzipierten kooperativen Umgebungen mit sich bringen.

Abbildung 5.3. Eine typische Arbeitssituation bei der Verwendung der CoMEdiA-Umgebung und den integrierten Echtzeitkommunikationsmechanismen des Tele-Media-Trainingssystems (Videokamera, Mikrophon, Videofenster rechts oben auf dem Bildschirm).

5.2 Europaweites Lernen mit DEDICATED

DEDICATED (Development of a new Dimension in Computer Assisted Teaching and Education) war zwischen Anfang 1992 und Ende 1994 ein Projekt im Rahmen des europäischen DELTA-Programms. Partner aus den vier europäischen Ländern Deutschland, Portugal, Frankreich und Griechenland, arbeiteten gemeinsam im DEDICATED-Projekt. Die Ziele von DEDICATED lagen in der Entwicklung, dem Aufbau und der Evaluierung von lokalen Trainingszentren (*Local Training Centers* = *LTCs*) für multimediales Lernen an ausgewählten Standorten der Partnerländer. Diese Trainingszentren bestehen aus einer Reihe von Ethernet-vernetzten Lernstationen (Workstations und PCs) sowie Kurs und Kommunikationsservern. Sie dienten und dienen bis heute als Basiseinheiten für ein verteiltes, multikulturelles Lernen und werden durch ein europaweites Netz auf Internet- und ISDN-Basis miteinander verbunden. Auf diese Weise lassen sich erstellte Trainingseinheiten auch auf einer länderübergreifenden Ebene verteilen und an lokale Gegebenheiten anpassen.

Die Entwicklung des DEDICATED *Modular Training System* (*MTS*) erforderte daher die Berücksichtigung verschiedener Eigenschaften, die an eine solche neuartige Lernumgebung gestellt werden:

- die Integration von multimedialen Inhalten (Text, Bilder, Video und Audio)
- die möglichst weitgehende Unabhängigkeit von Plattformen, Betriebssystemen und Graphischen Benutzerschnittstellen (Interoperabilität)
- die Verwendung von *Client/Server*-Mechanismen sowie objektorientierten Ansätzen für die Netzkommunikation
- die Integration didaktischer Basismethoden in das Lernsystem
- die Unterstützung menschlicher Kommunikation mit Hilfe von Audio- und Videoverbindungen (Kooperatives Arbeiten)
- die Portabilität der Kurse und des Kursmaterials

Neben dem europaweiten Austausch von Schulungsmaterialien und didaktischen Kursabläufen waren somit der Einsatz von vernetzten Lernstationen sowie die Kooperation zwischen Lehrern und Schülern die tragenden Ideen. Daher wurden als Zielvorgabe für die verteilte DEDICATED-Testumgebung schon in einer frühen Projektphase vier Lernszenarien identifiziert: Selbststudium, Einzelunterricht, Fernunterricht und Gruppenlernen (siehe Abbildung 5.4).

Abbildung 5.4. Die verschiedenen DEDICATED Lernszenarien: 1 - Selbststudium; 2 - Einzelunterricht; 3 - Fernunterricht; 4 - Gruppenlernen

Beim *Selbststudium* lernt ein Schüler mit Hilfe einer Lernumgebung, die in der Regel aus seiner eigenen Rechnerplattform und einem damit verbundenen Kursmaterial- und/oder Kurssteuerungs-Server besteht. Beim *Einzelunterricht* ist er über das Netz zusätzlich mit einem Lehrer oder Tutor verbunden, der ihm menschliche Unterstützung und Hilfestellungen geben kann (Peer-to-Peer). Der *Fernunterricht* vereinigt mehrere Lernende, die dem Unterricht eines entfernten Lehrers oder Tutors folgen (Broadcasting). Hierbei werden die Lernenden außer in Übungs- oder Prüfungsphasen nicht stark interaktiv tätig Beim *Gruppenlernen* erarbeitet dagegen eine typischerweise kleine Gruppe von Schülern mit oder ohne Hilfe eines Tutors ein neues Wissensgebiet. Die Interaktion sowohl mit der Lernumgebung als auch mit den Gruppenpartnern ist dabei außerordentlich hoch (kooperatives Arbeiten).

Im Laufe der Realisierung der DEDICATED-Testumgebung wurde die Unterstützung des dritten Szenarios aufgrund seiner nahen Verwandtschaft mit der Ausstrahlung von Lernunterricht durch Fernsehanstalten o.ä. nur noch wenig vorangetrieben. Dieser Bereich setzt eine völlig andere Infrastruktur der Systemumgebung und Bandbreite des Übertragungsnetzes für ihre Ausführung voraus. Ziel der DEDICATED-Testumgebung war jedoch die Unterstützung von Lernaktivitäten an Universitäten, Forschungsanstalten sowie kleineren kommerziellen Unternehmen. Daher wurden die Unterstützung der restlichen drei Lernszenarien möglichst bei allen Realisierungsaktivitäten des DEDICATED-Testsystems angestrebt.

5.2.1 Die DEDICATED-Architektur

Das primäre Entwicklungsziel von DEDICATED war die Bereitstellung einer flexiblen Plattform zur Entwicklung, zur Anwendung und zum Management von verteiltem und Computerunterstütztem Lernen. Hierbei bilden die *Local Training Centers (LTCs)*, die in den Partnerländern installiert wurden, die Basis der DEDICATED-Architektur (siehe Abbildung 5.5). Ein LTC besteht im wesentlichen aus einem oder mehreren zentralen Rechnern zur Bereitstellung von allgemeinen DEDICATED-Diensten (*Servers*) und daran angeschlossenen Lernplattformen (*Clients*). Die Basisdienste der Server umfassen neben der Anbindung an das internationale Netz die Bereitstellung von Datenbank-, Kurssteuerungs- und Managementservices. Die Lernplattformen sind netzfähige Standardcomputer wie Silicon Graphics Indigos, Sun Sparcs oder High-End Personal Computers, die mit relativ preiswertem Multimedia Equipment (Videokameras, Mikrophone, Frame Grabber, etc.) aufgerüstet sind. Hierdurch soll eine hohe Verbreitung ermöglicht werden, die mit zu teuren Extrakomponenten sicherlich unerreichbar wäre.

Neben der Installation der LTCs bildete die Entwicklung und die Erprobung des *Modularen Trainingssystems* einen Schwerpunkt innerhalb der DEDICATED-Umgebung. Hiermit wurde ein Konzept realisiert, das den modularen, lernzielorientierten Entwurf von Trainingssoftware gestattet. Zu diesem Zweck ist das System in verschiedene Ebenen gegliedert: Die oberste Ebene des MTS wird durch die eher abstrakten Schichten für die Kurssteuerung und Kursmaterialverwaltung repräsentiert. Die erste dieser Schicht bildet das lernzielorientierte *Course Material Layer*. Hier werden Lerninhalte und Lernstrategien auf abstrakte Weise definiert. Da diese Schicht geräte- und technologieunabhängig ist, ermöglicht sie das Design von Trainingssoftware, die dann sehr leicht an veränderte technische Bedingungen angepaßt werden kann. Darunter befinden sich das technologieorientiert *Learning Material Layer*. Die Lernmaterialien sind geräteunabhängig programmiert und definieren die Expertise eines Lernzentrums.

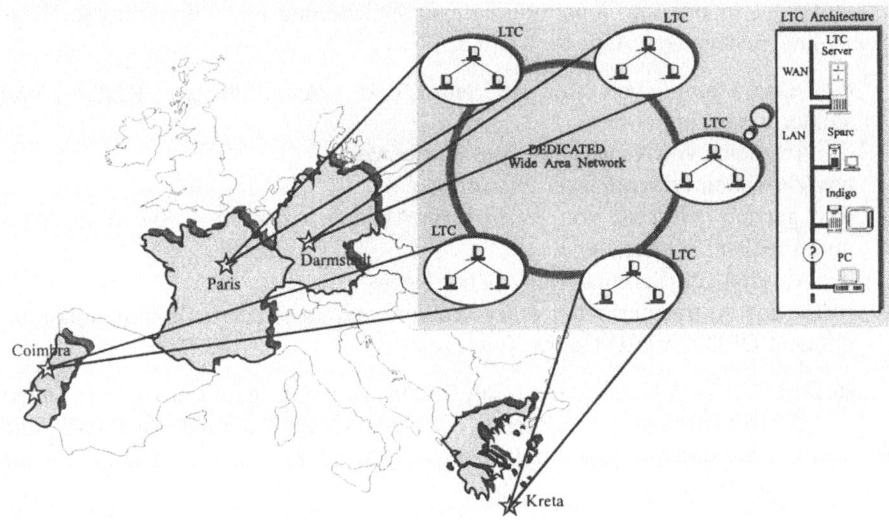

Abbildung 5.5. Die DEDICATED LTC-Architektur innerhalb des europäischen Umfeldes

Für die Course Material und Learning Material Layers bildet die Entwicklung einer *Kursbeschreibungssprache* (*Course Description Language - CDL*) einen Schwerpunkt. Diese Beschreibungssprache definiert die Anatomie eines Kurses, der nach Bedarf aus Modulen konfiguriert wird – teils interaktiv, teils automatisch. Weiterhin beinhaltet und unterstützt sie Mechanismen, die Anforderungen des Autors an den Kurs (Thema, Zielgruppe, Medienart, Detaillierungsgrad, etc.) beschreiben sowie Benutzerprofile (Verhalten, Lernerfolg, etc.) beachten. Die beiden oberen Schichten einschließlich der CDL werden der *Course Interpreter* genannt.

Aus den zu Anfang genannten Gründen (Interoperabilität, Portabilität, etc.) waren zwischen dem Course Interpreter und einer plattformabhängigen Schicht für das *Lern-Frontend* eine geräteunabhängige Kommunikationsschicht nötig. Das Lern-Frontend stellt hierbei die Software dar, mit der der Lernende interagiert und über die er Lernmaterialien anfordert. Im DEDICATED Prototyp sollte dieses Lern-Frontend ebenso wie der Course Interpreter auf SGI- und Sun-Workstations sowie auf PCs realisiert werden. Der Course Interpreter sollte sich in keiner Weise um die Zielplattform kümmern müssen. Es sollte weiterhin möglich sein, daß sich Lern-Frontend und Course Interpreter entweder auf dem selben Rechner oder auch auf weit voneinander entfernten, verschiedenartigen Rechnern befinden konnten.

Kommunikationsschicht und Lern-Frontend bilden ein wesentliches Modul des MTS: Den *Generic Learning Support* (*GLS*). Der GLS bietet damit sowohl eine generische (= plattformunabhängige) Ansteuerungsschnittstelle als auch die plattformabhängige Implementation von Funktionalitäten in den Bereichen Präsentation, Interaktion, Kommunikation, Speicherung und Verarbeitung. Diese beinhaltet verschiedene Aspekte wie u.a.:

- die Darstellung von formatiertem Text, Schaltflächen, Raster- und Vektorbildern in Fenstern
- das Abspielen von Video- und Audiosequenzen
- das Verwalten verschiedener Testformen
- das genaue Messen von zeitlichen Abläufen und der Synchronisation multimedialer Datenströme
- das Abrufen von Lernmaterialien über Netze
- sowie das Aufrechterhalten einer vollkommen asynchronen Kommunikation mit dem DEDICATED Course Interpreter

Das DEDICATED Generic Learning System ist damit identisch zu einer ersten Form des Generischen Lernsystems der Tele-Media-Trainingsumgebung. Die Implementation und der Test dieser Komponente in das DEDICATED MTS wird im folgenden aufgezeigt.

5.2.2 Realisierung und Test des „Generic Learning Support"

Schon an der Namengebung der einzelnen Komponenten ist eine enge Verwandtschaft zwischen der DEDICATED-Umgebung und der Tele-Media-Trainingsarchitektur zu erkennen. Dies läßt sich leicht durch die parallel durchgeführte Implementation des Tele-Media-Referenzmodells und dessen Integration in den DEDICATED-Prototyp begründen. Die Vorgehensweise für die Realisierung des Generic Learning Supports war hierbei folgende:

- Bedarfsanalyse bezüglich der benötigten Funktionalitäten mit Hilfe aller an DEDICATED beteiligten Entwicklungspartner, zum Teil durch gezielte Umfrageaktionen (siehe auch [Brisson92a], [Brisson92b], [Dedicated93] sowie die Protokolle zu den DEDICATED-Entwickler-Workshops von 1992 bis 1994).

- Anpassung des Tele-Media-Referenzmodells entsprechend der Bedarfsanalyseergebnisse
- Implementation der Funktionalitäten innerhalb des Generischen Lernsystems und des Course Interpreter Development Kit (*CIDK*) im Rahmen des Tele-Media-Trainingssystems
- Integration des so entstandenen neuen GLS in die DEDICATED-Umgebung
- Verwendung und Test der aktuellsten Versionen des DEDICATED-Prototypen bei ausgewählten Anwendern an den LTC-Standorten
- Rückkopplung durch Testreports, Fehlerlisten und angepaßte Funktionalitätsanforderungen

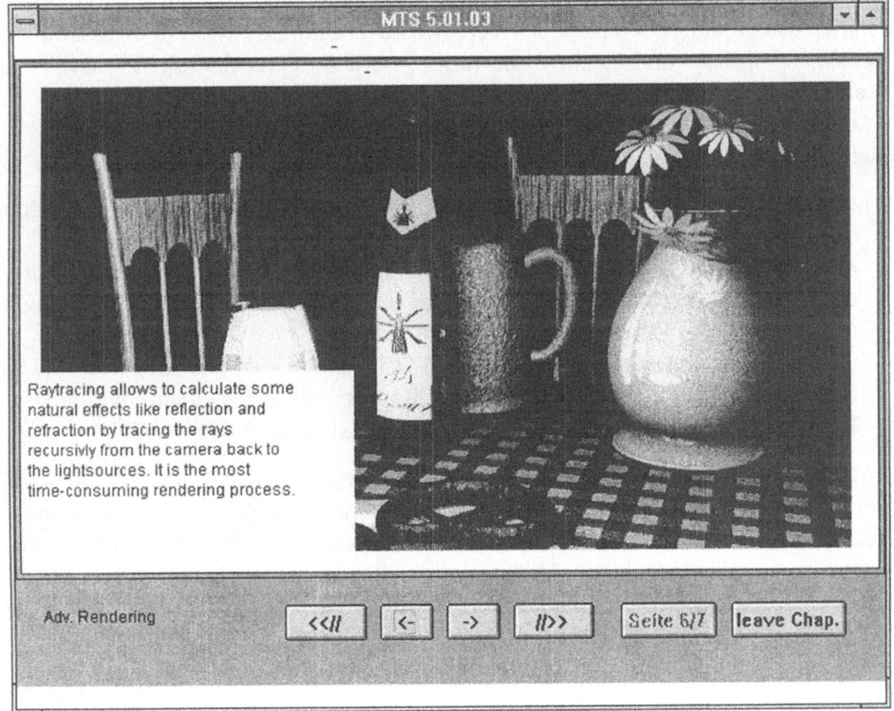

Abbildung 5.6. Ein Bildschirmschnappschuß bei der Abarbeitung eines Lernskripts innerhalb der DEDICATED-Umgebung (Quelle: A. Knierriem-Jasnoch).

Insgesamt wurden auf diese Weise mehr als 10 Prototypen des DEDICATED GLS realisiert, die jedesmal einen deutlichen Fortschritt bezüglich ihrer Funktionalität, Arbeitsgeschwindigkeit und Stabilität aufwiesen. Das Kommunikationsprotokoll zum Course Interpreter sowie die API-Funktionen wurden in entsprechenden Referenzmanuals sorgfältig dokumentiert und den

Entwicklern der höheren Schichten der DEDICATED-Architektur zur Verfügung gestellt [Tritsch93a], [Tritsch94a].

Parallel zur Entwicklung des MTS entstand mit Hilfe des Generischen Lernsystems und dem CIDK eine Autorenumgebung für CDL-Skripte an der Universität Oulu in Finnland (in Kooperation mit dem Fraunhofer-Institut für Graphische Datenverarbeitung, siehe [Korpela95]). Damit lassen sich die komplexen Kursskripte interaktiv auf einer PC-Plattform unter MS-Windows erstellen.

Beide Entwicklungsansätze – Realisation des MTS und einer Autorenumgebung – unter Zuhilfenahme der oben genannten Komponenten des Tele-Media-Trainingssystems führten zu voll funktionsfähigen Anwendungsprototypen (siehe Abbildung 5.6). Hierbei übersteigt die Komplexität der DEDICATED-Lernumgebung die der Autorenumgebung systembedingt bei weitem. Dennoch konnten das modulare Konzept des Tele-Media-Trainingssystems in beiden Fällen erprobt, evaluiert und positiv bewertet werden [Tritsch93c], [Tritsch94c], [Velez94], [Tritsch95].

Die Bewertung des MTS wurde durch drei Mechanismen durchgeführt, die z.T. auch schon weiter oben genannt wurden:

- direkte Befragung der Anwender innerhalb der LTCs durch E-mail, Telefon oder bei Arbeitstreffen
- Umfrageaktionen bei den Betreibern der LTCs (siehe hierzu auch den Anhang, der einen Auszug aus einer Umfrage bei den LTCs in Griechenland, Portugal und Deutschland aus dem Jahre 1993 enthält)
- technische Evaluierung von DEDICATED-Entwickler der höheren MTS-Schichten (z.B. die regelmäßigen „Bug Reports" über bestehende und gelöste Probleme von J. Brisson Lopes, IST, Portugal, siehe auch [Brisson94])

Mit Ausnahme der Vektorgraphiken und der Browser-Komponente (für beide gibt es keine entsprechende Unterstützung innerhalb der CDL) konnte die gesamte Palette der Tele-Media-Funktionalitäten des Generischen Lernsystems von formatierten Texten über Graphiken, Video- und Audiosequenzen bis hin zu den vielfältigen Dialogkomponenten erfolgreich eingesetzt werden. Die entsprechenden MTS-Prototypen sind noch immer bei den beteiligten LTCs im Einsatz. Eine zukünftige Verwendung für Folgeaktivitäten im Bereich des europäischen DELTA-Programms ist geplant.

5.3 Netzweites Lernen in KmUs mit der COBRA-3-Umgebung

COBRA (Cooperation within Bureau, Research and Administration) ist eine Mitte 1994 gestartete strategische Initiative der Fraunhofer-Gesellschaft (*FhG*) und der Deutschen Telekom zur Errichtung eines offenen Rechnernetzes mit

Anwendungsdiensten für kleine und mittlere Unternehmen (*KmUs*). Das COBRA-Netz wird in das vorhandene FhG-Netz integriert und weitet es für die Einbindung der KmUs aus (siehe auch [Encarnação93b]). Hierdurch wird der Einsatz von multimedialen Telekommunikationsmechanismen innerhalb der FhG in einem Feldversuch erprobt. Ein spezieller Anwendungsdienst innerhalb der COBRA-3-Initiative umfaßt den gesamten Bereich von Schulung, Training und der Aufbereitung von Information für KmUs.

5.3.1 Die COBRA-3-Umgebung

COBRA-3, das offene FhG-Netz mit Anwendungsdiensten für kleine und mittlere Unternehmen, zielt innerhalb der COBRA-Initiative speziell auf die Bereitstellung und Erprobung entsprechender Dienstleistungen auf Telekommunikationsbasis. Dabei wird eine zwischen verschiedenen Fraunhofer-Instituten bestehenden Netzinfrastruktur für die Integration existierender Technik und ihrer Erprobung im realen Anwenderfeld genutzt [Hornung94].

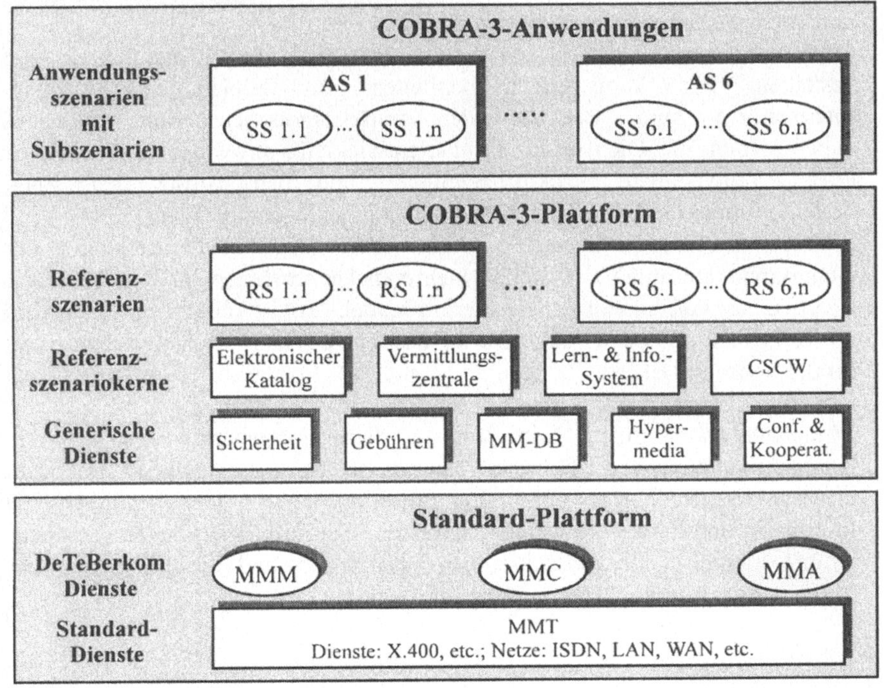

Abbildung 5.7. Die COBRA-3-Gesamtarchitektur

Die Realisation von COBRA-3 gliedert sich in drei technische Schichten und zwei zeitliche Phasen. Die technische Schichten umfassen die Realisierung von Generischen Diensten (File Transfer, Sicherheit, Gebühren, MM-Datenbanken, Hypermedia, Kommunikation und Kooperation), deren Integration in sogenannten Szenariokerne (Katalogsystem, Vermittlungszentrale, Lern & Informationssystem sowie CSCW) und den darauf basierenden Anwendungen (siehe Abbildung 5.7). Diese Anwendungen dienen der Erprobung der gesamten COBRA-3-Plattform in enger Kooperation mit der Telekom-Tochter DeTeBerkom und Anwendern aus dem KmU-Bereich. Die Anwendungsszenarien wurden nach dem Potential ihrer späteren kommerziellen Nutzbarkeit ausgewählt:

- *Home Support*: Bei diesem Szenario stehen Anwendungen der digitalen Telekommunikation für verschiedene Bereiche des Alltaglebens im Vordergrund. Inhaltliche Schwerpunkte bilden hierbei das Tele-Shopping und die Unterstützung älterer und behinderter Menschen.
- *ASIC-Entwurf*: Dieses Szenario zielt auf eine integrierte Unterstützung von KmUs bei allen Phasen des Entwurfs elektronischer Schaltungen. Geforderte kurze und damit preiswerte Entwurfszeiten können nur durch aktuellste Werkzeuge und Expertenunterstützung erreicht werden. Daher spielen hierbei Telekommunikationsdienste wie Datenaustausch, Fernzugriff auf Hardware und Software sowie Tele-Beratung eine zentrale Rolle.
- *CAD-Maschinenbau*: Dieses Szenario zielt auf die Unterstützung von verteiltem und kooperativem Arbeiten im Bereich Maschinenbau. Insbesondere sind Betriebe der mittelständischen Zulieferindustrie angesprochen, die Dienste zur Produktentwicklung anwenden oder anbieten (z.B. Prototypenbau, Strukturberechnung und betriebsfeste Bemessung, verteilte Produktbibliotheken, verteiltes Dokumentenmanagement).
- *Logistik*: Dieses Szenario zielt auf die Unterstützung der Kommunikationsabläufe zwischen mehreren Unternehmen im Bezug auf die Bearbeitung von unternehmensübergreifenden Logistikaufgaben. Weiterhin umfaßt es die Bereitstellung sowohl des zugehörigen Dienstleistungs- und Produktionsangebots als auch der erforderlichen Kommunikationsinfrastruktur.
- *Medizintechnik*: Im Mittelpunkt diese Szenarios steht ein Kommunikationssystem für die Integration von Patientendaten mit dem niedergelassenen Arzt als Zentralisationspunkt. Der multimediale Informationsaustausch zwischen Arztpraxis, Spezialklinik und Krankenhaus umfaßt hierbei Kollegendiskussionen von Ärzten und die Integration der Ergebnisse in multimediale Arztbriefe.

– *Schulung, Training, Information*: Dieses Szenario beinhaltet technisch gestützte Informations- und Schulungsanwendungen in verschiedenen Themengebieten. Dies umfaßt die reine Wissensvermittlung, aktuelle Problemlösung und die Vermittlung von Handlungskompetenz durch simulative Lernarbeit und „Online"-Beratung. Dabei kommen vorgefertigte, netzbasierte, multimediale und didaktisch gestaltete Lernprogramme genauso zum Einsatz wie Beispieldokumente, Faktendatenbanken und das Zwiegespräch zwischen räumlich verteilten Personen.

Alle Szenarien werden in einem zweistufigen Zeitplan realisiert. Zunächst erfolgt eine Pilotphase, in der funktionsfähige Prototypen erstellt und bei ausgewählten Partnern erprobt werden. Die hierbei gemachten Erfahrungen fließen in eine Feldphase ein, die der Verbesserung der Prototypen zu voll funktionalen Anwendungen dient. Diese werden dann bei einem erweiterten Partnerkreis erprobt. Der Abschluß der Feldphase bildet die beabsichtigte Markteinführung der Anwendungen über die Partner.

5.3.2 Das Anwendungsszenario „Schulung, Training, Information - STI"

Das COBRA-3 Anwendungsszenario „Schulung, Training, Information" (COBRA-3-STI) umfaßt das Gebiet des computergestützten Trainings (*CBT*) und seine Verwendbarkeit für kleine und mittlere Unternehmen. Hierbei steht die Entwicklung und Erprobung eines modularen und verteilten Lernsystems im Vordergrund. Die technische Realisierung dieses Lernsystems wird anhand von drei Referenzszenarien beschrieben, die im Hinblick auf Funktionsumfang und Komplexität aufeinander aufbauen.

Im Rahmen der Pilotphase werden die ersten beiden dieser Referenzszenarien unter Verwendung des Referenzszenariokerns „Lern- und Informationssysteme", der Generischen Dienste „Multimedia Datenbank" und „Conferencing und Kooperation" sowie der DeTeBerkom-Dienste MMM und MMC implementiert. Mehr indirekt spielen auch noch weitere Referenzszenariokerne und Generische Dienste eine Rolle für das STI-Szenario (siehe Abbildung 5.8). Das so entstandene System wird dann im Rahmen von vier Subszenarien (d.h. realen KmU-Anforderungen in den Bereichen Logistik, ASIC-Entwurf, CAD-Maschinenbau und Consulting) in kleinen und mittleren Unternehmen installiert und getestet. Hierbei kommen jeweils speziell für den betreffenden Unternehmensbereich entwickelte Schulungsmaterialien zum Einsatz.

Die involvierten Unternehmensbereiche repräsentieren zum Teil andere COBRA-3-Anwendungsszenarios, die dadurch die zusätzliche Komponente CBT erhalten. Eine Evaluierung der installierten STI-Systeme am Ende der Pilotphase liefert zum einen Aussagen über die Qualität der zugrundeliegenden Telekommunikationsdienste und zum anderen Hinweise auf mögliche Verbesserungen der STI-Systeme im Rahmen der Feldphase.

Die Integration des STI-Szenarios mit den verschiedenen Referenzszenariokernen (RSKs), Generischen Diensten (GDs) und DeTeBerkom Dienste ergibt hierbei folgendes Architekturbild:

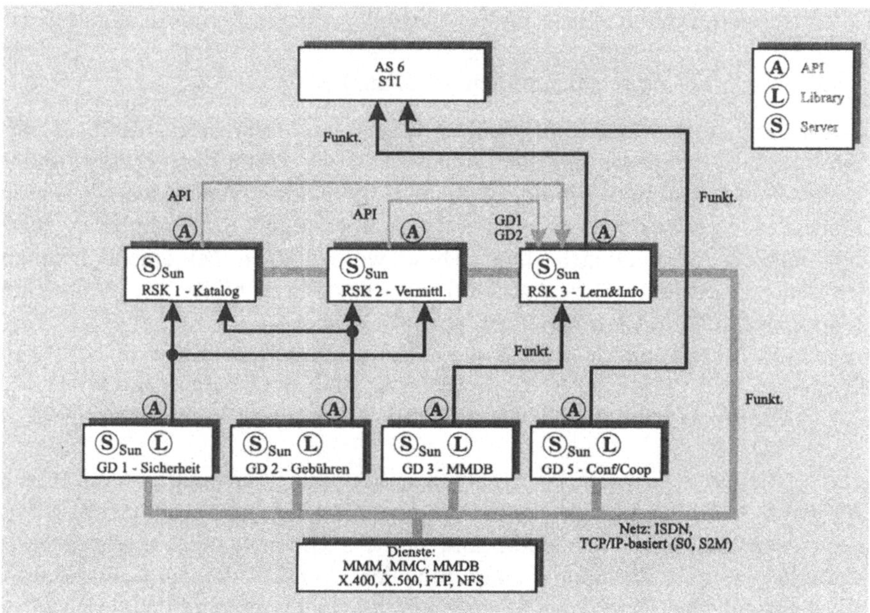

Abbildung 5.8. Integration von STI-System, RSKs, GDs und DeTeBerkom-Diensten innerhalb der COBRA-3-Umgebung. GD1, GD2, RSK1 und RSK2 werden in der Pilotphase dabei nur weniger in Anspruch genommen als die anderen abgebildeten COBRA-3-Komponenten. Die Pfeile symbolisieren die direkte Abhängigkeit eines Moduls von einem anderen

Für das STI-Szenario lassen sich drei sogenannte Referenzszenarien ermitteln. Diese stehen neben den normalen Anforderung an Computerplattformen wie der Verarbeitung multimedialer Daten und der Bereitstellung einer geeigneten Benutzungsschnittstelle. Sie stellen weitergehende konkrete Aspekte bezüglich der Kommunikation zwischen den Systembenutzern, der konsistente Haltung multimedialer Lern- und Informationsdaten oder der Interaktion der verschiedenen verteilten Rechner in den Vordergrund. Im folgenden sollen die drei identifizierten Referenzszenarien vorgestellt werden

- Intra Enterprise STI-System
- Verteiltes Online und Offline STI-System
- Kooperatives STI-System

5.3.2.1   Intra Enterprise STI-System

Das Referenzszenario *Intra Enterprise STI-System* realisiert eine Laufzeitumgebung für computerbasiertes Training in einer Unternehmensumgebung. Der Anschluß von Filialen und ausgelagerten Unternehmensteilen über öffentliche Leitungen ist darin beinhaltet (siehe Abbildung 5.9). Hierbei spielen die Verfügbarkeit multimedialer Daten und ihre Präsentation, die Interaktionsmöglichkeiten mit der Maschine, die didaktische Aufbereitung der Lern- und Informationsmaterialien, die Benutzermodellierung sowie die Benutzungsschnittstelle die wesentlichen Rollen. Weiterhin ist die Vernetzung der beteiligten Lernstationen sowie der Lernmaterialien-Server über ein Local Area Network (LAN) essentiell.

Die Abläufe von Schulungen zu verschiedenen Themengebieten werden in diesem Referenzszenario von Kursautoren innerhalb der Partnerunternehmen festgelegt, mit Hilfe einer Skriptsprache kodiert und auf einem Kursserver innerhalb des Unternehmens-LANs abgelegt. Die Kursmaterialien selbst werden auf einem mittels NFS zugreifbaren Materialserver gespeichert.

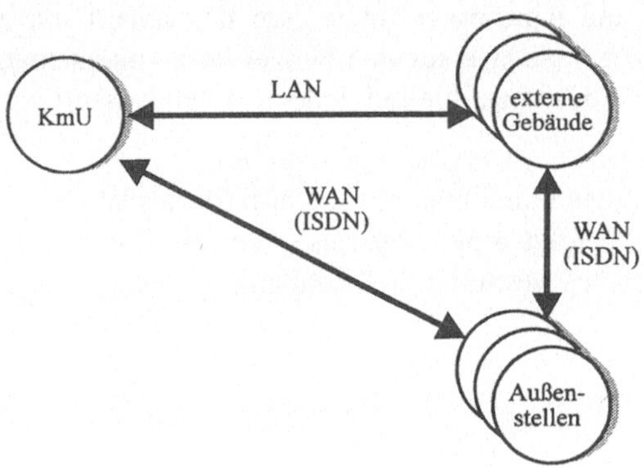

Abbildung 5.9. KmU-Umgebung für das Intra-Enterprise STI-System

Ergeben sich während des Kurses beim Nutzer Fragen oder Unklarheiten, die durch den Kurs allein nicht geklärt werden können, so kann dies den Kurserstellern über einfache Kommunikationsmechanismen (Peer-To-Peer-Audioverbindungen unter Beteiligung des zentralen Kommunikationsservers) mitgeteilt werden. Diese sind dann in der Lage, durch Beantwortung der aufgeworfenen Fragen direkt auf das Feedback des Informationssuchenden direkt zu reagieren. Weiterhin können danach entweder das Kursskript oder die Kursmaterialien an die Erfordernisse der Lernenden angepaßt werden. Dies ermöglicht eine unternehmensspezifische Aufbereitung benötigter Information in sehr kurzen Zeitzyklen.

5.3.2.2 Verteiltes Online und Offline STI-System

Das Referenzszenario *Verteiltes Online und Offline STI-System* erweitert das *Intra Enterprise STI-System* durch Integration zusätzlicher Komponenten aus den Generischen Diensten „Multimedia Datenbank" und „Conferencing und Kooperation". Es realisiert auf diese Weise eine Laufzeitumgebung für computerbasiertes Training innerhalb eines Wide Area Networks (WAN) über Unternehmensgrenzen hinaus (siehe Abbildung 5.10). In diesem Referenzszenario werden die multimedialen Schulungs- und Trainingsmaterialien von einem externen Diensteanbieter bereitgestellt und können von diesem entweder im Online- oder im Offline-Modus angefordert werden (Outsourcing).

Der *Offline-Zugriff* auf Schulungs- und Informationsunterlagen innerhalb einer verteilten, computerunterstützten Umgebung erfolgt in erster Linie durch den Transfer von Dateien über Netze. Hierbei werden didaktisch aufbereitete multimediale Daten, die an einem Ort erzeugt oder aktualisiert werden, zu einem beliebigen späteren Zeitpunkt zur Zielmaschine an einem anderen Ort übertragen.

Im *Online-Modus* besteht die Möglichkeit, jederzeit aktiv über Netze auf das Material zuzugreifen, so daß dem Lernenden aufgrund der zentralen Datenhaltung stets das aktuellste Material präsentiert werden kann. Dabei erfolgt der Ablauf zur Kontaktaufnahme zwischen Nutzer und Kursserver sowie zum Kursablauf selbst analog zum *Intra Enterprise STI-System*, so daß für den Nutzer kein Unterschied zu diesem sichtbar wird. Technisch bestehen hierbei jedoch zwei wesentliche Unterschiede:

– Die Kommunikation erfolgt im allgemeinen über ein ISDN-basiertes WAN
– Der Zugriff auf das Lernmaterial erfolgt möglicherweise über die Datenbank-
  schnittstelle des Generischen Dienstes Multimedia-Datenbank

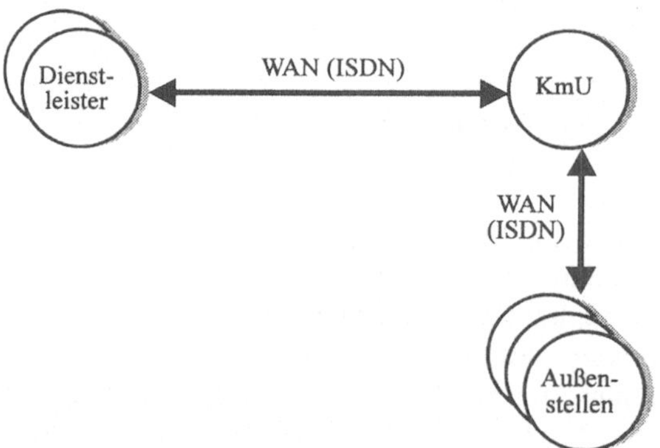

Abbildung 5.10. KmU-Umgebung für das verteilte Online und Offline STI-System

Der Lernende hat damit immer Zugriff auf das aktuellste Material, der Lehrende kann jederzeit verbessertes Material bereitstellen. Einer Gruppe von Lernenden werden damit multimediale Kurse angeboten, deren Daten sich nicht mehr auf dem eigenen System befinden müssen. Darüber hinaus ergibt sich durch das Verteilte Online und Offline STI-System die technische Möglichkeit, vorbereitetes Material von einer zentralen Stelle nach Ansage auszustrahlen (Broadcast), was einem weitverteilten Lernkurs entspricht. Im automatisierten Fall kommt dabei dem Rechner und der Datenbank die Rolle eines Tutors zu, der die Lektionen in der vom Lernenden bevorzugten Darstellungsart präsentiert und aus Antworten auf Prüfungsfragen eine geeignete Reihenfolge ermittelt.

Hinsichtlich des Kursablaufs unterscheidet sich dieses Referenzszenario vom *Intra-Enterprise STI-System* dahingehend, daß die durch den RSK3 „Lern- und Informationssystem" bereitgestellte Funktionalität zur Benutzermodellierung integriert und somit eine dem Domänen-bezogenen Wissen des Benutzers angepaßte automatische Kurssteuerung ermöglicht wird. Das Pädagogische Backend übernimmt damit noch mehr die Rolle eines maschinellen Tutors.

5.3.2.3 Kooperatives STI-System

Das Szenario *Kooperatives STI-System* umschreibt die Möglichkeit des gemeinsamen Zugriffs auf bestimmte Daten und die begleitende menschliche Kommunikation. Dies beinhaltet Gruppenarbeitsaspekte wie Präsentation von Seminaren vor einem mehrköpfigen Auditorium, gemeinsames Lernen und den Austausch von Erfahrungen. Allen solchen CSCW-Aspekten in Lernumgebungen ist gemein, daß sie den Menschen und seine natürlichen Kommunikationsbedürfnisse versuchen in den Vordergrund zu stellen. Computer und Netze dienen dabei als Kommunikationsmedien und werden daher in den Bereichen Echtzeitfähigkeit, Multimediaunterstützung, Mediensynchronisation und Transferkapazitäten stark gefordert (siehe Abbildung 5.11).

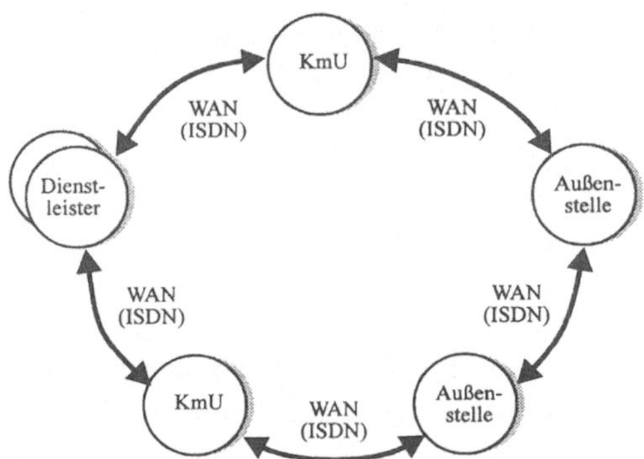

Abbildung 5.11. KmU-Umgebung für das kooperative STI-System

5.3.3 Integration des STI-Gesamtsystems

Im folgenden wird eine modulare Referenzkonfiguration beschrieben, die verschiedene Module zu einem Gesamtsystem vereint (siehe Abbildung 5.12). Es repräsentiert den technische Ansatz zur Realisierung der vorher identifizierten Referenzszenarien in einem oder mehreren Unternehmen.

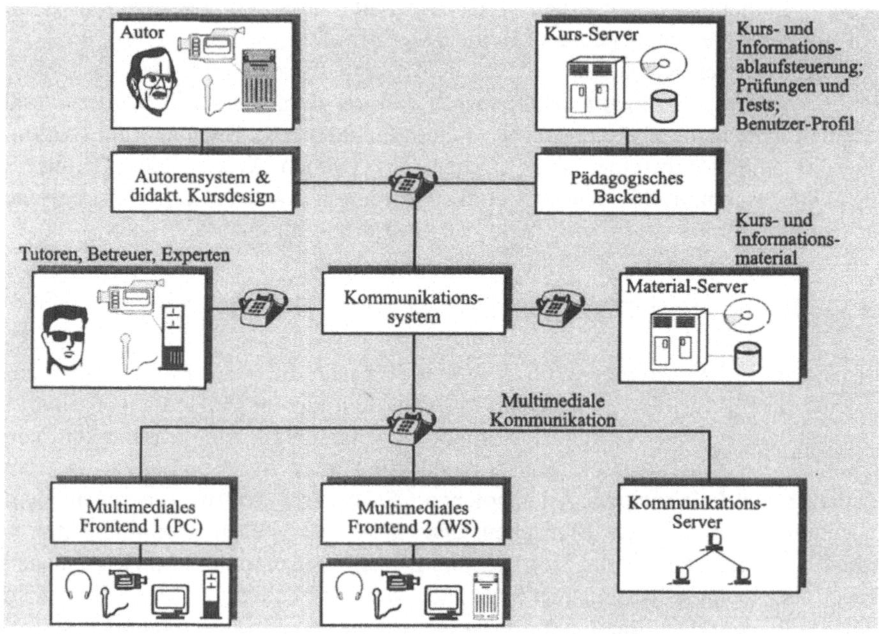

Abbildung 5.12. Die modulare Referenzkonfiguration des integrierten STI-Gesamtsystems

Die STI-Komponenten entsprechen hierbei zu einem Großteil den schon bekannten Komponenten des Tele-Media-Trainingssystems. Dieses diente auch als ein Vorbild beim Design der STI-Architektur. Das Autorensystem und didaktische Kursdesign dient der Erstellung des Kurs- und Informationsmaterials und dem Design des Sitzungsablaufs in Form eines Steuerungsskripts. Weiterhin ermöglicht es den Entwurf von Prüfungen und Tests sowie die Änderung des Sitzungsablaufs entsprechend der Testergebnisse. Es ist nicht in der Laufzeitumgebung des STI-Systems enthalten.

Das Pädagogische Backend entspricht dem *Kursinterpreter* und verwaltet die Sitzungssteuerung aus dem Steuerungsskript, das Benutzerprofil und den Zugriff auf das Informationsmaterial. Weiterhin wertet es die Benutzerinteraktion, die über das Multimediale Frontend erfolgt, aus. Das Pädagogische Backend kann auf verschiedenen Plattformen implementiert sein und kommuniziert über das plattformunabhängige Informationsprotokoll mit dem Multimedialen Frontend.

Das Multimediale Frontend (entsprechend dem *Generischen Lernsystem*) stellt die Schnittstelle zwischen Benutzer und dem COBRA-3-STI-System dar. Es erhält seine Anweisungen vom Pädagogischen Backend und schickt auch alle Benutzerinteraktionen dorthin. Weiterhin dient es als Kommunikations-Ein- und Ausgabekonsole. Es besteht zudem eine Verbindung zum Informationsmaterial, das auf dem Frontend darzustellen ist. Das Multimediale Frontend kann auf verschiedenen Plattformen implementiert sein und kommuniziert über ein plattformunabhängiges Informationsprotokoll mit dem Pädagogischen Backend.

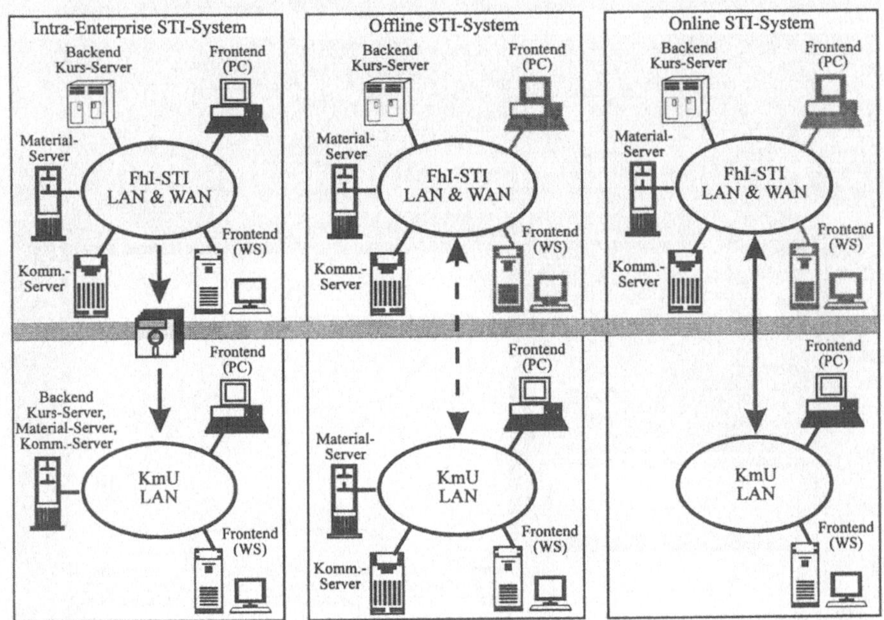

Abbildung 5.13. Die Ausprägung der STI-Referenzkonfiguration für das Intra Enterprise STI-System, das Offline STI-System und das Online STI-System (von links nach rechts). Die Kommunikationsarchitektur von Fraunhofer-STI-Netz zu KmU-Netz wandelt sich hierbei deutlich, die vorher dedizierten Server werden zu verteilten Servern, die sich physikalisch beim Diensteanbieter befinden.

Der Materialserver der Datenhaltung der realen Kursmaterialien auf dem Netz. Es kann entweder durch einen NFS-Server (Network File System) oder einen Datenbankserver (vom Generischen Dienst MM-DB) realisiert werden. Der Kommunikationsserver ermöglicht die multimediale Verbindung zweier oder mehrerer Menschen über das Netz für pädagogische und technische Hilfestellung.

Weiterhin werden Hilfedateien, auf die der Benutzer in direkter Kommunikation mit einem entsprechenden Hilfesystem zugreifen kann. Wird diese Referenzkonfiguration auf konkrete Referenzszenarien übertragen, ergibt sich für das Intra Enterprise STI-System und das Verteilte Online und Offline STI-System ein Bild wie es in Abbildung 5.13 dargestellt ist.

Die Erprobung und Evaluierung der STI-Umgebung findet in einer verteilten LAN- und WAN-Umgebung statt. Alle verwendeten LANs sind TCP/IP-basiertes Ethernet, alle LAN-WAN-Kopplungen werden über ISDN-Routers der Firma Bintec und deren TCP/IP-nach-ISDN-Treiber realisiert.

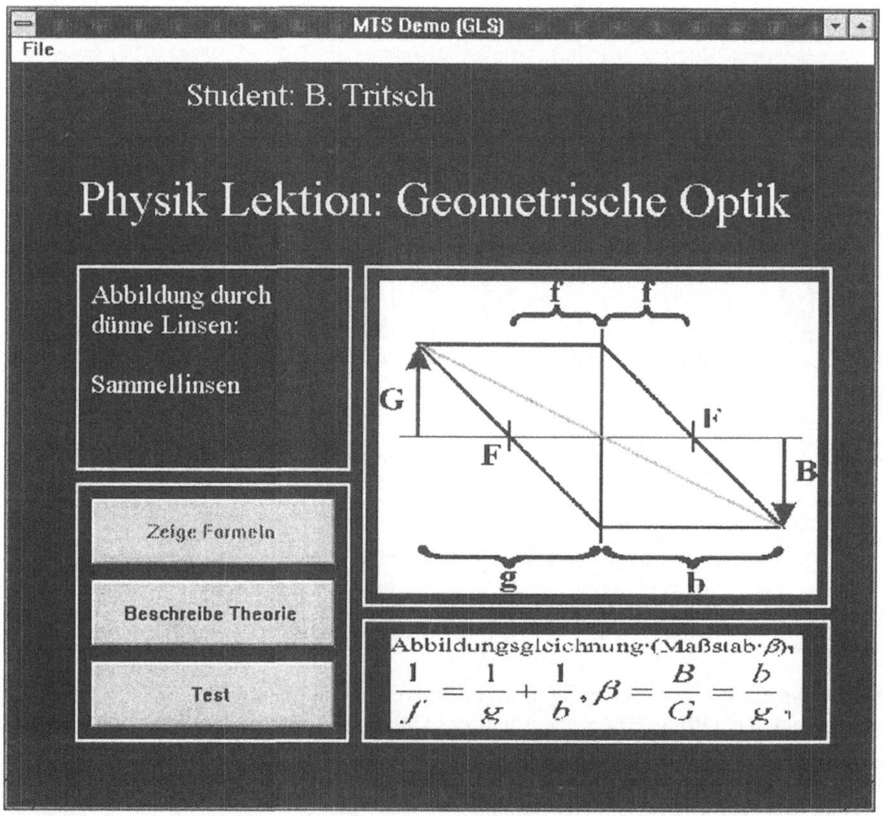

$$\frac{1}{f} = \frac{1}{g} + \frac{1}{b} , \beta = \frac{B}{G} = \frac{b}{g}$$

Abbildung 5.14. Ablauf eines prototypischen Testskripts nach Spezifikationen des COBRA-3-STI-Szenarios. Hierbei sind besonders die durch Vektorprimitive getrennten Bereiche für Text, Graphik, Schaltflächen und Formeln zu beachten. Auf diese Weise können Designforderungen für Kurse leichter eingehalten werden

Zur Realisation der STI-Umgebung wurde schon im Vorfeld die Integration der Komponenten des Tele-Media-Trainingssystems in verschiedene COBRA-3-Module vorgesehen. So findet sich ein Teil der Echtzeitkommunikationselemente wieder im Generischen Dienst 5 (GD5: Kommunikation und Kooperation). Der größte Teil des Tele-Media-Trainingssystems bestimmt jedoch das funktionale Frofil des Referenzszenariokerns 3 (RSK3: Lern- und Informationssystem). Hier wird eine Client/Server-Architektur nach dem Vorbild von Generischem Lernsystem und Kursinterpreter mit zugehörigem Kommunikationsprotokoll realisiert. Durch die Integration von GD5 und RSK3, ihrer Installation bei Industriepartnern innerhalb des STI-Netzes und der Erstellung von entsprechenden Kursen erfolgt die Realisierung des Anwendungsszenarios Schulung, Training, Information und seiner Subszenarien.

Erste Testimplementationen lassen deutlich eine erfolgreiche Integration des Tele-Media-Trainingssystems in die STI-Umgebung erkennen. In Zusammenarbeit mit dem Institut für Materialfluß und Logistik (IML), das für die Entwicklung des Didaktischen Backends verantwortlich ist, konnte schon Ende 1995 ein erster funktionsfähiger Prototyp erstellt und getestet werden (siehe Abbildung 5.14). Er beinhaltet das gesamte funktionale Spektrum des *Generischen Lernsystems* und entstand unter Verwendung des *CIDK*. Speziell die Unterstützung der Vektorprimitive und des Browser-Objekts wurde erst mit der Realisation des ersten COBRA-3-STI-Protyps in das Tele-Media-Trainingssystem integriert.

5.4 Vergleich mit bestehenden Systemen

Um eine abschießende Aussage über die Leitungsfähigkeit und Zukunftsträchtigkeit des Tele-Media-Trainingssystems machen zu können, soll es mit zwei von ihrer Art sehr unterschiedlichen CBT-Systemen verglichen werden. Das erste dieser Systeme ist *ToolBook*, das marktführende Produkt für PC-basierte Autoren- und Lernumgebungen. Das zweite ist das *World Wide Web*, eine Internet-basierte Hyperstrukturumgebung für den weltweiten Informationsaustausch.

ToolBook ist ein seitenorientiertes Autoren- und Lernwerkzeug, das wie ein Buch aufgebaut ist (siehe auch Kapitel 2.4.1). Es basiert auf seiner eigenen Skriptsprache (*OpenScript*), die auf die speziellen Bedürfnisse von ToolBook und der Benutzeroberfläche MS-Windows angepaßt ist. Dies ist auf der einen Seite durch die Unterstützung beinahe alle multimedialen Eigenschaften von MS-Windows eine klare Stärke (siehe Abbildung 5.15). Andererseits ist auch durch die Beschränkung auf diese Plattform keine Unterstützung von Netzen und anderen Rechnerplattformen vorgesehen. Autoren- und Laufzeitumgebung, Präsentations- und Steuerkomponente, Daten- und Skriptverwaltung sind stark ineinander verzahnt und bieten kaum Raum für externe Eingriffe. Die Mechanismen einer Client/Server-Architektur sind in ToolBook nicht vorhanden. Einzig die Anbindung von benutzergenerierten *DLLs* wird erlaubt, was jedoch einen hohen Programmieraufwand in einer entsprechenden Hochsprache erfordert.

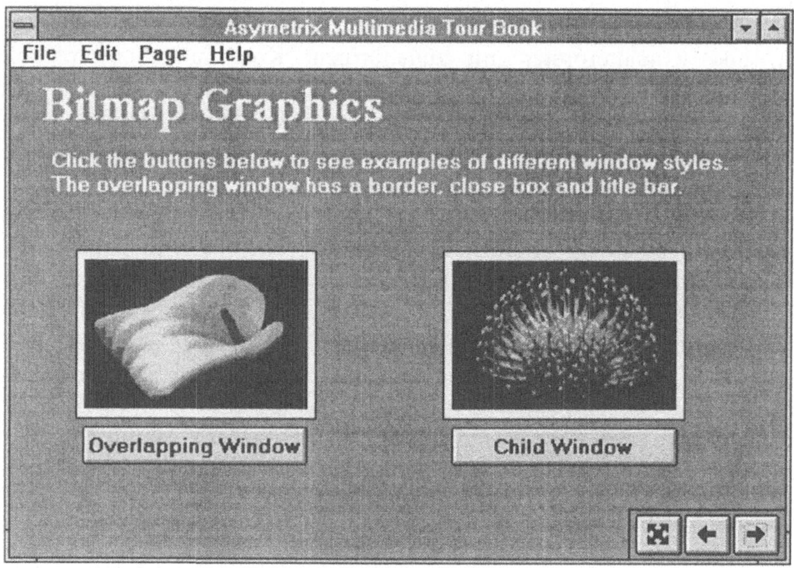

Abbildung 5.15. Eine Seite in einer ToolBook-Schulung

Die Unterstützung von multimedialen Elementen ist außerordentlich hoch bei ToolBook. Es unterscheidet als Objektarten Bücher, Hintergründe, Seiten, Schaltflächen, Felder, Graphikobjekte (Zeichenobjekte, Bilder und Bitmap-Objekte), Datensatzfelder, Führungswörter für Hypertextverbindungen und Gruppen. Weiterhin wird mit Videos, Animationen, Audiosequenzen, Zugriffe auf Audio-CDs und Laserdisks, MIDI-Geräte, Timers und Kontrollelementen das gesamte multimediale Spektrum eines PCs abgedeckt.

Das World Wide Web (*WWW*) ist nicht primär ein System zur Unterstützung von computerbasiertem Lernen, es wird jedoch zunehmend für diesen Zweck eingesetzt. Es basiert auf dem Prinzip von global miteinander verketteten multimedialen Dokumenten, deren Verbindung durch sogenannte Hyperlinks oder Uniform Resource Locators aufgebaut wird (siehe auch Kapitel 2.4.2). Die einzelnen Dokumente selbst liegen hierbei in einer speziell aufbereiteten Form auf einem Server, von dem sie mit Hilfe des HTTPs (Hypertext Transport Protocol) über das Netz abgerufen werden können. Ihre Ausgabe erfolgt dann auf der Zielplattform - dem Client [Schroeder94], [Ibrahim95], [Mukherjea95], [Hubler95], [Lai95], [Schroeder95a].

Grundsätzlich können in WWW-Dokumenten multimediale Inhalte zusammengefaßt werden. Diese reichen von Text über Rastergraphik hin zu Audio- und Videosequenzen. Problematisch ist hierbei jedoch die Seitenbeschreibungssprache *HTML* (Hypertext Markup Language) der WWW-Dokumente, die zwar auf diese Inhalte verweist, jedoch keine klaren Aussagen über die Art der Präsentation macht. Aus diesem Grund ist die Ausgabe von formatiertem Text, pixelgenau plazierten Graphiken oder integrierten Videos problematisch. Sie werden entweder in getrennten Betrachtungswerkzeugen (Viewers) angezeigt oder in Relation zu anderen Objekten (z.B. einem Text), deren physikalische Größe jedoch auch nicht eindeutig bestimmt ist.

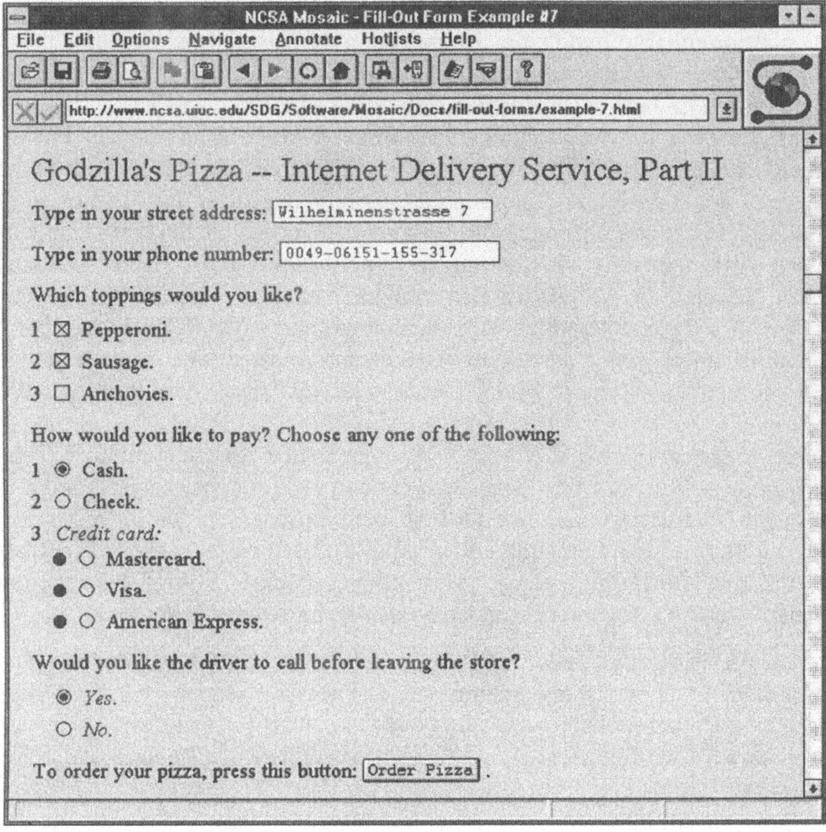

Abbildung 5.16. Mit der Hilfe von Forms aufgebautes interaktives Dialogelement. Die Anzeige erfolgt über das Internet auf einem WWW-Client. Die Funktionalitäten von Forms erstrecken sich neben der Ausgabe von Text und einfacher Graphik über ein- und mehrzeilige Texteingabe, Radio Buttons (1-aus-n), Check Buttons (m-aus-n) sowie Rollbalken

Ein weiteres Problem ist die Benutzerinteraktion bei Lernszenarien auf dem WWW. Zum einen werden nur relativ wenige lernspezifische Dialogkomponenten für den Lernenden angeboten und zum anderen bietet die Server-Seite nur unvollständige Unterstützung für die Entwicklung von dynamischen Kursablaufsteuerungen. Nicht zuletzt sind auch die Autorenwerkzeuge für das WWW noch in einem sehr frühen Entwicklungsstadium [Tritsch95], [Schroeder95b], [Knierriem96a].

Dennoch wurde durch seine explosionsartige Verbreitung besonders von Universitäten eine Reihe von Anstrengungen unternommen, das WWW für Ausbildungszwecke zu nutzen. Sogenannte „Forms" bieten ein Grundgerüst für die Integration von einfachen Dialogelementen (siehe Abbildung 5.16). Neue Erweiterungen von HTML sollen in Zukunft die Integration von Formeln und formatiertem Text erlauben. Weiterhin betten neuere Versionen der WWW-Clients plattformübergreifend die Betrachtungswerkzeuge der multimedialen Inhalte direkt in die Dokumentenoberfläche ein. Hierbei werden insbesondere die von Sun entwickelte Java-Mechanismen eine dominante Rolle spielen.

Die Unterstützung von Audio- und Videokommunikation innerhalb der WWW-Umgebung ist Gegenstand weltweiter Entwicklungsaktivitäten. Neben einer Reihe von kleineren Punkt-zu-Punkt-Kommunikationswerkzeugen für das Internet, sorgt das Multicast Backbone (Mbone) für Broadcast-Funktionalitäten von Echtzeit-Audio und -Video. Hierfür müssen jedoch sowohl relativ hohe Netzbandbreiten als auch dedizierte Multicast-Kommunikationsserver bereitstehen. Die Möglichkeiten zum kooperativen Arbeiten innerhalb einer WWW-Umgebung sind ebenfalls noch wenig ausgebaut. Die ersten Ansätze zur Integration von CSCW-Funktionalitäten wurden jedoch schon z.B. in [Peters95] oder [Bentley95] geleistet.

Der inhaltliche Vergleich der beiden obengenannten Systeme mit der Tele-Media-Trainingsarchitektur bzw. ihrer Anwendung in Prototypsystemen erfolgt in weitgehender Übereinstimmung mit der Liste der wünschenswerten Eigenschaften für Autorensysteme und Lernsoftware in Kapitel 2.4.1 dieser Arbeit. Die Liste wird zusätzlich noch um einige wesentliche Punkte bezüglich verteilter Lernszenarien und der darunterliegenden Systemarchitektur erweitert:

- *Editieren*: Werkzeuge zum Erstellen, Editieren und Konvertieren von Kursabläufen unter Verwendung einer entsprechenden Skript- oder Beschreibungssprache
- *Formatierter Text*: Integration von Text mit verschiedenen Zeichensätzen und Schriftarten
- *Rastergraphiken*: Integration von pixelorientierten Bildern
- *Vektorprimitive*: Integration von 2D-Vektorelementen
- *Animation*: Integration von Sprite-Animation
- *Audio/Video*: Integriertes Abspielen von Audio- und Videosequenzen
- *Echtzeitkommunikation*: Verwendung von Audio- und Videomechanismen zur menschlichen Kommunikation

- *Vorlagen*: Templates für das Design und die Dialogführung von Schulungen (z.B. didaktisch aufbereitete Dialogfelder)
- *Interaktion*: Verschiedene Möglichkeiten zur Benutzerinteraktion (Buttons, Menüs, Hot Zones)
- *Steigern der Performance*: Steuerbare Beschleunigung der Ausgabegeschwindigkeit (Mechanismen zur Beeinflussung der Objektreihenfolgen, Repaint-Operationen oder Ausgabequalität)
- *Abspielen*: Testumgebung für die Präsentation der Kurse während ihrer Erstellung (Möglichkeiten für Debugging und Monitoring)
- *Ausliefern*: Laufzeitumgebung für die Präsentation des Kurses beim Lernenden
- *Client/Server*: Verteilte Kommunikations- und Steuerarchitektur der Lernumgebung, basierend auf einem Meldungsprotokoll. Dies ermöglicht die Anforderung eines Dienstes von einer Client-Plattform an eine Server-Plattform
- *LAN*: Unterstützung von Local Area Networks
- *WAN*: Unterstützung von Wide Area Networks

Werden die oben genannten Vergleichskriterien in eine Tabelle aufgenommen und für die drei Systeme ToolBook, WWW und Tele-Media-Trainingssystem in einer entsprechenden Realisation bewertet, so ergibt sich folgendes Ergebnis:

Tabelle 5.1. Inhaltlicher Vergleich der Systeme ToolBook, World Wide Web und Tele-Media Trainingssystem

	ToolBook	WWW	TM-System
Editieren	ja	nein	ja
Formatierter Text	ja	nein	ja
Rastergraphik	ja	ja	ja
Vektorprimitive	ja	nein	ja
Animation	ja	plattformabh.	ja
Audio/Video	ja	bedingt	ja
Echtzeitkommunikation	nein	ja	ja
Vorlagen	ja	nein	ja
Interaktion	ja	ja	ja
Performancesteigerung	ja	nein	ja
Abspielen	ja	nein	ja
Ausliefern	ja	ja	ja
Client/Server	nein	ja	ja
LAN-Unterstützung	nein	ja	ja
WAN-Unterstützung	nein	ja	ja

Dieser Vergleich bewegt sich noch auf einem eher qualitativen Niveau, da er bevorzugt Aussagen über die grundsätzlich vorhandenen Eigenschaften erlaubt. Eine quantitative Abschätzung bezüglich der Leistungsfähigkeit der Systemarchitektur und ihrer Realisierung läßt sich dagegen mit Hilfe des in Kapitel 3.5.4

formulierten Qualitätskatalogs erreichen. Hierzu wird in der folgenden Tabelle 5.2 ein Punkteschema definiert, nach dem sich die schon weiter oben vorgestellten Systeme bzw. ihre zugrundeliegenden Architekturen bewerten lassen. Teilweise tauchen dabei auch wieder einige der Punkte aus Tabelle 5.1 auf.

Tabelle 5.2. Qualitätsmerkmale, Beschreibungen und Wertungen der System- und Architekturevaluierung. Die Zahlen in Klammern nach den beschriebenen Wertungen repräsentieren die zugeordnete Punktezahlen.

Qualitätsmerkmale	Beschreibungen	Wertungen
Funktionsabdeckung	Vollständigkeit der Funktionen einer Lernarchitektur in Bezug auf die Forderungen. Die Forderungen entsprechen hierbei im wesentlichen jenen aus Kapitel 3.2	Funktionalität: a. Formatierter Text (1) b. Rastergraphik (1) c. Vektorgraphik (1) d. Animation (1) e. Audio (1) f. Video (1) g. Netzunterstützung (1) h. Echtzeitkommunik. (1) i. Verteilte Steuerung (1) j. Verteilte Datenhaltung (1)
Widerspruchsfreiheit	Ausmaß, in welchem vorhandene Systemfunktionen den Forderungen der angestrebten Lernarchitektur widersprechen	Die Funktionen der Architektur sind optimiert auf: a. Interaktivität (1) b. Lernkontrolle (1) c. Didakt. Aufbereitung (1) d. Menschl. Kommunik. (1) e. Netzweite Verteilung (1)
Zuverlässigkeit	Maß für die Erwartung, daß eine Architektur bei der Realisierung seine spezifizierten Funktionen während der Anwendungsdauer erfüllt	Prozentzahl der erwarteten Funktionsabdeckung für eine Lernumgebung: a. 0% - 25% (0) b. 25% - 50 % (1) c. 50% - 70% (2) d. 70% - 90% (3) c. 90% - 100% (4)
Integrität	Ausmaß, in welchem unberechtigte Zugriffe sowie unerwünschte Veränderungen und Zerstörungen verhindert werden.	Gewährleisteter Schutz vor Veränderungen der: a. Lernskripten (1) b. Steuerkomponente (1) c. Präsentationskompon. (1) d. Datenkomponente (1) e. Netzkomponente (1)

Robustheit	Ausmaß, in welchem die Umgebung auch bei Verletzung der festgelegten Betriebs- und Benutzungsvoraussetzung seine Funktionalität bewahrt	Betrieb auch bei Fehlern durch: a. Lernskripten (1) b. Benutzer (1) c. Netzkomponente (1) d. Steuerung (1)
Effizienz	Umfang an DV-Ressourcen (CPU-Zeit, Speicher, Antwortzeit-verhalten)	Abschätzung der Prozentzahl der verbrauchten Ressourcen: a. > 60% (1) b. 40% - 60% (2) c. 20% - 40% (3) d. < 20% (4)
Korrigierbarkeit	Aufwand zur Lokalisierung und Behebung von Fehlern in der Lernanwendung	Fehlerbehebung ist: a. nicht möglich (0) b. schwer möglich (2) c. leicht möglich (4)
Änderbarkeit	Aufwand zur Modifikation einer Lernanwendung im bestehenden funktionalen Rahmen	Modifikation ist: a. nicht möglich (0) b. schwer möglich (2) c. leicht möglich (4)
Erweiterbarkeit	Eigenschaften der Architektur, um neue Funktionen erweiterbar zu sein	Erweiterbarkeit ist möglich über: a. API-Erweiterungen (1) b. Protokoll-Erweiterung (1) c. Bibliotheken (1) d. Aufruf externer Apps (1)
Übertragbarkeit	Aufwand zur Übertragung einer Lernumgebung von einer Hardware/Software-Plattform auf eine andere	Verwendung ist auf folgende Plattformen möglich: a. UNIX/Motif (1) b. MS-Windows (1) c. OS/2 (1) d. Macintosh (1)
Wiederverwend-barkeit	Aufwand zur Verwendung von Lernmaterialien anderer Schulungsumgebungen	Wiederverwendung von Lernmaterialien ist: a. nicht möglich (0) b. schwer möglich (2) c. leicht möglich (4)

Wird nun das Punkteschema aus Tabelle 5.2 auf die weiter oben beschriebenen Lernsysteme bzw. ihre zugrundeliegenden Architekturen angewandt, so ergibt sich die Tabelle 5.3.

Tabelle 5.3. Technischer Vergleich der Systeme ToolBook, World Wide Web und Tele-Media-Trainingssystem

	ToolBook	WWW	TM-System
Funktionsabdeckung	6	6	10
Widerspruchsfreiheit	3	1	5
Zuverlässigkeit	3	2	4
Integrität	2	4	4
Robustheit	2	3	3
Effizienz	2	3	3
Korrigierbarkeit	4	2	4
Änderbarkeit	4	2	4
Erweiterbarkeit	2	1	3
Übertragbarkeit	1	4	4
Wiederverwendbarkeit	4	4	4
Gesamt	33	32	48

Das Resultat aus Tabelle 5.3 zeigt deutlich, daß ToolBook und World Wide Web in etwa gleichauf liegen, wobei sie jedoch z.T. deutlich unterschiedliche Stärken vorweisen können. Das Tele-Media-Trainingssystem vereint die Vorteile beider Systeme bzw. Architekturen und liegt dadurch eindeutig an der Spitze. Eine WWW-Umgebung kann erst durch massiven Einsatz von *Java Applets* (siehe auch Kapitel 2.4.2.1) und Echtzeit-Audio/Video-Mechanismen (z.B. Mbone) deutlich an Funktionalität gewinnen, die in die Nähe eines echten Tele-Media-Trainingssystems reicht.

5.5 Analyse der Ergebnisse

Gängige seiten- oder iconorientierte Lernsysteme haben signifikante Stärken in ihrer großen multimedialen Funktionalität auf dedizierten Trainingsplattformen. Lernsysteme, die auf dem WWW realisiert werden, sind durch ihre globale Verfügbarkeit und der leistungsfähigen Client/Server-Architektur ausgezeichnet. Jedoch fehlt es dem einen an den jeweiligen Stärken des anderen.

Dieses Manko kann mit Hilfe einer netzbasierten Lernumgebung ausgeglichen werden, das auf den Komponenten der Tele-Media-Trainingsumgebung beruht. Besonders die nahtlose Integration von einer Vielzahl multimedialer Lernmaterialien über Rechnerplattformgrenzen hinaus zeichnet eine solche Lernumgebung gegenüber anderen aus. Dies wird nicht zuletzt durch die strikte Trennung zwischen Steuerungs- und Präsentationseinheit dieser Lernumgebung gewährleistet.

Die Tele-Media-Trainingsumgebung bietet aufgrund seiner Architektur daneben eine Reihe von weiteren Funktionalitäten, die es für verteilte Lernszenarien besonders geeignet machen: Integration von Audio- und Videomodulen zur Echtzeitkommunikation, ein klares Steuerungsprotokoll zur Kommunikation zwischen Client- und Serverkomponenten sowie ein einfaches Application Program Interface zur Ansteuerung der Systemfunktionalitäten.

Die klare Architektur der Tele-Media-Trainingsumgebung erlaubt die Realisierung ebenso klarer verteilter Lern- und Informationsumgebungen. Die schon bestehenden, erfolgreichen CoMEdiA- und DEDICATED-Prototypen können dies deutlich aufzeigen. Ihre Evaluierung hat zu einem tieferen Verständnis solcher Umgebungen mit ihren Stärken und Schwächen geführt. Insbesondere die funktionale Anpassung der Tele-Media-Trainingsumgebung an die Wünsche der Kursentwickler und Anwender kann hierbei genannt werden. Die Realisation des COBRA-3-STI-Systems ist die logische Fortsetzung dieser Arbeiten und profitiert von den zuvor gemachten Erfahrungen. Selbst die Integration von CSCW-Funktionalitäten zur Realisierung eines verteilten, virtuellen Lernsystems ist auf Basis der Tele-Media-Architektur und des zugehörigen Meldungsprotokolls leicht möglich [Lu96].

Denkanstöße zur Anpassung der Tele-Media-Trainingsarchitektur kommen jedoch auch von anderen Lernumgebungen. So sind spezielle herausragende Funktionalitäten von Systemen wie ToolBook oder dem WWW immer als beispielhaft anzusehen. Integriert in das grundsätzlich offene Tele-Media-Trainingssystem können sie dann für eine möglicherweise noch bessere Unterstützung von verteilten Lernszenarien wirken.

Dennoch konnten schon mit der im Rahmen dieser Arbeit vorgestellten prototypischen Version der Tele-Media-Trainingsumgebung alle wichtigen wünschenswerten Eigenschaften eines Autorensystems und einer verteilten Lernumgebung realisiert werden: Mit der Tele-Media-Trainingsumgebung wurde ein Werkzeug zu Erstellen von Kursabläufen realisiert, sie erlaubt die Verwendung von integrierten formatierten Texten, Rastergraphiken, Vektorprimitiven, Animationen sowie Audio- und Videosequenzen, es besteht die Möglichkeit zur Echtzeitkommunikation zwischen Benutzern und die zugrundeliegende Architektur basiert auf dem Client/Server-Prinzip. Weiterhin existieren eine Reihe von didaktisch aufbereiteten Interaktionsmöglichkeiten für den Benutzer in Form von standardisierten Dialogelementen. Die Ablaufgeschwindigkeit eines Kurses kann mit Zeitmessern und Mechanismen zur kontrollierten Ausgabereihenfolge von Kurselementen gesteuert werden. Für den Entwickler bietet sich ein breites Spektrum an Testmöglichkeiten über integrierte Debug- und Monitoring-Funktionalitäten. Die Auslieferung von Kursen an Kunden (= Lernende) geschieht über einen Anschluß an ein Netz (LAN oder WAN) und eine plattformunabhängige Laufzeitumgebung. Mit diesen Funktionalitäten hebt sich die Tele-Media-Trainingsumgebung deutlich von anderen Lernsystemen bzw. deren Architketuren ab.

6 Resultate und Schlußfolgerungen

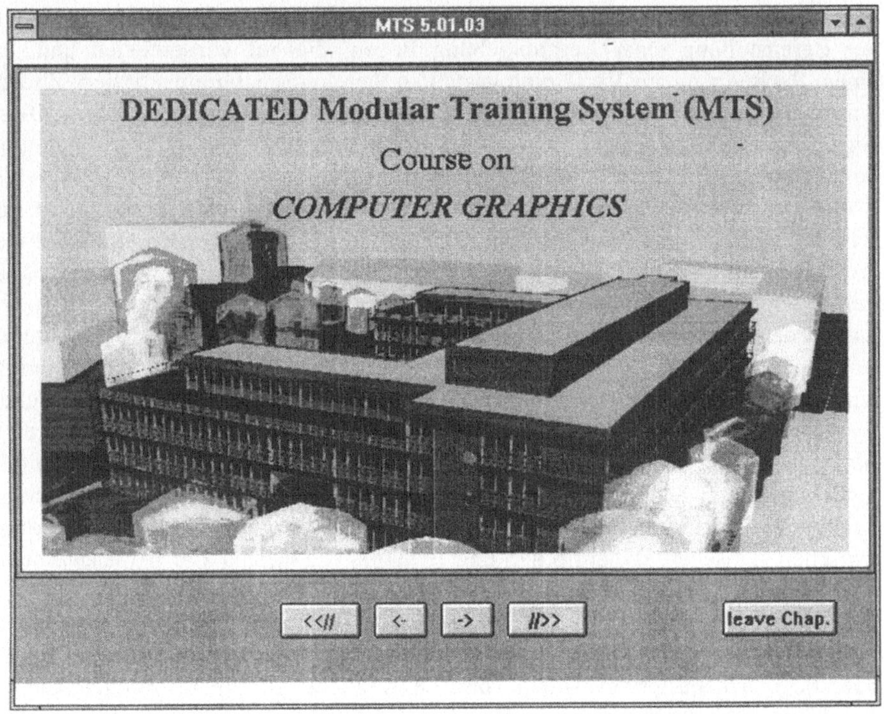

Abbildung 6.1. Prototypische Verwendung des Tele-Media-Trainingssystems im Rahmen der DEDICATED-Testumgebung. Hierbei wurden unter anderem Beispielkurse für die Technische Hochschule in Darmstadt entwickelt. (Quelle: A. Knierriem-Jasnoch)

An dieser Stelle sollen die erzielten Resultate der vorliegenden Arbeit noch einmal übersichtlich zusammengefaßt werden und über eine Schlußfolgerung zu zukünftigen Aussichten für Entwicklungen im Zusammenhang mit der Tele-Media-Trainingsarchitektur führen. Hierbei wird von den schon geleisteten Arbeiten sowohl in den Bereichen der Systemkonzeption und -implementierung als auch von deren Evaluierung mit Prototypen für verteiltes CBT (= Computer-based Training) ausgegangen (siehe Abbildung 6.1).

6.1 Zusammenfassung der Resultate

Im Rahmen dieser Arbeit wurde das Problem des verteilten und auf den Menschen zugeschnittene Lernen in einer multimedialen sowie vernetzten Rechnerumgebung untersucht. Dabei entstand unter Beachtung entsprechender Marktstudien und dem aktuellen Stand der Technik das Konzept einer verteilten und modularisierten Lern- und Informationsarchitektur. Der Fokus dieser Architektur sollte auf der Bereitstellung einer Lernumgebung liegen, die auf vorbereiteten und auf einem Rechnernetz zur Verfügung gestellten Schulungsmaterialien basiert. Zudem wurde die integrierte Einbindung von menschlichen Tutoren gefordert. Diese Eigenschaften sollten bevorzugt den Einsatz innerhalb von Universitäten und vernetzten Unternehmen (Corporate Networks) erlauben.

Aus den Vorüberlegungen zu solch einer Architektur entstand zunächst ein Referenzmodell, das sowohl die Behandlung verschiedener multimedialer Komponenten als auch die generischen Funktionalitäten für ihre Verwendung in vernetzten Rechnerumgebungen beinhaltet. Aus diesem Grund war es außerordentlich wichtig, die multimedialen Basisobjekte zunächst in ihrem jeweiligen Verhalten im Bezug auf zeitliche Vorgänge näher zu betrachten und zu analysieren. Dies erlaubte zu einem frühen Zeitpunkt Konzepte zur zeitlichen Synchronisation und zur sicheren Übertragung multimedialer Datenströme über heterogene Rechnernetze zu formulieren. Speziell die Einordnung im Umfeld einer vernetzten Umgebung führte zur Spezifikation der „Tele-Communicating Multimedia Objects", den *Tele-Media*. Dabei konnte die Unterscheidung zwischen statischen, dynamischen und Echtzeit-Tele-Media klar herausgearbeitet werden.

Aus der Spezifikation der Tele-Media wurde danach die geeignete Gesamtarchitektur für die angestrebten Lernumgebungen abgeleitet. Sie basiert auf dem Client/Server-Prinzip und ermöglicht die plattformunabhängige Realisierung von Steuerungs-, Benutzer-, Verbindungs-, Datenhaltungs- und Kommunikationsmodulen. Gemeinsam bilden diese Module das Gerüst für ein entsprechendes Tele-Media-Trainingssystem. Die grundsätzliche Leitungsfähigkeit eines solchen Trainingssystems wurden schon auf der Modellebene durch eine umfangreichen numerischen Analyse aufgezeigt.

Ein weiteres Teilergebnis dieser Arbeit besteht in der detaillierten Beschreibung der exemplarischen Implementation und Realisation der einzelnen Module der

Tele-Media-Referenzarchitektur. Hierbei wurde besonders auf eine konsistente und integrierende Beschreibung Wert gelegt. Die verwendeten Rechnerplattformen sind hierbei größtenteils Personal Computers, jedoch auch Workstations mit jeweils unterschiedlichen Betriebssystemen und graphischen Benutzeroberflächen.

Die hieraus entstandenen prototypischen Komponenten und Entwicklungswerkzeuge wurden im Rahmen verschiedener Testumgebungen eingesetzt und evaluiert. Hierbei erfolgte entweder die Betrachtung und der Test nur einzelner Komponenten der Tele-Media-Architektur oder aber des integrierten, prototypischen Gesamtsystems. Die Auswertung der jeweiligen Testergebnisse hatte jeweils Rückwirkungen auf die Konzepte und Implementierungsdetails der Tele-Media-Architektur.

Abschließend wurde ein Vergleich des prototypischen Tele-Media-Trainingssystems mit zwei verbreiteten anderen Systemen unternommen, wobei das eine (Multimedia ToolBook) auf dem kommerziellen Lernsektor für PCs und das andere (Lernen über das World Wide Web) auf der eher offenen wissenschaftlichen Netzumgebung Internet beheimatet ist. Das Ergebnis war eine eindeutige konzeptionelle Überlegenheit der Tele-Media-Trainingsarchitektur gegenüber den anderen Konzepten bzw. Systemen im Bezug auf verteiltes Lernen.

Diese Ergebnisse lassen den Schluß zu, daß die Konzepte des Tele-Media-Trainingssystems einen eindeutigen Weg für die Realisierung von modularen, multimedialen und verteilten Schulungsumgebungen in digitalen Netzen weisen. Besonders die Unabhängigkeit von der zugrundeliegenden Rechnerplattform erlauben einer solchen Architektur den breiten Einsatz sowohl im universitären als auch im kommerziellen Umfeld.

6.2 Schlußfolgerungen und Zukunftsausblicke

Die Tele-Media-Trainingsarchitektur mit einer entsprechende Systemrealisation deckt ein weites Spektrum im Bereich der computerbasierten und verteilten Trainingsumgebungen ab. Durch die Integration von verschiedenen multimedialen Materialtypen, der modularen Systemarchitektur in einer Client/Server-Umgebung und der Möglichkeit zur Echtzeitkommunikation von Benutzern wird eine neue Dimension des Lernens eröffnet. Die didaktischen Modelle einer solchen Lernumgebung beschränken sich nicht wie bisher auf das alleinige Auswendiglernen oder Trainieren von Zusammenhängen. Durch die Einbindung von entsprechenden Komponenten für die Kommunikation und der Kurssteuerung werden vielmehr Elemente aus dem didaktischen Modell des Konstruktivismus' integrierbar, was dem natürlichen menschlichen Denken und Lernen besser zugutekommt.

Für die Zukunft sind für das Tele-Media-Trainingssystem zwei Weiterentwicklungspfade denkbar: Zum einen die Erweiterung der Funktionalitäten, z.B. durch Integration von 3D-Elementen und Manipulationsmechanismen oder durch die Verwendung von neuen Interaktionsperipherie, wie sie auch im Bereich der Virtual Reality genutzt werden. Zum anderen ist die Migration der Ergebnisse dieser Arbeit in andere Lernumgebungen denkbar, die bisher noch nicht ein entsprechendes Entwicklungsstadium erreicht haben, deren zukünftiges Potential jedoch leicht absehbar ist. So ist es beispielsweise möglich, durch entsprechende Erweiterungen der Mechanismen im World Wide Web ein globales Trainingswerkzeug zu erstellen, das ungeahnte Möglichkeiten in der Ausbildung eröffnen könnte (siehe auch [Tritsch95], [Schroeder95b] oder [Knierriem96a]). Ein geeigneter Ansatz hierzu kann die von der Firma SUN Microsystems entwickelte, objektorientierte WWW-Programmiersprache *Java* sein. Der Einsatz von sogenannten *Java Applets* eröffnet hierbei die Erweiterung von gängigen WWW-Browsers um lernspezifische Funktionalitäten. Ein weiterer möglicher Ansatz besteht in der Verwendung des WWW als Tele-Media-Datenhaltungsmodul.

7 Literaturverzeichnis

[Abrams95]   M. Abrams, Ch.R. Standridge, G. Abdulla, S. Williams, E.A. Fox; *Caching Proxies - Limitations and Potentials*, World Wide Web Journal, Proceedings der „4. International World Wide Web Conference", pp. 119-133, Dezember 1995

[Allard94]   J. Allard, S. Sinofsky; *Grundlagen Internet: Schnellkurs über FTP, Gopher, Web und mehr*, Microsoft System Journal, No. 6, pp. 93-104, November 1994

[Allen83]   J.F. Allen; *Maintaining Knowledge about Temporal Intervals*, Communication of the ACM, Vol. 26, Nr. 11, pp. 832-843, 1983

[Banerjea91]   A. Banerjea, B.A. Mah; *The Real-Time Channel Administration Protocol*, The Tenet Group, Proc. 2nd Intl. Workshop on „Network and Operating System Support for Digital Audio and Video", Lecture Notes in Computer Science, No. 614, pp. 160-170, Heidelberg, November 1991

[Bangemann94]   M. Bangemann, et al.; *Europa und die globale Informationsgesellschaft*, Empfehlungen für den Europäischen Rat, Brüssel, 1994

[Baumgartner94] P. Baumgartner, S. Payr, *Wie Lernen am Computer funktioniert*, c't Magazin für Computer und Technik, No. 8, pp. 138-142, August 1994

[Bentley95]   R. Bentley, T. Horstmann, K. Sikkel, J. Trevor; *Supporting Collaborative Information Sharing with the World Wide Web*, World Wide Web Journal, Proceedings der „4. International World Wide Web Conference", pp. 63-73, Dezember 1995

[Berners94]   T. Berners-Lee, L. Masinter, M. McCahill; *Uniform Resource Locators (URL)*, Network Working Group RFC 1638, Dezember 1994

[Berners95]   T. Berners-Lee, D. Connelly; *Hypertext Markup Language - 2.0*, MIT/W3C, September 1995

[Brisson92a]   J. Brisson Lopes, F. Graf, A. Knierriem, R. Lindner, B. Tritsch, D. Zysk; *Report on the Architecture of a Modular Training System*, DELTA Deliverable 1 for Projekt D2014 DEDICATED, April 1992

[Brisson92b]   J. Brisson Lopes, M.R. Gomes, F. Graf, A. Knierriem, R. Lindner, B. Tritsch, J. Velez, D. Zysk; *Functional Specification of the Modular Training System*, DELTA Deliverable 3 for Project D2014 DEDICATED, August 1992

[Brisson94]   J. Brisson Lopes, H. Kuhlmann; *DEDICATED, A Cross-Platform Training Environment/Reusability in Heterogeneous Environments*, DELTA Conference '94, Düsseldorf/Neuss, November 1994

[CCITT90]   *Video Codec for Audiovisual Services at px64 kBits/s*, CCITT Rec. H.261, CDM XV-R 37E, CCITT, August 1990

[Charron96]   B. Charron-Bost, F. Mattern, G. Tel; *Synchronous, Asynchronous, and Causally Ordered Communication*, Distributed Computing, Vol. 9, No. 4, pp. 173-191, 1996

[Chen95]   Z. Chen, S. Tan, R.H. Campbell, Y. Li; *Real-Time Video and Audio in the World Wide Web*, World Wide Web Journal, Proceedings der „4. International World Wide Web Conference", pp. 333-248, Dezember 1995

[Conger92]   J. Conger, *The Waite Group's Windows API Bible*, The Waite Group Press, 1992

[DEC91]   Digital Equipment Corporation, et al.; *The Common Object Broker Architecture and Specification*, OMG Document Number 91.12.1, Rev. 1.1, Object Management Group, John Wiley and Sons, New York, 1991

[Dedicated93]   *Die Relevanz von Lernsystemen im CAD/CAM- und Computer-Animations-Markt*, DELTA Projekt D2014 DEDICATED, Europäische Union, Brüssel, 1993

[Derfler92]   F.J. Derfler; *Guide to Connectivity*, Second Edition, Ziff-Davis Press, 1992

[Dingeldein94]   D. Dingeldein, H.P. Wiedling; *Virtual Videotheques and Information Warehouses*, Computer Graphik Topics 6/94, Vol. 6, pp. 12-13, 1994

[Dwyer95]   D. Dwyer, K. Barbieri, H.M. Doerr; *Creating a Virtual Classroom for Interactive Education on the Web* , in „Computer Networks and ISDN Systems", Elsevier Science B.V., pp. 897-904, März 1995

[Eden96]   H. Eden, M. Eisenberg, G. Fischer, A. Repenning; *Making Learning a Part of Life*, Communications of the ACM, Vol. 39, No. 4, pp. 34-35, April 1996

[Eichhorn93] O. Eichhorn; *Aufnahme, Wiedergabe und Synchronisation von Audio- und Videosequenzen zur Unterstützung von Gruppenarbeit*, Diplomarbeit an der Fachhochschule Darmstadt, 1993

[Encarnação93a] J.L. Encarnação, B. Tritsch, Ch. Hornung; *DEDICATED - Learning on Networked Multimedia Platforms*, IFIP WG 3.2 Working Conference on „Visualization in Scientific Computing: Uses in University Education", Irvine, California, Juli 1993

[Encarnação93b] J.L. Encarnação, Ch. Hornung; *Cooperation within Bureau, Research, and Administration (COBRA)*, IGD Tätigkeitsbericht, pp. 27ff, 1993

[Encarnação94a] J.L. Encarnação, J.D. Foley (Editors); *Multimedia: System Architectures and Applications*, Springer-Verlag, 1994

[Encarnação94b] J.L. Encarnação; *Information-Superhighways: Herausforderung und Chancen für die Fraunhofer-Gesellschaft*, Folien zum Vortrag der FhG-Jahrestagung, Potsdam, 1994

[Encarnação95a] J.L. Encarnação, S. Noll, R. Peters; *Neue Kommunikationsdienste für das kooperative Arbeiten unabhängig von Ort und Zeit*, Beitragsband des Fraunhofer Forums 1995 „Kommunikation ohne Verkehr: Neue Informationstechniken machen mobil", München, 1995

[Encarnação95b] J.L. Encarnação; *Telekommunikation und ihre Anwendungen*, FhG Konzeptions- und Strategiepapier, Darmstadt, September 1995

[Ferrari91] D. Ferrari, *Design and Applications of a Delay Jitter Control Scheme for Packet-Switching Internetworks*, The Tenet Group, Proc. 2nd Intl. Workshop on „Network and Operating System Support for Digital Audio and Video", Lecture Notes in Computer Science, No. 614, pp. 72-83, Heidelberg, November 1991

[Ferrari94] D. Ferrari, A. Banerjea, H. Zhang; *Network Support for Multimedia - A Discussion of the Tenet Approach*, in „Computer Networks and ISDN Systems", Vol. 26, pp. 1267-1280, 1994

[Fox92] E. Fox; *Multimedia: Application and Practice*, Tutorial Notes Eurographics 92, Cambridge, UK, September 1992

[Gale92] S. Gale; *Desktop Video Conferencing: Technical Advances and Evaluation Issues*, Computer Communications, Vol. 15, No. 8, pp. 512-526, 1992

[Girod93] B. Girod; *Scalable Video for Multimedia Workstations*, in „Computers + Graphics", Special Issue on Multimedia, Vol. 17, No. 3, 1993

[Girod94a]   B. Girod; *Integration of Motion Video into Multimedia Computers*, in „Multimedia: System Architectures and Applications", Editors: Encarnação, Foley, Springer-Verlag, pp. 139-154, 1994

[Girod94b]   B. Girod, R.G. Herrtwich, G.R. Hofmann, T. Kamae, M. Niemöller, S. Noll, R. Steinmetz, A.S. Vieira; *Group III Report: Digital Video in Multimedia Systems*, in „Multimedia: System Architectures and Applications", Editors: Encarnação, Foley, Springer-Verlag, pp. 46-61, 1994

[Greenberg91]   S. Greenberg; *Computer-Supported Cooperative Work and Groupware*, Academic Press, 1991

[Hanko91]   J. Hanko, D. Berry, Th. Jacobs, D. Steinberg; *Integrated Multimedia at Sun Microsystems*, Proc. 2nd Intl. Workshop on „Network and Operating System Support for Digital Audio and Video", Lecture Notes in Computer Science, No. 614, pp. 300-313, Heidelberg, November 1991

[Hofmann94]   G.R. Hofmann, R. Strack; *Towards the Modelling of Multimedia Environments: From the Image/Audio Documents to the Documents*, in „Multimedia: System Architectures and Applications", Editors: Encarnação, Foley, Springer-Verlag, pp. 121-138, 1994

[Hoepner91]   P. Hoepner; *Synchronisation und Präsentation von Multimedia-Objekten - Modelle und Beispiele*, Informatik Fachberichte 293, Telekommunikation und multimediale Anwendungen der Informatik, Springer Verlag, pp. 455-464, Oktober 1991

[Hopper90]   A. Hopper; *Pandora - An Experimental System for Multimedia Applications*, ACM Operating Systems Review, Vol. 20, No. 2, pp. 19-34, April 1990

[Hornung91]   Ch. Hornung, B. Tritsch, A. Santos; *CoMEdiA - Kooperatives Arbeiten auf Transputer-Netzwerken*, Abstracts des Transputer-Anwender-Treffen, pp. 41-42, Aachen, September 1991

[Hornung93]   Ch. Hornung, M. Jäger, A. Santos, B. Tritsch; *Cooperative HyperMedia - An Enabling Paradigm for Cooperative Work*, The Visual Computer, Volume 9, No. 6, pp. 324-337, Mai 1993

[Hornung94]   Ch. Hornung; *COBRA-3 Feinspezifikation Pilotphase*, Projektbericht an DeTeBerkom, 1994

[Hubler95]   A.W. Hubler, A.M. Assad; *CyberProf - An Intelligent Human-Computer Interface for Asynchronous Wide Area Training and Teaching*, World Wide Web Journal, Proceedings der „4. International World Wide Web Conference", pp. 231-238, Dezember 1995

[Ibrahim95]   B. Ibrahim, S.D. Franklin; *Advanced Educational Uses of the World Wide Web* , in „Computer Networks and ISDN Systems", Elsevier Science B.V., pp. 871-877, März 1995

[Internet95]   Internet Society, Press Release, *Latest Internet Host Metrics*, Editor: Tony Rutkowski <amr@linus.isoc.org>, 1995

[ISO86]   ISO; *Information Processing - Standard Generalized Markup Language*, ISO, Genf, 1986

[Jäger92a]   M. Jäger, A. Santos, B. Tritsch, Ch. Hornung; *Cooperative HyperMedia (CHM)*, Computer Grafik Topics 1/92, Vol. 4, Herausgeber Prof. J. Encarnação, pp. 6-8, März 1992

[Jäger92b]   M. Jäger, B. Tritsch; *Multimedia in a Tele-Cooperative Environment - Performing Video on an ISDN-PC*, Proceedings of the Second Eurographics Workshop on Multimedia, pp. 127-136, Darmstadt, Mai 1992

[Jäger94]   M. Jäger, U. Osterfeld; *Introducing Video Communication and Presentation to Desktop Computers*, High Speed Networking and Multimedia Computing, SPIE - The International Society for Optical Engineering, pp. 350-361, Februar 1994

[Joseph94]   H. Joseph; *Selective Presentation of Information on the World Wide Web*, Computer Graphik Topics 6/94, Vol. 6, pp. 18-20, 1994

[JPEG89]   Joint Photographic Expert Group ISO/IEC, *JPEG Technical Specification*, JTCI/SC2/WG8, CCITT SGVIII, August 1989

[Kappe91]   F. Kappe; *Spezielle Eigenschaften großer Hypermedia-Systeme*, H. Maurer (ed): Hypertext/Hypermedia '91, Infomatik-Fachberichte 276, Springer Verlag, 1991

[Knierriem96a]   A. Knierriem-Jasnoch, B. Tritsch, U. Schroeder; *Reflection on WWW Functionalities for Educational Purposes*, Computers + Graphics, 1996

[Knierriem96b]   A. Knierriem-Jasnoch; Dissertation an der Technischen Hochschule Darmstadt, in Vorbereitung, 1996

[Koegel94]   J.F. Koegel Budford; *Multimedia Systems*, ACM Press, 1994

[Korpela95]   T. Korpela; *Authoring System for Computer-Based Teaching Courses*, Diplomarbeit an der Universität von Oulu, Betreuer: J. Paaso und B. Tritsch, Oulu, Finnland, 1995

[Kraemer94]   J.S. Kraemer; *The Reality of Convergence - A Perspective on How to Avoid Becoming a Road Kill on the Global Information Hightway*, EDS Management Consulting Service, 1994

[Kraut92]   R. Kraut, R. Fish; *Audio/Video Networks for Collaboration*, Tutorial Notes, CSCW`92, 1992

[Lai95]   Ming-Chih Lai, Bih-Horng Chen, Shyan-Ming Yuan; *Toward a new Educational Environment*, World Wide Web Journal, Proceedings der „4. International World Wide Web Conference", pp. 221-229, Dezember 1995

[LeGall91]   D. Le Gall; *MPEG: A Video Compression Standard for Multimedia Applications*, Communications of the ACM, Vol. 34, No. 4, pp. 46-58, 1991

[Linn96]   M.C. Linn; *Key to the Information Highway*, Communications of the ACM, Vol. 39, No. 4, pp. 34-35, April 1996

[Liou91]   M. Liou; *Overview of the px64 kBit/s Video Coding Standard*, Communication of the ACM, Vol. 34, No. 4, pp. 59-63, 1991

[Littman91]   D. Littman, T. Moran; *QuickTime: It's about time*, Mac World, pp. 80 - 81, August 1991

[Lu96]   D. Lu; *Application Sharing in verteilten CBT-Systemen*, Diplomarbeit an der TH-Darmstadt, 1996

[Malpani95]   R. Malpani, J. Lorch, D. Berger; *Making World Wide Web Caching Servers Cooperate*, World Wide Web Journal, Proceedings der „4. International World Wide Web Conference", pp. 107-117, Dezember 1995

[Marcos94]   A.F. Marcos; *A Distributed Environment to Support Cooperative Software Development*, Proceedings der „5. IFIP Conference on High Performance Networking", Juni 1994

[Mattern95]   F. Mattern, S. Fünfrocken; *A Non-Blocking Lightweight Implementation of Causal Order Message Delivery*, in Birman, Mattern, Schiper: Theory and Practice in Distributed Systems, Springer Verlag, 1995

[McKinsey93]   *Zusammenhänge: Die Entwicklung der Informationstechnologie - Management des Wandels in einer Zeit des Paradigmenwechsels*, McKinsey & Company, Inc., Düsseldorf, 1993

[Microsoft96]   Microsoft Developer Platform CDs, Microsoft Corp., Redmond, 1996

[Minoli94]   D. Minoli, R. Keinath; *Distributed Multimedia Through Broadband Communications*, Artech House, 1994

[Mintert96]   S. Mintert; *JavaScript: Neue Netscape-Möglichkeiten*, iX Multiuser Multitasking Magazin, Heise Verlag, pp. 134-139, Februar 1996

[Mühlhäuser94]   M. Mühlhäuser; *A Modeling/Programming Framework for Large Media-Integrated Applications*, in „Multimedia: System Architectures and Applications", Editors: Encarnação, Foley, Springer-Verlag, pp. 155-172, 1994

[Mukherjea95]   S. Mukherjae, J.D. Foley; *Visualizing the World-Wide Web with the Navigational View Builder*, in „Computer Networks and ISDN Systems", Elsevier Science B.V., pp. 1075-1087, März 1995

[Neuss95a]   Ch. Neuss, R.E. Kent; *Conceptual Analysis of Resource Meta-Information*, in „Computer Networks and ISDN Systems", Elsevier Science B.V., pp. 973-984, März 1995

[Neuss95b]   Ch. Neuss, J. Vromans; *The Webmasters Handbook*, International Thomson Computer Press, Dezember 1995

[Nielsen95]   J. Nielsen; *Multimedia and Hypertext*, The Internet and Beyond, Academic Press, 1995

[Owen92]   G.S. Owen, J.M. Morris, M.D. Fraser; *The Development of a Hypermedia Training System for a Water Treatment Plant*, Proceedings of the Second Eurographics Workshop on Multimedia, Darmstadt, Mai 1992

[Pea92]   R.D. Pea, L.M. Gomez, *Distributed Multimedia Learning Environments: Why and How?* Technical Report #25, The Institute of Learning Science, Northwest University, Illinois, Mai 1992

[Peters94]   R. Peters; *CrystalPad: A Cooperative Annotation Environment*, Computer Graphik Topics 6/94, Vol. 6, pp. 14-15, 1994

[Peters95]   R. Peters, Ch. Neuss; *CrystalWeb - A Distributed Authoring Environment for the World Wide Web*, in „Computer Networks and ISDN Systems", Elsevier Science B.V., pp. 861-870, März 1995

[Petzold92]   C. Petzold, *Programming Windows 3.1*, Microsoft Press, 1992

[Ramanathan93]   S. Ramanathan, P. Venkat Rangan; *Feedback Techniques for Intra-Media Continuity and Inter-Media Synchronization in Distributed Multimedia Systems*, The Computer Journal, Vol. 36, No. 1, 1993

[Ramanathan94]   S. Ramanathan, H. M. Vin, P. Venkat Rangan; *Schemes for Efficient Transmission of Encoded Video Streams in High-Speed Networks*, in „High-Speed Networking and Multimedia Computing", SPIE Procedings, Vol. 2188, pp. 122-133, Februar 1994

[Richter91]   J.M. Richter, *Windows 3: A Developer's Guide*, M&T Books, 1991

[Ripley89]   G.D. Ripley; *DVI - A Digital Multimedia Technology*, Communications of the ACM, Vol. 32, No. 7, pp. 811-822, Juli 1989

[Roseman92]   M. Roseman, S. Greenberg; *GroupKit: A Groupware Toolkit for Building Real-Time Conferencing Applications*; Proceedings CSCW'92, 1992

[Rosenberg92]   J. Rosenberg, R.E. Kraut, L. Gomez, C.A. Buzzard; *Multimedia Communication for Users*, IEEE Communication Magazine, pp. 20-36, Mai 1992

[Santos93]   A. Santos, B. Tritsch; *Using Multimedia to Support Cooperative Editing*, Computer Graphics Forum, Volume 12, No. 3, pp. C-73-C-88, Conference Issue of the Eurographics '93, Barcelona, 6.-10. September 1993

[Santos94]   A. Santos, B. Tritsch; *A Cooperative Multimedia Editing Tool that Enhances Group Communication*; Computer Communications, Volume 17, No. 4, pp. 277-287, Butterworth-Heinemann Ltd., April 1994

[Santos95a]   A. Santos; *A Framework and Architecture for Studying the Effects of Multimedia in Cooperative Multimedia Editing Effectiveness*, Dissertation an der Technischen Hochschule Darmstadt, Juni 1995

[Santos95b]   A. Santos; *Multimedia and Groupware for Editing*, Springer-Verlag, 1995

[Santos96]   A. Santos, B. Tritsch; *Using Multimedia to Support Cooperative Editing*, in Groupware and Authoring, pp. 221-240, Academic Press, 1996

[Schendel91]   M.G. Schendel, S. Noll, J. Rix; *Distributed SketchPad System: A Tool for Cooperative Sketching in a Network Environment*, COSMIC Workshop, Toulouse, Juni 1991

[Schepp94]   M. Schepp; *Onlineübertragung multimedialer Daten in heterogenen Netzwerken*, Diplomarbeit an der Fachhockschule Giessen-Friedberg, Betreuer: B. Tritsch, Friedberg, 1994

[Schroeder94]   U. Schroeder, M. Brunner; *Utilizing WWW and Mosaic for Computer Science Education*, Proceedings der „1. International World Wide Web Conference", CERN, Mai 1994

[Schroeder95a]   U. Schroeder; *HyperScript - Innovative Educational Use of the WWW*, Workshop-Proceedings der „3. International World Wide Web Conference", Darmstadt, April 1995

[Schroeder95b]   U. Schroeder, B. Tritsch, A. Knierriem-Jasnoch; *A Modular Training System for Education in the WWW Environment*, World Wide Web Journal, Proceedings der „4. International World Wide Web Conference", pp. 239-249, Dezember 1995

[Schulmeister96]   R. Schulmeister; *Grundlagen hypermedialer Lernsysteme: Theorie - Didaktik - Design*, Addison-Wesley, 1996

[Scottish92]   The Committee of the Scottish University Principals: *Teaching and Learning in an Expanding Higher Education System*, Polton House Press, 1992

[Singhal95]   M. Singhal, F. Mattern; *An Optimal Proof for Asynchronous Recovery Algorithms in Distributed Systems*, Information Processing Letters 55, pp. 117-121, 1995

[Steinmetz90]   R. Steinmetz; *Synchronization Properties in Multimedia Systems*, IEEE Journal on Selected Areas in Communication, Vol. 8, Nr. 3, pp. 401-412, April 1990

[Steinmetz92]   R. Steinmetz, Th. Meyer; *Modelling Distributed Multimedia Applications*, IEEE Intl. Workshop on Advanced Communications and Applications for High-Speed Networks, München pp. 337-349, März 1992

[Steinmetz93]   R. Steinmetz; *Multimedia-Technologie: Einführung und Grundlagen*, Springer-Verlag, 1993

[Steinmetz94]   R. Steinmetz; *The Next Generation of Distributed Multimedia Systems*, in „Multimedia: System Architectures and Applications", Editors: Encarnação, Foley, Springer-Verlag, pp 173-185, 1994

[Strack94]   R. Strack, Ch. Blum, D. Duce, D. Sutcliffe, N. Garcia; *Uniform Access to Imags within Open Distributed Environments*, Eurographics Symposium „MM/HM in Open Distributed Environments", pp. 122-142, Juni 1994

[Streitz92]   N.A. Streitz, J. Haake, et al.; *SEPIA: A Cooperative Hypermedia Authoring Environment*, Proceedings der 4. ACM ECHT '92 Conference on Hypertext, Mailand, November 1992

[Streitz96]   N.A. Streitz, J. Haake, et. al.; *SEPIA: A Cooperative Hypermedia Authoring Environment*, in Groupware and Authoring, pp. 241-264, Academic Press, 1996

[Tenet95]   WWW-Homepage der Tenet Gruppe, http://tenet.berkeley.edu/, Editor: Amit Gupta, 1995

[Thun94]   F. Schulz von Thun; *Miteinander Reden: Störungen und Klärungen*, Allgemeine Psychologie der Kommunikation, rororo Sachbuch, 1994

[Tritsch91]   B. Tritsch, A. Santos, Ch. Hornung; *Cooperative Exchange of Time Dependent Multimedia Data*, Abstracts of the „Second International Workshop on Network and Operating System Support for Digital Audio and Video", IBM European Networking Center (IBM-ENC), Heidelberg, November 1991

[Tritsch93a]   B. Tritsch; *DEDICATED: The Generic Learning Support Reference Manual - Introduction and Messages*, DELTA Deliverable 8 for Project D2014 DEDICATED, August 1993

[Tritsch93b]   B. Tritsch, S. Vieira, Ch. Hornung; *Video and Audio Communication over LAN*, IFIP Transactions A-31, „Local Area Network Applications: Leveraging the LAN", pp. 183-196, Elsevier Science Publishers B.V., Proceedings of the IFIP TC8/WG8.4 Working Conference on The Open System Future: Leveraging the LAN, Perth, Australia, August 1993

[Tritsch93c]   B. Tritsch, H. Kuhlmann; *DEDICATED: A Distributed Multimedia Learning Environment*, Telematics Based Training Multiconference, VSAT Applications and ISDN Applications, London, UK, Oktober 93

[Tritsch93d]   B. Tritsch, A. Santos, *Der Zeitbegriff bei der Realisation von vernetzten und kooperativen Multimedia-Anwendungen*, GMD-Studien Nr. 223, „Neue Architekturkonzepte zur Gestaltung graphischer Systeme", pp. 118-119, November 1993

[Tritsch94a]   B. Tritsch, R. Worsch, J. Paaso, J. Brisson Lopes, J. Velez; *DEDICATED - The Generic Learning Support Reference Manual Version 3.3*, DELTA Deliverable 24 for Project D2014 DEDICATED, Juni 1994

[Tritsch94b]   B. Tritsch, Ch. Hornung; *Co-operative Multimedia on Heterogeneous Platforms*, „Multimedia: System Architectures and Applications", Editors: Encarnação, Foley, Springer-Verlag, pp. 65-83, 1994

[Tritsch94c]   B. Tritsch, J. Paaso; *DEDICATED GLS: Ein Frontend für multimediales Lernen in Netzwerken*, Computer Graphik Topics 5/94, Vol. 6, pp. 16-18, November 1994

[Tritsch95]   B. Tritsch, A. Knierriem-Jasnoch; *A Modular Training System for Distributed Multimedia Platforms in SMEs*, ED-Media Conference, Graz, Juni 1995

[Turletti93]   T. Turletti; *H.261 Software Codec for Videoconferencing over the Internet*, IR Rapports de Recherche, No. 1834, INRIA, Januar 1993

[Vaughan93]   T. Vaughan; *Multimedia: Making It Work*, Osborne McGraw-Hill, 1993

[Velez94] J. Velez, M.R. Gomes, B. Tritsch, Ch. Hornung, *DEDICATED - Modular Training System*, Lecture Notes in Computer Science, „Multimedia: Advanced Teleservices and High-Speed Communication Architectures", pp. 300-314, September 1994

[Vieira93] A.S.Vieira, *Conceptualization and Implementation of an Image Compression & Decompression System*, Diplomarbeit an der Universität Coimbra, Betreuer: J. Teixeira, M. Jäger und B. Tritsch, Coimbra, 1993

[Wallace91] G. Wallace; *The JPEG Still Picture Compression Standard*, IEEE Transactions on Consumer Electronics, April 1991

[Woolf96] B.P. Woolf; *Intelligent Multimedia Tutoring Systems*, Communications of the ACM, Vol. 39, No. 4, pp. 30-31, April 1996

[Worsch93] R. Worsch; *Entwicklung von Echtzeit-Audio- und Videomechanismen zur computerunterstützten Kommunikation*, Diplomarbeit an der Fachhochschule Darmstadt, Betreuer: B. Tritsch, Darmstadt, 1993

8 Abkürzungen

ADPCM	*Adaptive Differential Pulse Code Modulation*; Kompressionsmethode für Audiosignale
AIFF	*Audio Interchange File Format*; Audiodateiformat von Apple und Silicon Graphics Inc.
ANSI	*American National Standard Institute*, Standard-Zeichensatz
API	*Application Program Interface*; Ein Satz von Funktionen für Softwareentwickler
ASCII	*American Standard Code for Information Interchange*; Standard-Zeichensatz
ATM	*Asynchronous Transfer Mode*; Netztechnologie für hohe Transferraten und Multimediakommunikation
AVI	*Audio/Video Interleave*; Microsoft-Dateiformat für synchronisierte Video- und Audiodaten
Bit	Die kleinste Informationseinheit, bestehend aus 0 oder 1
BMP	*Bitmap*; Microsoft-Format zur geräteabhängigen Speicherung von Rasterbildern
BRI	*Basic Rate Interface*; Spezifikation von zwei B-Kanälen und einem D-Kanal bei ISDN. Resultierende Datenrate: 128 kBit/s
Byte	Eine Gruppe von acht Bits (siehe Bit)
Callback	Rückruf-Funktion, über die das Betriebssystem oder die Graphische Benutzerschnittstelle (siehe GUI) zur Laufzeit mit einer Anwendung kommunizieren kann
CBT	*Computer Based Training*; Computerunterstütztes Lernen
CCITT	*Comité Consultatif International Télégraphique et Téléphonique*; erarbeitet als internationaler Ausschuß mit beratender Funktion Empfehlungen für die Telekommunikationsindustrie und nationale Postverwaltung
CD	*Compact Disc*; Trägermedium für digitale Daten, Kapazität ca. 700 MBytes, im Rechnerbereich auch CD-ROM genannt (siehe ROM)

CDA	*Compound Document Architecture*; DEC's Dateiformat für zusammengesetzte Dokumente
CI	*Course Interpreter*; Modul oder Schicht des DEDICATED MTS (siehe MTS)
COBRA	*Cooperation in Bureau, Research and Administration*; FhG-Verbundprojekt
Codec	*Compression/Decompression*; Kompression und Dekompression
CoMEdiA	*Cooperative hyperMedia Editing Architecture*; Fh-IGD-Projekt für ein verteiltes Editorsystem
CORBA	*Common Object Request Broker Architecture*; OMG-Spezifikation eines Objektmodells (siehe OMG)
COSE	*Common Open System Environment*; Initiative für ein offenes Desktop-"UNIX", vertreten von HP, IBM, Novell, SCO, Sun und DEC
DAT	*Digital Audio Tape*; Digitales Band gedacht zur Audioaufnahme, inzwischen auch im Rechnerbereich stark verwendet (Backup-Medium)
dB	*Dezibel*; Einheit für die Lautstärke eines Audiosignals
DCE	*Distributed Computing Environment*; Initiative der OSF für verteilte Systeme
DCT	*Discrete Cosine Transformation*; Diskrete Kosinustransformation
DDE	*Dynamic Data Exchange*; Microsoft-Methode zum Datenaustausch
DEDICATED	*Development of a New Dimension in Computer Aided Teaching and Education*; Fh-IGD-Projekt im Rahmen der EU-DELTA-Initiative mit Partnern aus Deutschland, Frankreich, Griechenland und Portugal (siehe DELTA)
DELTA	*Development of European Learning through Technological Advance*; EU-Initiative mit verschiedenen europäischen Projekten im Umfeld Computer-basiertes Lernen
DIB	*Device Independent Bitmap*; Microsoft-Format zur geräteunabhängigen Speicherung von Rasterbildern
DIN	*Deutsches Institut für Normung*
Dithering	Verfahren, das durch die Vermischung vorhandener Farbtöne neue Farbtöne darstellt
DOE	*Distributed Objects Everywhere*; Umfassende objektorientierte netzweite Arbeits- und Entwicklungsumgebung
Framegrabbing	Digitalisierung eines einzelnen Bilds einer Videoquelle auf einem Rechner
FLI, FLC	Autodesk AnimatorPro-Dateiformate für Animationen
FTP	*File Transfer Protocol*; Protokoll zur netzweiten Übertragung von Dateien

GDI	*Graphic Device Interface*; Graphische Programmierschnittstelle unter MS-Windows
GIF	*Graphic Interchange Format*; Dateiformat für Rasterbilder, eingeführt von der Firma Compuserve
GLS	*Generic Learning Support*; Modul oder Schicht des DEDICATED MTS (siehe MTS)
GUI	*Graphic User Interface*; Graphische Benutzerschnittstelle wie OSF/Motif oder MS-Windows
H.261	CCITT-Standardformat zur Kompression und Dekompression von Videosequenzen (siehe CCITT)
HDTV	*High-Definition Television*; hochauflösende Fernsehnorm mit einem 16:9-Bildverhältnis
HPGL	*Hewlett-Packard Graphics Language*; HP-Dateiformat für Vektorgraphik
HTML	*Hypertext Markup Language*; Dateiformat des World Wide Web (siehe WWW)
Hz	*Hertz*; Einheit für die Wiederholfrequenz einer Aktion
IP	*Internet Protocol*; Standard für das Adressieren von Computern auf dem weltweiten Netz Internet
ISDN	*Integrated Service Digital Network*; Nach CCITT definierte Methode zum digitalen Datenaustausch über öffentliche Kommunikationsleitungen (siehe CCITT)
JPEG	*Joint Photographic Expert Group*; Standardformat zur Kompression und Dekompression von Standbildern
IPX	*Internet Packet Exchange*; das Novell NetWare-Netzprotokoll
ISO	*International Standardization Organisation*; Standardisierungsorganisation
LAN	*Local Area Network*; Computernetz im Bereich unter 10 Kilometern
LZW	Kompressionsverfahren, das für Rastergraphiken verwendet wird
MAN	*Metropolitan Area Network*; Computernetz im Stadtbereich
MHEG	*Multimedia and Hypermedia Information Coding Expert Group*; Träger zusammengesetzter Multimediaformate
MIDI	*Musical Instrument Digital Interface*; Standardformat für Musikdaten
MPEG	*Motion Picture Expert Group*; Standardformat zur Kompression und Dekompression von Videosequenzen
MTS	*Modular Training System*; Arbeitspaket des DEDICATED-Projekts, das den CI und den GLS enthält (siehe DEDICATED, CI, GLS)

NDIS	*Network Device Interface Specification*; Multiprotokoll-Stack, der das gleichzeitige Betreiben mehrere Netzprotokolle erlaubt. Microsofts Pendant zu ODI (siehe ODI)
NFS	*Network File System*; Standardprotokoll zur netzweiten Nutzung von Speichermedien
NTSC	*National Television Standards Commitee*; Amerikanische und japanische Fernsehnorm mit 525 horizontalen Linien und einer Bildwiederholrate von 60 Hz (siehe Hz)
ODA	*Open Document Architecture*; Dateiformat für zusammengesetzte Dokumente
ODI	*Open Data-link Interface*; Novells Multiprotokoll-Stack, der das gleichzeitige Betreiben mehrere Netzprotokolle erlaubt
OLE	*Object Linking and Embedding*; Microsoft-Standard für zusammengesetzte multimediale Dokumente
OMG	*Object Management Group*; Gruppe von mehr als 340 Firmen, die die Verarbeitung von Objekten im Netz standardisieren möchte
OSF	*Open Software Foundation*; Ein Konsortium führender Industrieunternehmen zur Standarisierung von UNIX
OSI	*Open Systems Interconnection*; ISO-Standard zur Netzverbindung offener Systeme
PAL	*Phase Alternate Line*; Europäische, australische und südafrikanische Fernsehnorm mit 625 horizontalen Linien und einer Bildwiederholrate von 50 Hz (siehe Hz)
PCM	*Pulse Code Modulation*; Digitalisierungs- und Aufnahmeverfahren für Audiodaten
PCX	*PC Paintbrush*; Graphikformat für Rasterbilder, entwickelt von der Firma ZSOFT
Quicktime	Apple-Dateiformat für synchronisierte Video- und Audiodaten
RGB	*Rot, Grün, Blau*; Farbanteile bei der Darstellung von graphischen Elementen auf Monitoren
ROM	*Read-Only Memory*; nur lesbarer Speicher
RLE	*Run-Length Encoding*; Kompressionsalgorithmus, der für Rastergraphiken verwendet wird
RPC	*Remote Procedure Call*; Methode zur Steuerung entfernter Rechner
RTF	*Rich Text Format*; Microsoft-Dateiformat für formatierte Textausgabe
RS232	Norm der Electrical Industries Association für asynchrone serielle Kommunikation, entsprechend der CCITT-Norm V.24

SECAM	*Sequencial Color and Memory*; Vorwiegend französische Fernsehnorm mit 625 horizontalen Linien und einer Bildwiederholrate von 50 Hz. Es unterscheidet sich jedoch stark von den beiden anderen Normen NTSC und PAL (siehe NTSC, PAL)
SGML	*Standard Generalized Markup Language*; Dateiformat für Textausgabe
Sockets	Für UNIX-Systeme standardisierte bidirektionale Pipes zum netzweiten Austausch von Daten, entwickelt an der Universität von Berkeley
Sprites	Bewegte Bildobjekte, verwendet für Animationen
STI	*Schulung, Training, Information*; COBRA-Anwendüngsszenario
TAE	Die TAE-Steckverbindung ist seit geraumer Zeit der Standard im Netz der Telekom
TCP	*Transmission Control Protocol*; Spezifikation einer Software, die Daten in Pakete verpackt, über Netze verschickt, auf Fehler überprüft, empfängt und wieder entpackt.
TCP/IP	*Transmission Control Protocol/Internet Protocol*; Ein Satz von weltweit verwendeten Kommunikationsprotokollen
Tele-Media	*Tele-communicating Multimedia*; Mechanismen zur Behandlung verteilter Multimediaobjekte
Telnet	Unter TCP/IP übliches Standardprotokoll zur Terminal-Anbindung an einen UNIX-Host (siehe TCP/IP)
Thread	Programmfaden, von einigen Betriebssystemen bereitgestellt zur unabhängigen parallelen Ausführung von Programmteilen einer Applikation
TIFF	*Tagged Image File Format*; Dateiformat für Rasterbilder, entwickelt von der Firma Aldus
UUCP	*UNIX-to-UNIX-Copy*; Einfaches Protokoll zu Datenaustausch zwischen Rechnern
Videograbbing	Digitalisierung eines Videosignals in einem Rechner
Video-Out	Digitalisierte Videos werden in analoger Form in einen Fernseher oder Videorekorder eingespeist
Video-Overlay	Mischung des digitalen Graphiksignals eines Rechners mit einem analogen Videosignal. Gedacht für die Ausgabe von Videosequenzen auf dem Rechnermonitor.
WAVE	Audiodateiformat von Microsoft
WinSockets	Standard um unter MS-Windows eine allgemeine Netzkommunikation nach dem UNIX-Socket-Schema zu ermöglichen (siehe Sockets)
WWW	*World Wide Web*; Globales Netz zum Austausch von Hyper-Dokumenten

X-Windows	Am MIT entwickelte Graphische Benutzerschnittstelle, vorwiegend für UNIX-basierte Workstations
YUV	Farbdarstellung mittels Luminanz- und Farbdifferenzanteilen
μ-LAW	Audiodateiformat mit nicht-linearer Kennlinie, verwendet von Sun Microsystems

9 Stichwortverzeichnis

10 Anhang

Das in der vorliegenden Arbeit vorgestellte Tele-Media Trainingssystem verwendet spezifische Datentypen, Bitmasken, Bitflaggen, Systemfarben und Schriftarten. Weiterhin basiert es auf einem Application Program Interface (API) und einem Meldungsprotokoll für die netzbasierte Client/Server-Kommunikation. All diese Definitionen, Spezifikationen und Vereinbarungen sollen im Rahmen dieses Anhangs dokumentiert und in einem Kursskriptfragment beispielhaft eingesetzt werden. Weiterhin beinhaltet dieser Anhang einen Auszug aus einer Umfrageaktion bei verschiedene europäischen Entwicklern im CBT-Umfeld.

10.1 Anhang A: Typendefinitionen

Die im Tele-Media-Trainingssystem verwendeten Datentypen werden in einer Reihe von Header-Dateien definiert, die im folgenden aufgezeigt werden.

GLS- und CIDK-Header-Datei STDTYPES.H

```
#ifndef stdtypes_h
#define stdtypes_h
/*---< Detect machine type and set symbols accordingly >---*/
#ifdef __BORLANDC__
  #define GuiMsW
  #define DdcSystemIdentification "PC/Borland C++"
#endif
#ifdef _MSC_VER
  #define GuiMsW
  #define DdcSystemIdentification "PC/Microsoft C++"
#endif
#ifndef GuiMsW
  #define GuiMotif
  #ifdef sgi
```

```
    #define OsSgi
    #define DdcSystemIdentification "SGI"
  #endif
  #ifdef hpux
    #define OsSgi
    #define DdcSystemIdentification "HP"
  #endif
  #ifdef sun
    #define OsSun
    #define DdcSystemIdentification "SUN"
  #endif
#endif

/*--------< MS Windows Standard Types >---------*/

#ifdef GuiMsW
  #include <windows.h>
  typedef char            tChar;
  typedef int             tInt;
  typedef UINT            tCard;
  typedef float           tFloat;
  typedef BYTE            tCard8;
  typedef WORD            tCard16;
  typedef DWORD           tCard32;
  typedef signed char     tInt8;
  typedef short int       tInt16;
  typedef LONG            tInt32;
  typedef float           tFloat32;
  typedef double          tFloat64;
  typedef int             tFlag;
#endif

/*--------< Sun and Sgi Standard Types >---------*/

#ifdef GuiMotif
  typedef char            tChar;
  typedef int             tInt;
  typedef unsigned int    tCard;
  typedef float           tFloat;
  typedef unsigned char   tCard8;
  typedef unsigned short  tCard16;
  typedef unsigned long   tCard32;
  #if defined(OsSun)
    typedef char          tInt8;
    typedef short         tInt16;
    typedef long          tInt32;
  #elif defined(OsSgi)
    typedef signed char   tInt8;
    typedef signed short  tInt16;
    typedef signed long   tInt32;
  #endif
  typedef float           tFloat32;
  typedef double          tFloat64;
  typedef int             tFlag;
#endif
```

```c
/*-------< Common Standard Types >--------*/

typedef struct
 {
  tFloat32  x;
  tFloat32  y;
 }
tVct2;
typedef struct
 {
  tFloat32  x;
  tFloat32  y;
  tFloat32  z;
 }
tVct3;
typedef struct
 {
  tInt32  x;
  tInt32  y;
 }
tIVct2;
typedef struct
 {
  tInt32  x;
  tInt32  y;
  tInt32  z;
 }
tIVct3;
#ifdef GuiMsW
  typedef tVct2  far * tpVct2;
  typedef tVct3  far * tpVct3;
  typedef tIVct2 far * tpIVct2;
  typedef tIVct3 far * tpIVct3;
#else
  typedef tVct2  *      tpVct2;
  typedef tVct3  *      tpVct3;
  typedef tIVct2 *      tpIVct2;
  typedef tIVct3 *      tpIVct3;
#endif
typedef struct _tRgbCard8
 {
  tCard8  red;
  tCard8  green;
  tCard8  blue;
 }
tRgbCard8;
#ifdef GuiMsW
  typedef tRgbCard8 far * pRgbCard8;
#else
  typedef tRgbCard8 * pRgbCard8;
#endif
#endif
```

GLS- und CIDK-Header-Datei DDCTYPES.H

```c
#ifndef ddctypes_h
#define ddctypes_h

#include "stdtypes.h"

/*------< MS Windows Types >-------*/

#ifdef GuiMsW
  #include <windows.h>
  typedef BOOL            tBool;
  typedef LPBYTE          tpCard8;      /*  = BYTE FAR*  */
  typedef LPINT           tpInt;        /*  = int FAR*   */
  typedef LPWORD          tpCard16;     /*  = WORD FAR*  */
  typedef LPLONG          tpInt32;      /*  = LONG FAR*  */
  typedef LPDWORD         tpCard32;     /*  = DWORD FAR* */
  typedef LPSTR           tpStr;        /*  = char FAR*  */
  typedef LPVOID          tpVoid;       /*  = void FAR*  */
  #ifdef __BORLANDC__
    typedef char far*   tpChar;
  #else
    typedef char*         tpChar;
  #endif
  #include <winsock.h>
  typedef SOCKET          tNetwork;
  typedef tInt32          tProcess;
  typedef tInt32          tRequest;
  typedef tInt32          tVideoBuf;
  typedef tInt32          tVideo;
#endif

/*------< Sun and Sgi Types >-------*/

  #ifdef GuiMotif
    #include <X11/Xlib.h>
    #include <Xm/Xm.h>
    typedef Bool            tBool;
    typedef tCard8*         tpCard8;
    typedef tInt*           tpInt;
    typedef tCard16*        tpCard16;
    typedef tInt32*         tpInt32;
    typedef tCard32*        tpCard32;
    typedef char*           tpStr;
    typedef void*           tpVoid;
    typedef char*           tpChar;
    typedef tInt32          tNetwork;
    typedef tInt            tProcess;
    typedef tInt32          tRequest;
  #if defined(OsSun)
    typedef tInt            tAudio;
    typedef tCard8          tVideoBuf;
    #include "/usr/1.0-VFC/vfc_lib/vfc_lib.h"
    typedef VfcDev*         tVideo;
```

```
  #elif defined(OsSgi)
    typedef ALport          tAudio;
    typedef tChar           tVideoBuf;
    #include <svideo.h>
    typedef SVhandle        tVideo;
  #endif
#endif

/*------< Common Defines >-------*/

#ifndef NULL
  #define NULL              0
#endif
#ifndef FALSE
  #define FALSE             0
#endif
#ifndef TRUE
  #define TRUE              1
#endif
#ifndef False
  #define False             0
#endif
#ifndef True
  #define True              1
#endif
#ifndef LOBYTE
  #define LOBYTE (w)        ((tCard8)(w))
#endif
#ifndef HIBYTE
  #define HIBYTE (w)        ((tCard8)((tCard)(w) >> 8))
#endif
#ifndef LOWORD
  #define LOWORD (l)        ((tCard16)(l))
#endif
#ifndef HIWORD
  #define HIWORD (l)        ((tCard16)((tCard32)(l) >> 16))
#endif
#ifndef MAKELONG
  #define MAKELONG (low, high) ((tCard32)(((tCard16) (low)) |
                   (((tCard32)((tCard16) (high))) << 16)))
#endif

#endif
```

10.2 Anhang B: Bitflaggen und Bitmasken

Die Bitmasken und Bitflaggen des Tele-Media-Trainingssystems

```
/* ---------------< Text Flags >-------------------- */
#define FlagTextNo                      0
#define FlagTextString                  1
#define FlagTextAsciiFile               2
#define FlagTextRtfFile                 3
#define FlagTextDbAsciiFile             4
#define FlagTextDbRtfFile               5


/* ----------< Dialog Item Flags >------------------ */
#define FlagDialogItemButton            1
#define FlagDialogItemString            2
#define FlagDialogItemBitmap            3


/* ----------< Dialog Type Flags >------------------ */
#define FlagDialogTypeStandard          1
#define FlagDialogTypeWarning           2
#define FlagDialogTypeError             3


/* --------------< Font Flags >--------------------- */
#define FlagFontSystem                  0
#define FlagFontCourier                 1
#define FlagFontTmsrmn                  2
#define FlagFontHelv                    3
#define FlagFontExtra                   4


/* --------------< Graphic Type Flags >-------------*/
#define FlagGraphTypeUnknown            0
#define FlagGraphTypeBmp                1
#define FlagGraphTypeDib                2
#define FlagGraphTypeTiff               3
#define FlagGraphTypePcx                4
#define FlagGraphTypeGif                5
#define FlagGraphTypeDxf                6
#define FlagGraphTypeHpgl               7


/* ----------< Generic Dialog Buttons >------------- */
#define FlagGenButtonOk                 1
#define FlagGenButtonCancel             2
#define FlagGenButtonHelp               3
#define FlagGenButtonYes                4
#define FlagGenButtonNo                 5


/* ----------< Button State Flags >---------------- */
#define FlagButton2State                0
#define FlagButton3State                1
/* Selection Box states, are in some cases used like masks */
#define FlagButtonNew                   0
#define FlagButtonWorking               1
#define FlagButtonFinished              2
```

```
#define FlagButtonDisabled              4
#define FlagButtonEnabled               8
/* Flags used for Selection and Button Boxes only */
#define FlagButtonNo                    0
#define FlagButtonYes                   1
#define FlagButtonDontKnow              2


/* -------------< Line Style Flags >---------------*/
#define FlagLineStyleNone               0
#define FlagLineStyleSolid              1
#define FlagLineStyleOnOffDash          2
#define FlagLineStyleDoubleDash         3


/* -------------< Object Masks >------------------ */
#define MaskObjectGeneric               0x00000000L
#define MaskObjectWindow                0x00000001L
#define MaskObjectMenu                  0x00000002L
#define MaskObjectMenuItem              0x00000004L
#define MaskObjectMenuGroup             0x00000008L
#define MaskObjectDialogBox             0x00000010L
#define MaskObjectMessageBox            0x00000020L
#define MaskObjectButtonBox             0x00000040L
#define MaskObjectSingleLineInput       0x00000080L
#define MaskObjectMultiLineInput        0x00000100L
#define MaskObjectSlider                0x00000200L
#define MaskObjectText                  0x00000400L
#define MaskObjectImage                 0x00000800L
#define MaskObjectButton                0x00001000L
#define MaskObjectHotArea               0x00002000L
#define MaskObjectAudio                 0x00004000L
#define MaskObjectVideo                 0x00008000L
#define MaskObjectTimer                 0x00010000L
#define MaskObjectLine                  0x00020000L
#define MaskObjectPolyline              0x00040000L
#define MaskObjectRectangle             0x00080000L
#define MaskObjectArc                   0x00100000L
#define MaskObjectCircle                0x00200000L
#define MaskObjectEllipse               0x00400000L
#define MaskObjectAnimation             0x00800000L
#define MaskObjectExternal              0x01000000L
#define MaskObjectSelectionBox          0x02000000L
#define MaskObjectBrowser               0x04000000L
#define MaskObjectReserved              0x08000000L
#define MaskObjectUserGraph             0x10000000L
#define MaskObjectUserText              0x20000000L
#define MaskObjectUserAv                0x40000000L
#define MaskObjectUserDialog            0x80000000L
#define MaskGraphicsObjects             0x00FE0C00L
#define MaskGraphicsPrimitives          0x00FE0400L
#define MaskManageableObjects           0x020013FFL
#define MaskAllObjects                  0xFFFFFFFFL


/* -------------< Windowing Masks >---------------- */
#define MaskWndBorder                   0x1
#define MaskWndFrame                    0x2
```

```
#define MaskWndCaption                     0x5
#define MaskWndSysMenu                     0xC
#define MaskWndMaxBox                      0x15
#define MaskWndMinBox                      0x25
#define MaskWndMinMaxBox                   0x35
#define MaskWndHorScroll                   0x40
#define MaskWndVerScroll                   0x80
#define MaskWndOk                          0x100
#define MaskWndYes                         0x200
#define MaskWndNo                          0x400
#define MaskWndYesNo                       0x600
#define MaskWndCancel                      0x800
#define MaskWndOkCancel                    0x900


/* ------------< Menu Item Masks >------------------ */
#define MaskMenuChecked                    0x0001
#define MaskMenuUnchecked                  0x0000
#define MaskMenuDisabled                   0x0002
#define MaskMenuEnabled                    0x0000
#define MaskMenuSeparator                  0x0004
#define MaskMenuToggle                     0x0008


/* ------------< Dialog Item Masks >--------------- */
#define MaskDialogStateEnabled             0x0
#define MaskDialogStateGrayed              0x1
#define MaskDialogStateDisabled            0x2


/* ------< String Characteristics Masks >----------- */
#define MaskStringChar                     0x1
#define MaskStringDigit                    0x2
#define MaskStringDot                      0x4
#define MaskStringComma                    0x8
#define MsakStringStandard                 0xF
#define MaskStringExtra                    0x10
#define MaskStringAll                      0x1F


/* -------< Font Characteristics Masks >------------ */
#define MaskFontStandard                   0x0
#define MaskFontBold                       0x1
#define MaskFontUnderlined                 0x2
#define MaskFontItalic                     0x4
#define MaskFontAll                        0x7
#define MaskFontNotClipped                 0x10
#define MaskFontScrollBar                  0x20


/* -------------< Dialog Buttons Masks >------------- */
#define MaskDialogButtonOk                 0x01
#define MaskDialogButtonCancel             0x02
#define MaskDialogButtonHelp               0x04
#define MaskDialogButtonYes                0x08
#define MaskDialogButtonNo                 0x10
```

10.3 Anhang C: Farben und Schriftarten

Farb- und Fontdefinitionen innerhalb das Tele-Media-Trainingssystems

```
typedef enum _tColorIndex
  {
        ColWhite,                 /*    0: 255, 255, 255 */
        ColBlack,                 /*    1:   0,   0,   0 */
        ColDarkSlateGray,         /*    2:  47,  79,  79 */
        ColDimGray,               /*    3: 105, 105, 105 */
        ColSlateGray,             /*    4: 112, 128, 144 */
        ColLightSlateGray,        /*    5: 119, 136, 153 */
        ColGray,                  /*    6: 192, 192, 192 */
        ColLightGray,             /*    7: 211, 211, 211 */
        ColNavyBlue,              /*    8:   0,   0, 128 */
        ColMediumBlue,            /*    9:   0,   0, 205 */
        ColBlue,                  /*   10:   0,   0, 255 */
        ColPaleTurquoise,         /*   11: 175, 238, 238 */
        ColDarkTurquoise,         /*   12:   0, 206, 209 */
        ColMediumTurquoise,       /*   13:  72, 209, 204 */
        ColTurquoise,             /*   14:  64, 224, 208 */
        ColCyan,                  /*   15:   0, 255, 255 */
        ColLightCyan,             /*   16: 224, 255, 255 */
        ColDarkGreen,             /*   17:   0, 100,   0 */
        ColPaleGreen,             /*   18: 152, 251, 152 */
        ColGreen,                 /*   19:   0, 255,   0 */
        ColLightYellow,           /*   20: 255, 255, 224 */
        ColYellow,                /*   21: 255, 255,   0 */
        ColBrown,                 /*   22: 165,  42,  42 */
        ColOrange,                /*   23: 255, 165,   0 */
        ColDarkOrange,            /*   24: 255, 140,   0 */
        ColRed,                   /*   25: 255,   0,   0 */
        ColDeepPink,              /*   26: 255,  20, 147 */
        ColPink,                  /*   27: 255, 192, 203 */
        ColLightPink,             /*   28: 255, 182, 193 */
        ColMagenta,               /*   29: 255,   0, 255 */
        ColViolet,                /*   30: 238, 130, 238 */
        ColDarkViolet,            /*   31: 148,   0, 211 */
        ColPurple,                /*   32: 160,  32, 240 */
        ColMediumPurple           /*   33: 147, 112, 219 */
  } tColorIndex;
```

Beispiel für die Auswahl der Fonts in der Initialisierungsdatei:

```
SystemFont=System
CourierFont=Courier New
TmsrmnFont=Times New Roman
HelvFont=Arial
ExtraFont=Symbol
```

10.4 Anhang D: Die Funktions- und Meldungsschnittstelle

Die API-Funktionen des GLS und die Definitionen der Identifkatoren des
Meldungsprotokolls

```
tBool DdcInitInstance (tInt32 width, tInt32 height,
        tCard32 mapMode, tColorIndex bgColor,
        tInt32 system, tpStr header);
tBool DdcActivateObject (tCard32 objectID);
tBool DdcDeactivateObject (tCard32 objectID);
tBool DdcKillObject (tCard32 objectID);
tBool DdcPutObjectToFront (tCard32 objectID);
tBool DdcPutObjectToBack (tCard32 objectID);
tBool DdcExit ();
tBool DdcInitExApplication (tCard32 appID, tpStr appName,
        tpStr cmdLine);
tBool DdcSetObjectPosition (tCard32 objectID, tInt32 x,
        tInt32 y);
tBool DdcSetObjectSize (tCard32 objectID, tInt32 width,
        tInt32 height);
tBool DdcConnectToGls (tInt32 port, tInt32 commID,
        tCard32 attributes, tpStr string, tpStr fileName);
tBool DdcGetGlsSystemInformation ();
tBool DdcSetGlsSystemVariables (tCard32 systemVariables,
        tpStr string, tpStr section);
tBool DdcEnableRepaint (tBool enable);

tBool DdcInitWindow (tCard32 parentID, tCard32 windowID,
        tInt32 x, tInt32 y, tInt32 width, tInt32 height,
        tCard32 attributes, tpStr header);
tBool DdcClearWindow (tCard32 windowID,
        tCard32 KillObjectMask);
tBool DdcSetWindowAttributes (tCard32 windowID, tInt32 x,
        tInt32 y, tInt32 width, tInt32 height,
        tColorIndex backgroundColor, tpStr header);
tBool DdcGetWindowAttributes (tCard32 windowID);

tBool DdcInitMenuGroup (tCard32 parentID, tCard32 groupID,
        tpStr groupName);
tBool DdcInitMenuItem (tCard32 parentID, tCard32 itemID,
        tCard32 attributes, tpStr itemName);
tBool DdcSetMenuItemAttributes (tCard32 itemID,
        tCard32 attributes);
tBool DdcGetMenuItemAttributes (tCard32 itemID);
tBool DdcInitMenuBar (tCard32 parentID, tCard32 menuID);

tBool DdcInitButton (tCard32 parentID, tCard32 buttonID,
        tInt32 x, tInt32 y, tInt32 width, tInt32 height,
        tBool buttonBitmap, tpStr buttonText,
        tpStr section);
tBool DdcSetButtonAttributes (tCard32 buttonID,
        tBool sensitive);
tBool DdcInitButtonBox (tCard32 parentID,
```

```
            tCard32 buttonBoxID, tInt32 x, tInt32 y,
            tCard32 nButtons, tCard32 textOrigin,
            tCard32 attributes, tBool radioButton,
            tpStr headerText, tpStr    section);
tBool DdcSetButtonBoxText (tCard32 boxID, tBool stringChange,
            tCard32 nButton, tCard32 textOrigin,
            tCard32 attributes, tpStr text, tpStr section);
tBool DdcInitDialogBox (tCard32 parentID, tCard32 dialogID,
            tInt32 x, tInt32 y, tCard32 dialogType,
            tCard32 dialogMask, tCard32 textOrigin,
            tpStr message, tpStr section);
tBool DdcSetDialogBoxAttributes (tCard32 dialogID,
            tCard32 dialogMask);
tBool DdcInitSingleLineTextInput (tCard32 parentID,
            tCard32 objectID, tInt32 x, tInt32 y,
            tCard32 attributes, tpStr prptString,
            tpStr textString);
tBool DdcInitMultiLineTextInput (tCard32 parentID,
            tCard32 objectID, tInt32 x, tInt32 y, tInt32 width,
            tInt32 height, tCard32 textOrigin,
            tpStr promptString, tpStr fileName,
            tpStr section);
tBool DdcInitSlider (tCard32 parentID, tCard32 sliderID,
            tInt32 x, tInt32 y, tInt32 minValue,
            tInt32 maxValue, tInt32 defaultValue,
            tCard32 nDecimals, tBool vertical,
            tCard32 textOrigin, tpStr prompt, tpStr section);
tBool DdcSetSliderAttributes (tCard32 objectID,
            tInt32  minValue, tInt32  maxValue, tInt32 value,
            tCard32 nDecimals, tBool vertical);
tBool DdcInitSelectionBox (tCard32 parentID,
            tCard32 selectionBoxID, tInt32 x, tInt32 y,
            tCard32 nButtons, tCard32 textOrigin,
            tCard32 attributes, tpStr headerText,
            tpStr section);
tBool DdcSetSelectionBoxAttributes (tCard32 selectionBoxID,
            tCard32 stringChange, tCard32 nButton,
            tCard32 buttonState, tCard32 textOrigin, tpStr text,
            tpStr section);
tBool DdcInitBrowser (tCard32 parentID, tCard32 objectID,
            tInt32 x, tInt32 y, tCard32 attributes,
            tpStr caption);
tBool DdcSetBrowserText (tCard32 objectID,
            tCard32 attributes, tpStr parentString,
            tpStr textString);

tBool DdcInitText (tCard32 parentID, tCard32 textID,
            tInt32 x, tInt32 y, tInt32 width, tInt32 height,
            tCard32 textOrigin, tCard32 fontSize, tCard32 font,
            tCard32 attributes, tpStr string, tpStr section);
tBool DdcSetTextAttributes (tCard32 textID, tInt32 x,
            tInt32 y, tInt32 width, tInt32 height,
            tCard32 fontSize, tCard32 font, tCard32 attributes);

tBool DdcInitImage (tCard32 parentID, tCard32 imageID,
```

```
                 tInt32 x, tInt32 y, tCard32 displayFlag,
                 tCard32 attributes, tpStr imageFilename,
                 tpStr section);
tBool DdcSetImageAttributes (tCard32 imageID, tInt32 x,
         tInt32 y, tInt32 width, tInt32 height, tBool scale);

tBool DdcDrawLine (tCard32 parentID, tCard32 lineID,
         tInt32 x, tInt32 y, tInt32 x2, tInt32 y2);
tBool DdcDrawPolyLine (tCard32 parentID, tCard32 linesID,
         tCard32 nPoints, tpIVct2 points, tBool fill);
tBool DdcDrawRectangle tCard32 parentID, tCard32 rectangleID,
         tInt32 x, tInt32 y, tInt32 x2, tInt32 y2,
         tBool fill);
tBool DdcDrawCircle (tCard32 parentID, tCard32 circleID,
         tInt32 x, tInt32  y, tInt32 radius, tBool fill);
tBool DdcDrawArc (tCard32 parentID, tCard32 arcID, tInt32 x,
         tInt32 y, tInt32 width, tInt32 height,
         tInt32 angle1, tInt32 angle2, tBool fill);
tBool DdcDrawEllipse (tCard32 parentID, tCard32 ellipseID,
         tInt32 x, tInt32 y, tInt32 xRadius, tInt32 yRadius,
         tBool fill);
tBool DdcSetGraphicsAttributes (tCard32 objectID,
         tColorIndex foregroundColor, tCard32 lineStyle,
         tCard32 lineWidth);

tBool DdcGroupObjects (tCard32 groupID, tCard32 *childrenID);
tBool DdcUngroupObjects (tCard32 groupID);
tBool DdcSetBgColor (tCard32 objectID,
         tColorIndex colorIndex);
tBool DdcSetFgColor (tCard32 objectID,
         tColorIndex colorIndex);

tBool DdcInitHotZone (tCard32 parentID, tCard32 zoneID,
         tInt32 x, tInt32 y, tInt32 width, tInt32 height,
         tBool visible);
tBool DdcSetHotZoneAttributes (tCard32 zoneID, tInt32 x,
         tInt32 y, tInt32 width, tInt32 height,
         tBool visible);
tBool DdcEnableHotZones (tCard32 zoneID, tBool enable);

tBool DdcInitTimer (tCard32 timerID, tCard32 time,
         tBool loop, tCard32 nLoops);
tBool DdcSetTimerAttributes (tCard32 timerID, tBool stop);

tBool DdcInitVideo (tCard32 parentID, tCard32 videoID,
         tCard32 time, tInt32 x, tInt32 y, tInt32 width,
         tInt32 height, tpStr filename, tpStr section);
tBool DdcSetVideoAttributes (tCard32 videoID, tInt32 x,
         tInt32 y, tInt32 width, tInt32 height,
         tCard32 volume);
tBool DdcInitAudio (tCard32 audioID, tCard32 time,
         tpStr filename, tpStr section);
tBool DdcSetAudioAttributes (tCard32 audioID, tBool stop,
         tCard32 volume);
tBool DdcInitAnimation (tCard32 parentID,
```

```
tCard32 animationID, tCard32 imageTime,
tCard32 sequenceTime, tInt32 x1, tInt32 y1,
tInt32 x2, tInt32 y2, tCard32 imageNumber,
tpStr filename, tpStr section);


#define   MsgGlsFirstMessage                  1000
#define   MsgGlsInitExApplication             1001

#define   MsgGlsActivateObject                1101
#define   MsgGlsDeactivateObject              1102
#define   MsgGlsKillObject                    1103
#define   MsgGlsPutObjectToFront              1104
#define   MsgGlsPutObjectToBack               1105
#define   MsgGlsInitSystem                    1106
#define   MsgGlsSetObjectPosition             1107
#define   MsgGlsSetObjectSize                 1108
#define   MsgGlsExit                          1109
#define   MsgGlsConnectToGls                  1110
#define   MsgGlsGetGlsSystemInformation       1111
#define   MsgGlsSetGlsSystemVariables         1112
#define   MsgGlsEnableRepaint                 1113
#define   MsgCiWarningMessage                 1152
#define   MsgCiErrorMessage                   1153
#define   MsgCiConnectToCi                    1154
#define   MsgCiSystemInformation              1155

#define   MsgGlsInitWindow                    1201
#define   MsgGlsSetWindowAttributes           1202
#define   MsgGlsClearWindow                   1203
#define   MsgGlsGetWindowAttributes           1204
#define   MsgCiWindowAttributes               1251

#define   MsgGlsInitMenuGroup                 1301
#define   MsgGlsInitMenuItem                  1302
#define   MsgGlsSetMenuItemAttributes         1303
#define   MsgGlsGetMenuItemAttributes         1304
#define   MsgGlsInitMenuBar                   1305
#define   MsgCiMenuAction                     1351
#define   MsgCiMenuItemAttributes             1352

#define   MsgGlsInitButtonBox                 1401
#define   MsgGlsSetButtonBoxText              1402
#define   MsgGlsInitDialogBox                 1403
#define   MsgGlsSetDialogBoxAttributes        1404
#define   MsgGlsInitSingleLineTextInput       1407
#define   MsgGlsInitMultiLineTextInput        1408
#define   MsgGlsInitSlider                    1409
#define   MsgGlsSetSliderAttributes           1410
#define   MsgGlsInitButton                    1411
#define   MsgGlsInitSelectionBox              1412
#define   MsgGlsSetSelectionBoxAttributes     1413
#define   MsgGlsSetButtonAttributes           1414
#define   MsgGlsInitBrowser                   1415
```

```
#define   MsgGlsSetBrowserText                  1416
#define   MsgCiButtonBoxAction                  1451
#define   MsgCiDialogBoxAction                  1452
#define   MsgCiSingleLineTextInputAction        1454
#define   MsgCiMultiLineTextInputAction         1455
#define   MsgCiSliderAction                     1456
#define   MsgCiButtonAction                     1457
#define   MsgCiSelectionAction                  1458
#define   MsgCiBrowserAction                    1459

#define   MsgGlsInitText                        1501
#define   MsgGlsSetTextAttributes               1502

#define   MsgGlsInitImage                       1601
#define   MsgGlsSetImageAttributes              1602

#define   MsgGlsDrawLine                        1605
#define   MsgGlsDrawPolyline                    1606
#define   MsgGlsDrawRectangle                   1607
#define   MsgGlsDrawCircle                      1608
#define   MsgGlsDrawArc                         1609
#define   MsgGlsDrawEllipse                     1610
#define   MsgGlsSetGraphicsAttributes           1611
#define   MsgGlsGroupObjects                    1612
#define   MsgGlsUngroupObjects                  1613
#define   MsgGlsSetFgColor                      1614
#define   MsgGlsSetBgColor                      1615

#define   MsgGlsInitHotZone                     1701
#define   MsgGlsSetHotZoneAttributes            1702
#define   MsgGlsEnableHotZones                  1703
#define   MsgCiHotZoneButtonPressAction         1751
#define   MsgCiHotZoneButtonReleaseAction       1752

#define   MsgGlsInitVideo                       1801
#define   MsgGlsSetVideoAttributes              1802
#define   MsgGlsInitAudio                       1803
#define   MsgGlsSetAudioAttributes              1804
#define   MsgGlsInitAnimation                   1805

#define   MsgGlsInitTimer                       1901
#define   MsgGlsSetTimerAttributes              1902
#define   MsgCiTimerAction                      1951

#define   MsgGlsLastMessage                     1999
```

10.5 Anhang E: Quellcode der Seite 3 des Demoskripts

```c
#include "c4p3.h"
#include "ciact4.h"

void DspPage3(void)
  {
  DdcInitText(0, Text1, 10, 10, 0, 0, FlagTextString,
              24, FlagFontTmsrmn, 0, "Page 3", "");
  DdcActivateObject(Text1);
  DdcInitText(0, TextPage3Result, 10, 60, 0, 0,
              FlagTextString, 16, FlagFontTmsrmn, 0,
              "Result", "");
  DdcActivateObject(TextPage3Result);
  DdcInitButton(0, ButtonPage3Browser, 0, 100, 150, 30, 0,
                "Browser", "");
  DdcInitButton(0, ButtonPage3DelBrowser, 0, 100, 150, 30, 0,
                "Del. Browser", "");
  DdcActivateObject(ButtonPage3Browser);
  DdcInitBrowser(0, BrowserPage3, 100, 100, 0,
                "Test the Browser");
  DdcSetBrowserText(BrowserPage3, 0, "", "Text Materials");
  DdcSetBrowserText(BrowserPage3, 0, "",
                "Graphics Materials");
  DdcSetBrowserText(BrowserPage3, 0, "", "Audio Materials");
  DdcSetBrowserText(BrowserPage3, 0, "", "Video Materials");
  DdcSetBrowserText(BrowserPage3, 0, "Text Materials",
                "ASCII Text");
  }

void RmvPage3(void)
  {
  DdcKillObject(Text1);
  DdcKillObject(ButtonPage3Browser);
  DdcKillObject(ButtonPage3DelBrowser);
  DdcKillObject(BrowserPage3);
  DdcKillObject(TextPage3Result);
  }

void MessageHandlerPage3(tCiMsgStruct *ActionStruc)
  {
  switch(ActionStruc->ObjectID)
    {
    case ButtonPage3Browser:
      DdcActivateObject(BrowserPage3);
      DdcDeactivateObject(ButtonPage3Browser);
      DdcActivateObject(ButtonPage3DelBrowser);
      break;
    case ButtonPage3DelBrowser:
      DdcDeactivateObject(BrowserPage3);
      DdcDeactivateObject(ButtonPage3DelBrowser);
      DdcActivateObject(ButtonPage3Browser);
```

```c
      break;
case BrowserPage3:
  DdcKillObject(TextPage3Result);
  DdcInitText(0, TextPage3Result, 10, 60, 0, 0,
              FlagTextString, 16, FlagFontTmsrmn, 0,
              ActionStruc->szText1, "");
  DdcActivateObject(TextPage3Result);
default:
  break;
  }
}
```

10.6 Anhang F: Auszug aus der LTC-Umfrageaktion 1993/1994

Die Umfrage startete 1993 und wurde begleitend zur Installation der DEDICATED-Umgebung von den Verantwortlichen der lokalen LTCs beantwortet. Die hier aufgeführten Antworten stammen von INTRACOM und MUSIC in Griechenland, der Universität von Coimbra in Portugal und dem Zentrum für Graphische Datenverarbeitung in Deutschland.

Question 10:   Give concrete information on how offline and online communication between the LTCs should take place? (bandwidth, costs, time scales to install WAN and ISDN services, approaches to exchange Non-DEDICATED courses via network).

10.1   INTRACOM & MUSIC
For INTRACOM, the connection to the Internet node is through 128 Mbit/s line. The company's domain is "intranet.gr". The services for incoming users are currently available at the gateway. However, this level of security can be changed for the purposes of the LTC.
MUSIC uses a 9600 bits/sec leased line through the ced.tuc.gr domain. The service has already been installed

10.2   University Coimbra
In this moment we have:
- Internet Protocol
- The bandwidth of the LAN-WAN communication is 64 kbytes (worst case)
- For the university the price is (aproximately) 1000 DM per block of 300 MBytes
- Currently no possibility to use ISDN services

10.3   ZGDV
The bandwidth to the Internet is 64Kb at the moment. We will setup a bandwidth of 2Mb to the Internet.
Four ISDN 64Kb connections will be installed in the next few days.

Question 12:   Give ideas on how to exchange and share ideas between LTCs? (Bulletin Boards, etc.)

12.1   INTRACOM & MUSIC
We think that the combination of FTP and E-mail we are currently using is a very good way of communication between the LTC's. An E-mail announcement of a new file in the FTP server with the complete path will be very helpfull.

Afterwards regular Bulletin Boards every 3 months and an annual meeting for an overview might be the best way for exchanging ideas.

12.2   University Coimbra
I agree with the idea of a Bulletin Board, maybe 6-to-6 weeks. This Bulletin Board should be uploaded to all the local DEDICATED servers, from the public DEDICATED server. Each LTC should nominate one person responsible for this task.

12.3   ZGDV
The public DEDICATED-server works fine for the transfer of data between the LTCs. But it seems to be a good idea to use a Bulletin Board for the exchange of ideas. The Bulletin Board could also inform about the uploading of files on the public DEDICATED-server.

Question 15:   Give concrete learning scenarios including group aspects? (Name major platform, teacher-student interaction, ...)

15.1   INTRACOM & MUSIC
The course will run like a standalone application for every individual trainee. During the course, the teacher should be able to control the progress of every trainee.
Every trainee will be able to ask questions. The tutor can decide if he will answer only to this trainee or to all the trainees. Moreover, the tutor should be able to interact with every trainee.

15.2   University Coimbra
One scenario is: 12 trainees, 2 per machine, and one trainer. The trainer has the possibility to use his own machine and control the usage of the educational network.
For me, this machine setup seems to be the ideal training medium. I am convinced that it is not a good idea to have one trainee per machine. It should be two because the trainees should have the possibility to exchange opinions about the problems they encounter during their work with the subject of the courseware.

15.3   ZGDV
We are now using our LTC-equipment for courses with one teacher and up to 12 trainees. The teacher controls the pedagogical network, so he can show examples to the trainees or he can control the learning process.
Another scenario will be the usage of the LTC without a teacher be present in the room. But therefore we need the capabilities of online or offline communication with the expert.

Question 16:   How do you want to create, distribute and update courses?

16.1   INTRACOM & MUSIC

As already mentioned in question 12, with an E-mail announcing the entry of a new file in the FTP server with a description of the path. Also it would be very helpfull, if the installation of the course was as general as possible (no special subdirectories required).

16.2   University Coimbra

We define the contents of the courses after the input from industry and related institutions (especially the IPN). By now, we use extensively the PC platform, and I think this will be continued (what does not mean that we will not use the UNIX platforms).

The distribution of the courses should be done by uploading them from the public DEDICATED server and also from the local training server of the author of each DEDICATED course.

16.3   ZGDV

The course update and the course creation depends on the MTS-database of the course-learning- material. In Darmstadt we will build up courses in the CAD-area to use in the ZGDV Seminarprogramm. We also want to build up a course about geometrical transformations. This course will be used together with the THD-GRIS student education

Beiträge zur Graphischen Datenverarbeitung

J. L. Encarnação (Hrsg.): Aktuelle Themen der Graphischen Datenverarbeitung. IX, 361 Seiten, 84 Abbildungen, 1986

G. Mazzola, D. Krömker, G. R. Hofmann: Rasterbild - Bildraster. Anwendung der Graphischen Datenverarbeitung zur geometrischen Analyse eines Meisterwerks der Renaissance: Raffaels „Schule von Athen". XV, 80 Seiten, 60 Abbildungen, 1987

W. Hübner, G. Lux-Mülders, M. Muth: THESEUS. Die Benutzungsoberfläche der UNIBASE-Softwareentwicklungsumgebung. X, 391 Seiten, 28 Abbildungen, 1987

M. H. Ungerer (Hrsg.): CAD-Schnittstellen und Datentransferformate im Elektronik-Bereich. VII, 120 Seiten, 77 Abbildungen, 1987

H. R. Weber (Hrsg.): CAD-Datenaustausch und -Datenverwaltung. Schnittstellen in Architektur, Bauwesen und Maschinenbau. VII, 232 Seiten, 112 Abbildungen, 1988

J. Encarnação, H. Kuhlmann (Hrsg.): Graphik in Industrie und Technik. XVI, 361 Seiten, 195 Abbildungen, 1989

D. Krömker, H. Steusloff, H.-P. Subel (Hrsg.): PRODIA und PRODAT. Dialog- und Datenbankschnittstellen für Systementwurfswerkzeuge. XII, 426 Seiten, 45 Abbildungen, 1989

J. L. Encarnação, P. C. Lockemann, U. Rembold (Hrsg.): AUDIUS Außendienstunterstützungssystem. Anforderungen, Konzepte und Lösungsvorschläge. XII, 440 Seiten, 165 Abbildungen, 1990

J. L. Encarnação, J. Hoschek, J. Rix (Hrsg.): Geometrische Verfahren der Graphischen Datenverarbeitung. VIII, 362 Seiten, 195 Abbildungen, 1990

W. Hübner: Entwurf Graphischer Benutzerschnittstellen. Ein objektorientiertes Interaktionsmodell zur Spezifikation graphischer Dialoge. IX, 324 Seiten, 129 Abbildungen, 1990

B. Alheit, M. Göbel, M. Mehl, R. Ziegler: CGI und CGM. Graphische Standards für die Praxis. X, 192 Seiten, 44 Abbildungen, 1991

M. Frühauf, M. Göbel (Hrsg.): Visualisierung von Volumendaten. X, 178 Seiten, 107 Abbildungen, 1991

D. Krömker: Visualisierungssysteme. X, 221 Seiten, 54 Abbildungen, 1992

G. R. Hofmann: Naturalismus in der Computergrahik. VIII, 136 Seiten, 78 Abbildungen, 1992

J. L. Encarnação, H.-O. Peitgen, G. Sakas, G. Englert (Eds.): Fractal Geometry and Computer Graphics. XI, 254 Seiten, 172 Abbildungen, 1992

Beiträge zur Graphischen Datenverarbeitung

K. Klement: Präsentation mit STEP. Schnittstellen zwischen Computer-Graphik und CAD/CIM. IX, 168 Seiten, 50 Abbildungen, 1992

M. Göbel, J. C. Teixeira (Eds.): Graphics Modeling and Visualization in Science and Technology. XII, 263 Seiten, 137 Abbildungen, 1993

G. Sakas: Fraktale Wolken, virtuelle Flammen. XII, 242 Seiten, 138 Abbildungen, 1993

G. R. Hofmann (Hrsg.): Imaging: Bildverarbeitung und Bildkommunikation. XII, 356 Seiten, 141 Abbildungen, 1993

W. Felger: Innovative Interaktionstechniken in der Visualisierung. X, 175 Seiten, 89 Abbildungen, 1995.

U. Dietrich, B. Kehrer, G. Vatterrott (Hrsg.): CA-Integration in Theorie und Praxis. IX, 337 Seiten, 153 Abbildungen, 1995

J. C. Teixeira, J. Rix (Eds.): Modelling and Graphics in Science and Technology. XVI, 278 Seiten, 141 Abbildungen, 1996

A. Hildebrand: Von der Photographie zum 3D-Modell. IX, 239 Seiten, 110 Abbildungen, 1997

F. Dai: Lebendige virtuelle Welten. XVI, 156 Seiten, 112 Abbildungen, 1997

B. Tritsch: Verteiltes Lernen in Computernetzen. IX, 265 Seiten, 79 Abbildungen, 1997

Springer und Umwelt

Als internationaler wissenschaftlicher Verlag sind wir uns unserer besonderen Verpflichtung der Umwelt gegenüber bewußt und beziehen umweltorientierte Grundsätze in Unternehmensentscheidungen mit ein. Von unseren Geschäftspartnern (Druckereien, Papierfabriken, Verpackungsherstellern usw.) verlangen wir, daß sie sowohl beim Herstellungsprozess selbst als auch beim Einsatz der zur Verwendung kommenden Materialien ökologische Gesichtspunkte berücksichtigen. Das für dieses Buch verwendete Papier ist aus chlorfrei bzw. chlorarm hergestelltem Zellstoff gefertigt und im pH-Wert neutral.